泰州学院学术著作出版基金资助成果（项目编号：2018CBZZ01）

泰州学院教授科研基金项目《现代汉语常用词源流演变研究》（项目编号：tzxy2014JBJJ001）成果

江苏高校品牌专业“汉语言文学”建设工程资助项目（项目编号：PPZY2015C207）成果

100詞

汉语常用100词源流演变研究

曹　翔◎著

中国社会科学出版社

图书在版编目(CIP)数据

汉语常用100词源流演变研究 / 曹翔著. —北京：中国社会科学出版社，2019.5

ISBN 978-7-5203-4429-6

Ⅰ. ①汉… Ⅱ. ①曹… Ⅲ. ①汉语-词源学-研究 Ⅳ. ①H139

中国版本图书馆CIP数据核字(2019)第090163号

出 版 人 赵剑英
责任编辑 任 明
责任校对 周 昊
责任印制 郝美娜

出　　版 中国社会科学出版社
社　　址 北京鼓楼西大街甲158号
邮　　编 100720
网　　址 http://www.csspw.cn
发 行 部 010-84083685
门 市 部 010-84029450
经　　销 新华书店及其他书店

印刷装订 北京君升印刷有限公司
版　　次 2019年5月第1版
印　　次 2019年5月第1次印刷

开　　本 710×1000 1/16
印　　张 23
插　　页 2
字　　数 379千字
定　　价 120.00元

风起于青𬞟之末（自序）

——语言与文字起源说略

《风赋》云："夫风生于地，起于青𬞟之末，侵淫溪谷，盛怒于土囊之口，缘太山之阿，舞于松柏之下，飘忽淜滂，激扬熛怒，耾耾雷声，回穴错迕，蹶石伐木，梢杀林莽。"战国辞赋家宋玉在这段文字中，将风从无到有、从弱到强的发展态势形象地展现在人们面前。风在大地上孕育，从青𬞟[①]这种微小浮草的末梢生发兴起。逐渐侵入山溪峡谷，在大山的洞口怒吼，沿大山弯曲处狂奔，在松柏之下疯舞，在木石之间奔突号叫，声若雷鸣，势如烈火，吹翻巨石，折断树木，横扫树林草丛，所向无敌。

任何事物都有一个萌芽、发生、成长、壮大的过程。风如此，人类社会亦然，也经历了一个从无到有，由简单到复杂的衍化发展过程。人类赖以生存的地球大约形成于40亿至50亿年前，她是从太阳系的原始星云中分化出来的；大约25亿年前，地球上就出现了菌类、藻类；大约4.38亿年前，绿藻进化为蕨类植物；4亿年前，地球上出现了沼泽森林、鱼虾贝类；2亿年前，出现了哺乳动物；五六千万年前出现了灵长类动物；4000万年前，地球上出现了类人猿；500万至1000万年前古猿进化，能够直立行走，聚集成群，以采集狩猎为生，处于从猿到人的过渡阶段；200万年前，出现了直立人；20万至30万年前，地球上出现了早期智人；5万至10万年前，地球上出现了晚期智人。晚期智人被认为是现代人的祖先。

在中国，人类学和考古学成果表明，180万年前的山西芮城"西侯度人"和170万年前的云南"元谋人"，已经懂得用火；50万至100万年前出现的陕西"蓝田人"已经会简单加工石器；25万至60万年前出现的

---

① 𬞟，多年生水生蕨类植物，茎横卧在浅水的泥中，叶柄长，顶端集生四片小叶，全草可入药，亦作猪饲料。亦称"大萍""田字草"。

“北京人”、安徽“和县人”会保存火种；10万年前的“丁村人”（山西襄汾县南）“许家窑人”（山西阳高县）及河南“许昌人”等能够制造精巧的刮削器，还会加工兽皮；1.8万年前的北京“山顶洞人”会制作精细的骨针并用它来缝制衣服，其体质形貌几乎与现代人一样，具有明显的黄种人特征。在1万年至3500年前，中国境内的黄河流域、长江流域、珠江流域、东北地区、西南地区，都遍布了我们祖先活动的足迹。

在人类漫长的演进史上，直立行走和群居劳作是进化的两个关键环节。直立行走使人类在喉部与口腔之间形成了弯道——咽腔[①]，有了这个咽腔弯道，人类才有了对气流缓冲的自如控制的能力，从而使音节自由离析成为可能——形成语音（任何一种语言都是以音节为自然的语音单位）。咽腔的形成为人类说话奠定了必要的生理条件。

人类群居而形成社会。在共同生活、合作劳动中，人们需要联系彼此。彼此联系的最简单、最便捷、最有效的介质莫过于语言。没有语言，人与人之间的联系就会中断，社会就会解体。在语言和生产劳动的双重推动下，人类的大脑产生了明显的变化——不仅大脑的容量增加，而且左右半球开始分工——猿脑终于进化为人脑。生物解剖学表明，大脑的两半球的分工也是人类特有的。人类大脑左半球控制语言活动等抽象思维，右半球控制感性动作活动等直观思维。

语言与人类社会相伴而生。语言能使人们互相沟通，传递信息，积累知识。一些集体活动，如围猎、水利工程、敬天祀地的宗教活动等，非得借助语言的巧妙沟通，才能组织到足够多的人密切合作。人类只有借助语言才能完成系统的、复杂的、抽象的思维。思维的发展，反过来促进了语言的发展和大脑的进化。

那么，人类是怎么开口说话的呢？[②] 这是哲学家、人类学家、语言学家、考古学家、生物学家、遗传学家、历史学家，甚至数学和计算机学家都感兴趣的话题。

有人利用仿生学原理，给我们描绘了这样一幅原始人类语言产生的初

① 咽腔是人类特有的器官。四肢俯行的动物，口腔与喉部直接相连。

② 现代人的起源有“多源说”和“非洲单源说”两种假说。“多源说”认为，现代的人类不止一个起源，而是各地人类分别进化的结果。“非洲单源说”认为，现代人的共同祖先来自非洲。大约10万年前东部非洲出现了晚期智人。五六万年前，这种人来到欧亚大陆，取代了原来生活在那里的原始人类，成为现代人类的唯一祖先。

始场景："在原始人群里，一开始时人们发出声音，只是对环境的一种潜意识的不自觉的反应；后来人们偶然地意识到可以用一些简单的声音，来指示身边的一些事物。这样人们就可以进行最简单的交流。……我们假设一开始时不同人可能用不同的声音来表示同一个事物，各自表达的方式不一样，但后来经过彼此长期的交流，互相模仿，最后在人群里形成一个统一的信号系统，这就是'约定俗成'，语言的开始。"①

人类用声音来指示事物，不同的原始族群可能会用不同的声音来表达相同的事物，约定俗成，并代代相传。彼此相邻的原始族群通过斗争与融合，最终形成民族。同一个民族使用同一种语言，不同的民族使用不同的语言，于是便有了现今世界上语言的多样性。

原始族群一旦有了最初的一些约定俗成的认识之后，人们就会由此及彼，利用已有的认知成果，抓住事物所共有的或相似的特征，触类旁通，从已知推出未知，用相同或相近的声音来命名相类似的事物或具有某一共同特征的一类事物，在旧词的基础上引申出新义，或创造新词，进而形成了随时代和社会发展而发展的词义系统和组词成句的语法规则，从而满足人们交际的需要。正因为语言是从初始的约定俗成的音义符号引申发展而来，人们按照语义表达的需要，以一定的规则组词成句，所以语言符号的组合和聚合都是有规律的，故而任何一种语言都是可以分析研究，也就是说，任何语言都是可以论证和解释的。

人类自从有了语言，便大大加速了社会的前进步伐，物质生产大大提高，精神活动不断丰富，思维方式日趋精密。但是口耳相传的语言交流方式并不是万能的，它有着天然的不足即语言的一发即逝性。

语言的一发即逝性，决定了它不能留于异时，不能传之远方。正如清人陈澧所说："声不能传于异地，留于异时，于是乎书之为文字。文字者，所以为意与声之迹也。"（《东塾读书记》卷十一）

人类祖先的创造力是无限的，不仅创造了人类自己，创造了最为便捷的交流工具的语言，当语言不能适应时代的需要时，还创造了能留于异时，传至远方的文字。文字弥补了语言的交际功能的不足。

文字是记录语言的书写符号系统。语言与人类相伴而生，数万年前就已经存在了；而文字是在语言产生的基础上，因现实需要而后慢慢演化而

① 王士元：《语言的起源及建模仿真初探》，《中国语文》2001年第3期。

来。世界最古老的文字——美索不达米亚的钉头文字（也叫楔形文字）也不过4000年的历史。汉字是世界上最古老的文字之一，成熟的汉字是3500年前的殷商甲骨文字。

任何一个事物的产生均有孕育发展的阶段，文字的孕育也不例外，所有的自源文字①都来源于记事图画——文字画，当一个图形对应于语言中的一个语素或词，那它就不是“画”而是“字”，例如2008年北京奥运会会徽，如果你理解成“一个运动员在向前奔跑”，那它就是一幅画，如果你把它读作汉语中的“wén”，并把它同汉语中的“文”义连在一起，那它就是文字了。汉字是逐渐演变并走向成熟的。由此推断，在甲骨文产生运用之前，还存在一段漫长的记事图画（也叫文字画）的阶段。

文字的产生被认为是人类社会进入文明阶段的一个重要标志。语言口耳相传的信息量是有限的，且覆盖范围小，受众范围有限。而记录于书面的文字能将古今中外的信息聚集在一起，传至远方，泽被后人。人们可以通过书面材料，充分利用人类汇集的智慧创造物质财富和精神财富。所以恩格斯在《家庭、私有制和国家的起源》中说，人类“从铁矿的冶炼开始，并由于文字的发明及其应用于文献记录而过渡到文明时代”。

有了文字，人类也就进入了文字史的崭新时代。

---

① 文字有自源文字和借源文字之别。自源文字是本族先民原创性的文字，如我国的甲骨文。借源文字是直接借用外族文字或借鉴外族文字而仿造的文字，如利用汉字个别符号而创制的日本假名。

目　录

第一章

绪　论

第一节　汉语常用词源流研究历史与现状

一　常用词及常用词的界定

语言是维系社会的纽带，语言与社会相伴而生，没有语言就没有人类社会。人类用语言传递信息，交流感情，表达思想。

词汇是语言的三要素（语音、词汇、语法）之一。人类认识外部世界、认识自然、认识自我的成果都是用词或短语固定下来。词与词的等价物“固定短语”的集合就是词汇。

常用词，顾名思义，即语言生活中经常使用的那部分词，也包括相当于词的固定短语，二者统称为词语。换句话说，常用词是语言生活中出现频率较高的那部分词语。常用词之所以常用，是因为常用词的词义内容反映了人们日常生活交流所必需的事物、概念。现代汉语常用词，即现代汉民族语言中出现频度较高的那些词。正因为常用词使用频率高，所以常用词研究关涉语文教学与扫盲、对外汉语教学、语言信息处理和辞书编纂修订、古籍整理校释等领域，也关涉汉语词汇史、训诂学等学科，具有十分重要的应用价值和学术研究价值。

正因为常用词很重要，所以人们很早就开始关注常用词。3000 年前古巴比伦的楔形文字里出现了人类最早的常用词表。公元 10 世纪英格兰盎格鲁—撒克逊时代的修道士艾尔弗里克（Aelfric，c. 955—1020）所著《拉丁语法》一书中已经附录了拉丁语——英语分类词表。

汉语常用词研究与运用肇始于童蒙教育，最早可以追溯到 3000 年前的西周。周宣王时为了儿童识字教育的需要，编出《史籀篇》（参见《汉书 · 艺文志》《说文解字 · 序》），凡十五篇，此书为我国字书之祖。秦时据此分别编出了《仓颉篇》《爰历篇》《博学篇》。汉初将这三部字书合并为《仓颉篇》。汉武帝后，陆续出现了《凡将篇》《急就篇》《元尚篇》《训纂篇》《滂喜篇》等教科书。后世仿此，涌现出大量的蒙童韵语常用字识字课本，如《三字经》《百家姓》《千字文》《声律启蒙》《弟子规》等。童蒙读本虽以“字”为单位，但古汉语中的“字”基本上对应于当今语言学所谓的单音词。可以说，这些童蒙读本的编写是我国古代知识分子在母语教学上做出的杰出贡献。

但是这些蒙童读物中的常用词是我国古代教育工作者根据自己的学识见解和个人感觉选编出来的。毫无疑问，早期的常用词的界定带有较多的主观随意性。

近代常用词研究是建立在词频统计基础之上。1898 年德国学者 F. W. Kaeding 编制了世界上第一部频率词典《德语频率词典》。这部词典统计 14 个领域 110 万个词的语言素材，得出 4 次以上的不同单词 79716 个。美国教育学家 E. L. Thorndike 利用频率统计方法，于 1921 年、1944 年分别编成《教师两万词词书》和《教师三万词词书》。后来人们据此将常用词分为最低限度词汇、常用词汇、次常用词汇、一般常用词汇等几个等级，使词汇教学进入科学的轨道。此后法、德等国均制订了常用词表。

我国第一位进行现代意义上的词频统计分析的学人是黎锦熙先生，他在 1922 年发表了《国语基本语词的统计研究》（载《国文学会丛刊》1922 年 1 卷 1 号）一文，首次明确提出要对“国语”词汇进行统计研究。其后，教育家陈鹤琴先生在 6 类材料 55 万汉字中选出 4261 个常用字，编出《语体文应用字汇》（载《新教育》1922 年第 5 卷第 5 期；商务印书馆 1928 年重版修订本）。1959 年，郑林曦先生按词类排列出版《普通话三千常用词表》，1987 年出版增订本，收词 3996 个。1980 年，娄警予等以中学课本为主要依据，编辑《中学生常用词汇表》（约 15000 个词语），这是新中国成立后第一项直接面向学校教育的汉语词汇教学量化研究。1985 年，北京语言学院语言教学研究所出版《常用字和常用词》，编者对 1978—1980 年全国通用中小学语文课本的全部词汇进行统计和分析，最后按照频率高低，把出现 10 次以上的 3817 个词定为常用词，覆盖率达到 90. 25%。1986 年，他们对近 200 万字的汉语语料进行词频统计，编制《现代汉语频率词典》由北京语言学院出版社出版，词典收词 31159 条，这也是我国正式出版的第一部以“频率”冠名的词典。此后相继有《现代汉语三千常用词表》《现代汉语常用词词频词典（音序部分）》等出版。

1998 年，《现代汉语常用词表》研究项目开始由国家语委组织实施，历时 10 年，于 2008 年完成出版。该词表按照词频排，列出 56008 个汉语常用词，使用频率越高的词排序越靠前。使用语料 2.5 亿字，这是目前汉语常用词界定最权威的词表。

二　汉语常用词源流演变研究的价值

语言随着社会的变化而变化，随着社会的发展而发展。在人类历史的发展长河中，语言的构成要素——语音、词汇、语法都在不断地演化变迁之中，这种演变就构成了语言的演变史。可以说，人类社会的进步史，也是语言演变的发展史。汉语史学科的一个重要任务就是要探索研究汉民族语言演变发展的历史。

汉语史的分支学科——汉语词汇史，是探索研究汉语词汇发展演变历史和规律的学问。汉语常用词是汉民族语言词汇大家庭中的重要组成部分。“常用词表达人类日常生活中最重要、最常用的基本概念，占据着每一个历史时期词汇系统的核心地位。”① 一个时代有一个时代的常用词，“汉代常用未必明清常用，这个时代常用到了另一个时代就未必常用。一个时代内使用频度较高的词语就可以看作是这个时代的常用词，而那些古今都常用的则可以看成是基本词汇。”② 本文除特殊说明外，所谓常用词，即指现代汉语常用词。

考察常用词的历史递嬗演变轨迹，是汉语词汇史研究的一个主要任务。词汇反映了纷纭复杂的现实世界，而且又处在经常不断的变化之中，某一时期或某一方言中的词语，到了另一时期或另一方言中可能会变得难懂，这就需要弄清楚这些词语的源流演变情况。例如“鬼子”（频序号：6899③）一词，现有大型语文工具书的释义都基本相同。《辞源》修订本释为“骂人的话。”④ 初始例证引《世说新语·方正》。《辞海》缩印本的

① 丁喜霞：《汉语常用词的演变模式初探》，《河南大学学报》（社会科学版）2013 年第 2 期。

② 王云路：《中古诗歌语言研究》，世界图书出版公司 2014 年版，第 75 页。

③ 频序号：6899，指在 56008 个现代汉语常用词中，该词使用频率排在前 6899 位。下同。

④ 《辞源》修订本，商务印书馆 1998 年版，第 3495 页。

释义和例证[①]皆同《辞源》。《汉语大词典》第十二卷有两个义项：①“詈词：犹言鬼东西。”始见例同《辞源》修订本；②“在帝国主义侵华时期，对外国人的一种蔑称。”[②]《古今汉语词典》释为“骂人的话。今常用为对侵略我国的外国人的蔑称”[③]。始见例也同《辞源》。从上引大型辞书的释义中，我们并不知道“鬼子”作为“骂人的话”的具体内容，也不知道“鬼子”何以成为对外国人的蔑称？唐人王梵志诗“无常元不避，业到即须行。徒作七尺影，俱坟一丈坑。妻儿啼哭送，鬼子唱歌迎。古来皆有死，何必得如生”，其中的“鬼子”既不是骂人的话，也不是对外国人的蔑称，此“鬼子”是什么意思？所有这些疑问在现有辞书中都找不到答案。

为了解答上面的疑问，我们对“鬼子”一词展开了源流演变研究[④]。研究结果表明，“鬼子”一词起于六朝，本义谓“鬼之子孙”，借以用作通称，意谓“鬼”，上引王梵志诗中“鬼子”即是此意；引申喻人，或作詈词，或作蔑称、戏称，皆谓“鬼儿子”“鬼之子孙”之意；鬼与人异，至清朝初期，始借以蔑称外国人，近代多用来贬称外来侵略者；抗日战争爆发以后，则专称日本侵略者。现有大型语文工具书均未收释其本义及用作通称的引申义，且现代常用义项的解释也嫌笼统。由此可证，常用词的历史演变研究不仅能释疑解惑，而且对阅读古代文献、了解历史文化也大有作用，对辞书编撰和修订也具有一定的参考价值。

再如“法官”一词（频序号：2954），《现代汉语词典》释：“法官，法院中审判人员的通称。”[⑤]在我国，“法院”至晚清时才创建，而“法官”一词却起源甚早，战国时已见，例如《商君书·定分》：“天子置三法官：殿中置一法官，御史置一法官及吏，丞相[⑥]置一法官。诸侯、郡、县皆各为置一法官及吏，皆此（比）秦一法官。郡县诸侯一受宝来之法

① 《辞海》缩印本，上海辞书出版社1989年版，第2284页。

② 《汉语大词典》第十二卷，汉语大词典出版社1993年版，第444页。

③ 《古今汉语词典》，商务印书馆2002年版，第525页。

④ 曹翔：《“鬼子”释义考辨》，《语言研究》2007年第4期。

⑤ 《现代汉语词典》第六版，商务印书馆2012年版，第353页；又见2018年第七版，第354页。

⑥ 据《史记·六国年表》可知，秦武王二年“初置丞相，樗里子、甘茂为丞相”（中华书局1959年版，第734页）。秦国设置法官当在秦武王二年，即公元前309年以后。

令，学问并所谓。吏民知法令者，皆问法官。故天下之吏民，无不知法者。吏明知民知法令也，故吏不敢以非法遇民，民不敢犯法以干法官也。遇民不修法，则问法官。法官即以法之罪告之。民即以法官之言正告之吏。吏知其如此，故吏不敢以非法遇民，民又不敢犯法。”①

据引文可知，秦国上至天子朝廷，下至诸侯郡县都要设置“法官”。诸侯与郡县法官的职责是接受朝廷颁布的法令，学习熟记法令条文，并理解其内容，接受大家的咨询。郡县诸侯设置此职位的目的是“遇民不修法，则问法官”，即百姓遇到法令条文不清楚的时候，可以向专司负责法律的法官咨询，法官须负责回答。相对应的，朝廷的法官是备天子、御史和丞相咨询法令之用。其时的“法官”实际上指的是“知法之官”，相当于现今的法律顾问，并没有赋予审判权和执法权，这正是与现今法官最大的不同之处。秦汉时，“法官”的性质发生了变化，由知法之官引申称谓那些“执法之官”；唐代，除大理寺属官外，御史大夫也可称为法官，因为御史大夫有“纠察之任”。宋元以降，会作法的道士也被人们称为“法官”②，但此“法官”非彼“法官”，它是“作法之官”的省称，与古代官府专擅问罪断狱的法官是两回事。清末，法院正式成立，现代意义上的“法官”才出现。如果我们不对“法官”的历史源流演变有个清晰的历时认识，就不可能正确判别各个时期的“法官”的确切含义。

学界对常用词的研究非常重视。汪维辉说：“常用词是词汇系统的核心部分，它起着保证语言的连续性和为创造新词提供基础的重要作用。就数量而言，它在整个词汇库中所占的比重并不太大，但是它具有常用性和稳定性两个显著的特点。常用词的常用性决定了它的出现频率高，使用范围广。”③ 蒋绍愚在研究近代汉语词汇时指出：“常用词是词汇的主体，如果不弄清常用词在近代汉语时期的发展变化，那么，要描写一个时期的词汇系统和近代汉语词汇发展史，都是无从谈起的。”④ 黎锦熙先生在20世纪30年代曾设想要编一本《新尔雅及其疏证》，以“近代语特有之词及普通词之特别用法”为研究内容，“上溯语原，旁证典籍，下稽方俗，逐词推证，以类相从”，“训诂拟《尔雅》而不袭其类；声训仿《释名》而

① 蒋礼鸿：《商君书锥指》，中华书局1986年版，第140—141页。

② 曹翔：《“法官”词义源流》，《河西学院学报》2012年第1期。

③ 汪维辉：《东汉—隋常用词演变研究》，南京大学出版社2000年版，第11页。

④ 蒋绍愚：《近代汉语研究概况》，北京大学出版社2001年版，第250页。

必究其根；说解效《说文》而必繁其辞；调查准《方言》而必注其音。复词、成语，悉依语根而统于单字；事类、文字当谋便检而附以索引”。[1]

汉语词汇史理应以探讨常用词的衍化嬗替为主要任务。常用词的递嬗必然会带动词汇系统乃至整个语言系统的变化，因而“具有同音韵系统、语法结构的改变同等重要的意义”[2]。

三 汉语常用词源流演变研究的现状

汉语常用词源流演变研究肇始于20世纪二三十年代的汉语词汇史研究。其时，以黎锦熙为首的一批学人，他们曾设想编纂一部“探求古今用语之变迁”“务求得其本始，明其流变”的《中国大辞典》，叹国运多艰，时局动荡，此项宏伟计划最终未能实现。但在黎锦熙等先生的倡导下，学界出现了一批探求汉语词汇历史演变的研究成果，其中不少是古今常用词演变研究的成果，例如何士骥《释“身”》（1930），魏建功《释“午”》（1931），陈定民《释“历”》（1932），黎锦熙的《宋元语词广证》（1933）、《“爸爸”考》（1933），王重民《释“墨”》（1933），吕叔湘《释您，俺，咱，喒，附论们字》（1940）、《论底、地之辨及底字的由来》（1943）等。五六十年代后，成果更加丰富，例如郑奠《汉语词汇史随笔》（1959、1960），王力《古代汉语》（1962）辟专章论述了汉语词语发展历史，并对古汉语中1086个常用词展开研究，推动了古汉语常用词研究。王力（1962）首次使用“常用词”这个术语。任学良对王力《古代汉语》常用词进行了历史断代补充。蒋礼鸿《敦煌变文字义通释》（1959年出版，1983年第五版）对敦煌文献中的不少俗语词做了来龙去脉的历时考证。

20世纪八九十年代后，这方面的研究成果呈爆发式增长，单篇文章很多，如江蓝生《概数词“来”的历史考察》（1984）、《“影响”释义》（1985），石毓智、李讷《汉语发展史上结构助词的兴替——论“的”的语法化历程》（1988），刘坚《试论“和”字的发展，附论“共”字和“连”字》（1989），郭锡良《介词“于”的起源与发展》（1997），张清常《〈尔

① 黎锦熙：《“巴”字十义及其复合词和成语》（一名《近代国语文学之训诂研究示例》，初刊于1933年上海《文学季刊》创刊号），载《黎锦熙语言学论文集》，商务印书馆2004年版，第264页。

② 汪维辉：《东汉—隋常用词演变研究》，商务印书馆2017年版，第11页。

雅·释亲〉札记——论“姐”“哥”词义的演变》（1998），黄树先《“哥”字探源》（1999），王云路《中古常用词研究漫谈》（2000），储泰松《“和尚”的语源及其形义的演变》（2002），汪维辉《汉语“说类词”的历史演变与共时分布》（2003）等；著作有吕叔湘、江蓝生《近代汉语指代词》（1985），王小莘《词语源流漫笔》（1990），周绪全、王澄愚《古汉语常用词源流辞典》（1991），蒋冀骋《近代汉语词汇研究》（1991），刘坚、江蓝生、白维国、曹广顺《近代汉语虚词研究》（1992），蒋绍愚《近代汉语研究概况》（1994），曹广顺《近代汉语助词》（1995），向熹《简明汉语史》（1998），李宗江《汉语常用词演变研究》（1999）、孙锡信《近代汉语语气词——汉语语气词的历史考察》（1999），汪维辉《东汉—隋常用词演变研究》（2000），马贝加《近代汉语介词》（2002）等是其重要代表。

目前，汉语常用词研究呈以下态势：

①研究范围不断拓展。由断代到通史，由传世文献到汉译佛典文献、敦煌文献，由专书词汇研究到某一类常用词的研究；

②研究对象更广泛。由实词到虚词，由早期的单音词转向双音节过度的趋势；

③研究逐步向纵深推进。由注重事实描写到描写与解释相结合，由单纯的历时演变研究到历时演变与共时分布相结合，由单个词研究到语义场研究；

④相关的理论探讨也有所加强。由词义衍生到词语替换再到演变模式的探讨等。

但是就目前已有成果来看，汉语常用词研究也暴露出一些问题：

①研究对象较为随意。已有研究成果中，选取的研究对象不是基于词频统计，而主要是根据研究者的主观感受和学术兴趣，从熟悉的材料中选择一组或几组典型的常用词进行个案研究，选词具有较多的主观随意性，研究成果总体上显得散乱，缺少系统性。这种凭个人主观识断的个案选词研究，在研究初期，作为示范样板，是必要和可取的，但长此以往，则必然呈现凌乱无序、重复劳动的状况。

②通代、现代常用词研究及常用词的分布研究未能引起足够重视。汉语常用词演变研究，作为汉语词汇史研究的重要组成部分，由三个部分构成，一是新词的衍生与发展，二是旧词的衰落与消亡，三是核心词的存续与演化。但从已有成果来看，大家的注意力多集中于研究断代或专书常用

词的衍生、发展及其对旧有同义词的替换，偏重于描写核心词古今演变的历史过程，对于那些从上古或者从其产生之初一直存续到现代的通代常用词，很少有人关注。而现代常用词的演变研究鲜有论及。

③常用双音词、多音词研究成果较少。从现有研究成果来看，除丁喜霞《中古常用并列双音词的成词和演变研究》（2006）、雷冬平《近代汉语常用双音虚词演变研究及认知分析》（2008）两部专著和少量单篇论文外，其他基本上都是研究单音词的历时更替的论著，对双音常用词、多音常用词的衍生及其替换研究相对薄弱。

④研究方法有待完善，理论研究有待深入。现有常用词研究习惯于传统的训诂学方法，也有人运用数理统计的定量分析或者语义场理论，但是在研究方法和研究理论上需要不断创新。目前已经有人引进概念场的概念要素分析法，但是研究成果还不多。汉语常用词研究需要综合运用多种方法才能将研究推向深入。对常用词的界定、常用词演变的动因、常用词演变的模式或类型的总结还有待进一步探讨。

第二节　本课题研究价值

本课题《汉语常用100词源流演变研究》属于汉语常用词研究范畴，除了上文提到的常用词研究的一般价值外，还有自己独特的学术价值，主要体现在以下几个方面。

一是拓展了汉语常用词研究范围。体现在：①本课题研究对象为现代汉语常用词。已有研究成果多集中在古代或古文献的词汇演变研究，而很少涉猎现代汉语词汇的演变研究。汉语的历史演变是一个连续的衍生发展过程，如果考察的范围只局限于人为划定的某一历史阶段，就无法看清它的发展规律。因此，要推动汉语常用词演变研究，研究视野不应只局限在古汉语的范围内，而应注意加强与现代汉语词汇的联系，避免人为割裂汉语词汇发展演变的历史。本课题将贯通古、今汉语常用词的词义衍化研究；②目前，尽管现代汉语常用词的历史源流演变研究也有零星成果，但是成系统的、根据词频确定的、与现代语言生活最密切关联的这部分词语的源流演变研究成果还未出现，本课题研究正是针对这一研究领域而做出的积极探索；③研究对象包含复音词。常用词现有研究成果，除丁喜霞

(2006)、雷冬平(2008)及少量单篇论文讨论双音常用词的历史演变外，其余基本上都是对单音词的历时更替研究，双音常用词的衍生及其替换研究相对薄弱，而本课题120个常用词研究中就包含20个双音节常用词，占比1/6。

二是体现常用词研究的“常用”内涵。以往研究仅凭个人兴趣爱好和主观感受来选择研究对象，缺乏刚性或定量的标准和依据。本课题研究以词频统计为参照，在现代汉语56008个常用词中，选取频序号在前，或者说是现代汉语最常用的120个词作为对象，真正体现常用词研究的“常用”内涵。

三是尝试学科交叉研究。以往的常用词研究就语言而研究语言，很少涉猎语言使用的社会文化背景，本课题研究将词义衍化放在历史大背景下，寻找词义演变的社会历史文化动因，形成学科交叉研究。例如拙文《“鬼子”释义考辨》[①]，不仅考证了汉语常用词“鬼子”一词的产生来源与词义衍化轨迹，而且还将语言研究与文史考证相结合，考证“鬼子”在用作蔑称、畏称、贬称的时代背景与文化含义，力求做到信而有征。

常用词研究还有其他的学术价值，例如研究成果可资汉语词汇史参考[②]；还可为常用词演变规律研究提供参考；可作为判断文献语料时代和价值高低的参考标准；可资汉藏语系各亲属语言比较研究的参考；对现代汉语词汇研究、方言及方言史的研究也有重要意义[③]。

本课题研究除了学术价值外，还有实际应用价值。例如可供汉语教学、汉语习得参考。现代汉语常用词研究是义务教育语文教学的重要组成部分。研究表明，3000个汉语常用词对语料的覆盖率为86.799%[④]，因此，常用词研究对基础教学很有实用价值。我国延续数千年的传统启蒙教育，从《仓颉篇》到《三字经》，实际上就是常用词运用于基础教学的最好的证明。本课题以现代汉语最常用的120个常用词为研究对象，考其本义，梳理其引申义，厘清其历史衍化关系，这对中小学语文教学、扫盲教育、对外汉语教学无疑具有十分重要的现实意义和实用价值。词义的学与

---

① 曹翔：《“鬼子”释义考辨》，《语言研究》2007年第4期。

② 王云路：“常用词研究是汉语词汇史研究汇中的重要组成部分，通过常用词研究可以加强对词汇系统的研究。”(《中古汉语词汇史（下）》，商务印书馆2010年版，第1008页)

③ 汪维辉：《汉语常用词演变研究的若干问题》，《南开语言学刊》2007年第1期。

④ 《现代汉语频率词典》，北京语言学院出版社1986年版，第1490页。

教，如果清楚其源流演变关系，将达到事半功倍的效果。

我国正处于伟大的复兴阶段，随着国力的增强和经济的飞速发展，我国的国际地位迅速上升，世界各地正掀起一股学习汉语的热潮。本课题的研究成果，可供外国人学习汉语之用。透过语言阐释，理解其中蕴含的文化意义，增强学习汉语及汉文化历史的兴趣，加深对几千年中国历史文化的了解。

本课题研究成果也可供辞书编纂与修订和古籍整理校释参考。辞书的编纂更是建立在词义流变的研究基础之上，词条、义项的科学确立，也需要依靠词语源流演变的研究成果。本课题的成果或可弥补现有辞书编纂之些许不足，例如频序号44的“中国”一词，作为经常使用的中型辞书《现代汉语词典》（修订本至第七版）竟未收录，这是没有道理的（另作专文论述）。大型辞书释义还有许多改进的地方，如本义缺失、释义错误、例证不当、义项罗列混乱等，本课题的研究成果对辞书修订具有一定的参考价值。

本课题研究成果在古籍整理与校点释注等方面也有参考价值。这里以常用词“去”（序频号：62）为例。先请看《史记·项羽本纪》：“项籍少时，学书不成，去学剑，又不成。”①

引文标点是有问题的。据《史记·项羽本纪》可知，项羽志趣爱好不在习文练武，而在兵法。他认为：“书，足以记名姓而已；剑，一人敌，不足学”，要学习就要“学万人敌”的兵法，所以当他学习文化没有结果时是不会自愿“去学剑”的，也正因为他不爱学习，故对他寄予厚望的叔父项梁“怒之”，当项梁开始教兵法时“籍大喜”，但是在他“略知其意”后，却“又不肯竟学”，由此可见，此人压根不爱学习。据此分析，引文标点当作：“项籍少时，学书不成，去。学剑，又不成。”这样断句，才能表现项羽被逼学剑的真实情形，也更能表现出项羽的浮躁性格。

为什么引文把“去学剑”断在一起？大概是受现代汉语“去”的常用义项是“从所在地到别的地方”的影响。但是根据我们对“去”的源流演变研究可知（参见本书第三章第四节“去”），“去”的本义是离开某地，一直到南北朝时才由离开义引申出“到别的地方”的用法，目前我们发现的最早例证是《世说新语·贤媛》：“贾充前妇，是李丰女。丰被诛，离婚徙边。后遇赦得还，充先已娶郭配女，武帝特听置左右夫人。李氏别住外，不肯还充舍。郭氏语充，欲就省李，充曰：‘彼刚介有才

① 司马迁：《史记》第一册《项羽本纪》，中华书局1959年版（1963年印刷），第295页。

气，卿往不如不去。’”是句中，“去”与“往”相对，即表“到……”义。《史记》早《世说新语》五六百年的时间，如果我们在标点《史记·项羽本纪》时，对“去”的词义演变有个历时观念，应该不会出错。

再看《世说新语·任诞》：“诸阮皆能饮酒，仲容至宗人[①]间共集，不复用常杯斟酌，以大瓮盛酒，围坐相向大酌。时有群猪来饮，直接去上，便共饮之。”

此则故事多被人误读为“阮咸与猪共饮”。文中“时有群猪来饮，直接去上，便共饮之”，有人译作：“这时有一群猪也凑近来饮酒，阮仲容也跟着爬上大瓮，和猪群一起饮酒。”[②]有人译作：“当时有一群猪也来喝，径直凑到酒瓮跟前，于是就一同喝起来。”[③]有人译作：“当时有一群猪也来喝，它们径直窜在前头，诸阮就与猪同饮这瓮酒。”[④]有人译作：“有一次一群猪跑来要喝酒，径直就爬到酒瓮边上，于是人和猪共同饮起酒来。”[⑤]也有人直接将此则故事的标题拟作“与猪共饮”，并解释道：“一群猪也过来凑热闹，阮咸直接就和猪一起扎到盆子里共饮。”[⑥]

《世说新语》“直接去上”前的主语，有人理解为“猪”，有人理解为“阮咸（字仲容）”。为什么会产生歧解，就在于译者未能正确把握“去”的含义。很多人将此处的“去”解读为现代常用的“离开”“到”义，因而将“去上”理解为“爬上酒瓮”“凑到前头”“窜到瓮前”等义。

去，本义是离开，由离开引申出“除掉”义，此意先秦已经产生，例如《吕氏春秋·下贤》：“去其帝王之色。”高诱注：“去，犹除也。”《周礼·天官·宫人》：“去其恶臭。”孙诒让正义：“去，亦除也。”这种用法自先秦产生起就一直承袭下来，例如唐柳宗元《捕蛇者说》：“去死肌，杀三虫。”“去死肌”，即除掉坏死的肌肉。现今常用语“去火”“去皮”之“去”也是此义。《世说新语》“去上”之“去”即是此用法。“去上”犹言

---

① 宗人：族人，同一家族的人。

② 周永年：《文白对照全译诸子百家集成·世说新语》，时代文艺出版社2002年版，第318页。相近的译文还有耿朝晖：“这时有一群猪也凑近来饮酒，阮咸就直接爬上大瓮，和猪一起喝。”（《世说新语》，青海人民出版社2002年版，第185页）刘庆华：“这时有一群猪也凑近来饮酒，阮咸就直接爬上大瓮，和猪一起饮酒。”（《世说新语》，广州出版社2004年版，第194页）

③ 张万起、刘尚慈：《世说新语译注》，中华书局2006年版，第724页。

④ 张撝之：《世说新语译注》（图文本，下册），上海古籍出版社2007年版，第349页。

⑤ 林峰改编：《世说新语》，河北少年儿童出版社2015年版，第105页。

⑥ 张昊：《花间一壶酒·酌酒小品赏读》，中州古籍出版社2015年版，第160页。

"除上"①，"上"是"去"的宾语，"去"即"除去"义。"去上"，意谓撇去被猪玷污的表层酒，这样理解，主语自然是"人"而非"猪"了。

此则故事，官家史书《晋书·阮咸传》有载，相关文字如下："诸阮皆饮酒，咸至，宗人间共集，不复用杯觞斟酌，以大盆盛酒，圆坐相向，大酌更饮。时有群豕来饮其酒，咸直接去其上，便共饮之。"②

《世说新语》"直接去上"，《晋书》作"咸直接去其上"，主语明确为阮咸，"上"前还有定语"其"限制。从语境上看，此处"去"不能作"离开""到某处"解，否则与前文"圆坐相向，大酌"的实际情况不符。人围酒瓮对坐而喝酒，根本不需要窜到/爬上/爬到酒瓮上面去喝酒。如果人要爬上酒瓮喝酒，猪岂能突破围坐人群偷喝到酒？再则，从句法上看，"直接去其上"之"直"是"径直"义，作状语；"接去"可以分析为连动结构，"接"有"撇去""舀起""捞取"③义，与"去"（除掉）同义连文，"接去"，即"撇除""舀掉"。"直接去其上"，意谓"径直撇除酒面上的（污物）"。

---

① "时有群猪来饮，直接去上，便共饮之"，许绍早等译："当时有一群猪也来喝酒，阮仲容只是把浮面一层舀掉，就又一道喝起来。"（《世说新语译注》，吉林教育出版社1989年版，第1991页）柳士镇、刘开骅译："当时有一群猪也来喝酒，阮仲容径直把浮面上的酒舀去，就又一道喝起来。"（《世说新语全译》，贵州人民出版1996年版，第610页）两处译文正确。

② 房玄龄：《晋书·阮咸传》，中华书局1974年版，第1363页。

③ "接"，通"扱"（参见《汉语大词典（第六卷）》，汉语大词典出版社1990年版，第705页），表示"撇去""舀取""捞起"义，例如《世说新语·仇隙》："应镇南作荆州，王修载、谯王子无忌同至新亭与别。坐上宾甚多，不悟二人俱到。有一客道：'谯王丞致祸，非大将军意，正是平南所为耳。'无忌因夺直兵参军刀，便欲斫，修载走投水，舸上人接取，得免。"王修载突然遭人刀砍，被迫跳河躲避，此时河中恰有小船将他"接取"而幸得保命。"接取"，犹言捞起来。又如北魏贾思勰《齐民要术》卷第八介绍"造花盐、印盐法"：在五六月天气晴热时，将一斗盐投入二斗水中溶解，再加盐，直至不再溶解为止。然后换个容器淘洗，淘汰杂质澄清，待垢土沉淀于容器底，再将清盐汁倒于另一干净容器中，这样水底下沉淀的盐滓就很白净，可供食用。"好日无风尘时，日中曝令成盐，浮即接取，便是花盐，厚薄光泽似钟乳。久不接取，即成印盐，大如豆，正四方，千百相似。成印辄沈，漉取之。花、印二盐，白如珂雪，其味又美。"引文"浮即接取"，即将浮在液体表面的结晶体"撇取"；"久不接取"，即时间长久不撇出。文中"接取"即是"撇出""舀出"之意。又同书卷第八介绍"無猪肉法"：先将猪煺洗干净后，"四破，于大釜煮之。以杓接取浮脂，别着瓮中；稍稍添水，数数接脂。脂尽，漉出，破为四方寸脔，易水更煮。下酒二升，以杀腥臊——青、白皆得。若无酒，以酢浆代之。添水接脂，一如上法。"所谓"以杓接取浮脂"，即用勺子撇出上面浮着的油脂，所谓"稍稍添水，数数接脂"，即渐渐加水，多次撇出浮脂，下文"添水接脂"，也即加水后再撇出油。"接"皆为"撇""舀"义。

阮咸，魏晋时名士，“竹林七贤”之一，岂能当着众人之面与猪共同饮酒？即使是他把酒瓮上面的酒除去，舀着下面的酒来喝，这种行为也够荒诞不经了。

《世说新语》此文的误译再次提醒我们，常用词的源流演变研究对历史文献的译注无疑是大有裨益的。

第三节　本课题研究范围、基本思路和方法

本课题的研究范围。从理论上说，现代汉语 56008 个常用词的源流演变规律都应该值得我们去关注研究。但受课题研究时间、研究人员的精力等方面的限制，本课题重点研究现代汉语最常用的 120 个单、双音节词，旨在厘清这 120 个常用词的历史源流演变脉络。

本课题研究的基本思路。(1) 根据《现代汉语常用词表（草案）》，选取频序号在前的 120 个常用词展开源流演变研究。(2) 首先介绍这 120 个常用词的今义，然后探求其本义与引申义之间的演变关系，并努力阐述词义源流嬗变的形成机制。主要回答“常用词的基本用法是什么、它是从何时产生的、又是如何演变发展的”等问题。上探源、下溯流，在共时静态的描写基础上，做纵向的历时比较和动态分析，尽可能描写其历史衍化的过程和动因。

本课题研究的方法。本课题研究主要采取现代语言学和文献语言学研究的方法，努力做到：

(1) 将共时描写与历时分析相结合。首先对常用词今义作全面的描写，归纳其用法，然后运用历时分析，剖析今义产生的时代、来源与发展轨迹。只有将共时与历时研究相结合，才能看清词义演变的脉络。

(2) 将描写与解释相结合。汪维辉曾说：“扎扎实实地把一批常用词的演变史实描写清楚是首要之务。描写是第一位的，解释是第二位的”，“解释必须以精确细致的描写为前提。”① 本课题主要任务是

① 汪维辉：《汉语常用词演变研究的若干问题》，《南开语言学刊》2007 年第 1 期。

描述词汇发展的历史轨迹，揭示词汇发展的客观规律。因此，力求做到描写与解释相结合，不仅要忠实地描写事实，还要在描写的基础上探求规律，对变化的事实做出解释。

（3）将实证与现代语言学理论、训诂学研究相结合。实证是本课题研究的立足点，在此基础上，充分运用现代语言学理论、训诂学理论，将方言、出土文献、民俗宗教等研究成果与词汇研究结合起来，运用比较、归纳、汇证、因声求义、相因生义等行之有效的方法来总结、解释词义产生、发展演变的规律与形成的机制。

本课题的研究将充分利用前人的研究成果及电子语料库。充分利用《说文解字》及段注等传统字书，结合甲骨文字典、商周古文字数字化处理系统等资料加以探源索流，揭示其词义流变的脉络，并充分利用北京大学语料库、国家语委语料库及四库全书、中国历代石刻史料汇编、国学宝典等电子资源，比较、分析例证，核对传世文献，对具体语境中词语的意义、用法逐词逐条甄别，比类例证，归纳用法。

第四节　几点说明

1. 本书原本设想选取最常用的单、双音节词各100个展开源流演变研究，然后归纳单、双音节词各自的演变规律，并加以对比，以期寻绎各自演变的特点。但是受时间和人力限制，双音节词未能如愿完成，本书最终完成100个最常用单音节词和最常用的20个双音节词的流变研究。期待日后有时间继续完成双音节词的研究任务。

2. 本书120个常用词，内容较多，为了便于说明，分章节展开。这120个常用词以词频、词类为序，依次分章分节排列展开。

3. 本书除特殊需要外，一律使用简化字，例如“箇”，在无特殊说明下，通常写作“个”。古汉语“余”“馀”为两个词，但本书一般作“余”。

4. 本书对“的”“所”2个常用词分节展开研究，较为详尽地介绍了它们的常见用法和源流演变，并提出自己的看法。余者多则五六个，少则一二个常用词并为一节论述。“的”“所”的分节论述可视作本书其他常用词研究的缩影，受字数篇幅限制，其余常用词的论述则只能是粗线条、写意式展开。

5. 古人的注释通常是用时语释古语，通语释方言。或解经，或通传，或注词，或释语，对词语演变研究极具参考价值。本书在引用前人的注释用语时，尊重传统习惯，仍用"传、注、笺、疏、正义、集解、章句"等专门术语，如毛传，即指西汉毛亨《毛诗故训传》里的解释，段注，即指清人段玉裁《说文解字注》里的解释；张守节正义，即指唐张守节《史记正义》里的解释。由于引用传世文献数量较多（一般也容易找到），为节省篇幅，一般不出注。

6. 为便于基础教学和一般读者阅读理解的需要，此处解释几个最基本的概念。

语言：语言是人类最重要的交际工具，人们交流所说的话就是语言。语言有两种形式，一种是口耳相传的有声语言，一种是书写于纸张等介质上的书面语言。

文字：文字是记录语言的书写符号体系。汉字是记录汉语的书写符号系统。汉字的源头可以推溯到殷商时期的甲骨文，其后有商周时期的金文，春秋战国时期的篆文。秦始皇实行"书同文"后，全国通行的文字是小篆。秦汉时期产生隶书，汉代产生楷书。汉字与汉语大致相适应。一个汉字，一个读音，对应一个词。但是也有不一致的地方，比如联绵词、外来词中的单独的一个"字"只表音而不表意。

语言产生于数万年以前，而文字的产生只有 4000 年的历史。语言一发即逝，这就决定了原始语言无法直接留存至今，后人能见到的最早的原始语言便是有文字记载的书面语。后人主要通过文字材料这个载体溯源古代语言。也就是说，文字信息透露的含义，应该就是当时（文字记载时）的人们交流时的语言的含义。

句子：句子是表达相对完整的意思且带有句调的语言单位。句子根据不同的标准和需要可以有多种分类法。根据句子结构，可以分为主谓句和非主谓句。主谓句中的组成成分，叫句子成分，一般是成对出现的。主语与谓语相对，是陈述与被陈述、说明与被说明的关系；定语、状语与中心语相对，是修饰与被修饰、限制与被限制的关系；动语与宾语相对，是动作行为与其涉及的对象的关系。补语与中心语相对，补语对中心语起到补充说明的作用。

词类：汉语根据词的意义和句法功能，可以分为实词与虚词。实词可以独立充当句子成分。汉语词类与语法功能不是简单的一一对应关系，但是一般的规律还是清楚的，如名词主要用作主语、宾语，动词主要用作谓语或谓语中心语，形容词主要用作定语或谓语中心语，副词只用作状语。

分布：一个词（或语言片段）在语言中可能出现的环境，或者说，一个词（或语言片段）可能出现的句法位置。例如一个名词，最经常出现在主语和宾语的位置上，也经常出现在定语的位置上，有条件地出现状语的位置上或谓语的位置上。

功能：一个语言片段（词或句法结构）在句子中充当的句法成分，以及它与别的语言片段的组合能力。例如名词常见的功能是与动词配对，充当主语或宾语；当一个名词修饰限制另一个名词时，起修饰限制作用的那个名词，其功能是充当定语。“的”字结构，即“的”字附着在其他语言片段后，其作用相当于一个名词，我们说，“的”字结构具有名词的功能，意思是说，“的”字结构能经常用作主语、宾语和定语。

7. 本书研究词义的源流变化，以语言事实为证，不妄虚言，实事求是。但是汉语文献历史久远，使用人口众多，幅员辽阔，方言俚语驳杂，这种演变研究的结论只能是一种可能性，仁者见仁，智者见智。下面试举例说明之。

注，《说文·水部》：“灌也。从水主声。”清朱骏声《说文通训定声》云：“注，犹引导也，亦犹疏通也，亦犹置泻也。”《玉篇·水部》：“注，寫也。”《广韵·遇韵》：“注，灌注也。”注，本义是注水，灌水，引水。例如《仪礼·有司彻》“以悒湇注于疏匕”，东汉郑玄注：“注，犹泻也。”又如《汉书·沟洫志》：“渠成而用注填阏之水”，句子意思是：渠成，引用灌注这种含有淤泥的水源。

古人把给经传作的解释叫作“注”，如郑玄给《三礼》作的注解叫“郑注”。宋《类篇·水部》：“注，述也，解也。”《礼记》“曲礼上第一”唐孔颖达疏：“注者，即解书之名。”清段玉裁解释说：“注之云者，引之有所适也，故释经以明其义曰注。”那么“注”的这种用法是怎么引申而来的呢？

前人大约有两种意见，一种以唐人贾公彦为代表。《周礼·天官》“天官冢宰第一”贾公彦疏：“注者，于经之下自注己意，使经义可申，故云注也。”《仪礼·士冠礼》“郑氏注”贾公彦疏：“言注者，注义于经下，若水之注物。”唐刘知几《史通·补注篇》云：“注者，流也，流通而靡绝。”

一种以唐人孔颖达为代表。孔颖达《毛诗正义》：“注者，著也，言为之解说，使其著明也。”《孝经·序》：“且传以通经为义”，宋邢昺疏：“注者，著也，约文敷畅，使经义著明则谓之注。”《孝经·序》：“御制序并注”，邢昺疏：“注，著也，解释经指使义理著明也。”

“注释”之“注”，唐人贾公彦、刘知几都认为是从注水之义引申而来。而唐人孔颖达，宋人邢昺认为“注”通“著”，是假借引申而来。这两种意见似乎都说得通。

又如汉语史上表示复数的词尾“们”，其来源就有三种观点（参看第七章第三节“我们”），这些观点似乎都有道理。蒋绍愚先生曾言：“对历史语言的研究，我们不能过分苛刻。在很多情况下，我们只能论证某种历史变化的可能性，而无法论证其必然性。但即使说的是可能性，也最好是一种较大的可能性，而不是很受限制的可能性。”①

蒋先生所言甚是，本书描述词义衍化引申也只是选择一种自以为是的可能性。囿于学识，书中错误不足一定不少，尚乞博雅方家正之。

① 蒋绍愚：《近代汉语研究概要（修订本）》，北京大学出版社 2017 年版，第 141 页。

第二章

汉语常用助词源流

助词，即起辅助作用的一类词。本章主要介绍现代汉语常见助词“的”“所”的用法，并简要梳理其产生发展演变的历史轨迹。

第一节 “的”常见用法及其源流

现代汉语中，使用频率最高的词无疑是虚词“的”。在4.5亿文字材料中，频序号为1①，是个名副其实的领头“大哥”。

虚词“的”，音de，用法较为复杂，例如：

(1) 妈妈的父亲叫外公。

(2) 为何我蒸的馒头软塌塌、黑乎乎的?

(3) 打鱼的姓王，卖鱼的姓李。

(4) 鱼、虾、螃蟹的，太腥，我都不喜欢。

(5) 别担心，他会回来的。

(6) 是谁开的门?

诸例“的”，用法各不相同，例（1）用在两个名词（定语+中心语）之间，表示前面的名词修饰后面的名词；例（2）前一个“的”用在谓词性结构后限制中心词，后一个“的”用于状态形容词后；例（3）用在动词性结构后组成“的”字结构，相当于一个名词的用法；例（4）“的”后附于并列的名词后，表示类举，含有“等等”“一类”的意思；例

① 本书课题组编：《现代汉语常用词表（草案）》，商务印书馆2008年版，第3页。

(5) 用在句末，表示肯定语气；例 (6) 用在动宾结构之间，表示肯定和已然。

上举诸例“的”，大致可以分为两大类：一类属于语气词，表达肯定语气，如例 (5)、例 (6)；一类属于结构助词，表示语法性质。结构助词“的”又有细微不同的区别，可分为四小类：连接定语和中心语；用在状态形容词后充当谓语；组成“的”字结构；附着在名词后表示类举。后一小类也可单独成一组，后附的“的”表示一定的句法意义，因为表示类指含义，可以叫作类称助词，这个性质与“的”字结构的“的”相类。但是类称助词可以省略，只不过省略后的类称意谓较为隐晦罢了，这一点与“的”字结构中的“的”又有所不同。

下面分别介绍语气词“的”和结构助词“的”的用法，并探讨其来源①和历史发展脉络。

一　语气词“的”之用法、来源

语气词“的”最常见的用法是附着在句尾，表示肯定的语气，以加强对事实的确定和未来发展情况的推断，如：

(1) 我小王在任何时候都不会忘记同志们的。

(2) 他今天会回来的。

语气词“的”可以省略，如上举两例中的“的”。经常用在陈述句中，也可用在疑问句中，如：

(3) “文博士是从美国回来的?” 卢会长的嗓音响亮，带着水音，据说能唱一口很好的二黄。看文博士谦恭的一笑，承认这件事实，他马上转了转那对极黑极亮的眼珠……(老舍《文博士》)

(4) 小贝在楼上挂窗帘，无意中看见海藻从一辆车上下来。等海藻进门，问：“今天谁送你回来的? 老板?”(六六《蜗居》)

例 (3) “文博士是从美国回来的”，卢会长虽然用的是疑问句，实际

① 从学术研究上看，“它的来源是汉语史必须要回答的问题”。(江蓝生：《处所词的领格用法与结构助词“底”的由来》，《中国语文》1999 年第 2 期)

上是想得到文博士自己亲口的肯定。例（4）“今天谁送你回来的”，是小贝对海藻的提问，但随后自己却给出了答案，小贝的提问不过是为了验证自己的“眼见为实”，强调自己的判断正确罢了。可见，语气词“的”，即使用在疑问句中，也仍然表示肯定确信的意味。

语气词“的”，有时还附着于句首的实词后，表示停顿或舒缓的语气，如：

（5）走啊走的，不知不觉太阳下山了。
（6）好的好的，我们马上到。

例（5）、例（6）中“的”相当于“啊”，也可以省略。

语气词“的”，有时还用于动宾结构之间①，表示强调，如“是谁说的话?”

此例“的”，有人认为是结构助词②，但是我们认为它仍然是语气词。请比较：

（7）她怎么来？（坐马车来）
（8）她怎么来的？（坐马车来的）
（9）她会来（的）？（她肯定会来）
（10）她怎么来的前线？（坐马车来的）

例（7）表示事件未发生，例（8）在例（7）的句末加了一个“的”，此“的”表示事件的确然性③。如果我们将句末的“的”换成“了”：“她怎么来了?”这时句末的“了”表示的是已然时体，但此处的“了”与“的”的区别非常明显。例（9）表示未然，这时“的”可以自由隐现。只不过，句尾如果有“的”，则语气更为显豁清楚。例（8）与例（9）比较可知，表示已然的“的”不可省略。例（10）是在例（8）后面加了个宾语，句意没有任何变化（两句的回答完全相同就是证明），

① 参见胡裕树、范晓《动词研究综述》，山西高校联合出版社1996年版，第308—310页。

② 朱德熙：《“的”字结构和判断句》，《中国语文》1978年第1期。

③ 这类句子中的“的”，有人认为是时体助词，见刘公望《现代汉语的时体助词“的”》（《汉语学习》1988年第4期）。

可见动宾之间的这个“的”来源于句末，表示已然肯定的语气。这个“的”也还可以移到句末，比较：“她怎么来的前线？→她怎么来前线的？”句意没有任何变化，可再次证明动宾结构之间的“的”是语气词。

语气词“的”，早先被名之为助词[①]。此“的”确实与助词性质有几分相似，如附着在其他的词语后面，词汇含义较虚，不能单独充当句法成分等，但是这些性质都是虚词的共性特征，并非语气词“的”的独有性质。我们认为，语气词“的”跟结构助词的区别还是很明显的，结构助词一般不能省略，如“爸爸的妈妈”（比较：爸爸妈妈）、“恹恹地想睡觉”（?[②] 恹恹想睡觉）、“跑得气喘吁吁的”（*[③]跑气喘吁吁的），其中的“的”“地”“得”都不能省略，而语气词“的”却能省略，如上文所引四则例句。

语气词“的”的产生，一般认为兴起于元代，如：

（1）此寺是则天皇后盖造的，后来崩损，又是崔相国重修的。（王实甫《西厢记》第一本第二折[④]）

（2）我这颓证候，非是太医所治的。（王实甫《西厢记》第三本第四折[⑤]）

（3）已上应合用的，都教有者。依着这体例里，量气力行的，他每识者。（《元典章》卷三十《畏吾儿丧事体例》[⑥]）

（4）今日皇帝初登宝位，孔夫子的名号，教众学士商量与着呵宜的。一般奉圣旨商量了名儿，我行再奏者。钦此。（元《1308年曲阜加封孔子圣旨致祭碑》[⑦]。第一个“的”是结构助词，第二个“的”是语气词）

（5）孔夫子加封名号，翰林集贤官人他每的言语是的。（同上。

① 黎锦熙先生最早称之为“确定语态的助词”（黎锦熙：《新著国语文法》，商务印书馆1924年版，第271页）。

② ?，表示?号后的结构有条件成立。

③ *，表示*号后的结构不能成立。

④ （元）王实甫：《西厢记》，王季思校注，上海古籍出版1978年版，第15页。

⑤ 同上书，第126页。

⑥ 《元典章》（第二册），陈高华等点校，中华书局、天津古籍出版社2011年版，第1060页。

⑦ 蔡美彪：《元代白话碑集录》，科学出版社1955年版，第54页。

句末的“的”是语气词）

例（1）、例（2）构成“是……的”形式，其中的“的”均可省略，例（2）句后似乎可以增加一个名词“病”，这时，句中的“的”就变成了结构助词。例（2）保留了句末语气词是由结构助词演变而来的最原始的遗迹。

语气词“的”在明清时，使用相当普遍，如：

（6）吾乃东土去西天取经的僧人，适才到此，不知地名，问你一声的。（《西游记》第七十八回）

（7）休说拆开了太师府书札，便有利害。俺这里兀自要和大宋皇帝做个对头的。（《水浒传》第三十九回）

（8）我女儿是清清白白嫁到你家的。（《古今小说》卷一）

（9）刚才是我淘气不叫开门的。（《红楼梦》第三十回）

语气词“的”的来源最早是吕叔湘先生提出来的，他说“也许历史上这个‘的’字是由的$_3$演变来的”[①]，“的$_3$”即“的”字结构中的“的”，学界多持这个观点，例如向熹先生即云语气词“的”“大约是从结构助词变来的。”[②] 但是，也有不同看法，有学者认为语气词“的”是两个民族语言接触的产物，例如曹广顺认为语气词“的”，“从其出现的时间、文体上推测，可能与蒙古语语气词的影响有关。”[③] 可惜，曹先生未曾深入论证。

那么，如何区别语气词与结构助词“的”？这可以从语气词和结构助词的性质入手。语气词是附着在句子或词语之后，表示一种语气，所以删除或省略后一般不影响句子的结构和意义表达。结构助词“的”主要表示附加成分与中心语之间的语法关系，并揭示附加成分与中心语之间的领属、限制、修饰、补充或指代等意义；或者是附着在其他的词语后面，组成新的语法结构，所以一般来说，结构助词不可省略。区别语气词与和结

---

① 吕叔湘：《关于“语言单位的同一性”等等》（刊于《中国语文》1962年第11期），见吕叔湘《汉语语法论文集》（增订本），商务印书馆2002年版，第412页。

② 向熹：《简明汉语史》上册，高等教育出版社1993年版，第461页。

③ 曹广顺：《近代汉语助词》，语文出版社1995年版，第138页。

构助词就是看“的”与前面的词语结合是否紧密，如果是结构助词，则“的”字不可删除、更换；如果结合不紧密，删除或更换“的”字后不影响句子的意义表达和完整结构，那么这个“的”就是个语气词（表示已然语气的“的”一般不能删除）。如：

（1）他打鱼的→比较：他打鱼（句意发生了变化）

（2）爸爸的妈妈→比较：爸爸与妈妈（句意、句法结构均发生了变化）

（3）他今天会回来的→比较：他今天会回来（句意、结构均没有变化）

（4）是谁开的门？→比较：是谁开门的？（句意、结构均没有变化）

例（1）省略“的”，句意完全改变；例（2）“的”换成“与”，不仅句意完全改变，连句法结构也发生了变化。例（3）删除句中的“的”，句意和结构均没有改变。可见，例（1）、例（2）中的“的”是结构助词。例（3）中的“的”是语气词。例（4）中的“的”不能省略，但是表示已然发生的语气十分明显，变换后，其句义和句法结构均没有变化，所以也是语气词。请比较：

（5）元李文蔚《张子房圯桥进履》第三折：“（钟离昧云）兄弟，俺奉鲁公之命，着俺二人，擒拿张良韩信哩。整点的军马停当，我先去。兄弟，你随后便来接应我也。”

（6）元李文蔚《张子房圯桥进履》第三折：“既然军师要去收捕西洛，小校那里？一壁厢整点军马将士，粮草戈甲，收拾停当，与军师擒拿申阳去。”

（7）元《元朝秘史》卷十四：“成吉思既住过冬，欲征唐兀，从新整点军马。至狗儿年秋，去征唐兀。”

例（5）中“的”用在动词“整点”与名词宾语“军马”之间，在例（6）、例（7）中这个“的”省略了，说明这个“的”是语气词。

语气词“的”的产生时代，孙锡信先生认为还可以提前，他提供的例证出自北宋欧阳修（1007—1072）《渔家傲·粉蕊丹青描不得》词："欲落又开人共惜。秋气逼。盘中已见新荷的。"孙先生认为此例中"的"是语气词，也就是说，据欧阳修词可以认定语气词"的"至晚在北宋中期就已经产生了。

不过我们在仔细审读欧词后，认为孙先生这一观点并不成立，因为孙先生所引欧阳修词例中的"的"并非是虚词，而是实意名词，理由如下。

《尔雅·释草》云："其实莲，其根藕，其中的。"晋郭璞注："的，莲中子也。"可见，在古代，莲蓬的籽实，就叫"的"。传世文献中多有运用，如晋潘岳《芙蓉赋》："丹煇拂红，飞须垂的。"南朝宋鲍照《芙蓉赋》："青房兮规接，紫的兮圆罗。"唐李商隐《李夫人》诗之二："剩结茱萸枝，多擘秋莲的。"诸例中的"的"，均表莲的籽实，此"的"，也写作"菂"，如汉王延寿《鲁灵光殿赋》："圆渊方井，反植荷蕖。发秀吐荣，菡萏披敷。绿房紫菂，窋咤垂珠"[①]，"紫菂"，即紫色的莲子。宋王安石《岁晚》诗："携幼寻新菂，扶衰坐夜航。""寻新菂"之"菂"，龙舒本、嘉靖本均作"的"[②]。

孙锡信先生所引欧阳修《渔家傲》又见于《欧阳修琴趣外篇》，"新荷的"作"新莲的"，《欧阳修琴趣外篇》编辑于南宋中期，与欧阳修词作的时代不远，"新莲的"之"莲的"与唐李商隐诗"秋莲的"之"莲的"义同。当代词学家黄畬先生注欧词曰："荷的，莲子"[③]，即可证本文之观点。

我们认为，语气词"的"是位于定中结构之间的"的"之语法化结果。结构助词"的"在两宋之际已经产生，当结构助词"的"处于句尾，这时中心语受语境的影响可以省略，语气词"的"之特点便表现出来了，这种句式的泛化类推，便产生了语气词"的"，如：

(1) 军马已起，更商量甚的？（宋《三朝北盟会编》卷二十三《茆斋自叙》）

比较：凡事先理会得正，方到得中。若不正，更理会甚中！……

---

① （梁）萧统：《文选全译》，张启成、徐达等编，贵州人民出版社1994年版，第639页。

② （宋）王安石：《王荆公诗笺注》，李壁笺注，高克勤点校，上海古籍出版社2010年版，第513页。

③ 黄畬：《欧阳修词笺注》，中华书局1986年版，第55页。

且如今赏赐人，与之百金为多，五十金为少，与七十金为中。若不合与，则一金不可与，更商量甚中！（宋《朱子语类·易三·纲领下》）

前文“甚的”，在下文用“甚”。又如：

（2）似这般的，打杀千万个，与狗子吃，有什么过？（宋《古尊宿语要》卷四十二，见《续藏经》卷一一八）

比较：公如吃饭一般，未曾有颗粒到口，如何又要吃这般，吃那般！这都是不曾好生去读书。（宋《朱子语类·大学一》）

这般灾难不由天，祸本无门人自召。（唐五代敦煌变文《无常经讲经文》）

师曰：“他适来也有权，也有实，也有照，也有用。及乎我将手向伊面前横两遭，到这里却去不得。似这般瞎汉，不打更待何时？”（《五灯会元》第十一卷“兴化存奖禅师”）

饶你从朝问到夜，论劫恁么还曾梦见么？甚么处是与人著力处？似这般底有人屈衲僧斋，也道得饭吃，有甚堪共语处？（宋《五灯会元》卷第十五“雪峰存禅师法嗣”）

“这般的”可以说成“这般”，也可以说成“这般底”，且后面也可补出中心语，即处于由结构助词向语气词转化的过渡阶段，宋元之际用例甚多（详见下节），此处不赘。

二　结构助词“的”之用法、来源

结构助词“的”的作用主要有四：一是连接中心语和定语，表示领属关系；二是组成“的”字结构，表示称代的人或事物；三是用于状态形容词后面①；四是表示附着在名词后表示类举。如：

（1）你是孙行者请来的救兵么？（《西游记》第四十二回）

① 状态形容词充当状语，书面上往往写作“地”（朱德熙：《语法讲义》，商务印书馆1982年版，第75页）。

(2) 这宝贝原是我佛如来赐我往东土寻取经人的金、紧、禁三个箍儿。(《西游记》第四十二回)

(3) 大的甜，小的香。

(4) 小王你去买些吃的。

(5) 黑乎乎的什么也看不见。

(6) 一百钱短一个也不卖，你怎么这么硬头硬脑的尼（呢）?(清1765年《朴通事新译》)

(7) 冬天北方冷，棉袄、棉裤、棉鞋、袜子的，一样不能落下啊，都带上。

例（1)、例（2）连接中心语与定语。例（3)、例（4）组成“的”字结构，后面省略中心语，相当于一个名词。例（3）由“形容词+的”组成，充当句子主语；例（4）由“动+的”组成，在句中充当宾语。例（5)、例（6）中“的”位于状态形容词后，分别充当状语、谓语。例（7）“的”附着在名词后，表示同类事物。

“的”字结构比较特殊，它是由结构助词“的”附着在实词或短语后面组成，指称人或事物，属于名词性短语，经常充当主语、宾语，如：

(8) 也不消一个更次，便是死的。（《水浒传》第二十八回，“死的”充当判断动词“是”的宾语)

(9) 他说的比唱的还好听。(“唱的”充当介词“比”的宾语)

有时也充当谓语或补语，如：

(10) 这本书借的。(充当谓语)

(11) 灶膛里的火烧得红彤彤的（充当补语)

也可充当独立语，如：

(12) 左右的，门首觑者。(元武汉臣《玉壶春》楔子)

(13) 小的们，你们都听仔细了。

“的”字结构后面有时可以添加相应的名词，这时，“的”字结构就与后面的中心词组成了偏正结构，在表意上也发生了细微的变化。“的”字结构由概括性较强的指称意义变成了具体的修饰意义。当“的”字结构的意念中心词在前面已经出现时，后面的中心词不能添加，如上文例（10）。又如：

（14）人和枪都是铁打的。（比较：铁打的人和枪）

（15）早是在我这里，若在别处，性命也送了你的。（关汉卿《鲁斋郎》楔子）

结构助词“的”，20世纪20年代曾出现过介词说[①]、语助词说[②]、连词说、语尾说、助词说[③]；40年代，高名凯先生又提出规定词说（规定语助词）[④]，等等。

结构助词“的”产生的时代，一般断在宋代（参见洪诚《王力〈汉语史稿〉语法部分商榷》，曹广顺《祖堂集中的“地（底）”“却（了）”“著”》，袁宾《近代汉语概论》，杨伯峻、何乐士《古代汉语语法及其发展（修订本）》等），如：

（1）皇帝却见侍读、馆使开说得理道甚是分白后，𠿝[⑤]是喜欢；太后亦更喜欢，道与皇帝：南朝𠿝是应副，本国也如有些小的公事，也且休恐恶模样。（沈括《乙卯入国奏请》[⑥]）

---

① 黎锦熙名之为“特别介词”，“是介绍名词或代名词到其他名词或代名词上去的”。（黎锦熙：《新著国语文法》，上海商务印书馆民国十三年（1924）版，第22页）

② 顾炎武：《音学五书·唐音正卷卷十九》，见《顾炎武全集》第三册，刘永翔校点，上海古籍出版社2011年版，第1114页；又赵元任《北京、苏州、常州语助词的研究》，见《清华学报》1926年第3卷第2期。

③ 杨树达：《名词代名词下“之”“的”之词性》，见《词诠》，上海商务印书馆民国十七年（1928）初版附录，第1—7页。

④ 高名凯：《汉语规定词“的”》，原载《汉学》1944年第1辑，又见《高名凯文选》，北京大学出版社2010年版，第141—184页。

⑤ 𠿝，即煞。参见蒋礼鸿《敦煌变文字义通释（第四次增订本）》，上海古籍出版社1981年版，第440页“煞”字条。

⑥ （宋）李涛：《续资治通鉴长编》第十九册，中华书局1986年版，第6513页。

(2) 学是至广大的事，岂可以迫切之心为之。(《二程集·河南程氏遗书·伊川先生语》，刘元承编①)

沈括（1031—1095），字存中，北宋杭州钱塘（今浙江杭州）人。《乙卯入国奏请》是沈括向朝廷奏报他在乙卯年（神宗熙宁八年，即公元1075年）出使契丹辽国的见闻记。文载宋李涛撰《续资治通鉴长编》卷二百六十五。《二程集》是北宋思想家程颢、程颐著作的汇集。程颢，字伯淳，生于1032年，卒于1085年，世称明道先生；程颐，字正叔，生于1033年，卒于1107年，世称伊川先生。《河南程氏遗书》是其弟子们记录二程的语录，后由理学家朱熹加以编订。从例（1）、例（2）来看，结构助词“的”的产生时代当不晚于北宋中期。其后，结构助词“的”在语言中大量出现，如：

(1) 南宫舍人，果是不好作的官职。(宋张端义《贵耳集》卷上)

(2) 契丹地土一齐都得，岂有不得银绢的道理？(《三朝北盟会编·燕云奉使录》)

(3) 师曰，将虚的来。(《祖堂集》卷三)

(4) (白) 看的，世上万般俱下品，思量惟有读书高。(《张协状元》第一出)

(5) (末) 夜来梦见一条蛇儿，都是龙的头角。(《张协状元》第四出)

(6) (丑) 莫管我的女孩儿，为你争些不见了性命。(《张协状元》第三二出)

(7) 好的歹的，丘神仙你就便理，合只你识者。(《元代白话碑集录》)

例（7）出自陕西省周至县《盩厔重阳万寿宫圣旨碑》，这是南宋宁宗嘉定十六年立，即公元1223年。

宋以后，结构助词“的”用得更加普遍，一直承续至今，成为现代

① （宋）程颢、程颐：《二程集》，王孝鱼点校，中华书局1981年版，第189页。

汉语最常用的词，如：

(8) 把百媚的莺莺分付与你。(《董西厢》卷八)

(9) 老相公的交椅，侄儿如何敢坐？(关汉卿《玉镜台》一折)

(10) 我观你的容颜，你异日必然拜相封侯也。(李文蔚《圯桥进履》一折)

(11) 白森森的皓齿，小颗颗的朱唇，黑鬒鬒的乌云。(王仲文《救孝子》二折)

(12) 众做公的只得四散，分头各去。(《古今小说》卷三十六)

(13) 为善的受贫穷命更短，造恶的享富贵又延寿。(《窦娥冤》第三折)

(14) 走不到半里多路，见一个败落的山神庙。(《水浒传》第二十三回)

(15) 猛听得角门儿呀的一声，风过处花香细生。(王实甫《西厢记》一本三折)

那么，结构助词“的”又是怎样产生来的？杨树达《名词代名词下“之”“的”之词性》等认为是直接来源于“之”，更多学者认为来源于结构助词“底”，如顾炎武《唐音正》、吕叔湘①、王力②、［日］志村良治③等，如：

(1) 将饭与阇梨喫底人还有眼也无？(《祖堂集》卷四)

(2) 师曰：“汝底与阿谁去也。”(《祖堂集》卷五)

(3) 师曰：“会即不会，疑即不疑。”师却云：“不会不疑底，不疑不会底。”(《祖堂集》卷三)

“底”，在例(1)中连接定语与中心语，例(2)中表示停顿，例

① 吕叔湘：《论“底”“地”之辨及“底”字的由来》，《金陵、齐鲁、华西大学中国文化汇刊》1943年第三卷。

② 王力：《汉语史稿》(1958年初版)，中华书局2001年版，第317页。

③ ［日］志村良治：《中国中世语法史研究》，日本三冬社1984年出版；江蓝生、白维国译，中华书局1995年版，第80页。

(3) 中表示肯定的语气。例 (1) 与结构助词“的”相当，例 (2)、例 (3) 与现代汉语的语气词“的”用法相当。也就是说，虚词“的”全面地继承了虚词“底”的用法。

志村良治认为，“这个‘底’跟‘得’‘的’有关系”，这是对的。但是他认为敦煌变文《庐山远公话》：“要知委的”的“的”① 也是结构助词，这个结论却是错的。江蓝生、曹广顺释：“委的：确实。”② 注音 wěidì，并引《庐山远公话》和《降魔变文》“未问委的，望风且嗔”为例，可见“委的”之“的”是个实语素而不是结构助词。

在结构助词“的”产生之前，结构助词“底”在唐代就已经产生了，例如：

(1) 不错底事作么生？(《筠州洞山悟本禅师》)

(2) 祇是丑陋底人。(《抚州曹山元证禅师语录》)

(3) 自少养得底儿子。(《抚州曹山元证禅师语录》)

(4) 沙门岂不是具大慈悲底人。(《抚州曹山本寂禅师语录》)

(5) 如何是常在底人。(《抚州曹山本寂禅师语录》)

(6) 为说前生修底因。(敦煌变文《丑女缘起》)

(7) 佛把诸人修底行。(敦煌变文《妙法莲花经讲经文》)

(8) 解说昨夜见底光。(敦煌变文《频婆娑罗王后宫彩女功德意供养塔生天因缘变》)

(9) 定知帏帽底，仪容似大哥。(《朝野佥载》)

(10) 师指山曰：“青青黤黤底是。”(《祖堂集》卷四《丹霞和尚》)

那么，“底”又是从哪里来的呢？

最早对这一问题做出研究的是章太炎先生，他在《新方言》(1915) 中提出，“底”是音变的结果，“的 (底)”字位于结构中间的来源于“之”，位于句末的来源于“者”。其后，学界展开了热烈的讨论，直至目前还没有定论。以下是影响较大的几家观点。

---

① [日] 志村良治：《中国中世语法史研究》，江蓝生、白维国译，中华书局1995年版，第96页。

② 江蓝生、曹广顺：《唐五代语言词典》，上海教育出版社1997年版，第368页。

吕叔湘《论“底”“地”之辨及“底”字的由来》认为“底”来源于“者”；王力《汉语史稿》从语音演变的角度认为“底”来源于“之”；祝敏彻认为“底”既来源于“之”，也来源于“者”[①]；何九盈也支持这个观点[②]。冯春田认为，唐宋时，“底”字结构与“者”字结构相对应，源于指代词“底”[③]；向熹认为，“底”从“之”变来是很有可能的。“之”上古读音［ȶĭə］，渐变为［tʂʅ］，口语里读成［ti］[④]。石毓智、李讷认为这个“底”来源于助词“个”[⑤]；江蓝生认为结构助词“底”来源于唐宋时方位词“底”，而方位词“底”来源于名词“底”[⑥]。关于“底”的来源，前辈学者讨论甚多，难成共识，这一问题还将继续讨论下去。

附　实词“的”的音义演变

的，《说文·勺部》：“明也”，字本作“旳”，段注：“旳者，白之明也。故俗字作‘的’。”宋玉《神女赋》：“眉联娟以蛾扬兮，朱唇的其若丹。”《中庸》：“君子之道，暗然而日章；小人之道，的然而日亡。”“的然”与“暗然”相对表义，为一对反义词，可知“的”有明亮、鲜亮义。又如司马相如《上林赋》：“皓齿粲烂，宜笑的皪。”“的皪”，即明亮，鲜明的意思。实词“的”，都历切，合成今音 dì。

旳，写作“的”，从目前见到的资料来看，最早见于《汉溧阳长潘乾校官碑》(后世简称《校官碑》[⑦])“发彼有的”之“的”。此碑刻于东汉灵帝光和四年（181），距今已有2200年的历史了。

“的”由明亮义引申出白色义，例如《易·说卦》：“其于马也，为善鸣，为馵足，为作足，为的颡”，三国吴虞翻曰：“旳，白。颡，额也。”孔颖达疏：“白额为的颡。”旳颡，谓马的头顶是白色的。旳（的）颡，

① 祝敏彻《〈朱子语类〉中的“地”“底”的语法作用》，《中国语文》1982年第3期。

② 何九盈：《中国古代语言学史》，广东教育出版社1995年版，第283页。

③ 冯春田：《试论结构助词“底”（的）的一些问题》，《中国语文》1990年第6期。

④ 向熹：《简明汉语史》，高等教育出版社1993年版，第314页。

⑤ 石毓智、李讷：《汉语发展史上结构助词的兴替——论“的”的语法化历程》，《中国社会科学》1998年第5期。

⑥ 江蓝生：《处所词的领格用法与结构助词“底”的由来》，《中国语文》1999年第2期。

⑦ 汉语大字典字形组：《秦汉魏晋篆隶字形表》，四川辞书出版社1985年版，第443页。

也因此被借作马名，此马即后世所说的“的卢”马。“的卢”，也作“的颅”。由马头之“的”引申作“射的”之“的”，即射箭的靶子之中心部分[①]，古人的箭靶子中心以白色为记，故而得名。《诗经·小雅·宾之初筵》：“发彼有勺”，借“勺”为“旳”，毛传：“的，质也。”《汉书·晁错传》：“矢道同的。”唐颜师古注：“的，谓所射之准臬[②]也。”《荀子·劝学篇》：“质的张而弓矢至焉。”唐杨倞注：“质，射侯也。的，正鹄也。”

又引申专指妇人面饰曰“的”。汉刘熙《释名·释首饰》：“以丹注面曰勺。勺，灼也，此本天子诸侯群妾当以次进御，其有月事者止而不御，重以口说，故注此于面灼然为识。女史见之则不书其名于第录也。”《史记·五宗世家》载长沙定王刘发故事：“长沙定王发，发之母唐姬，故程姬侍者。景帝召程姬，程姬有所辟，不原进，而饰侍者唐儿使夜进。上醉不知，以为程姬而幸之。”唐司马贞索隐：“姚氏按：《释名》云‘天子诸侯群妾以次进御，有月事者止不御，更不口说，故以丹注面目旳旳为识，令女史见之’。”东汉王粲《神女赋》：“施华的兮结羽仪[③]。”

由靶子的中心意，比喻为莲的籽实。《尔雅·释草》：“其实莲，其根藕，其中的。”郭璞注：“的，莲中子也。”宋邢昺疏：“莲青皮裹白子为的。”字亦作“菂”。

“的”，由名词靶子中心义引申为实在，确实，词义虚化。例如《三国志·魏志·崔林传》：“徐国各遣子来朝，间使连属，（崔）林恐所遣或非真的，权取疏属贾胡，因通使命，利得印绶，而道路护送，所损滋多。”《南齐书·礼志》：“泛之为言，无的之辞。”由此引申出副词的用法，音转为 dí，如唐白居易《出斋日·喜皇甫十早访》：“除却郎之携一榼，的应不是别人来。”“的”，用在谓词性词语前，充当状语，为副词，确实。又如宋柳永《安公子》之二：“虽后约，的有于飞愿，奈片时难

---

① 箭靶，在古代有很多异名，如“侯、质、正、鹄、臬”等。《诗经·小雅·宾之初筵》：“发彼有勺（的）”，孔颖达疏：“《周礼》郑众、马融注皆云：十尺曰侯，四尺曰鹄，二尺曰正，四寸曰质，则以为侯皆一丈，鹄及正质于一侯之中为此等级，则亦以此质为四寸也。王肃亦云：二尺曰正，四寸曰质。”又引《尔雅》云：“‘射，张皮谓之侯，侯中者谓之鹄，鹄中者谓之正，正方二尺也。正中谓之槷，方六寸也。’槷则质也。旧云方四寸，今云方六寸，《尔雅》说之明，宜从之。此肃意唯改质为六寸，其余同郑马也。”

② 臬，niè，箭靶子。《说文·木部》：“臬，射准的也。”

③ 羽仪，羽毛饰品。

过，怎得如今便见。”“的有”，即犹言“的确有”。又如晏殊《蝶恋花》：“人面荷花，的的遥相似。”“的的”，副词，即“的确”，“确实”义。

“的”借用作结构助词时，语音轻化，读 de。结构助词进一步虚化，衍化为语气词，仍读轻音 de。

第二节　“所”常见用法及其源流

所，suǒ，在 56008 个现代汉语常用词中，居 52 位。“所”有量词、助词等常见用法。“所”用在及物动词之前，组成“所”字结构，“所”字结构属于名词性短语。

一　“所”的常见用法

在现代汉语中，“所”有以下几种用法。

1. 基层机关或底层办事单位的通用名称，构成“XX 所”，如“派出所、储蓄所、医务所、托儿所、中国社会科学院语言研究所”等，其中“所”是专有名词的构成成分，不能单用。

2. 用作量词，如“两所学校、一所医院、一所幼儿园”等。

3. 助词，用在及物动词前，构成“所”字结构，“所”字结构相当于一个名词，如“所见所闻”“把你所听到的全部告诉我们”。这种用法在现代汉语的书面语中用得较多，如“答非所问、闻所未闻、为所欲为、大势所趋、前所未有、所向披靡、众所周知”等，其中的“所”，有专家认为是辅助性代词①。

助词“所”的用法很普遍，比较：

你所谈的道理大家都懂→你谈的道理大家都懂

你所考虑的是对的→你考虑的是对的

助词“所”的作用更多的是凑足音节，使表达更典雅，更富有节奏感，如：

① 郭锡良、唐作藩等：《古代汉语（修订本）》上册，商务印书馆 2014 年版，第 328 页。

(1) 所需要的费用很高→需要的费用很高

(2) 所要的费用很高→（他）要的费用很高

(3) 所需的费用很高→*需的费用很高

例（1）“所”字删除，句子可以成立；例（2）“所”字删除，句子的口语色彩更为浓郁；例（3）“所”字删除，句子不成立，很明显“所”字有凑足音节成词的作用。

4. “所”附着在“有”或“无”后，组成“有所……”“无所……”后跟动名词，如“有所进步、有所了解、有所创造、有所变化；无所用心、无所畏惧、无所不用其极、无所不为”等。

“有所……”之“所”，带有些许之意，表示程度轻微，比较：

有所进步→有点进步→有进步

有所变化→有点变化→有变化

有所创造→有点创造→？有创造

有所了解→有点了解→？有了解

“有所进步”，表示有点进步；“有所变化”，表示有些变化，它们表示的程度均不如“有进步”“有变化”高，但书面语意味明显。“有创造”“有了解”不能单说，只能成对出现，说成“有创造有发明”“有调查才有发言权”等。

“无所……”之“所”，没有“些许”的轻微意味，相反，肯定的意味更强烈，表达更典雅，书面语色彩更浓郁，请比较：

无所用心（=很不用心）→不用心/*无用心

无所畏惧（=很不畏惧）→不畏惧/（面对苦难）无畏惧

无所不用其极→（各种手段）无不用其极

无所不为→（无为）无不为

“无所用心”比“不用心”，否定程度更深，节奏感更强，书面色彩更明显。

在“为……所+及物动词”“被+所+及物动词”中，“所”进一步虚化，经过重新分析，“所”已经彻底虚化为助词了，比较：

我为她的献身精神所感动→我为她的献身精神感动
不要被他的假话所迷惑→不要被他的假话迷惑

此类被动句中的“所”字大多可以省略，故而被认定为助词。

二　“所”的来源与发展

“所”，本义谓处所，是个名词，如《诗经·郑风·大叔于田》：“袒裼暴虎[①]，献于公所。”“公所”，即主公的住所。《诗经·魏风·硕鼠》：“乐土乐土，爰得我所。”“我所”，即我安居的地方。《诗经·商颂·烈祖》：“及尔斯所。”斯，指示代词；斯所，此处，指宋国国土。《论语·为政》：“子曰：‘为政以德，譬如北辰，居其所而众星共之。’”“居其所”，在它自己的位置、地方。又如《国语·晋语九》：“令鼓人各复其所。”“复其所”，即鼓人回到原先站立的地方。

自汉代始，皇帝的车驾所到处叫“行在所”，汉蔡邕《独断》云：“天子以四海为家，故所在曰行在所。”由处所意又引申指官职或政府办事机构的名称，如唐喻凫《寄刘录事》诗“今在提纲所，应难扫石眠。”“提纲所”[②]，即提纲所在的办公地。据宋赵彦卫《云麓漫钞》可知，表示专名的“所”起于六朝。《云麓漫钞》卷六云：“‘所’之名见于六朝永昌二年置犧所，又有钱所，天监中有刻漏所。”永昌二年，即东晋元帝司马睿的第三个年号的第二年（323）。这种用法一直延续至今，如《元史·食货志二》“太宗甲午年，始立征收课税所”之“课税所”，今有“派出所、招待所、诊疗所、语言研究所”等。

金元时，“所”由办公场所引申出驻军和屯军的建制，例如《元史·兵制二》：“睿宗在潜邸[③]，尝于居庸关立南、北口屯军，徼巡盗贼，各设千户所。”明、清时，发展成“卫所制”，《明史·兵制二》：“天下既定，

① 袒裼暴虎，袒身赤膊与猛虎搏斗。

② 唐宋委官运送货物及赋税于京师，称为“纲”，如茶纲、马纲、花石纲之类。管领其事称为“提纲”，其办公处叫“提纲所”。唐方干《送婺州许录事》诗：“曙星没尽提纲去，暝角吹残锁印归。”诗中所言“提纲”，即谓许录事去差办赋税等公事。

③ 潜邸，古代称天子即位前所居住的宅第。

度要害地，系一郡者设所，连郡者设卫。大率五千六百人为卫，千一百二十人为千户所，百十有二为百户所。”《清史稿·食货志一》：“（乾隆）四十一年，令叶尔羌成丁馀回，特畀耕地编户，凡千五百户为一所，三千户为一卫。”

“所”，由处所义引申出量词的用法。古汉语数词直接修饰名词，名词表示事物的“量”的单位时，就衍化为量词。就我们掌握的材料来看，春秋战国之前未发现“所”充当量词的用法，秦汉时，“所”充当量词的用法出现，例如《史记·扁鹊仓公列传》：“刺足阳明脉，左右各三所，病旋已。”“左右各三所”，即左右各三处，不过此处“所”仍然含有处所的意味，还是名量词的初始萌发期。东汉班固《西都赋》：“缭以宫墙四百馀里，离宫别馆三十六所。”“离宫别馆三十六所”之“所”，已经成为处所量词了。又如北魏郦道元《水经注·河水四》：“岸上并有庙祠，祠前有石碑三所。”唐《括地志·东夷》：“百济国西南海中，有大岛十五所，皆邑落，有人居，属百济。”唐代，量词“所”进一步发展，可以用作非处所量词，例如《敦煌变文集·搜神记》：“我卧处床西头函子中，有子书七卷，弹琴玉爪一枚，紫檀如意杖一所，与弟为信。”“如意杖一所”，即如意杖一根。

上古汉语，宾语前置①，表示处所的“所”常用于动词前，如《左传·僖公三十二年》：“其北陵，文王之所避风雨也。”“所避风雨”，即躲避风雨的地方。《诗经·鄘风·载驰》：“大夫君子，无我有尤；百尔所思，不如我所之。”“我所之”，即“我之所”的意思，犹言“我到的地方”。《孟子·离娄》：“其妻告其妾曰：‘良人出，则必餍酒肉而后反。问其与饮食者，尽富贵也，而未尝有显者来。吾将瞯良人之所之也。’”“良人之所之”，即丈夫所到的地方。《山海经·大荒西经》：“大荒之中，有山名曰丰沮玉门，日月所入。”“日月所入”，即日月降落的地方。《吕氏春秋·察今》：“其剑自舟中坠于水，遽契其舟，曰‘是吾剑之所从坠’。”汉东方朔《七谏》：“弧弓弛而不张兮，孰云知其所至？”“所至”，即至所，强弓射到的地方。《中庸》第三十一章：“是以声名洋溢乎中国，施及蛮貊。舟车所至，人力所通，天之所覆，地之所载，日月所照，霜露

① 上古汉语有所谓宾语前置的用法，即名词宾语位于动词的前面，如《左传·曹刿论战》：“肉食者谋之”，“肉食者”，即食肉者（吃肉的人，即指挥者），名词“肉”是动词“食”的受事宾语。

所队：凡有血气者莫不尊亲。故曰：‘配天’。”“所至”，即“至所”，舟车行驶到的地方；“所通”，即通所，人力能到的地方；“所覆”，即覆所，苍天覆盖的地方；“所载”，即大地承载的地方；“所照”，即日月照耀的地方；“所队（坠）”，即霜露坠落的地方。又如《论衡·书虚》：“盖人目之所见，不过十里。”

当处所义逐渐虚化，“所”就变成了一个辅助性的代词，这就是延续至今还在运用的“所+动词”的“所”字结构，“所”字结构相当于一个名词。如《庄子·养生主》：“始臣之解牛之时，所见无非牛者。”“所见”，即所见到的（那个东西）。又如《孟子·告子上》：“生，亦我所欲也；义，亦我所欲也。”唐白居易《与元九书》：“时之所重，仆之所轻。”

辅助性代词“所”和介词“以”组成“所以+”短语，“所以”与形容词或动词组成名词性词组，《史记·卫康叔世家》：“必求殷之贤人君子长者，问其所以兴，所以亡，而务爱民。”根据“以”的不同用法与具体语言环境，“所以”有不同的含义，表示办法、原因、根据等。如《墨子·公输》：“吾知所以距子矣，吾不言。”“所以距子”，即对抗您的方法。诸葛亮《出师表》：“亲贤臣，远小人，此先汉所以兴隆也。”“此先汉所以兴隆”，意谓这就是前汉兴隆的原因。

“所以”后附的动词还可以不出现，如《文子·自然》：“天下有始，莫知其理，唯圣人能知所以。”“唯圣人能知所以”（比较《左传·哀公二十七年》“文子曰：‘吾乃今知所以亡。’”），即只有圣人才能知道（天下有始的）原因。又如《史记·太史公自序》：“《春秋》之中，弑君三十六，亡国五十二，诸侯奔走不得保其社稷者不可胜数。察其所以，皆失其本已。”唐韩愈《李花》诗之一：“问之不肯道所以，独绕百匝至日斜。”金董解元《西厢记诸宫调》卷一：“红娘曰：‘非先生所知也。’生曰：‘愿闻所以。’”《儒林外史》第一回：“问其所以，都是黄河沿上的州县，被河水决了，天庐房舍，尽行漂没。”此类用法的“所以”，习用既久，遂衍化为一个名词，其中的“所”页随之衍化为构词的一个语素了。

当“所以”用在两个单句间，表示结果或原因，连词的用法就产生了，《荀子·哀公》：“君不此问，而问舜冠，所以不对。”“所以”，表示结果。《史记·魏公子列传》：“胜所以自附为婚姻者，以公子之高义，为能急人之困。”句中“所以”用于主谓短语前，表示原因。又如北齐颜之推《颜氏家训·慕贤》："世人多蔽，贵耳贱目，重遥轻近……所以鲁人谓孔子为'东家丘'。"唐李白《与韩荆州书》："一登龙门，则声誉十倍，所以龙盘凤逸之士，皆欲收名定价于君侯。"

辅助性代词"所"用在动词前，进一步虚化，就变成了助词，如《史记·六国年表》："或曰：'东方物所始生，西方物之成孰。'"句中"所"与"之"位置相对，可以分析为助词。这种助词用法，主要是为了满足双音节节律的需要，如《论语·述而》："子所/雅言，《诗》《书》执礼，皆雅言也。"《左传·襄公九年》："火所/未至，彻小屋，涂大屋。"《汉书·食货志》："粟者/民之/所种，生于地而不乏。"

"所"意义虚化的痕迹完整地保留在表示被动的"为……所……"句式中，如《史记·屈原贾生列传》："其后楚日以削，数十年，竟为秦所灭。"《汉书·霍光传》："卫太子为江充所败。"《三国志·魏志·武帝纪》："太祖为流矢所中。"《资治通鉴·汉献帝建安十三年》："巨是凡人，偏在远郡，行将为人所并。"宋苏洵《六国论》："为国者无使为积威之所劫哉。"此类"为……所+动词"表达形式，到了东汉时已经可以说成"为……+动词"了，比较《汉书·高帝纪》"吾属今为沛公虏矣"、《汉书·五行志下》"军败身伤，为诸侯笑"，可知此类句中的"所"字可以省略，"所"至此已经成为一个可以省略的助词了。

"所+动词"组成"所"字结构，相当于一个名词，这时可以充当动词"有、无"的宾语，"所"的作用是使后附的动词名词化，如《左传·僖公四年》："虽众，无所用之。"《左传·成公二年》："能进不能退，君无所辱命。"《战国策·赵策四》："窃自恕，而恐太后玉体之有所郄也。"《史记·淮阴侯列传》："必欲争天下，非信无所与计事者。"《史记·李将军列传》："（李陵）尝深入匈奴二千余里，过居延，视地形，无所见虏而还。"

"所+动词"中的"所"，虚化时，经过重新分析，这时"所"有时带有副词的语法意义，如《晏子春秋·杂下》："圣人非所与熙也。"张纯一校注引王引之《经传释词》云："言圣人不可与戏也。"王引之把"所"对译为助动词"可"。《文子·道德》："老子曰：民有道，所同行；有法，所同守。义不能相固，威不能相必，故立君以一之。""所同行""所同守"之"所"，义同"可"。《史记·淮阴侯列传》："必欲争天下，非信无所与计事者。"此例在《汉书·韩信传》中，"所"作"可"。又如唐高适《同群公宿开善寺赠陈十六所居》诗："知君悟此道，所未披袈裟。"唐柳宗元《韦道安》诗："朅来事儒术，十载所能逞。"诸例中的"所"在具体的上下文语境都可以看作副词，不过这种用法未能延续下来，现代汉语已经不用了。

附　"所"字本义考

所，小篆从户从斤。东汉许慎《说文·斤部》："伐木所所。从斤户声。""所"从"斤"得义，伐木的工具为"斤"，在许慎看来，"所"是专为锯木之声创造的拟声词，今音 hǔ。清段玉裁《说文解字注》认为《诗经》"伐木丁丁""伐木所所"，其中"丁丁者，斧斤声；所所，则锯声也。"清朱骏声也认为《诗经》"所所"是个模拟锯木的拟声词，朱氏《说文通训定声》云："《诗》曰：'伐木所所'，毛本作'许许'，按锯声也。"

所，同音假借为"许"，用在数字后，意谓左右，读 xǔ，如《史记·扁鹊仓公列传》："今庆已死十年所。"《史记·滑稽列传》："从弟子女十人所，皆衣缯单衣，立大巫后。"《礼记·檀弓》："其高可隐者"郑玄注："谓高四尺所。"《汉书·疏广传》："数问其家金馀尚有几所，趣卖以共具。"唐颜师古注："几所，犹几许也。"《汉书·张良传》："父去里所复还。"颜师古注："里所，犹里许也。"《汉书·郊祀志》："建章、未央、长乐宫钟虡[①]铜人皆生毛，长一寸所。""长一寸所"，即长一寸左右。

表示处所之"所"字，从户取义（单扇门），斤声，与"伐木所所"之"所"字（从斤取义，伐木工具，户声）当是两个"同形"近音的字。上古斤字属见母文韵，户字属匣母鱼韵。"处所"之"所"，与"伐木所所"之"所"，两音相近而非音同，声母发音部位相同，同属于舌根音，韵母都是高元音。

清人朱骏声《说文通训定声》认为"处所"之"所"是伐木声"所所"的假借字，今人周绪全、王澄愚也认为是从伐木声假借为处所之"所"[②]，皆不确。"所"，战国金文很常见，如战国金文《鱼鼎匕》"母（毋）处其所"，其中"所"字，字形即从单门的房屋。又如《不易戈》

① 虡，jù，古代悬挂钟或磬的架子两旁的柱子。

② 周绪全、王澄愚：《古汉语常用词源流词典》，重庆出版社 1991 年版，第 337 页。

《庚壶》中的“所”字，字形也都是从“户”取义[①]。从金文“处所”之“所”字的构形，足以证明，伐木声“所”字与处所之“所”字，除了偶然的音近外，没有表义上的直接联系，是两个同形字。

① 李圃：《古文字诂林》第十册，上海教育出版社2004年版，第650页。

第三章

汉语常用动词源流

动词，表示动作、行为、存现或心理活动的一类词，它通常充当句子的谓语或谓语中心语。本章按照常见动词使用频率分六组展开，依次对“是”“有”“对”“说”“要”“到”“来”“等”“能”“会”“下”“使”“出”“用”“给”“去”“让”“起”“做”“走”“成”“想”“如”“该”“至”“无”“张”“作”28个常用单音节动词和“没有”“起来”“可以”3个常见双音节动词的用法逐一介绍，并考释其源流轨迹。

第一节 “是”“有”“对”“说”“要”“到”常见用法及其源流

一 是

是，音 shì，在56008个现代汉语常用词中，列第2位。

（一）“是”的常见用法

现代汉语中，“是”主要充当判断动词，表示主宾之间具有同一关系或者后者说明前者的种类、属性等，例如：

> 本文的作者就是我王小明，欢迎大家批评指正。（表示等同）
> 南京是一线城市吗？（表示属性）
> 钼是一种银白色的难熔稀有金属。（类别）
> 菠萝是她的最爱。（类别）

这一类用法的“是”可以省略，不妨碍意义的表达，但是在语感上，在“是”字处似乎有停顿，请比较：

本文的作者，我王小明，欢迎大家批评指正。

南京，一线城市吗？

钼，一种银白色的难熔稀有金属。

菠萝，她的最爱。

如果动词“是”前有副词，则“是”不可省略，比较：

本文的作者就是我王小明，欢迎大家批评指正。→＊本文的作者就我王小明，欢迎大家批评指正。

南京肯定是一线城市吗？→＊南京肯定一线城市吗？

钼当然是一种银白色的难熔稀有金属。→＊钼当然一种银白色的难熔稀有金属。

菠萝的确是她的最爱。→＊菠萝的确她的最爱。

否定句中，“是”一定要出现，比较：

本文的作者，我王小明。→本文的作者不是我王小明。

南京，一线城市吗？→南京不是一线城市吗？

菠萝，她的最爱。→菠萝不是她的最爱。

判断词“是”还可以表示存在。主语是处所，宾语是处所存在的事物。例如：

屋子里到处是尘土，没法下脚。

工地上全是钢筋水泥。

村口有一口鱼塘，鱼塘的前面是一条清澈的小河。

这种用法的“是”一般不可省略。如果省略，说成“＊村口有一口鱼塘，鱼塘的前面一条清澈的小河”，则句子意犹未尽，还需要有后续句子托底才能足句（成为一个表义完整的句子）。

（二）“是”的源流演变

是，《说文·是部》：“直也。从日正。”“是”字小篆、大籀形体皆从日从正会意。段注："十目烛隐[1]则曰直，以日为正则曰是。从日正会意。天下之物莫正于日也。《左传》曰：'正直为正，正曲为直。'"可见，"是"的本义是端正，不偏斜，为形容词，例如《易经·未济》："上九，濡其首[2]，有孚失是。"唐李鼎祚《周易集解》引三国吴虞翻曰："是，正也。""失是"，即有失正道。正，形容词活用作名词。

由端正义引申谓法则，转化为名词，《尔雅·释言》："是，则也。"晋郭璞注："是，事可法则。"清郝懿行义疏："则者，《释诂》云：'法也。'"古代汉语中名词常常用作动词，例如《逸周书·周祝》："地出物而圣人是，时鸡鸣而人为时。"晋孔晁注："万物自然，不为人来，圣人则之，如因鸡鸣以识时也。""圣人是"，意即孔晁所注的"圣人则之"[3]。又如《荀子·非十二子》："不法先王，不是礼仪。""是"与动词"法(效法)"对文同义，也是遵守效法之意，动词。

由本义端正引申，意谓正确，与"非"相对，形容词。南朝梁顾野王《玉篇·是部》："是，是非也。"清刘淇《助字辨略》卷三："是，非之反也。"《吕氏春秋·察传》："辞多类非而是，多类是而非，是非之经，不可不分。"汉语中"而"一直都是连接谓词性词语，本句中"而"连接"非""是"两个反义词。又如《淮南子·修勇》："立是废非，明示后人。"高诱注："是，善也。"《汉书·元帝纪》："且俗儒不达时宜，好是古非今，使人眩于名实，不知所守，何足委任！""是古非今"，即认为古代的东西是好的，今天的东西不好。这种用法今天偶尔一用，如："王书记说的是，我们马上照办。"古汉语形容词活用作动词，后面带宾语，便产生了意动用法，译作"自以为……是"，如《墨子·耕柱》："功皆未至，子何独自是而非我哉？""自是"，即"是自"，认为自己是对的；"非我"，即认为我是错的。

古代汉语中的"是"，一个常见用法是充当代词，表示近指，相当于"此""这"。《广雅·释言》："是，此也。"这种用法产生很早，上古常用，例如《尚书·金縢》："史乃册祝曰：'惟尔元孙某，遘厉虐疾，若尔三王，是有丕子之责于天，以旦代某之身。'"《论语·述而》："子于是日哭，则不歌。"孔颖达疏："言孔子于是日闻丧，或吊人而哭，则终是

---

① 烛隐，洞察隐蔽的东西。烛，动词，洞察；隐，动词转指为名词，隐蔽的东西。

② 濡，rú，沾湿，润泽。濡其首，弄湿了头（言下之意是沉湎于酒而失态）。

③ 圣人则之，即圣人效法它。

日不歌也。”是日，即这一天。又如《论语·八佾》：“是可忍，孰不可忍也？”（这件事情能忍受，还有什么事情不能忍受？）《论语·子路》：“夫如是，则四方之民襁负其子而至矣。”

那么“是”这个指示代词是怎么产生的呢？

我们认为指示代词的“是”来源于表示肯定的形容词“是”，如《孟子·梁惠王上》：“故王之不王，非挟山以超北海之类也；王之不王，是折之之类也。”句中“是”与“非”相对，表示肯定。由于这种用法的“是”常常放在谓语前，于是经过重新分析，“是”由陈述转化为指称，“是”的指称用法便产生了①，相当于“此”，如《论语·学而》：“夫子至于是邦也，必闻其政。”南朝梁皇侃疏：“是，此也。”“是邦”，即这个国家，“是”为指示代词。这种用法在先秦十分常见，例如《左传·昭公十二年》：“王曰：‘是良史也，子善视之。是能读《三坟》《五典》《八索》《九丘》。’”《论语·微子》：“滔滔者天下皆是也，而谁以易之？”《庄子·齐物论》：“名实未亏，而喜怒为用，亦因是也。”《孟子·梁惠王下》：“古之人有行之者，武王是也。”《吕氏春秋·察今》：“是吾剑之所以从坠。”唐白居易《游平泉宴浥涧宿香山石楼赠座客》诗：“是夜勿言归，相携石楼宿。”宋柳永《满江红》词之四：“人是宿，前村馆，想鸳衾今夜，共他谁暖？”

指示代词“是”复指宾语，把宾语提到谓语动词之前，起到强调作用。如《尚书·益稷》：“无若丹朱傲，惟慢游是好。”“惟慢游是好”，即“惟好慢游”（慢游：浪荡遨游）。《左传·僖公四年》：“齐侯曰：‘岂不谷是为？先君之好是继，与不谷同好如何？’”“岂不谷是为”，即“岂为不谷”；“先君之好是继”，即“继先君之好”。唐韩愈《祭十二郎文》：“吾少孤，及长，不省所怙，惟兄嫂是依。”“惟兄嫂是依”即“惟依兄嫂”。

判断词“是”是怎么产生的呢？判断词“是”来源于指示代词的“是”。这是因为，指示代词“是”有复指主语的作用，又有联系主语和谓语的作用，在这种句法结构中，当它丧失了复指作用之后，就演变为系词了，如《论语·里仁》：“富与贵，是人之所欲也……贫与贱，是人之

① 周绪全、王澄愚认为：“‘是’假借为‘此’，这。”（《古汉语常用词源流词典》，重庆出版社1991年版，第323页）可备一说。

所恶也。”“是”作为复指代词，放在主语和谓语之间，复指强调主语，这时它还不是判断词，但是这种句法结构形式为“是”转变为系词提供了有利条件。

当句中代词“是”的复指作用变得非常微弱，由指代作用转向联系主语和谓语、加强肯定判断语气的作用时，判断词“是”就产生了，例如：

(1)《韩非子·外储说左上》：“问人曰：‘此是何种也？’对曰‘此车轭也。’”

(2)《战国策·魏策三》：“韩是魏之县也。”

(3)《论衡·死伪》：“余，是所嫁妇人之父也。”

例(1)问句“此是何种也”与答句“此车轭也”相对，“是”的复指性质完全消失，表判断的作用十分明显，因此，我们可以把它视作判断词。例(1)—(3)句尾有判断语气词“也”，“是”的判断性质更加鲜明。又如《史记·刺客列传》：“行见其友，其友识之，曰：‘汝非豫让邪？’曰：‘我是也。’”《韩诗外传》卷八：“问其御者曰：‘此何虫也？’御曰：‘此是螳螂也。’”

当句末的“也”字消失，则句子的判断性质完全由“是”承担，如汉无名氏《十五从军征》：“遥看是君家，松柏冢累累。”陶潜《桃花源记》：“问今是何世？”《世说新语·贤媛》：“许允妇是阮卫尉女。”唐崔颢《黄鹤楼》诗：“日暮乡关何处是，烟波江上使人愁。”“日暮乡关何处是”，即“日暮乡关是何处”。唐元稹《景申秋》诗之六：“眼前撩乱辈，无不是同乡。”

春秋战国时期，就已经出现了一些用法接近于判断词“是”的句子，如《左传·定公十二年》：“无成，是无孟氏也。”《孟子·告子上》：“均是人也，或为大人，或为小人，何也？”

不过，此时判断词“是”的演变还没有最后完成，因为句尾的语气词“也”仍在帮助表达判断语气。只有帮助判断的语气词“也”字消失了，判断词“是”的形成过程才能算是最后完成。1973 年长沙马王堆三号墓出土战国时期的彗星图上有带“是”字的几个句子被认为已经具备了判断词的性质：

（1）是是帚彗，有内兵，年大孰（熟）。是是苫彗，兵天下起，若在外归。是是竹彗，人主有死者。

（2）是是苫发彗，军起，兵几（饥）。是是蒿彗，军起，兵几（饥）。

上面两例中，“是是”连用，第一个“是”字是指示代词，第二个“是”字应该是判断词。这些句子足以证明在战国末期，判断词“是”就已经产生了，只不过这种表达方式还处于萌芽时期，因为这一时期的文献中见到用“是”做判断词的例子并不多。

指示代词由于复指主语，放在谓语前，当前面句子表示原因时，经过重新分析，“是”便转变为连词，表示承接，相当于“于是”“则”，这种用法产生时代很早，西周已有，例如《尚书·禹贡》：“桑土既蚕，是降丘宅土。”清王引之《经传释词》卷九云：“是，犹于是也。”又如《逸周书·常训》：“夫礼非克不承，非乐不竟，民是乏生。”《史记·吕太后本纪论》：“刑罚罕用，罪人是希。”汉王充《论衡·感类》：“刘媪息大泽，梦与神遇，是生高祖。”唐韩愈《唐故相权公墓碑》：“惟其不有，以惠厥后，是生相君，为朝德首。”

指示代词“是”有强调的作用，后面跟形容词时，就转化为副词，犹“甚”“怎样”，如金董解元《西厢记诸宫调》卷六：“姐姐为人是稔色，张生做事忒通疎。”句中“是”与副词“忒”相对，后面跟形容词“稔色”（美艳），表示程度。这种用法来源于指示代词，萌生于晚唐五代，例如敦煌变文《韩擒虎话本》：“是我今日莫逃得此难？”例中“是”指示作用不明显，表示强调意谓，可以重新分析为副词。又如宋元《古今小说》：“是有个张公，在这里种瓜。”《水浒传》第四十二回：“宋江道：‘却又是苦也！早是不钻出去。’”两例中“是”修饰谓词，一在动词“有”前，一在形容词“苦”前，表示“的确”“确实”义，相当于一个副词。

二 有

“有”，音 yǒu，动词。在56008个现代汉语常用词中，位列第6位。

（一）“有”的常见用法

动词“有”，在现代汉语中主要表示领有、拥有，跟“无”或“没”相对，如：

我有一双白球鞋，很合脚，可惜爬山时穿坏了。

谁有圆规，借我用一下。

“有”后面带上抽象名词“天赋”“本事”“能力”“才能”“素质”“理由”“办法”等，这时“有+”就具备了抽象名词所指称的某种性质，因而前面可以受程度副词的修饰，如：

小明很有天赋，流行歌曲唱得可好啦！

小王挺有本事，连拖拉机都会开。

这个人好有学问，连这么生僻的字都认得。

“有”后面带名词宾语。如果需要带上动词，这时在动词前面必须带上“所”字，组成“有所+动词”的格式，例如：

我们应该有所为，有所不为，抓大放小。

不要说了，你们的产量有所提高，但是质量却有所下降。

我强调过多次，小明应该有所准备。

“有所+”，带有程度低的意谓，例如：“这件事情，我有所了解。”相等于“这件事情，我有些了解。”

除非成对出现，组成“有+动词+有+动词”格式，否则不能使用，例如：

这事情，我们有调查有研究，不会弄错的。

有比较才有鉴别。

（二）“有”的产生及流变

有，《说文·有部》：“不宜有也。”“不宜有也”，段玉裁释云：“谓本是不当有而有之称”，用今天的话来说，就是“本来不应该有，但后来却有了。”其实，许慎、段玉裁的解释都是错的。

有，西周金文已见，如《盂鼎》铭文“有”，从手（又）从月会意，月[①]

---

① 汉字构形中，“月”旁有两个意思，一个跟“肉”，即肌肉或肢体有关，例如“腿、肌、肋、肺”等字；另一个跟月亮有关，例如“望、朔、晦、朝”等字。

字即肉字，“有”字形体为以手持肉，其本义是表示有无之“有”、拥有之“有”。《玉篇·有部》：“有，不无也，得也”，释义正确。例如《左传·隐公元年》：“小人有母，皆尝小人之食矣，未尝君之羹，请以遗之。”这种用法后世承之，一直延续到今天，例如《论语·学而》：“不好犯上，而好作乱者，未之有也。”《孟子·梁惠王上》：“七十者衣帛食肉，黎民不饥不寒，然而不王者，未之有也。”《世说新语·德行》：“陈仲举言为士则，行为世范，登车揽辔，有澄清天下之志。”杜甫《登岳阳楼》诗：“亲朋无一字，老病有孤舟。”《太平广记·神仙·老子》：“夫有天地则有道术，道术之士，何时暂乏。”

由此引申，“有”表示存在，如《诗经·国风·周南·樛木》：“南有樛木，葛藟累之。”[①]《论语·雍也》：“哀公问：‘弟子孰为好学？’孔子对曰：‘有颜回者好学，不迁怒，不贰过。不幸短命死矣！今也则亡（无），未闻好学者也。’”《论语·雍也》：“伯牛有疾，子问之，自牖执其手，曰：‘亡之，命矣夫！斯人也而有斯疾也！斯人也而有斯疾也！’”[②]《孟子·梁惠王上》：“王坐於堂上，有牵牛而过堂下者。”《孟子·公孙丑上》：“宋人有闵（悯）其苗之不长而揠之者，芒芒然归，谓其人曰：‘今日病矣，予助苗长矣。’”《世说新语·德行》：“管宁、华歆共园中锄菜，见地有片金，管挥锄与瓦石不异，华捉而掷去之。”

有，由存在义进一步虚化，充当词头，变成了构词的语素，王引之《经传释词》卷三：“有，语助也。一字不成词，则加有字以配之。若虞夏殷周皆国名，而曰有虞、有夏、有殷、有周是也。推而他类，亦多有此。”“有”用在朝代名词前，这种用法，现在偶尔用之，例如：陈斐《南宋唐诗选本与诗学考论》：“在唐诗大繁荣、大普及的时代背景下，唐代的诗僧也十分兴盛；他从有唐300年的诗僧中选取52人、诗500首，这些人代表了唐代诗僧的总体状况。”[③]“有唐”，即唐代。《中国历史文

---

① 引文大意是：南方地区有很多生长茂盛的树木，葛藟爬上树枝，并在快乐的生长蔓延。樛，音jiū，下曲而高的树。藟，音lěi，似葛，野葡萄之类。

② 这段话的意思是：冉伯牛得了恶疾，孔子去慰问，从窗口握住他的手说：“去吧，这就是命吧。这样的人怎么得了这样的病呢，这样的人怎么得了这样的病呢。”冉伯牛是孔子七十二贤弟子之一，德行与颜渊、闵子骞并称，深得孔子的喜爱，所以孔子有此感叹“斯人也而有斯疾也！”

③ 陈斐：《南宋唐诗选本与诗学考论》，大象出版社2013年版，第304页。

化十万个为什么（1）》："《隋唐演义》为什么是'有清一代历史演义小说最优秀的一部'？"[①] "有清"，即清朝。词头"有"，也用于形容词前，例如《诗经·国风·周南·桃夭》："桃之夭夭，有蕡[②]其实。"王引之《经传释词》卷三："有，状物之词也。"蕡，意谓"大"，形容词；"有蕡"之"有"，也是词头。

"有"由表示存在进一步引申，表示未来出现的情况，即带有假设意谓，例如《论语·学而》："学而时习之，不亦说乎？有朋自远方来，不亦乐乎？"《论语·公冶长》："邦有道，不废；邦无道，免于刑戮。"由假设义进一步引申，表示条件，如《论语·述而》："子曰：'三人行，必有我师焉！择其善者而从之，其不善者而改之。'"《太平广记·神仙·鬼谷先生》："秦皇时，大宛中多枉死者横道，有鸟御草以覆死人面，遂活。"

"有"后跟抽象名词，表示具有性质，前面可以带程度副词，例如《世说新语·言语》："张天锡为凉州刺史，称制四隅。既为苻坚所禽（擒），用为侍中。后于寿阳俱败，至都，为孝武所器。每入言论，无不竟日。颇有嫉己者，于坐问张：……""有嫉己者"前面加程度副词"颇"，表示带有某种性质。《世说新语·文学》："文帝尝令东阿王七步作诗，不成者行大法。应声便为诗曰：'煮豆持作羹，漉菽以为汁。萁在釜下然，豆在釜中泣；本是同根生，相煎何太急？'帝深有惭色。""有惭色"前有"深"修饰，表示性质。这种用法一直延续至今，例如《红楼梦》第一回："说起根由虽近荒唐，细按则深有趣味。""我偏偏不这么看，我认为这种争吵很有意义。"[③]

"有"后带名词宾语，如果带动词，则需要利用"所"字组成"有所+动词"的格式，例如《论语·学而》："礼之用，和为贵。先王之道斯为美，小大由之。有所不行，知和而和，不以礼节之，亦不可行也。"

"有"，又同音假借为"又"，例如《论语·为政》："吾十有五而志于学，三十而立，四十而不惑，五十而知天命，六十而耳顺，七十而从心所欲、不踰矩。"《论语·乡党》："亵裘长。短右袂。必有寝衣，长一身有半。"《孟子·滕文公上》："圣人有忧之，使契为司徒，教以人伦：父

---

① 王世伟等编著，吉林文史出版社 2015 年版，第 141 页。

② 蕡，音 fén，形容词，大。西汉毛亨传："蕡，实貌。"宋朱熹集传："蕡，实之盛也。"

③ 陈更：《一位律师对经院教授们的挑战·也说"学术吵架"很有意义》，作家出版社 2005 年版，第 250 页。

子有亲，君臣有义，夫妇有别，长幼有序，朋友有信。”“圣人有忧之”，即“圣人又忧之”。又如《太平广记·神仙·墨子》：“墨子年八十有二，乃叹曰：……”这种假借用法，现代汉语偶尔用之，是仿古的用法，多用于十位数与个位数之间，例如《人性的枷锁》：“他在回信中说他不能改变初衷，还说菲利普年已二十有五，也该自己挣饭吃了。”[①] 朱剑心《金石学》：“此附于不知器名，未识何故盘、盂、洗二十有一。”[②] 又如“我年已二十有五，业未成，婚未就，还在迷茫游荡中。”

三　对

对，音 duì，在56008个现代汉语常用词中，位列第14位。有动词、介词、形容词、量词等用法。

（一）在现代汉语中的常见用法

1. 用作动词，有以下几种意思。

（1）对，对答。如“无言以对”“对答如流”。

（2）对待，对付。如“对事不对人”“对症下药”。

（3）朝着、向着。如“枪口要对敌人。”“对”的后面往往跟表示状态的助词“着”，“窗户对着大路，可以做瞭望孔。”

（4）对等、二者相对。如“对调、对立、对抗”；“对手、对方、对岸”等，“你这话对我的心思，我喜欢。”“第一场乒乓球赛，二班对一班”。

（5）对质、核对。例如：“校对、对表、对笔迹”。“我去财务处对账单子，没有错。”

2. 用作形容词。正确，正常。例如：“你说得对。”“很对，就这么办。”“对的要执行，不对的也要执行，这是命令，懂吗？”“小明的神色不对。”

3. 用作量词。两两相配成对，如性别、左右、大小等，例如“他们是一对模范夫妻。”（性别）“鸟儿的一对翅膀漂亮极了。”（左右）“他俩

---

① ［英］威廉·萨默塞特·毛姆：《人性的枷锁》，张柏然、张增健、倪俊译，上海译文出版社2014年版，第686页。

② 朱剑心：《金石学》，浙江人民美术出版社2015年版，第71页。

一对哈巴狗，甭理他们。”“好一对父子。”（大小）

4. 用作介词。引介对象，例如“小明对她腼腆地笑了笑。”“有一句话叫‘男人对自己要狠一些’。”“你的话对我很有启发。”“我们一定会对这件事情展开深入调查。”

（二）产生与流变

对，繁体字作“對”“對”等，《说文·丵部》：“应无方也[①]。从丵从口[②]从寸。”徐锴注：“有问则对，非一方也。”本义是回答对方提出的问题，例如《尚书·说命下》：“敢对扬天子之休命[③]。”汉孔安国传：“对，答也。答受美命而称扬之。”段玉裁《说文解字注》：“对，答，古通用。”《诗经·大雅·荡之什·桑柔》：“大风有隧，贪人败类。听言则对，诵言如醉。匪用其良，覆俾我悖。”“听言则对”也即“听言则答”，句子大意是，听到道听途说的话就喜欢对答。《国语·鲁语下》：“季康子欲以田赋，使冉有访诸仲尼，仲尼不对。”“仲尼不对”，即孔子不回答，不理睬。《论语·子张》：“子游曰：‘子夏之门人小子，当洒扫、应对、进退，则可矣。’”“应对”，即应答回话。又《孟子·梁惠王下》：“王语暴以好乐。暴未有以对也。”暴，即庄暴，是齐宣王的近臣。“暴未有以对也”，即“庄暴我没有什么话可用来回答的”，对，对答义。《三国志·魏志·贾诩传》：“太祖又尝屏除左右问诩，诩默然不对。”“诩默然不对”，即贾诩沉默不回答曹操的问话。又如《世说新语·言语》：“锺毓、锺会少有令誉，年十三，魏文帝闻之，语其父锺繇曰：‘可令二子来。’于是敕见。毓面有汗，帝曰：‘卿面何以汗？’毓对曰：‘战战惶惶，汗出如浆。’复问会：‘卿何以不汗？’对曰：‘战战栗栗，汗不敢出。’”这种用法还保留在现代汉语的合成词或熟语中，如“对话”“对答如流”之类。

臣下回答君主所问之事，古人就叫“对”，如《史记·屈原贾生列传》：“每诏令议下，诸老先生不能言，贾生尽为之对。”也叫“奏对”，《新唐书·李揆传》：“揆美风仪，善奏对。”古代士子针对皇帝的策问，

---

① 应无方也，段玉裁《说文解字注》云：“所谓善待问者如撞钟，叩以大者则大鸣，叩以小者则小鸣。无方，故从丵从口。”丵，音 zhuó，丛生的野草。

② 對，字从士会意，许慎认为这是汉皇刘恒改字所为：“汉文帝以为责对而为言，多非诚对，故去其口以从士也。”

③ 休命，美善的命令。多指天子或神明的旨意。

提出一套治理政事的方略，叫“对策”，南朝梁刘勰《文心雕龙·议对》：“对策者，应诏而陈政也。……汉文中年，始举贤良，晁错对策，蔚为举首。”

回答应“对”，是需要面对提问者的，所以引申出“面对”，“向着”等义，《广雅·释诂四》曰：“对，向也。”如《史记·万石张叔列传》：“子孙有过失，不谯让[①]，为便坐，对案不食。”“对案不食”，即对着食案[②]（坐在那儿）不吃饭。《世说新语·言语》：“过江诸人，每至美日，辄相邀新亭，藉卉饮宴。周侯中坐而叹曰：‘风景不殊，正自有山河之异！’皆相视流泪。唯王丞相愀然变色曰：‘当共戮力王室，克复神州，何至作楚囚相对！’”“相对”，即面对面。《世说新语·言语》：“温忠慨深烈，言与泗俱；丞相亦与之对泣。”“对泣”，即对面而泣。又如唐韩愈《感春》诗之三：“归来欢笑对妻子，衣食自给宁羞贫。”《太平广记·神仙·栾巴》：“后一旦，忽大风雨，天地晦冥，对坐不相见，因失巴所在。”《太平广记·神仙·嵩山叟》：“中有二仙对棋，局下有数杯白饮，堕者告以饥渴，棋者与之饮。”此种用法一直延续至今，如：“他俩面对面，干瞪着眼，谁也不说话。”

当动词“对”后面跟名词宾语时，后面再出现表示动作、行为或处置的动词（语义重心），那么“对”就会经过语法的重新分析，整个句子结构由连动结构变成了“状中结构”，“对”由动词由于重新分析而演变成了介词，例如曹操《苦寒行》诗：“熊罴对我蹲，虎豹夹道啼。”《世说新语·方正》：“元方曰：‘君与家君期日中，日中不至，则是无信；对子骂父，则是无礼。’”南北朝梁王台卿《一旦歌》：“对虎低头啼，垂泪泪千行。”隋侯夫人《春日看梅花》二首之一：“庭梅对我有怜意，先露枝头一点春。”唐王梵志诗：“尊人对客饮，卓立莫东西。”《太平广记·神仙·鬼谷先生》：“先生痛其道废绝，数对苏、张涕泣，然终不能寤。”此种用法延续至今，如：“敌人正对我开炮呢，等炮火停了，我们就打他个冲锋。”

对，由回答义引申为答谢、酬答。《诗经·大雅·文王之什·皇矣》：“王赫斯怒，爰整其旅，以按徂旅，以笃周祜，以对于天下。”东汉郑玄笺：“对，答也……以答天下向周之望。”又如汉陈琳《拜乌丸三王为单

① 谯让，唐司马贞索引：“责让。”《汉书·万石卫直周张传》此处作：“诮让”。

② 食案，类似今天吃饭的桌子。

于版文》："夫有勋不赏，俾勤者怠。今遣行谒者杨林，赍单于玺绶车服，以对尔劳。"（《三国志·魏志·乌丸传》注引《英雄记》）"以对尔劳"，即酬谢你们的功劳。

对，由回答义引申出对质、核对义。如北魏郦道元《水经注·淇水》："鲜于冀为清河太守，作公廨。未就而亡。后守赵高，计功用二百万，五官黄秉、功曹刘适言四百万钱。冀乃鬼见，白日导从入府。与高及秉等对，共计校定，为适、秉所割匿。"《世说新语·惑溺》载一故事，说西晋初年才俊韩寿"美姿容"而被权臣贾充之女看中，暗通款曲，"后会诸吏，闻寿有奇香之气，是外国所贡，一著人则历月不歇。充计武帝唯赐已及陈骞，余家无此香，疑寿与女通……充乃取女左右婢考问。即以状对。充秘之，以女妻寿。""以状对"，即以实情核对。清龚炜《巢林笔谈续编·校字难》："陈眉公极言校字之难，始不谓然。小有著述，已对过数次，付梓而误字叠出，过来人语定不差。"此用法还保留在现代汉语的合成词中，如"核对、对账、对质"等词。

由面对、面向义引申出对应、对等、对手义。如《易经·无妄·象传》："先王以茂对时，育万物。"清焦循章句："对，犹应也。""对时"即谓"顺合天时"。《管子·宙合》："故圣人博闻多见，畜道以待物。物至而对形，曲均存矣。"《三国志·吴志·陆逊传》："（刘备）今在境界，此强对也。""强对"，即强硬对手。宋蔡絛《铁围山丛谈》卷三："君果多闻耶！又能敌吾饮。吾老矣，久无对，不意君之肯辱吾也。""久无对"，即很久都没有对手了。元杨梓《豫让吞炭》第二折："韩魏云：'今日大敌破灭，可贺，可贺。'赵云：'深蒙二君相济，得平大对。'""大对"，即强大的对手、敌人。

对，其形容词义来源于"对等"义，例如敦煌《伍子胥变文》："横行天下无对当，将知万国总还同。"对当，匹敌义，由此引申为对错之"对"，正确。《朱子语类·大学三·释正心修身》："如某夜间看文字，要思量改甚处，到上床时擦脚心，都忘了数。天明擦时，便记得。盖是早间未有一事上心，所以记得。孟子说：'平旦之气，其好恶与人相近者几希。'几希，不远也。言人都具得此，但平日不曾养得，犹于夜间歇得许多时不接于事，天明方惺，便恁地虚明光静。然亦只是些子发出来，少间又被物欲梏亡了。孟子说得话极齐整当对。"句中"当对"，即正确义，当与对，同义连文。又如《朱子语类·论语十七·曾子有疾孟敬子问之章》："'君子所贵乎道者三'，言道之所贵者，有此三事，便对了。"南宋《古尊宿语录》卷第六《勘看经僧第二》："问僧：'什么处来。'僧云：'双林寺来。'师云：'还见傅大士么。'僧云：'不错只对和尚。'"明《喻世明言·陈御史巧勘金钗钿》："鲁公子回到家里，将衣服鞋袜装扮起来，只有头巾分寸不对，不曾借得。"清《儿女英雄传》第十七回："我问了问他，他说姓尹，从淮安来，那弓合砚台倒说得对。及至我叫他先留下那弓，他就闹了一大篇子文绉绉，说要见你老人家。""那弓合砚台倒说得对"，是褚一官告诉邓九公等众人，弹弓和砚台都被姓尹的人说对了。

由对等、对手义引申出对付、对抗义，如《韩非子·初见秦》："夫一人奋死可以对十，十可以对百。"《三国志·蜀志·诸葛亮传》："而所与对敌，或值人杰。"由对等、对手义引申为抵偿、抵押、对命等，如无名氏《冯玉兰》第四折："这番推勘见分明，则你那夜来凶恶可也还侥幸，眼见的恶贯盈，今朝对了俺爷命。"元秦简夫《东堂老》第三折："他两个少下的钱钞，都对在我身上。"《醒世姻缘传》第五十二回："你去！由他！破着我的老命和他对了。""和他对了"，即和他拼了命了。《儿女英雄传》第三回："我们围着庄子的这几块地，年终不是有二百多银子租子吗？就把这个对给他，合他说明白了，按月计利，不论年份，银到归赎。"

由对等、对手义引申出相配、配偶义，如《诗经·周颂·清庙之什·清庙》："于穆清庙，肃雍显相。济济多士，秉文之德。对越在天，骏奔走在庙。不显不承？无射于人斯。"郑玄笺："对，配。"唐孔颖达疏："文王既有是地，多士今犹行之，是与之相配也。"《后汉书·逸民列传·梁鸿》："同县孟氏有女……择对不嫁，至年三十。"北齐颜之推《颜氏家训·治家》："婚姻素对，靖侯成规。"明汤显祖《紫箫记·胜游》："足下存四方之志，兼有陇西士族，乱定而归，定寻名对。""名对"，即豪门望族之配偶。这种用法一直保存在汉语方言中，如沙汀《兽道》："（她）靠着自己一双手把儿子养大了，而且对了媳妇。""对了媳妇"，即娶了媳妇，为四川方言。

古人作文喜欢对文成句，使诗文词句相互成对，也叫"属对"，如宋沈括《梦溪笔谈·艺文二》："如'自朱邪之狼狈，致赤子之流离'，不唯'赤'对'朱'，'邪'对'子'，兼'狼狈'、'流离'乃兽名对鸟名。"

《警世通言·旌阳宫铁树镇妖》："敝乡旧俗，但先生初来者，或考之为文，或试之以对，然后启帐。"属对的结果叫"对子""对联"，简称"对"，例如《警世通言·王安石三难苏学士》："荆公写出一对道：'一岁二春双八月，人间两度春秋。'"

对，由对答、面对义，引申出量词的用法，两两相配为"对"，不过，此种用法产生较晚，大约起于唐代，如《诗经·豳风·七月》："朋酒斯飨"，唐孔颖达疏："此言朋酒者，设尊之法，每两尊并设，故云朋耳。《燕礼》云：司宫尊于东楹之西两方壶，公尊瓦，大夫尊两圆壶。是尊皆两两对设之也。""两两对设"，即两两成对摆放。不过，此中的"对"还是名词充当状语，不是一个典型的量词。到晚唐时，量词"对"产生了，例如皮日休《重元寺双矮桧》诗："应知天竺难陀寺，一对狻猊[①]相枕眠。""狻猊"的定语是数量短语"一对"。唐五代敦煌变文《维摩诘经讲经文》四："光严合掌，启白维摩，唯愿慈悲，听我咨问。我为猒（厌）居火宅，有心深暮（慕）善缘，命三五个家童，排一两对幡盖，欲出城外，往诣迦蓝。"宋王辟之《渑水燕谈录》卷第五《官制》："蔡文忠公自为布衣时，已恢廓有大志，而姿表秀异，见者多耸动。祥符中，擢进士，为天下第一。真宗临轩，目其堂堂英伟，进退有法，大悦之，顾寇莱公曰：'得人矣！'特诏给金吾卫士七人清道，时以为荣。寻诏：'自今第一人及第，给金吾七人当直，许出两对引喝。'上闻公单贫，佣僦仆隶，故有是命。"元武林隐《小令·蟾宫曲·昭君》："天风瑞雪剪玉蕊冰花，驾单车明妃无情无绪，气结愁云，泪湿腮霞。……只见三对两对搠旌旗古道西风瘦马，千点万点噪疏林老树昏鸦。哀哀怨怨，一曲琵琶，没撩没乱离愁悲悲切切，恨满天涯。"这种用法一直延续至今，如："一对新人""一对父子"等。上衣与下裳相配，也叫对，宋欧阳修《谢对衣金带鞍辔马状》："臣伏蒙圣慈，以臣入院，特赐衣一对，金带一条，金镀银鞍辔马一匹者。"宋谢采伯《密斋笔记》卷四："对衣，谓上衣下裳一对也。"

四　说

说，音 shuō，在 56008 个现代汉语常用词中，位列第 15 位，有动词、

---

① 狻猊，suān ní，即狮子，如《穆天子传》："狻猊野马走五百里。"（明）李东阳《记龙生九子》："龙生九子，不成龙。各有所好……狻猊平生好坐，今佛座狮子是其遗像。"

名词等用法。

（一）在现代汉语中的常见用法

1. 动词。

（1）说话，用有声的语言表达。例如："太闷了吧，我说个笑话给大家听听。""说相声的，真逗哎！"

（2）解释，介绍。例如："你一说我就明白了，这事儿不怪你。""这件事情我说过多次了，跟我没有关系，跟我真的没有关系。""下面我来说一说这个图书馆的建设历史。"引申意谓谈及、暗指，例如："你是在说我吧，我先申明，这事情跟我没有关系。""我没有说你，你别多心啊。"

（3）批评，责备。例如："这事情办得太糟，回去看你老爸怎么说你啊！""少说几句吧，孩子知道错了。"

（4）说和，说媒。例如："他们误会啦，明天我找个机会，跟他俩说和说和。""我给你说个婆家""这门亲事要说定了，二大爷要请我喝喜酒啊。"

2. 名词。见解，言论，主张。例如："材料不足，聊备一说。""小明啊，此说差矣，不妥不妥。""道家学说，别有见地。"

（二）产生与发展

说，《说文·言部》："释也。从言兑。"段注："说，释，即悦怿。说、悦，释、怿，皆古今字。许书无悦、怿二字也。说释者，开解之意，故为喜悦。《采部》曰：'释、解也。'从言，兑声。《儿部》曰：'兑、说也。'本《周易》。此从言、兑会意，兑亦声。"说，本义是解释、说明，例如《左传·昭公九年》："初，公欲废知氏而立其外嬖，为是悛而止。秋八月，使荀跞佐下军以说焉。"杜预注："说，自解说。"《论语·八佾》："成事不说，遂事不谏，既往不咎。""成事不说"，即已经做了的事情就不要解释了。《国语·吴语》："夫差将死，使人说于子胥曰：'使死者无知，则已矣；若其有知，吾何面目以见员也。'遂自杀。"韦昭注："说，告也。"又如《孟子·离娄下》："博学而详说之，将以反说约也。"《荀子·正名》："说不喻然后辨。"《汉书·叙传上》："时上方乡学，郑宽中、张禹朝夕入，说《尚书》《论语》于金华殿中，诏伯受焉。""说《尚书》《论语》于金华殿中"，即在金华殿解说《尚书》《论语》。南朝宋刘义庆《世说新语·德行》："王朗每以识度推华歆。歆蜡日尝集子侄燕饮，王亦学之。有人向张华说此事，张曰：‘王之学华，皆是形骸之外，去之所以更远。’”

解释、说明无不代表自己的观点、见解，故“说”由此引申出言论、说法、主张、学说等义，由动词转化为名词，例如《论语·八佾》：“或问禘[①]之说。子曰：‘不知也。知其说者之于天下也，其如示诸斯乎！’”“或问禘之说”，即有人问孔子关于禘祭的学问。又如《管子·立政》：“寝兵之说胜，则险阻不守；兼爱之说胜，则士卒不战。”《战国策·秦策五》：“阳泉君避席，请闻其说。”汉《论衡·问孔》：“伐孔子之说，何逆于理。”宋苏轼《石钟山记》：“是说也，人常疑之。”[②] 明《二刻拍案惊奇》卷九：“可又有一说，不遇艰难，不显好处。”

解释、说明是为了说服别人，故引申出劝说、说服，用此义时，过去改读为 shuì，此种为区别本义而改变读音的方法叫破读，也叫读破，例如《孟子·尽心下》：“说大人，则藐之，勿视其巍巍然。”“说大人”，即游说那些显贵。孟子的意思是，游说那些位高权重的人时，要藐视他，不要把他的显赫地位和权势放在眼里。《汉书·匈奴传下》：“非可以仁义说也。”颜师古注：“说，谓劝谕。”又如《旧唐书·董昌龄母杨氏传》：“及王师逼郾城，昌龄乃以城降，且说贼将邓怀金归款于李光颜。”进一步引申出劝告，批评义，例如元张国宾《合汗衫》第一折：“陈虎那厮恰才我说了他几句，他便走出来不往家去。”元无名氏《施仁义刘弘嫁婢》第一折：“（正末云）婆婆，你听波。我恰才说了他几句话，他故意的将这等言语来激恼我。”明《西游记》第十四回：“三藏道：‘弟子日前收得一个徒弟，他性泼凶顽，是我说了他几句，他不受教，遂渺然而去也。’”《红楼梦》第九十四回：“芹儿呢，你便狠狠的说他一顿，除了祭祀喜庆，无事叫他不用到这里来。”

由劝说，说服引申出说合，说亲义。此用法，仍习惯音 shuō，产生时代较晚，例如宋元《古今小说》卷三三：“恭人说：‘公公也少不得个婆婆相伴。’大伯应道：‘便是没恁么巧头脑。’恭人道：‘也是说个七十来岁的婆婆？’”“说个七十来岁的婆婆”，意谓给介绍个七十来岁的老女人。明《二刻拍案惊奇》卷十七：“参将道：‘正要对你说，魏撰之自京

---

① 禘，dì，禘祭之礼，为上古极为隆重的大祭之礼，只有天子才能举行。

② 句子大意是：这种说法，人们常常怀疑它。

中回来，不知为何只管叫人来打听，说我有个女儿，他要求聘。我只说他晓得些风声，是来说你了。’”“是来说你了”，意谓“是来说合你了”。《红楼梦》第七十五回：“前儿我说定了邢女儿，老太太还取笑说，我原要说他的人，谁知他的人没到手，倒被他说了我们的一个去了。虽是顽话，细想来倒也有些意思。”“他说了我们的一个去了”，即说合了我们这边的一个人嫁过去了。

说，通“悦”，古今字，喜悦，高兴。用此义时，破读为 yuè，例如《诗经·召南·草虫》：“亦既见止，亦既觏止，我心则说。”① 《论语·学而》：“子曰：‘学而时习之，不亦说乎？有朋自远方来，不亦乐乎？人不知而不愠，不亦君子乎？’”《论语·雍也》：“子见南子，子路不说。夫子矢之曰：‘予所否者，天厌之！天厌之！’”《论语·先进》：“回也，非助我者也，于吾言无所不说。”（颜回呀，他不是能帮助我的人，我讲的话他没有不喜欢。）《论语·子路》：“子曰：‘君子易事而难说也。说之不以道，不说也。’”② 句中“说”，即“悦”也。《墨子·公输》：“公输盘不说。”“不说”，即不悦，不高兴。汉字规范化后，此义一律写作“悦”。

又假借为“脱”，音 tuō，解脱，例如《诗经·卫风·氓》：“士之耽兮，犹可说也；女之耽兮，不可说也。”“可说”，即可以解脱。《易经·蒙》：“利用刑人，用说桎梏。”孔颖达疏：“又利用说去罪人桎梏。”“说去罪人桎梏”，即脱去罪人的镣铐。《左传·僖公十五年》：“车说其輹，火焚其旗，不利行师，败于宗丘。”杜预注：“在震，则无应，故车脱輹。”《国语·鲁语下》：“求说其侮，而亟于前之人，其雠不滋大乎。”韦昭注：“说，犹除也。”

五　要

要，音 yào，在 56008 个现代汉语常用词中，频序号 17。

（一）在现代汉语中的常见用法

1. 动词，常见用法有以下几种。

（1）希望拥有，想要，后面经常直接跟名词宾语，例如：“我要一把

---

① 觏，gòu，相遇，相聚。此句大意为：我已经见着他，我已经遇着他，我的心情多么高兴啊。

② 这句话的意思是：孔子说：“品行高尚的人容易事奉而难以讨好他。不依靠礼义讨好他，他是会不高兴的。”

口琴。”

为了强调，“要”的宾语可以提前，或者省略。例如：“别翻了，这本古籍你要就买了。不要走人，别妨碍我做生意。”“这本古籍你要就买了”，也可以说成：“你要这本古籍就买了”，可见“这本古籍”是“你要”的意念宾语，只不过为了强调受事而被提前充作主语。“不要走人”，是动词“要”承前省略意念宾语“这本古籍”。

“要”后面也可以直接跟动词，表示情感态度，例如：“我要学吹口琴。”“我要好好学习，努力为国争光。”“我们公派留学，要好好学习才能对得起国家和人民。”

（2）索要，索取。例如：“小明，明天你去要账吧。”“妈妈，小明又跟我要钱啦。你管管他，别让他乱花钱。”

（3）请求或者命令。例如：“是你要我留下来做客的。”“明天假期结束，班主任要同学们准时到校。”“首长指名要小明去送信。”

（4）需要，价值，例如“行人要遵守交通规则。”“水果要先洗洗才能吃。”“这本古籍要五十元。”这种用法的“要”往往可以省略。试比较：

从这儿到街上，要两小时。→从这儿到街上，两小时。

这本古籍要五十元。→这本古籍五十元。

后面也可以直接跟动词。如果句中的“要”省略，则“需要”的意谓减弱，试比较：

感冒了要多喝水。→感冒了多喝水。

他吃饭要喝汤，你做个紫菜汤吧。→他吃饭喝汤，你做个紫菜汤吧。

（5）将要，可能，后面跟动词，例如：“好像要下雨啦，准备好雨衣。”“看这架势，今天要有一场恶仗。”“要打仗了，做好准备。”“别瞎说，乱说话会要你命的。”引申表示估计，例如：“要不了多久，我们就到目的地了。”“这个月，我请了几天假，奖金要扣不少喽。”

2. 连词。表示假设，例如：“你要能来，我们一定能拿大奖。”“要是我拿了第一名，我一定请客。”

（二）产生与发展

要，《说文·臼部》：“身中也。象人要自臼之形。”臼，甲骨文像两手叉腰之形，本义指人的腰。例如《墨子·兼爱中》：“昔者，楚灵王好士细要。”（从前，楚灵王喜欢士子细腰）《楚辞·离骚》：“户服艾以盈要兮，谓幽兰其不可佩。”“盈要”，即挂满腰间。又如《史记·扁鹊仓公列传》：“济北王侍者韩女病，要背痛。”《周礼·考工记·函人》：“权其上旅与其下旅，而重若一。”郑玄注引郑司农曰：“上旅谓要以上，下旅谓要以下。”贾公彦疏：“上旅，腰以上，谓衣也。下旅，腰以下，谓裳也。”人的腰是人体的中间部分，故可引申意谓中间。例如《战国策·秦策四》：“要绝天下也。”鲍彪注：“要，谓中。”

人的腰是人体的要害部分，因此引申为要害、关键义。《周礼·天官·宰夫》：“掌官法之治要。”贾公彦疏：“要，谓大计要也。”《孝经·开宗明义章第一》：“子曰：‘先王有至德要道。’”“至德”与“要道”为并列结构。“至”修饰“德”，“要”修饰“道”，“要道”，即关键之道，特指礼乐。汉贾谊《过秦论》：“北收要害之郡。”（在北面占领了要害的地区）引申谓重要，重大之事，例如《世说新语·言语》：“王右军与谢太傅共登冶城，谢悠然远想，有高世之志。王谓谢曰：‘夏禹勤王，手足胼胝；文王旰食，日不暇给。今四郊多垒，宜人人自效；而虚谈费务，浮文妨要，恐非当今所宜。’”“浮文妨要”，即不切实际的言辞妨碍国家大事。《世说新语·谗险》：“袁悦有口才……语人曰：‘少年时读《论语》《老子》，又看《庄》《易》，此皆是病痛事，当何所益邪？天下要物，正有《战国策》。’”“天下要物，正有《战国策》”，天下重要的书籍，只有《战国策》。

要，名词活用作动词，意谓总其要、关键是，例如《史记·高祖功臣侯者年表》：“帝王者各殊礼而异务，要以成功为统纪。”汉桓宽《盐铁论·相刺》：“诗书负笈，不为有道。要在安国家，利人民，不苟繁文众辞而已。”《史记·货殖传》：“然地亦穷险，唯京师要其道。”唐张守节正义：“言要束其路也。”

由要害、关键义转指为动词查核，例如《尚书·康诰》：“要囚。”孔颖达疏：“要察囚情，得其要辞，以断其狱。”《周礼·秋官·乡士》：“辨其狱讼，异其死刑之罪而要之。”郑玄注：“要之，为其罪法之要辞，如今劾矣。”

由要害、关键引申出要点、纲要义，例如《韩非子·扬权》：“事在四方，要在中央。圣人执要，四方来效。”《世说新语·文学》“褚季野语孙安国云：‘北人学问，渊综广博。’孙答曰：‘南人学问，清通简要。’”唐韩愈《进学解》：“记事者必提其要，纂言者必钩其玄。”

由要害、关键义引申出需要义，例如《齐民要术·种桑柘，养蚕附》：“春采者，必须长梯高机，数人一树，还条复枝，务令净尽；要欲旦、暮，而避热时。”《齐民要术·伐木》：“今秋取讫，至来年更不须种，自旅生也。唯须锄之。如此，得四年不要种之，皆余根自出矣。”唐刘肃《大唐新语》卷六：“则天问狄仁杰曰：‘朕要一好汉使，有乎？’”韩愈《游青龙寺赠崔大夫补阙》：“年少得途未要忙，时清谏疏尤宜罕。”宋徐铉《徐公文集·柳枝词之八》：“天子遍教词客赋，宫中要唱洞箫词。”《京本通俗小说·菩萨蛮》：“你做一篇词，要见你本身故事。”进一步引申表示想要义，例如《世说新语·雅量》：“王夷甫与裴景声志好不同，景声恶欲取之，卒不能回。乃故诣王，肆言极骂，要王答己，欲以分谤。王不为动色，徐曰：‘白眼儿遂作。’”“要王答己”，即想要王夷甫回骂自己（以此败坏王的名声）。韩愈《竹径》诗：“若要添风月，应除数百竿。”

主观愿望程度加深，后面连接动词，成为情态动词，表示必须，例如《齐民要术·养鱼》：“又作鱼池法：三尺大鲤，非近江湖，仓卒难求；若养小鱼，积年不大。欲令生大鱼法：要须载取薮泽陂湖饶大鱼之处、近水际土十数载，以布池底，二年之内，即生大鱼。”“要”与情态动词“须”连文，也为情态动词，表示必须，必要义，“要须”也作“须要”，例如敦煌变文《八相押坐文》“譬如长天有月，被浮云障翳不出来。身中有佛性甚分明，被业障覆藏都不现。欲长空月现，先须要假狂风。”“须要假狂风”，即一定要借助狂风。敦煌变文《故圆鉴大师二十四孝押座文》：“至亲骨肉须同食，深分交朋尚并粮，祇对语言宜款曲，领承教示要参详。诫乖斟酌亏恩义，稍错停腾失纪纲，切要抚怜于所使，倍须安恤向孤孀。”“要参详”，与前文“须同食”相对，后面“切”“要”连文，可知，此处“要”也表必须义。又如《水浒传》第四十五回：“我儿出口为愿，明日只得要去。”主观愿望可以弱化，客观因素增强，引申出应该，应当义，例如敦煌写卷《建窟发愿文一》：“君王之恩隆须报，信心之敬重要酬。”五代齐己《送谭三藏入京》诗：“持咒力须资运祚，度人心要似虚空。”由需要义引申出允许义，唐［日］圆仁《入唐求法巡礼行记》卷四：“从今以后，不要僧人入内。”

要，又通“邀”，《集韵》《韵会》均为伊消切，影母宵韵。要，同音假借为邀请之邀。例如《诗经·鄘风·桑中》：“期我乎桑中，要我乎上宫。”“要我乎上宫”，即约请我到上宫。《荀子·儒效》：“行礼要节而安之。”唐杨倞注：“要，邀也。”《史记·项羽本纪》：“张良出，要项伯，项伯即入见沛公。”晋陶潜《陶渊明集·桃花源记》：“便要还家，设酒杀鸡作食。”清蒲松龄《聊斋志异·黄九郎》：“一日，日衔半规，少年欻至。大喜，要入，命馆童行酒。”均是其例。

由约请、邀请引申出相约、约言义。《左传·哀公十四年》：“使季路要我，吾无盟。”晋杜预注：“子路信诚，故欲得与相要誓而不须盟。”《论语·宪问》：“见利思义，见危授命，久要不忘平生之言。”三国魏何晏集解引孔安国曰：“久要，旧约也。”又《古诗为焦仲卿妻作》：“虽与府吏要，渠会永无缘。”[①] 唐崔湜《塞垣行》：“岂要黄河誓，须勒燕然石。”引申指约定的结果，即誓约、盟约，例如汉荀悦《汉纪·高后纪》：“陵让平、勃曰：‘诸君背要，何面目见高帝于地下。’”“背要”，即违背誓约。又如《晋书·段匹磾传》：“君若不忘旧要，与吾进讨，君之惠也。”《陈书·虞荔传》：“且朝廷许以铁卷之要，申以白马之盟。”“要”与“盟”对文互义，亦为“盟约”义。

由相约、约言义引申出探求、求取义，例如《易经·系辞下》：“噫亦要存亡凶吉，则居可知也。”高亨注：“要，亦求也。此言用《易经》求人事之存亡吉凶，则安坐可知矣。”《孟子·告子上》：“今之人修其天爵以要人爵。”“要人爵”，即“求人爵”。又如《明史·刘吉传》：“幸门一开，争言祈祷，要宠招祸，实基于此。”《世说新语·识鉴》：“张季鹰辟齐王东曹掾，在洛，见秋风起，因思吴中菰菜羹、鲈鱼脍，曰：‘人生贵得适意尔，何能羁宦数千里以要名爵？’遂命驾便归。”

要，由必须义，词义虚化，引申出“可能”义，例如《史记·南越列传》：“汉数使使者风谕婴齐，婴齐尚乐擅杀生自恣，惧入见要用汉法，比内诸侯，固称病，遂不入见。”

---

① 句子大意是：虽然我与府吏有约定，但是和他再相会（恐怕）永远没有缘分了。

由可能义引申出假设义，转化为连词，例如敦煌变文《叶净能诗》："若不餐，动经三十五十日；要餐，顿可食六七十料（斛）不足。""要餐"与"若不餐"相对为文，带有假设意谓。《红楼梦》第六回："婶子要不借，我父亲又说我不会说话了。"

由求取义引申出拦截义，例如《孟子·公孙丑下》："（孟仲子）使数人要于路。""要于路"，即在半道上拦截。又《孟子·万章上》："孔子不悦于鲁卫，遭宋桓司马，将要而杀之。"《淮南子·原道训》："射者扜乌号之弓，弯綦卫之箭，重之羿、逢蒙子之巧，以要飞鸟，犹不能与罗者竞多。"宋岳珂《桯史·岳鄂武穆王传》："兀术趋杭州，（岳）飞要击至广德境中，六战皆捷。"

由拦截义引申出迎候，迎接义。例如《楚辞·离骚》："巫咸将夕降兮，怀椒糈而要之。"北周庾信《吹台山铭》："比花依树，登榭要春。""登榭要春"，即登上楼榭迎接春天。

由相约、约言引申出强迫，要挟，例如《论语·宪问》："臧武仲以防求为后于鲁，虽曰不要君，吾不信也。"《公羊传·庄公十三年》："要盟可犯。"东汉何休注："臣约其君曰要。强见要胁而盟尔。故云可犯。"《梁书·侯景传》："复寻来书云，仆妻子悉拘司寇。以之见要，庶其可反。当是见疑褊心，未识大趣。"清方苞《狱中杂记》："惟大辟无可要，然犹质其首。"

六　到

到，音 dào，动词，在 56008 个现代汉语常用词中，位列第 18 位。

（一）在现代汉语中的常见用法

1. 表示到达。例如："到站了，下车吧。""到了春天，漫山遍野的映山红开了，煞是壮观！"

2. 表示前往。例如："从这儿到镇上，需要 2 小时。""到历史博物馆的同志们，请跟我走。""我们要经常到群众中去接受再教育。"

3. 周到。例如："我们有做的不到的地方，请多指正！""小明是个粗人，礼数不到多多包涵。"

（二）产生与发展

到，《说文·至部》："至也。从至刀声。"到，金文从人从至会意，本义谓人到达，抵达。《尔雅·释诂》："到，至也。"例如《诗·大雅·韩奕》："蹶父孔武，靡国不到。""靡国不到"，双重否定，"国"是动词"到"的宾语。又如《论语·季氏》："民到于今称之。"李斯《谏逐客书》："惠王用张仪之计，拔三川之地，西并巴、蜀，北收上郡，南取汉中，包九夷，制鄢、郢，东据成皋之险，割膏腴之壤，遂散六国之从，使之西面事秦，功施到今。"《史记·陈涉世家》："武臣到邯郸，自立为赵王。"《汉书·高帝纪上》："(高祖)到丰西泽中亭，止饮。"皆是其例。

由到达义引申出前往义，例如《东观汉记·吴祐传》："民有相争诉者……或身到闾里，重相和解。"唐韩愈《赴江陵途中寄赠三学士》诗："逾岭到所任，低颜奉君侯。"《二刻拍案惊奇》卷十一："况且此去到任所，一路过东，少不得到家边过，是顺路却不走，反走过西去怎的?"

由到达义引申谓周密，周到，例如《后汉书·谅辅列传》："今郡太守改服责己，为民祈福，精诚恳到，未有感彻。"《晋书·康献褚后传》："所奏恳到。"《魏书·高允传》引高允《徵士颂》："仲业（张伟）渊长，雅性清到。"唐吴兢《贞观政要·纳谏》："披露腹心，非常恳到。"唐杜甫《奉先刘少府新画山水障歌》："大儿聪明到，能添山树颠崖里。"南宋陆九渊《送杨通老》："长溪杨楫通老，忠实恳到，有志于学。"《红楼梦》第七四回："这几年我越发精神短了，照顾不到。"

到，假借为"倒"dào，颠倒，反转义，例如《庄子·外物》："草木之到植者过半，而不知其然。"（草木倒立的超过半数，可是不知道为什么会这样。）《墨子·经下》："二临鉴而立，景到。""景到"，即影子是相反的。《吕氏春秋·爱类》："公之学去尊，今又王齐王，何其到也。"晋葛洪《抱朴子·审举》："刀尺颠到者，则恐人之议己也。"这种用法一直延续到清代，例如清陈鳣《对策》卷三："篇第且有到置，旁注未免赘疣。"汉语规范化后，"颠倒""倒置"之"倒"不再写作"到"。

由假借义"颠倒"引申为反倒，反而，经重新分析而衍化为副词，例如北周庾信《和侃法师》诗之三："谁言旧国人，到在他乡别。"唐王嘉祐《秋朝木芙蓉》诗："水面芙蓉秋已衰，繁条到是著花时。"金董解元《西厢记》："他每孤恩，适来到埋怨人。"元王实甫《西厢记》第五本第三折："道不得一马不跨双鞍，可怎生父在时曾许下我，父丧之后，母到悔亲?”《水浒传》第四十二回：“这件是人伦中大事，不成我和你受用快乐，到教老父吃苦。”清刘鹗《老残游记》第十一回：“这六甲变态都是亲身阅历，到也是个极有意味的事。”汉语规范化后，“反倒”之“倒”，不再写作“到”。

第二节　“来”“等”“能”“会”“下”“使”常见用法及其源流

一　来

来，音 lái，在 56008 个现代汉语常用词中，位列第 23 位。

（一）“来”的常见用法

1. 动词。有以下几种常见用法。

（1）与“去（离开）”相对，从别处来到说话人处，例如：“天山上的来客。”“山大王狂吼：‘来人啦，把他绑了拖出去砍了。’”“村第一书记是城里来的姑娘。”

（2）表示目的，例如“我学习经验来的。”“尽一切力量来完成任务。”“我们贺喜来了。”

（3）动作虚化，表示动作趋向，例如：“上来，我有话跟你说。”“我上不来，你拉我一把。”进一步虚化，由空间引申到时间，表示从过去到现在的一段时间，例如：“离开祖国三年来，我时刻想念家乡。”

2. 助词。用在数目字后面，表示大概的数目，接近整数（比整数略大或略小），有往小里说的意谓。例如“二尺来宽的小沟，跨不过去?”“这个任务我们用了十来天的时间就完成了。”“从家到学校三里来地，一会儿就到了。”

（二）产生与发展

来（來），《说文·來部》云：“周所受瑞麦来麰。一來二缝，象芒刺之形。天所来也，故为行来之来。”段注：“自天而降之麦，谓之来麰，亦单谓之来。因而凡物之至者皆谓之来。”来，甲骨、金文均为象形字，像麦之形，本义为麦。《玉篇·来部》：“来，來麰，瑞麦也。”《集韵·职韵》：“来，来麰，麦也。”《诗经·周颂·思文》：“贻我来粦，帝命率育。”[①] 毛亨传“来，麦。”郑玄笺：“武王渡孟津，白鱼跃入王舟，出涘以燎。后五日，火流为乌。五至，以（与）谷俱来，此谓遗我来牟。”宋朱熹集传：“来，小麦。”来，由专称麦而引申为五谷之总称，例如《吕氏春秋·辨土》：“其为晦（亩）也，高而危则泽夺，陂则埒[②]……一时而五六死，故不能为来。不俱生而俱死，虚稼先死”，高诱注：“来，丕成也。虚，根不实。”“丕成”，即大收成。陈奇猷校释：“来之本义系象麦穗，引申之，凡是五谷之穗皆谓之来。《吕氏》此文来，即引申义也。”

从许慎《说文》可知，古人相信麦是上天所赐，故假借为“来往”之“来”，例如《易经·复》：“出入无疾，朋来无咎。”[③]《诗经·小雅·采薇》：“王事靡盬，不遑启处。忧心孔疚，我行不来。”毛亨传：“来，至也。”《孟子·梁惠王上》：“王曰：‘叟，不远千里而来，亦将有以利吾国乎？’”《庄子·应帝王》：“且也虎豹之文来田。”[④]《吕氏春秋·慎小》：“日晏，公不来至。”《吕氏春秋·上德》：“自今以来，无有忠于其君，忠于其君者将烹。”《淮南子·时则训下》：“凉风至，侯雁来，玄鸟归，群鸟翔。”这种用法成为“来”的最基本最常用的用法而一直延续至今。

由人及物，可用于自然界的各种“往来”之“来”，如《尚书·益稷》：“《箫韶》九成，凤皇来仪。”[⑤] 这是神鸟之来。可用来表示抽象的时间，例如《周易·系辞下》：“日往则月来，月往则日来。”《论语·微子》：“往者不可谏，来者犹可追。”“来者”，即将来，来日。又如《孟子·滕文公下》：“月攘一鸡，以待来年。”“来年”，即将到来的一年，下一年的意思。陆机《短歌行》：“来日苦短，去日苦多。”“来日”，未来

---

① 贻，赠送，留给。句子的大意是：留给我们麦子种，上天命令你养育百姓。

② 埒，liè，山上的流水。《尔雅·释山》：“山上有水，埒。”宋邢昺疏：“谓山巅之上有停泉名埒。”

③ 句子的大意是：出外入内没有疾病灾祸，朋友前来没有灾难。（从高亨说，参见高亨《周易古经今注》重订本，中华书局1984年版，第229页）

④ 文，纹，这里指具有纹饰的皮毛。来：使……来，招来，这个意义后世又写作“徕”。田，打猎，这个意义后世也写作“畋”。“来田”就是招徕猎人的围捕。句子的大意是：况且虎豹因为毛色美丽而招来众人的围猎。

⑤《箫韶》，相传舜制的音乐。句子的大意是：《箫韶》之乐曲连续演奏，凤凰也来随乐声翩翩起舞。

的日子。《三国演义》第八回："司徒少罪。布一时错见，来日自当负荆。"未来最接近的日子就是第二天，故引申为第二天，例如《朱子语类·易七·离》："今日明，来日又明。若说两明，却是两个日头。""来日"，明日也，第二天。又如元《薛仁贵征辽事略》："今晚寨中造云梯数十个，来日天晓立于城下。"

"来世"，即未来之世，来生。例如《尚书·仲虺之诰》："成汤放桀于南巢，惟有惭德，曰：'予恐来世以台（我）为口实。'"汉孔安国传："恐来世论道我放天子常不去口。"来日，又谓以往之日，以往，例如李白《来日大难》诗："来日一身，携粮负薪。"清王琦注："来日，谓已来之日，犹往日也。"

来，由动作义引申指动作的时间，表示从过去到现在，犹言"以来"，例如《周易·坤·文言》："臣弑其君，子弑其父，非一朝一夕之故，其由来者渐矣。""由来"，即有之以来，自始以来，"来"表示时间。《左传·昭公元年》："叔出季处，有自来矣。"杜预注："季孙守国，叔孙出使，所从来久。""自来"，即自此以来，"来"表示时间。又如《孟子·公孙丑下》："由周而来，七百有余岁矣。"晋干宝《搜神记》："南边坐者语曰：'适来饮他酒脯，宁无情乎？'"北齐《颜氏家训·兄弟》："沛国刘琎，尝与兄瓛连栋隔壁，瓛呼之数声不应，良久方答；瓛怪问之，乃曰：向来未著衣帽故也。'"杜甫《曲江》诗之二："酒债寻常行处有，人生七十古来稀。"唐李白《少年行》诗："桃李栽来几度春，一回花落一回新。"白居易《闭关》诗："掩关来几时？仿佛二三年。"再进一步虚化，用在动词形容词后，表示时间，谓"……时候"，例如北周庾信《鸳鸯赋》："虞姬小来事魏王，自有歌声足绕梁。""小来"，即小时候。宋吴曾《能改斋漫录·记事二》："今来已降新乐，其旧来淫哇之声，如打断、哨笛、砑鼓、十般舞之类悉行禁止。"今来，即今时，现在；旧来，即旧时，过去。

进一步引申，用在数字或数量词后面，表示约数，有"靠近""左右"或"多一点"的意味，演化为助词①，这种用法大约起于唐代，例如日本释圆仁《入唐求法巡礼行记》卷一："廿三日杨府大节骑马军二

① 吕叔湘、太田辰夫、胡竹安、江蓝生等认为这种用法的"来"源于"以来"之省。参见江蓝生《概数词"来"的历史考察》，《中国语文》1984年第2期，又见江蓝生《近代汉语探源》，商务印书馆2001年版，第1页。

百来，步军六百来，总计骑兵合千人。”“二百来”，即二百左右。又《入唐求法巡礼行记》卷三：“寺在县城西，去县百步来地。”杜牧《书情》诗：“谁家洛浦神，十四五来人。”道原《景德传灯录》卷十二：“师云：‘有多少徒众？’云：‘七十来人。’”宋杨万里《观迎神小儿社》诗：“花帽铢来重，绡裳水样秋。”《初刻拍案惊奇》卷十七：“今年已三十来了，懊悔前事无及，如今立定主意，只守着你清静过日子罢。”这种用法一直延续至今，例如：“十来斤的货物”“一位五十来岁的村民”。

由“往来”之“来”义引申谓归附，归顺，招致，例如《周礼·夏官·怀方氏》：“怀方氏掌来远方之民。”唐贾公彦疏：“晓谕以王之德美，又延引以王之美誉以招来之。”《左传·文公七年》：“若吾子之德，莫可歌也，其谁来之。”晋杜预注：“来，犹归也。”《论语·季氏》：“夫如是，故远人不服则修文德以来之。既来之，则安之。”《论语·子张》：“绥之斯来。”朱熹集注：“来，归附也。”。

由“往来”之“来”义引申出“产生”“开始”“发生”等义，例如唐李白《酬张司马赠墨》诗：“今日赠予兰亭去，兴来洒笔会稽山。”韩愈《秋怀》诗：“愁忧无端来，感叹成坐起。”宋《二程遗书》卷二二上：“欲治国治天下，须先从修身齐家来。”金董解元《西厢记诸宫调》卷三：“九百孩儿，休把人厮啈，你甚胡来我怎信？”这种用法一直延续至今，例如“刚解决了一个问题，这不又来了一个更棘手的问题。”

来，置于动词前，表示要做某事，例如《世说新语·言语》载西晋末，一小儿为父乞讨治疟疾病的药：“主人问病，曰：‘患疟也。’主人曰：‘尊侯[①]明德君子，何以病疟[②]？’答曰‘来病君子，所以为疟耳。’”“来病君子，所以为疟耳”，意谓“（疟疾）来就是使君子得病的（冒犯君子的），所以才被称呼为疟（虐）啊”李白《古风》诗五十九之三五：“丑女来效颦，还家惊四邻。”

由“往来”之“来”义引申出未来，将来。《论语·微子》：“往者

① 尊侯，尊称人父，犹言尊大人。

② 何以病疟，为什么会染上疟疾病。古人认为，疟疾不虐君子大人。刘孝标注：“俗传行疟鬼小，多不病巨人。”《后汉书·景丹传》李贤注引《东观记》说，景丹患疟疾病，汉光武帝笑着说：“闻壮士不病疟，今汉大将军反病疟邪？”

不可谏，来者犹可追。”汉蔡邕《陈太丘碑文》：“微言圮绝，来者曷闻。”唐韩愈《剥啄行》：“往追不及，来不有年。”

由“往来”之“来”义引申出表示行为的目的，例如明《二刻拍案惊奇》卷十七：“（闻舍人）故把与学生做执照，来为敝友求令甥。”明李贽《寄京友书》：“（《坡仙集》）今已无底本矣，千万交付深有[①]来还我！”

“来”义附着在其他动词性结构后面，进一步虚化表示动作的趋向，转化为趋向动词，例如《世说新语·文学》：“谢车骑在安西艰[②]中，林道人往就语，将夕乃退。有人道上见者，问云：‘公何处来？’答云：‘今日与谢孝剧谈一出来。’”“今日与谢孝剧谈一出来”，意谓“今日与谢孝子畅谈了一番归来”，句中“来”附着在动词结构“剧谈一出”后，词义明显虚化。又如李白《越女词》之三：“笑入荷花去，佯羞不出来。”此句中“来”完全演变为一个趋向动词。又如宋梅尧臣《绝句》之二：“上去下来船不定，自飞自语燕争忙。”《二刻拍案惊奇》卷十七：“学中许多有名的少年朋友，一同送孟沂到张家来。”这种用法一直延续到现在，例如：“小明，搬一把凳子来。”

二　等

等，音 děng，在 56008 个现代汉语常用词中，位列第 24 位。

（一）在现代汉语中的常见用法

1. 动词。

（1）等待，等候，例如：“小明在村口等同学一道上学。”“再等等她，她会来的。”

（2）等到，例如：“等天黑了游击队才能进村。”“小明等了两天通知书才到。”

（3）表示程度或数量相同，相等，例如：“这些鸡蛋大小不等”“二加一等于三”。

2. 助词。

（1）用在人称代词或指人的名词后面，表示复数，或者用在拟人手

---

① 深有，人名，俗姓熊，名深有，僧号无念，麻城（今湖北麻城）人，龙潭湖芝佛院守院僧。

② 艰，旧时，遭遇父母之丧叫遭艰，简称“艰”。

法中，例如："我等老百姓只管耕地种田呢，管不了其他的事情。""我等"，即我们这些人。

（2）表示列举未尽，例如："这两年，北京、上海等地房价涨得可厉害啦。""油盐酱醋茶等生活用品必须保证充足供应。"

（3）列举后煞尾，例如："小明、小武、小花等三人获胜。"

3. 名词。表示等级、种类，例如："这是优等。""这种东西有三等，这是便宜的，还有贵的。"

（二）产生与发展

等，《说文·竹部》："齐简也。从竹从寺。寺，官曹之等平也。"段注："齐简者，叠简册齐之，如今人整齐书籍也。引申为凡齐之称。……《刀部》云：'则，等画物也。'从竹寺会意。寺，官曹之等平也，说从寺之意。《寸部》曰：'寺、廷也'，有法度者也，故从寸。官之所止九寺，于此等平法度，故等从竹寺。"等，本义谓整理竹简使之齐整，即等齐义，《广雅·释诂四》："等，齐也。"引申出相等，等同义，例如《吕氏春秋·慎势》："权钧则不能相使，势等则不能相并。"《史记·陈涉世家》："今亡亦死，举大计亦死，等死，死国可乎？"《史记·孟尝君列传》："食客数千人，无贵贱，一与文等。""一与文等"，意即"一律与我田文相同"。《淮南子·主术》："有法者而不用，与无法等。"高诱注："等，同。"又三国魏曹植《三良》诗："生时等荣乐，既没同忧患。"唐寒山诗："自怜心的实，坚固等金刚。"宋王安石《送石赓归宁》诗："微诗等瓦砾，持用报隋和。"

物以类聚，人以群分。同类、同等的事物聚集在一起，即有同辈义，动词"等"位于名词后组成名词性结构，充当主语、宾语。如《史记·陈涉世家》："公等遇雨，皆已失期，失期当斩。"《史记·平原君传》："公等録録，所谓因人成事者也。"① 《汉书·赵皇后传》载司隶解光奏文："（曹）宫曰：'善臧我儿胞，丞知是何等儿也。'"

助词"等"由同辈义进一步虚化，表示复数，例如《墨子·公输》："然臣之弟子禽滑等三百人，已持臣守圉之器，在宋城上，而待楚寇矣。""臣之弟子禽滑等三百人"，可以理解为臣的弟子禽滑辈共三百人，"等"后面连接数词，已经具备了助词的性质，又如《史记·项羽本纪》："沛

① 句子大意：你等平庸无所作为，正如别人所说的是那种靠着别人才能成事的人。

公则置车骑，脱身独骑，与樊哙、夏侯婴、靳、纪信等四人持剑盾步走，从郦山下道芷阳间行。”例中“等”，表示列举。《魏书·太祖纪》：“于是北部大人叔孙普洛等十三人及诸乌丸亡奔卫辰。”“等”表示复数。南朝梁任昉《奏弹刘整》：“（刘）整母子尔时便同出中庭，隔箔与范相骂。婢采音及奴教子、楚玉、法志等四人，于时在整母子左右。”北魏杨衒之《洛阳伽蓝记》卷二“城东·璎珞寺”：“里内有璎珞、慈善、晖和、通觉、晖玄、宗圣、魏昌、熙平、崇真、因果等十寺。”唐长孙无忌等《唐律疏议》卷一“名例”：“‘夫’者，依礼，有三月庙见，有未庙见，或就婚等三种之夫，并同夫法。”《旧唐书·太宗纪下》：“庚午，次泾阳顿。铁勒回纥、拔野古、同罗、仆骨、多滥葛、思结、阿跌、契、跌结、浑、斛薛等十一姓，各遣使朝贡。”宋周煇《清波别志》卷上：“唐亦尚骚雅，如春城飞花、春日得衣等句，悉被褒赏。”末例“等”，表示列举未尽。

等，由等同义引申出等级、等次义，即段玉裁注所云：“凡物齐之，则高下历历可见，故曰等级。”由动词衍化为名词，例如《周礼·夏官·司兵》：“掌五兵五盾，各辨其物与其等，以待军事。”《论语·乡党》：“出，降一等，逞颜色，怡怡如也。”《吕氏春秋·召类》：“故明堂茅茨蒿柱，土阶三等，以见节俭。”《礼记·曲礼上》：“侍坐于所尊，敬毋余席，见同等不起。”《礼记·檀弓上》：“夫子曰：‘献子加于人一等矣。’”《史记·平准书》：“金有三等：黄金为上，白金为中，赤金为下。”汉班固《白虎通·爵》：“爵有五等，以法五行也，或三等者，法三光也。”《后汉书·蔡茂列传》：“以高等擢拜议郎，迁侍中。”《三国志·蜀志·诸葛亮传》：“请自贬三等。”

由等级、辈分引申为分等、区别，由名词衍化为动词。例如《国语·鲁语上》：“夫宗庙之有昭穆也，以次世之长幼，而等胄之亲疏也。”“等胄之亲疏”与“次世之长幼”相对，“等”与“次”相对，也是动词，意谓分别。《礼记·乐记》：“礼仪立，则贵贱等矣。”“贵贱等”，即贵贱得以区分。

事物由不齐整到齐整，一般都有一个过程，于是“等”产生出等待，等到①义，这属于由空间到时间的转移引申，就像“年”的引申一样，

---

① “等”的这个义项，《古汉语常用词源流词典》认为是“假借”（周绪全、王澄愚编著，重庆出版社1991年版，第69页）。

"年"本来表示庄稼成熟一茬，引申出表示庄稼成熟经历的时间，即为一"年"。不过，"等"的这种用法产生较晚，大约在隋唐时期，如唐杜佑《通典·兵九》附《抽军》引大唐卫公李靖兵法云："所抽之队，去旧队百步以下，遂便立队，令持戈枪刀棒并弓弩等，张施待贼。张施了，即抽前队。如贼来逼，所张弓弩等人，便即放箭奋击。如其贼止不来，其所抽队，便过向前百步以下，（队）［遂］便准前立队，张施弓弩等待贼。既张施讫，准前抽前队，隔次立阵，即免被贼奔蹙。"唐路德延《小儿诗》："等鹊前篱畔，听蛩①伏砌边。"《景德传灯录·布袋和尚》："师在街衢立，有僧问：'和尚在遮里做什么？'师曰：'等个人。'"宋姜夔《疏影》词："等恁时再觅幽香，已入小窗横幅。"南宋范成大《州桥》诗："州桥南北是天街，父老年年等驾回。忍泪失声询使者：几时真有六军来？"这种用法，一直延续下来，例如："你等我回来，我们一道走。"

三　能

能，音 néng，在56008个现代汉语常用词中，位列第29位。

（一）"能"在现代汉语中的常见用法

1. 情态动词，后面跟实意动词。

（1）有能力，能够。例如："这项任务你们什么时候能完成。""不能蛮干，要相信科学。""大蒜能杀菌。"

（2）可能，表示推测或可能性。例如："满天星星，哪能下雨？""只要努力学习，就能提高成绩。"

2. 名词。

（1）能力，才干。例如："小明岂是无能之辈？你看，他立马把这问题解决了。"

（2）物理学专有名词，指物质做功的能力，即能量的简称，如电能，热能，光能。能量这个词是英国学者托马斯·杨在19世纪初创造的，他把质量与速度二次方之积称为"能量"，但当时并未引起重视，直到能量守恒定律被确认后，才被人们认识能量概念的重要意义。

（二）产生与发展

能，《说文·能部》："熊属，足似鹿。从肉以声。能兽坚中，故称贤

---

① 蛩，qióng，蟋蟀。

能，而强壮，称能杰也。凡能之属皆从能。”能，西周金文（如《能陶尊》）字形像张嘴的熊，是个象形字。本义专指一种似熊的兽，例如《左传·昭公七年》：“晋侯梦黄能入于寝门。”“黄能”，即黄色似熊的兽。南朝梁任昉《述异记》卷上：“尧使鲧治洪水，不胜其任，遂诛鲧于羽山，化为黄能，入于羽泉。今会稽祭禹庙，不用熊，曰黄能，即黄熊也。陆居曰熊，水居曰能。”

又因此兽力大，故引申指能力，才干，名词。《玉篇·能部》：“能，多技艺也。”《尚书·说命中》：“昵惟其能”，唐孔颖达疏：“能，谓才用。”《论语·泰伯》：“以能问于不能，以多问于寡。”《论语·卫灵公》：“君子病无能焉，不病人之不己知也。”（病：忧虑。）《楚辞·屈原·离骚》：“纷吾既有此内美兮，又重之以修能。”洪兴祖补注：“有绝人之才者谓之能。”《吕氏春秋·长见》：“君知我，而使我毕能西河，可以王。”高诱注：“能，力也。尽力为之，可以致君于王也。”后来，能的引申义行而本义废。正如段注所说：“贤能、能杰之义行而本义几废矣。”又如《史记·高祖本纪》：“吾非敢自爱，恐能薄，不能完父兄子弟。”张守节正义：“能，才能也。”《史记·屈原贾生列传》：“上官大夫与之同列，争宠而害其能。”“害其能”，即妒忌其才干。诸葛亮《出师表》：“先帝称之曰能。”引申指有才能的人，如《孟子·公孙丑上》：“尊贤使能，俊杰在位，则天下之士皆悦，而愿立于其朝矣。”《周礼·天官·大宰》：“以八统诏王驭万民：一曰亲亲，二曰敬敬，三曰进贤，四曰使能。”郑玄注：“能，多才艺者。”《礼记·礼运》：“大道之行也，天下为公，选贤与能，讲信修睦。”孔颖达疏：“能者，有道艺者。”

由贤能义引申谓亲善，顺从，《正字通·肉部》：“能，顺习也。”《诗经·大雅·民劳》：“柔远能迩[①]，以定我王。”《左传·襄公二十一年》：“（范鞅）故与乐盈为公族大夫而不相能。”“不相能”，即二人不相亲善。

能，由能力义引申出能做到，胜任，由名词经过重新分析，衍化为情态动词。《广雅·释诂二》：“能，任也。”《尚书·西伯戡黎》：“乃罪多参在上，乃能责命于天？”[②] 能，能够。“能责命于天”，即能够求到上天的庇护。《老子》第七章：“天地所以能长且久者，以其不自生，故能长

---

① 句子大意是：怀柔远方，优抚近地（而使远近之人归附）。

② 乃，第二人称。责，动词，责成。句子大意是：你的罪行太多了，你难道还能祈求到上天的庇护吗？

生。”《诗经·邶风·雄雉》：“道之云远，曷云能来。”郑玄笺：“今君子独久行役而不来，使我心悠悠然思之。曷，何也。何时能来，望之也。”《荀子·劝学》：“假舟楫者，非能水也，而绝江河。”唐杨倞注：“能，善。”《论语·里仁》“子曰：‘能以礼让为国乎？何有？不能以礼让为国，如礼何？’”《史记·田敬仲完世家》：“不救寡人，寡人弗能拔。”唐司马贞索隐：“能，犹胜也。”韩愈《马说》：“安求其能千里也？”

是否能做到，是否胜任，在未实现之前，只是一种推测，一种可能性，故而引申表示可能，例如《世说新语·方正》：“王大将军当下，时咸谓无缘尔。伯仁曰：‘今主非尧、舜，何能无过[①]？且人臣安得称兵以向朝廷？处仲狼抗刚愎，王平子何在？’”“何能无过”，即怎么可能没有过错？又《世说新语·汰侈》：“石崇厕常有十余婢侍列，皆丽服藻饰，置甲煎粉、沈香之属，无不毕备。又与新衣著令出。客多羞不能如厕。王大将军往，脱故衣，著新衣，神色傲然。群婢相谓曰：‘此客必能作贼。’”“此客必能作贼”，张撝之译：“这个客人一定会做贼！”[②] 当“能”与“可”等结合，其“可能”的意味就非常明显了，例如唐韩偓《偶题》诗：“萧艾转肥兰蕙瘦，可能天亦妬馨香！”宋李清照《渔家傲》词之二：“造化可能偏有意，故教明月玲珑地！”

四　会

会，音 huì，在 56008 个现代汉语常用词中，位列第 35 位。

（一）在现代汉语中的用法

1. 动词。表示行为活动，实意动词。

（1）会见，见面，例如：“上班时间不会客。”“小明，我们找个时间会一会吧！”

（2）熟悉，通晓，可以带名词宾语。例如：“小明会德语，请他当翻译吧。”“小明是百事通，什么都会呢。”

（3）会账，会钱，例如：“今天谁做东谁会账。”

表示情态态度，后面直接跟动词性结构，情态动词。

（1）懂得怎样做或有能力做某事。例如：“小明不会下围棋，他连围

---

① 今主非尧、舜，何能无过？鄢先觉注译：“如今的皇上不是尧、舜，怎会没有过失？”见许嘉璐主编《文白对照诸子集成（下册）》，广西教育出版社 2006 年版，第 214 页。

② 见张撝之《世说新语译注》，上海古籍出版社 1996 年版，第 755 页。

棋的基本规则都不懂，怎么下棋啊！”“会”前面常加程度副词“很、真、特别、十分”等，表示善于做某事，例如：“她很会说话，人缘好，有群众基础。”“小明特别会来事儿，老爷爷非常喜欢他。”

（2）表示可能。例如：“好人一定会有好报。”“真没有想到，这件事会这么顺利呢”

2. 名词。组织活动，会议。例如：“晚上我还有一个会呢，我要准备一下。”“我们开个会研究一下。”

（二）产生与发展

会，繁体字作“會”，《说文・會部》：“合也。从亼①，从曾省。曾，益也。”段注：“器之盖曰会。为其上下相合也。凡曰会计者、谓合计之也。皆非异义也。”段注是。会，战国金文的字形像器物上下之合盖状，如《屭羌钟》“先会于平阴”之“会”。本义当为器皿的盖子，例如《仪礼・士丧礼》：“敦启会。”汉郑玄注：“会，盖也。”《仪礼・公食大夫礼》：“宰夫东面坐，启簋会。”郑玄注：“会，簋盖也。”“启簋会”，即打开簋的盖子。《礼记・士虞礼》：“命佐食启会。”“启会”，即打开盛装食物的盖子。

器物之盖相合才能藏住东西，故引申谓吻合，相合，例如《楚辞・九歌・东君》：“展诗兮会舞。”“会舞”，即合乎舞蹈（的节拍）。《礼记・乐记》：“弦匏笙簧，会守拊鼓。”② 会，合。守，待。句子大意是：各种管弦乐器都要与拊鼓的指挥相一致。

由相合义引申谓人的会合、集合，相聚义，例如《尚书・康诰》：“周公初基作新大邑于东国洛，四方民大和会。”汉孔安国传：“初造基建，作王城大都邑于东周洛汭，居天下之中，四方之民和悦而集会。”后世此义行而本义废。《广雅・释诂三》：“会，聚也。”又如《尚书・禹贡》：“会于渭汭。”孔颖达疏：“会，合也。”《周礼・地官・大司徒》：“天地之所合也，四时之所交也，风雨之所会也。”会，与合、交相对，意亦相类。《礼记・月令》：“（秋之月）命百官贵贱无不务内（纳），以会天地之藏（五谷）。”郑玄注：“会，犹聚也。”《汉书・苏武传》：“单于召会（苏）武官属。”颜师古注：“会，谓集聚也。”范仲淹《岳阳楼

① 亼，jí，古同“集”。

② 匏，páo，笙竽类管乐器，中国古代八音之一。拊，fǔ，通“柎”，鼓的一种。

记》："迁客骚人，多会于此。""会于此"，即在这里会合、聚集。

聚集一起，即聚会，例如《左传·桓公十五年》："公会齐侯于艾，谋定许也。""公会齐侯于艾"，即桓公和齐襄公在艾地会面（为了谋划安定许国）。汉贾谊《过秦论》："诸侯恐惧，会盟而谋弱秦。"《史记·廉颇蔺相如列传》："王许之，遂与秦王会渑池。"《汉书·吴王濞传》："条侯将乘六乘传，会兵荥阳。"颜师古注："会，集也。会兵，谓大集兵。"晋王羲之《兰亭集序》："暮春之初，会于会稽山阴之兰亭，修禊[①]事也。"由动词转指为名词，专指集会，例如宋孟元老《东京梦华录·秋社》："八月秋社，市学先生预敛诸生钱作社会。""社会"，即祭社神的祭祀集会。集会有共同的目的，故而引申指某些团体或组织，例如明焦竑《玉堂丛语》卷七："正统五年，杨公士奇求归未遂，与馆阁同志者七人倡真率会。"《醒世姻缘传》第五十八回："咱这肃江县里有几个惧内的人，要随一道会，算计要足十个人，已是有了九个，只少一个。"

古代交通不便，约上一次很难，故引申出机会、时机义，由陈述转化为指称，由动词转化为名词。例如银雀山汉墓竹简《孙膑兵法·兵失》："兵不能昌大功，不知会者也。兵失民，不知过者也。兵用力多功少，不知时者也。"[②] "不知会"，即不知道抓住机会。《后汉书·周章列传》论曰："将从反常之事，必资非常之会。"唐李贤注："会，际也。"又如东汉王充《论衡·命禄》："代王自代入为文帝，周亚夫以庶子为条侯。此时代王非太子，亚夫非适嗣，逢时遇会，卓然卒至。""逢时遇会"，即碰上了好时代，遇到了好机会。据《史记·绛侯周勃世家》载，周亚夫是庶子，按规定是不能承袭爵位的，但是其父周勃嫡子周胜之因杀人罪被剥夺了侯爵之位，所以周亚夫才被补选而封侯。据《史记·孝文本纪》载，文帝是惠帝的异母弟弟，曾被封为代王，非嫡传，按照规定，庶出是不能登帝位的。但是惠帝、吕后相继死后，因无嫡传，于是大臣们拥立他为帝。

机会具有偶然性，故引申为遇上，碰上，例如《左传·宣公七年》："凡师出，与谋曰及，不与谋曰会。""不与谋曰会"，即事先未约定碰上的叫"会"。《论语·卫灵公》："在陈绝粮。"何晏集解引孔安国曰："会吴伐陈，陈乱，故乏食也。"皇侃疏："会，犹遇也。"《史记·项羽本

① 禊，xì，祭祀名，古代春秋两季在水边举行的清除不祥的祭祀。

② 句子大意是：军队不能建立大功，是因为不懂得集中兵力作战。军队失去民心，是因为不能认识到自己的错误。军队耗费人力物力多而建的战功却很少，这是因为不善于抓住有利的战机。

纪》："会其怒，不敢献。""会其怒"，犹言正赶上他发火。《史记·陈涉世家》："会天大雨，道不通。""会天大雨"，意谓刚好遇到下大雨。又如《后汉书·周章列传》："必资非常之会。"唐李贤注："会，际也。"杜甫《秋野》诗："潜鳞输骇浪，归翼会高风。"主观意愿增强，则衍化为情态动词，表示应当，应该，定要，例如《古诗为焦仲卿妻作》："吾已失恩义，会不相从许。"李白《行路难》："长风破浪会有时，直挂云帆济沧海。"杜甫《望岳》诗："会当凌绝顶，一览众山小。"

理解、领悟实际上就是将各种知识或情况会集一起加以融会贯通，故引申出熟悉，擅长义，充当动词，例如敦煌变文《维摩诘经讲经文》："年才长大，稍会东西，不然遣学经营。"《大唐三藏取经诗话》卷上："主人曰：'此中人会妖法，宜早回来。'"唐《送道士曾昭莹》诗："南北东西事，人间会也无？"

算账，必然是把数字合计起来，故引申为算账，用此义时，破读为kuài，例如《战国策·齐策四》："谁习计会，能为（田）文[①]收责（债）于薛者乎？""谁习计会"，即哪位熟悉算账的业务？《周礼·天官·职币》："岁终则会其出入。"郑玄注："会，计也。"又《周礼·地官·大司徒》："以土会之法，辨五地之物生。"郑玄注："会，计也。"《周礼·地官·肆长》："凡国之财用取具焉，岁终则会其出入，而纳其余。"《周礼·地官·舍人》："岁终则会计其政。""会计其政"，即谓计算财物出入。

由计算义引申谓付给，支付，此种用法较晚，大约在元明时期，例如《警世通言·金令史美婢酬秀童》："二人又吃了一回，起身会钞而别。"《儒林外史》第二十五回："彼此又吃了一回，会了帐。"

五　下

下，音xià，在56008个现代汉语常用词中，位列第41位。

（一）在现代汉语中的用法

1. 动词。

（1）由高处到低处的运动。例如："小明，下楼梯要靠右边走。""七剑下天山""小船顺流而下"。自然界的雨雪从天而降就叫"下"，例如：

---

① "文"字前"（田）"，为笔者所加，即"田文"。凡引文括号内文字，皆为笔者所补，下同。

“天要下大雨了。”“下雪啦，快来看!”

我国地势西高东低，故由西向东，叫作“下”；历史上北部多为政治中心，故由北向南也叫“下”，例如：“长江自西向东奔流而下。”“乾隆一生六次下江南。”

生活当中，使某物由上到下的动作叫“下”，例如：“下面条”“兄弟们，明天可以下网开捕啦。”动物产子，从母体出来，也叫“下”，例如：“下仔”“下蛋”。与人比赛棋类，必然是在棋盘上落棋子，落棋子由高到低的动作也叫“下”“下象棋”“下围棋”“下两盘”，如果强调下棋双方的较量和结果，那就叫“杀两盘”。“连下数城”是动词“下”的使动用法。是古汉语的孑遗。

通过比喻引申，由上级机关到下级机关、由城市到乡村等的动作行为也叫“下”。例如：“书记经常下基层。”“周末大家一道下乡去农家乐吧。”社会组织结构中，由高一级到下级也叫“下”，例如：“团级领导要下连队。”反之用“上”。在部队，比连队小的组织是排、班，由排、班到连队，就叫“上连队”，同样的还有“下车间”“上车间”等。与此类似，工作、岗位、运动等，有“上”就有“下”，“下”即退出，例如：“效益不好，人浮于事，必须有人下岗。”“五号球员上，三号球员下。”同理，命令、通知等的发布，投递，也叫“下”，例如：“司令部下了命令，马上出发。”“队部下了通知，下午开会。”“小明，你去下战书。”由此再引申，作出（判断）等也叫“下”，例如：“下结论”“下批语”“下定义”。

进一步虚化，附着在实意动词后面表示动作的趋向，例如：“躺下”“睡下”“发下文件”等。再进一步虚化，表示动作的完结，例如：“定下计谋”“发下命令”“打下基础”“准备下材料”（准备好材料），再进一步虚化，表示可能性。例如：“坐得下。”“这个剧场能容下上千人。”“这屋子太小，睡不下六个人。”

（2）使出；开始使用。例如：“下功夫”“下力气”“下刀”“对症下药”。

2. 方位名词。

（1）位置在低处，与“上”“高”相对。例如：“下游经常闹水灾。”“天下一片红。”

“下达”“下行”之“下”，是名词作状语，是古汉语的孑遗。与此相似，时间、位置有先有后，“上/下半年”“上/下次”等；地位有高有低，产品有好有坏，分出等次，故有“上/下级”“上/下等”“上/下策”“上/下品”等。

与名词组成方位词组，例如“名下”“部下”。位置在“下”的可以是“面”，也可以是“线”“点”状物体，“山下”“屋檐下”“足下”。“两下都同意”之“两下”是两面双方的意思。“往四下看看有无情况”之“四下”，是四面八方的意思，也是表示方位。

与此类似，由表示方位空间转移到表示时间，例如“当下”“时下”“节下”“年下”等。

(2) 事物的发展有因才有果，其结果必然是在一定的条件下展开，所以“下”构成“……下”，组成方位结构，例如“在党的领导下”“在高温条件下”。

3. 量词。表示动作的次数，例如：“打他两下。”“钟敲三下为号令。”由表示动作转移到表示时间，例如“准备下就来。”（准备一下就来，准备一会儿就来）引申表示虚指，例如：“他真有两下子。”“你就这么几下子，还逞能？”

(二) 产生与发展

下，《说文・丄[①]部》：“底也。”段注：“底也，底当作氐。《广部》曰：‘底者、山居也。一曰下也。’”下，甲骨文字形上部多作一弧形，下部一短横。上面的长弧形，似天穹；下面的短横，是指事符号，意谓世间万物皆在天穹之下。甲骨卜辞常见用语有“上下不若”，郭沫若释为“上天下民均不顺应也。”[②] 下，本义谓天之下，即地，例如《逸周书・皇门》：“先用有劝永有□丁上下。”晋孔晁注：“上谓天，下谓地也。”《易经・系辞上》：“弥纶天下之道”，唐陆德明释文：“天下，一本作‘天地’。”

引申谓位置在低处，为方位词，与“上”相对。例如《尚书・太甲》：“若升高，必自下。”《诗经・召南・殷其雷》：“在南山之下。”郑玄笺：“下，谓山足。”《诗经・小雅・北山》：“普天之下，莫非王土；率土之滨，莫非王臣。”《庄子・列御寇》：“在上为乌鸢食，在下为蝼蚁

① 丄，“上”的古字，音 shàng。

② 郭沫若：《殷契粹编》，引自《古文字诂林》第一册，上海教育出版社 1999 年版，第 64 页。

食。”《庄子·外篇》：“精神四达并流，无所不极，上际于天，下蟠[①]于地，化育万物，不可为象。”《吕氏春秋·功名》：“出鱼乎十仞之下。”高诱注：“下，犹底也。”《周礼·考工记·磬氏》：“已上则摩其旁，已下则摩其耑（端）。”《汉书·高帝纪》：“羽大破秦军巨鹿下，虏王离，走章邯。”“巨鹿下”，即巨鹿城下。此种用法意义进一步虚化，引申谓大致的地点、范围，例如《战国策·东周策》：“夫梁之君臣欲得九鼎，谋之晖台之下，少海之上，其日久矣。”《史记·乐毅列传》：“齐田单后与骑劫战，果设诈诳燕军，遂破骑劫于即墨下。”韩愈《送杨支使序》：“以群、博论之，凡在宣州之幕下者，虽不尽与之游，皆可信而得其为人矣。”《三国志平话》卷下：“张飞又言：‘军师分军三下收其川，就势报皇叔。’”《水浒传》第五十八回：“轿窗两边，各有十个虞候簇拥着，人人手执鞭枪铁链，守护两下。”《西游记》第八十回：“（悟空）正自家这等夸念中间，忽然见林南下有一股子黑气，骨都都的冒将上来。”此用法一直延续至今，例如：“两下协商”“四下张望”。

上下相较，在上的高，在下的低，例如《管子·乘法》：“高毋近旱而水用足，下毋近水而沟防省。”政令由高到低，即谓下达，颁布。《史记·孝文本纪》：“天子下其事与丞相议。”《汉书·文帝纪》：“吾诏书数下，岁劝民种树。”《后汉书·赵典列传》：“朝廷仍下明诏，欲令和解。”

用力大多从上到下，用力一次即一下，用作量词，表示动作的次数。《海内十洲记[②]·炎州》：“炎州，在南海中，上有风生兽……以铁锤锤其头数十下乃死。”《意林》卷五引晋傅玄《傅子》：“郭林宗谓仇季智曰：‘子尝有过否?’季智曰：‘暮饭牛，牛不食，搏牛一下。’”《三国志·蜀志·先主传》注引鱼豢《典略》：“自解其绶以系督邮颈，缚之着树，鞭杖百余下。”元关汉卿《单刀会》第三折：“一个短剑一身亡，一个静鞭三下响。”《红楼梦》第三十三回：“举起大板打了十来下。”

近世，放在动词后，指动作的趋向或完成，例如元关汉卿《单刀会》第三折：“安排下打凤牢笼，准备着天罗地网。”《水浒传》第六十八回：“史文恭奋勇赶来，神枪到处，秦明后腿股上早着，倒颠下马来。”《西游

---

① 蟠，音 pán，与“际”相对，意谓交会，到达。

② 《海内十洲记》，一卷，古代志怪小说集，又称《十洲记》，旧本题汉东方朔撰。《四库全书总目》认为此书“盖六朝词人所依托”。

记》第十二回："太宗即传圣旨，教巧手丹青，描下菩萨真像。"

方位名词活用作动词，走下、落下，例如《尔雅·释诂上》："下，落也。"邢昺疏："下者，自上而落也。"《诗经·曹风·下泉》："洌彼下泉。"毛亨传："下泉，泉下流也。"《左传·襄公十六年》："警守而下。"杜预注："顺河东行故曰下。"《论语·八佾》："揖让而升，下而饮。"《论语·微子》："孔子下，欲与之言。"《庄子·逍遥游》："我腾跃而上，不过数仞而下。"杜甫《登高》诗："无边落木萧萧下，不尽长江滚滚来。"由此引申为去、到，通常指由北到南，由西向东，由上游到下游，由上层到低层、基层。例如《国语·晋语四》："二年春，公以二军下，次于阳樊。"韦昭注："东行曰'下'。"《楚辞·九歌·湘夫人》："袅袅兮秋风，洞庭波兮木叶下。"《史记·高祖本纪》："齿今下魏国，魏以齿为侯守丰。"汉邹阳《上书吴王》："汉亦折西河而下，北守漳水，以辅大国。"北齐颜之推《颜氏家训·勉学》："上荆州必称陕西，下扬都言去海郡。"杜甫《逢唐兴刘主簿弟》诗："轻舟下吴会，主簿意如何?"李白《黄鹤楼送孟浩然之广陵》诗："故人西辞黄鹤楼，烟花三月下扬州。"今言"下楼梯""下雨了"，即是其例。

充当使动用法，意谓"使……下"，"攻克"。《战国策·秦策三》："秦攻邯郸，十七月不下。"《史记·项羽本纪》："为陈王徇广陵，未能下。"张守节正义："未能下，以兵威服之曰下。"司马贞索隐："以兵威伏之曰下。"《史记·陈涉世家》："收而攻蕲，蕲下。"司马贞索隐："下，降也。"《三国志·魏志·武帝纪》："秋，太祖征陶谦，下十余城。"引申谓投降，例如《汉书·项籍传》："从此以东，梁地十余城皆恐，莫肯下矣。"

自然界中，天最高，地在下；人世间君最大，臣僚次之，百姓最低，所以，"下"又隐喻为臣下、百姓，《玉篇·上部》："下者，对上之称。"例如《尚书·皋陶谟》："达于上下，敬哉有土。""上下"，谓君主与臣民。《易经·泰·彖传》："上下交而其志同也。"孔颖达疏："下，谓臣也。"《孟子·滕文公上》："上有好者，下必有甚焉者矣。"《楚辞·离骚》："日勉升降以上下兮。"王逸注："上谓君，下谓臣也。"

位高者自降身份与人交往，谦恭待人也叫"下"。《尚书·五子之歌》："民可近，不可下。"孔安国传："下，谓失分。"《吕氏春秋·慎人》："让贤而下之。"高诱注："下，避也。"《三国志·吴志·孙和传》：

"孙和字子孝，少以母王有宠见爱，好学下士，甚见称述。"《旧唐书·李勉传》："其在大官，礼贤下士，终始尽心。"

位置有等次，顺序也有等次，遂有"上、中、下"之分，例如《吕氏春秋·贵生》："全生为上，亏生次之，死次之，迫生为下。"《墨子·兼爱上》："此必上利于天。中利于鬼，下利于人。"

空间有上下，时间有先后，故由空间隐喻为时间在后。例如《墨子·公孟》："自桀纣以下，皆以鬼神为不神明，不能为祸福。"《诗经·大雅·下武》："下武[①]维周，世有哲王。"汉郑玄笺："下，犹后也……后人能继先祖者惟有周家最大。"《吕氏春秋·君守》："夏热之下，化而为寒。"明臧懋循《元曲选后集序》："所论诗变而词，词变而曲，其源本出于一，而变益下，工益难，何也？"

六　使

使，音 shǐ，动词，在56008个现代汉语常用词中，位列第46位。

（一）在现代汉语中的用法

1. 支使，使唤，使令。例如："小明就会使人，自己什么事情都不做。""快使人去打听打听情况。"

2. 致使。例如："这件事情使我们明白了一个道理，努力才会成功。"

3. 使用。例如："这支笔很好使呢。""这把刀使起来不顺手。"

使，《说文·人部》："伶也。从人吏声。"段注："大徐[②]令作伶，误。令者，发号也。《释诂》：'使，从也。'其引申之义也。"本义谓命令、派遣，例如《管子·中匡》："桓公自莒反于齐，使鲍叔牙为宰。"《史记·项羽本纪》："怀王因使项羽为上将军，当阳君、蒲将军皆属项羽。"《左传·僖公四年》："楚子使屈完如师。""使屈完如师"，即派屈完出使齐国军队。又如《国语·鲁语上》："宣公使仆人以书命季文子。"《史记·孟尝君列传》："其食客三千人，邑人不足以奉客，使人出钱于薛。"《后汉书·顺帝纪》："乃召公卿百僚，使虎贲、羽林士屯南北宫诸门。"

引申为支使，支配，使用。例如《老子》五十五章："益生曰祥，心

---

① 汉毛亨传："武，继也。"

② 北宋文字学家徐铉。徐铉与弟徐锴初仕南唐，并有文名，皆精通文字学，人称"大小徐"。徐铉入宋后，曾受诏与句中正等校《说文解字》，世称"大徐本"。

使气曰强。”《诗经・小雅・雨无正》：“云不可使，得罪于天子；亦云可使；怨及朋友。”郑玄笺：“不可使者，不正不从也。可使者，虽不正从也。”清王先谦集疏：“可使不可使，即今谚云此事使得使不得也。”《论语・学而》：“节用以爱人，使民以时。”《韩非子・扬权》：“使鸡司夜，令狸执鼠，皆用其能。”唐韩愈《论淮西事宜状》：“待之既薄，使之又苦。”王安石《上皇帝万言书》：“诚贤能也，然后随其德大小，才之高下而官使之。”元石君宝《曲江池》第三折：“穿的吃的，那件不要钱使。”

使，使令义弱化，引申出致使，让义。《诗经・郑风・狡童》：“维子之故，使我不能餐兮。”杜甫《蜀相》诗：“出师未捷身先死，长使英雄泪满襟。”韩愈《秋怀诗》：“其言有感触，使我复凄酸。”使动意义进一步虚化，“使”后宾语脱落，“使”表示叫、让、把义，例如清袁枚《黄生借书说》：“为一说，使与书俱。”“使与书俱”，即把它与书一同交给黄生。

接受命令，带着使命前往，也是“使”①，例如《论语・子路》：“使于四方，不辱君命，可谓士矣。”《史记・韩世家》：“晋平公十四年，吴季札使晋。”《史记・廉颇蔺相如列传》：“臣舍人蔺相如可使。”“蔺相如可使”，即蔺相如可以出使。

动词转化为名词，奉命出使的人为“使”者。例如《左传・成公九年》：“兵交，使在其间可也。”《史记・项羽本纪》：“数使使趣齐兵，欲与俱西。”《史记・屈原列传》：“楚使怒去，归告怀王。”《后汉书・刘盆子列传》：“会更始都洛阳，遣使降（樊）崇。”韩愈《答渝州李使君书》：“使至，连辱两书，告以恩情迫切，不自聊赖。”此种用法，只存在于现代汉语的合成词中了，如“特使”“使节”“大使”“公使”等。

“使”的使令义未能实现或未能发生，则便有“假使”的意思，逐渐演变为假设连词。例如《论语・泰伯》：“如有周公之才之美，使骄且吝，其余不足观也已。”“使骄且吝，其余不足观也已”，意谓假使他骄傲自满且吝啬小气，则其他方面就不值得赏识了。《国语・吴语》：“使死者无知，则已矣；若其有知，吾何面目以见（伍）员也。”《史

① “使”的此用法，《汉语大词典（第一卷）》单列词头“使 2”（上海辞书出版社 1986 年版，第 1236 页），不符合词义引申的规律（割裂了词义之间的引申联系）。

记·陈丞相世家》:“诚臣计划有可采者，愿大王用之；使无可用者，金具在，请封输官，得请骸骨。”唐杜牧《阿房宫赋》:“使六国各爱其人，则足以拒秦。”这种用法也只存在于现代汉语的假设连词中，如“假使”“即使”等。

第三节 “出”“用”“给”“去”“让”“起”常见用法及其源流

一 出

出，音 chū，在56008个现代汉语常用词中，位列第49位。

(一) 在现代汉语中的用法

1. 动词。

(1) 从里面到外面，跟“进”相对。例如:“出门”“出国”“出差”“出客”。引申作趋向动词。附着在其他实意动词后面，意义虚化，表示向外、显露或完成。例如:“看出问题”“掏出手枪”“做出成绩”。

(2) 来到。例如:“出席”“出场”。

(3) 超出。例如:“出界”“出线”“出轨”。

(4) 由内往外的动作行为。例如:“出牌”“出主意”;“出汗”“出钱”“出力”。

(5) 出产，生产。例如:“出煤”“出活儿”“出成果”。

(6) 显露。例如:“出名”“出面”“出头”。

2. 量词。习相当于“次”“回”或“件”，例如:“小明做事一点计划都没有，想一出是一出。”戏曲的一个独立剧目叫一出。例如:“这一出剧本没有上一出写得精彩。”

(二) 产生与发展

出,《说文·出部》:“进也。象艹木益滋上出达也。”段注:“出，进也。本谓艹①木，引申为凡生长之称。又凡言外出为内入之反，象艹木益滋上出达也。”出，甲骨文字形从止从凵②会意，表示从居住地走出去，

① 艹，音 cǎo，同“草”。用作偏旁，俗称“草头”或“草字头”。

② 止，象形字，即“趾”。凵，音 kǎn，甲骨文字形中空而虚，像远古人类宿居之所。

本义谓外出，离开，出去，与“入”相对。例如《孟子·万章上》：“父母使舜完廪，捐阶，瞽瞍焚廪。使浚井，出，从而揜之。”① 《楚辞·国殇》：“出不入兮往不反（返），平原忽兮路超远。”“出”与“入”反义相对，“出不入”与“往不返”近义相对。出，走出家门；入，再进家门。《礼记·祭义》：“乐正子春下堂而伤其足，数月不出，犹有忧色。”这种用法后世一直承继下来，例如唐韩愈《感二鸟赋》：“出国门而东骛，触白日之隆景。”“我这两天准备出门，小明，你跟你母亲好好看着家啊!”

由出来义虚化为趋向，附着在实义动词后面，这种用法萌生于汉代，例如《史记·张耳陈馀列传》：“赵人多为张耳、陈馀耳目者，以故得脱出。”《史记·萧相国世家》：“高帝不怿。是日，使使持节赦出相国。”后世承之，例如《世说新语·言语》：“士元曰：‘仆生出边垂，寡见大义，若不一叩洪锺，伐雷鼓，则不识其音响也!’”唐吕岩《七言》诗之三七：“炼出一炉神圣药，五云归去路分明。”明《二刻拍案惊奇》卷十七：“老姥一见闻小姐举止形容，有些面善，只是改粧过了，一时想不出。”《老残游记》第一回：“三人开了两瓶酒，取出携来的肴馔，一面吃酒，一面谈心，不知不觉，那东方已渐渐发大光明了。”《老残游记》第一回：“众人被他骂的顿口无言。内中便有数人出来说道：‘你这先生所说的都是我们肺腑中欲说说不出的话，今日被先生唤醒，我们实在惭愧，感激的很!’”

把东西拿出来与人走出来有共通之处，故引申拿出，使出，例如《尚书·盘庚上》：“各长于厥居，勉出乃力，听予一人之作猷。”《后汉书·王望列传》：“是时州郡灾旱，百姓穷荒。（王）望行部，道见饥者，裸行草食……因以便宜出所在布粟，给其廪粮，为作褐衣。”陶潜《桃花源记》：“余人各复延至其家，皆出酒食。”后世承之，例如唐韩愈《论捕贼行赏表》：“昔汉高祖出黄金四万斤与陈平，恣其所为。”清刘鹗《老残游记》第一回：“你们各人均是出了船钱坐船的。”《老残游记》第六回：“想到此处，不觉怒发冲冠，恨不得立刻将玉贤杀掉，方出心头之恨。”

---

① 朱熹集注：“完，治也。捐，去也。阶，梯也。揜，盖也。按《史记》曰：‘使舜上涂廪，瞽瞍从下纵火焚廪，舜乃以两笠自捍而下去，得不死。后又使舜穿井，舜穿井为匿空旁出。舜既入深，瞽瞍与象共下土实井，舜从匿空中出去。’即其事也。”瞽瞍，瞎眼的人，这里专指舜父。象，舜异母弟也。

"我给你出个主意。"由拿出虚化为支出。《盐铁论·贫富》:"量入为出,节俭以居之。"引申为缴纳,例如曹操《抑兼并令》:"户出绢二匹、绵二斤而已。"

离家而去,即在外,对外,例如《孟子·告子下》:"入则无法家拂士,出则无敌国外患者,国恒亡。"《韩非子·存韩》:"韩事秦三十余年,出则为扞蔽,入则为席荐。"《礼记·哀公问》:"内以治宗庙之礼,足以配天地之神明;出以治直言之礼,足以立上下之敬。"

上古不及物动词有使动用法,使……出,经常使用则固化为驱逐、放逐,遗弃义。例如《左传·文公十八年》:"遂出武穆之族,使公孙师为司城。"

走出、拿出后就会显露,因此引申出显现,出现义。例如《周易·系辞上》:"河出图,洛出书,圣人则之。"《后赤壁赋》:"山高月小,水落石出。""水落石出",即江水退落,礁石显露出来。

由显露义引申出生产,制作,出产义,例如《荀子·劝学》:"肉腐出虫,鱼枯生蠹。""出"与"生"同义相对,"肉腐出虫",即肉腐烂了就会生虫。《盐铁论·本议》:"故工不出则农用乏。"《淮南子·修务训》:"邯郸师有出新曲者,托之李奇,诸人皆争学之。"《后汉书·东夷列传》:"出赤玉、好貂。"柳宗元《捕蛇者说》:"殚其地之出,竭其庐之入。""殚其地之出",即送完他们田地的全部物产。

从同类中突出,就超出了同类,也即有超过、超出、超越义。例如北魏郦道元《水经注·潍水》:"台在城东南十里,孤立特显,出于众山。"韩愈《师说》:"古之圣人,其出人也远矣,犹且从师而问焉。""出人也远矣",即超出平常人很远了。宋苏轼《上神宗皇帝书》:"则所谓智出天下。而听于至愚,威加四海,而屈于匹夫。"明《二刻拍案惊奇》卷十二:"同父道:'吾辈情之所钟,便是最胜,那见有出其右者。'"现在还有成语"出人头地""出类拔萃"等。

古汉语,数词直接修饰动词,表示动作行为的量,"出"由动词逐渐衍化成量词。例如《史记·卫将军骠骑列传》:"最大将军青,凡七出击匈奴,斩捕首虏五万余级。""七出击匈奴",既可以看作是连动结构,也可看成是"数量结构",意谓七次攻击匈奴。《史记·扁鹊仓公列传》:"淳于司马曰:'我之王家食马肝,食饱甚,见酒米,即走去,驱疾至舍,即泄数十出。'""数十出"作动词"泄"的补语,可以看成是量词[①]。

每一“出”（次）之间都有一段时间或者距离，所以一个段落就是一“出”，例如南朝宋刘义庆《世说新语·文学》：“谢车骑在安西难中，林道人往就语，将夕乃退。有人道上见者，问云：‘公何处来？’答云：‘今日与谢孝剧谈一出来。’”“今日与谢孝剧谈一出”，意谓今日与谢家孝子畅谈了一会儿。《景德传灯录·云岩昙晟禅师》：“药山又问：‘闻汝解弄师子[②]，是否？’师曰：‘是。’曰：‘弄得几出？’师曰：‘弄得六出。’药云：‘我亦解弄’。师曰：‘和尚弄得几出？’曰：‘我弄得一出。’师曰：‘一即六，六即一。’”“六出”即六套，组成一个狮子戏的系列，狮子戏在宋时为僧俗所共好。宋以后，传奇之一回，戏曲之一部就叫“一出”，字繁化作“齣”[③]，《儒林外史》第三十回：“把这一百几十班做旦脚的都叫了来，一个人做一齣戏。”清纪昀《阅微草堂笔记》卷十五自注云：“传奇以一折为一齣。古无是字，始见吴任臣《字汇补》，注曰读‘尺’。相沿已久，遂不能废。”吴任臣（1632—1687）[④]，清初经学家、史学家，他所著的《字汇补》成书于康熙五年（1666）。传奇是宋元南戏发展到明代时的改称，主要指那些以南曲演唱为主的中长篇戏曲。“传奇”分齣（标出目）表演。据吴任臣《字汇补》推知，“齣”应该在入明以后产生的。明代梅膺祚《字汇》突破“轻俗”“重正”传统偏见，采取“正俗兼收”的原则，收字33179个，前无古人。但“齣”字不见《字汇》，可见“齣”字未被梅膺祚重视，这说明，“齣”字应该不会太早于《字汇》产生的时代［《字汇》成书于明万历四十三年（1615）］，或者说，“齣”字在当时还并没有什么影响。

女儿出嫁也是从家里出来，“出”遂有出嫁义。例如东晋常璩《华阳国志》卷十：“曹敬姬，南安人也，周纪之妻。十七出适，十九纪亡，遗生子元馀。”

---

① 殷正林认为“出”“在魏晋时才转用为动量词。”参见殷正林《〈世说新语〉中所反映的魏晋时期的新词和新义》，载《语言学论丛》第12辑，商务印书馆1984年版；又见王云路、方一新《中古汉语研究》，商务印书馆2004年版，第89页。

② 狮子，佛教文献多习惯写作“师子”。

③ “齣”字得名的由来，《康熙字典》备有一说，取自戏曲表演的进进出出之义，见《康熙字典·齿部·补遗》：“或云本是齝字，讹作齣也。盖齝，乃食之已久，复出嚼之。今传奇进而复出，故有取于齝云。”齝，音chī，牛反刍。

④ 李天予：《吴任臣生卒年新考》，《常州工学院学报》（社会科学版）2018年第2期。

古人崇尚“男有分，女有归”，“归”即女人找到自己的归宿，也即嫁人，男人的家就是女人的家。由男方家出而不归，即遗弃，休妻。例如《战国策·秦策四》：“薛公入魏而出齐女。”高诱注：“妇人大归曰‘出’。”《韩非子·外储说左上》：“蔡女为桓公妻，桓公与之乘舟，夫人荡舟，桓公大惧，禁之不止，怒而出之。”“出之”，即休妻。《孔子家语·本命解》：“孔子遂言曰：‘女有五不取：逆家子者，乱家子者，世有刑人子者，有恶疾子者，丧父长子。[①] 妇有七出[②]，三不去。七出者：不顺父母者，无子者，淫僻者，嫉妒者，恶疾者，多口舌者，窃盗者。三不去者：谓有所取无所归，一也。与共更三年之丧，二也。先贫贱，后富贵，三也。凡此，圣人所以顺男女之际，重婚姻之始也。”《后汉书·杨政列传》：“范升尝为出妇所告，坐系狱。”唐长孙无忌等《唐律疏议·名例·犯流应配》：“犯‘七出’者，夫若不放，于夫无罪。若犯流听放，即假伪者多，依令不放，于理为允。”明冯梦龙《万事足》第三一折：“好意相劝，反把恶语伤人。律有七出之条：妒去，无子去，多言去，你犯着三款……论理该出。”《三刻拍案惊奇》第二十六回：“不知近日为些甚么，与老母不投，两边时常竞气，老母要我出他。’”

二 用

用，音 yòng，在 56008 个现代汉语常用词中，位列第 50 位。

（一）在现代汉语中的常见用法

1. 动词。

（1）使用。例如：“用扳手比用老虎钳拧螺丝要快多了。”“连长用兵

---

① 逆家子者，谓逆德造反家庭的女子。乱家子者，谓乱伦家庭的女子。世有刑人子者，谓受过刑法家庭的女子。有恶疾子者，谓有不治之病的女子。丧父长子，谓早年丧父的长女。

② 休妻之“出”，两汉时也叫“去”“弃”。《大戴礼记·本命》：“女有五不取：逆家子不取，乱家子不取，世有刑人不取，世有恶疾不取，丧妇长子不取。逆家子者，为其逆德也；乱家子者，为其乱人伦也；世有刑人者，为其弃于人也；世有恶疾者，为其弃于天也；丧妇长子者，为其无所受命也。妇有七去：不顺父母去，无子去，淫去，妒去，有恶疾去，多言去，窃盗去。不顺父母去，为其逆德也；无子，为其绝世也；淫，为其乱族也；妒，为其乱家也；有恶疾，为其不可与共粢盛也；口多言，为其离亲也；盗窃，为其反义也。妇有三不去：有所取无所归，不去；与更三年丧，不去；前贫贱后富贵，不去。”《公羊传·庄公二十七年》“曰来归”，东汉何休注：“妇人有七弃、五不娶……丧妇长女不娶，无教戒也；世有恶疾不娶，弃於天也；世有刑人不娶，弃於人也；乱家女不娶，类不正也；逆家女不娶，废人伦也。”

如神呢。”“用笔写字。”

（2）吃、喝，含敬意，例如：“请用膳”“请用茶”“首长，用饭的时间到了。”

2. 名词。用处。例如：“妈妈对小明说：‘出门多带点儿钱，很有用的。’”“你这么做有用吗？有什么用呢！”

（二）产生与发展

用，《说文·用部》：“可施行也。从卜从中。”段注：“卜中则可施行，故取以会意。”商周时期，凡事皆卜，故在甲骨上记录下了的文字材料统称卜辞。卜吉而从，卜中则行，故“用”最早的用法是可行，可用，例如《易经·乾卦》：“潜龙勿用。”“勿用”，犹言不宜用，不要用。由此引申出使用，应用义。《玉篇·用部》：“用，施行也。”例如《左传·宣公二年》：“弃人用犬，虽猛何为？”“弃人用犬”，即意谓不用人却用狗。《诗经·大雅·公刘》：“执豕于牢，酌之用匏。”《三国志·蜀志·马谡传》：“用兵之道，攻心为上。”引申为采用、采纳，例如《尚书·牧誓》：“今商王受，惟妇言是用。”《史记·秦始皇本纪》：“秦用李斯谋。”《隋书·李穆传》：“先是（李）穆知（李）植非保家之主，每劝（李）远除之，（李）远不能用。”《明史·张芥汪应轸等传赞》：“张芥等怀抱悃忱，激昂论事。其言虽不尽用，要与缄默者异矣。”

吃喝需要借助使用工具才能完成，所以以部分动作代替整体，故“用”引申出吃喝等用法，例如《周礼·天官·庖人》：“掌共六畜”，郑玄注：“将用之曰牲”，清孙诒让正义：“用，谓共祭及膳。”《周礼·天官·庖人》：“凡用禽兽”，唐贾公彦疏：“煎和谓之用。”《管子·轻重甲》：“口满用，手满钱。”郭沫若集校引近人张登云曰：“用，食用也。”

由物及人，由使用义引申为任用。例如《孟子·梁惠王下》：“见贤焉，然后用之。”《战国策·秦策五》：“应侯之用于秦也，孰与文信侯专？”古人以信任为荣，“人为知己者死，女为悦己者容”，心甘情愿被人用也是“用”，犹今言效劳、出力，例如《商君书·农战》：“国有事，则学民恶法，商民善化，技艺之民不用，故其国易破也。”① “技艺之民不用”，意谓手工业者不愿意出力。《史记·陈涉世家》：“吴广素爱人，士

① 国有事，指国家有战争等重大事件发生。学民，游学之人。恶，诽谤、诋毁。商民，商人。善化，善于变化，即投机买卖。技艺之民，手工业者的统称。

卒多为用者。”“士卒多为用者”，即士兵中有很多愿意为他出力的人。引申“愿意做”，例如《荀子·富国》：“仁人之用国。”唐杨倞注：“用，为也。”《木兰诗》：“可汗问所欲，木兰不用尚书郎。”“木兰不用尚书郎”，即木兰不愿意做尚书郎。

由动作转指动作的结果，使用的结果是用处，作用，由动词转化作名词。例如《易经·系辞上》：“显诸仁，藏诸用。”唐孔颖达疏：“藏诸用者，谓潜藏功用不使物知。”《老子》第十一章：“三十辐共一毂，当其无有车之用。”《论语·学而》：“礼之用，和为贵。”《史记·老子韩非列传》：“老莱子亦楚人也，著书十五篇，言道家之用。”南朝齐梁范缜《神灭论》：“神者形之用。”句意是说精神是身体的作用。唐韩愈《请上尊号表》：“左右前后，莫匪俊良；大小之材，咸尽其用。”

使用、应用必然会耗费，于是引申出费用、花费义。例如《国语·周语中》：“以备百姓兆民之用。”韦昭注：“用，财用也。”《左传·僖公二十一年》：“修城郭，贬[①]食省用，务穑劝分，此其务也。”《论语·颜渊》：“年饥，用不足，如之何？”《荀子·天论》：“强本而节用，则天不能贫。”句子意思是加强农业生产并且节约费用，那么天也不能使人贫穷。宋曾巩《议经费》：“汉唐之盛时，天下之用常裕矣。”清魏源《〈圣武记〉叙》：“今夫财用不足，国非贫，人材不竞之谓贫。”现代汉语还有“费用”“用度”等词。

三　给

给，音gěi，在56008个现代汉语常用词中，位列第54位。

（一）在现代汉语中的用法

1. 动词。

（1）给予、赠予，例如：“政府给我们一笔扶持基金。”“奶奶给我一个大红包。”“同志，能给我支笔填写一下吗？”

（2）使……得到（待遇、遭遇、印象）等，例如：“六连给敌人以沉重的打击。”“黄山的美景给我的印象很深。”

2. 介词、助词。

（1）“给”直接用在动词前，表示被动，例如：“老王家的羊全给狼

① 贬，减少。

吃了。”“给”引出施动者“狼”，可以认定为介词。

这种用法的“给”，其后的施动者可以省略，此时的“给”可以被认定为助词。比较：

老王家的羊全给狼吃了。→老王家的羊全给吃了。

弟弟把花瓶给打了。→弟弟把花瓶打了。

小明可能把这事儿给忘了。→小明可能把这事儿忘了。

句中有“给”，显然“被动”的意味更为强烈，可认作为表示被动标记性质的助词。

(2) 相当于“为”(wèi)，也是介词。例如：“小明英语好，给专家当翻译。”“小明，你休息一会儿，我来给领导站岗吧。”

音 jǐ，动词性语素，供给，不能单用，存在于合成词中，例如“给予”(给予，频序号：1292)。

(二) 产生与发展

给，音 jǐ，《说文・纟部》：“相足也。从纟[①]合声。”段注：“相足也，足居人下，人必有足而后体全，故引申为完足。相足者，彼不足此足之也。故从合。从纟，合声，形声亦会意也。”《说文》“相足也”，慧琳《一切经音义》四十一卷注引《说文》作“相供足也”。

给，本义为供给充足，含有［+供应］［+充足］等义素，形容词，例如《左传・襄公三十年》：“丰卷将祭，请田焉，弗许。曰：‘唯君用鲜，众给而已。’”“唯君用鲜，众给而已”，意思是只有君主才能用新猎取的野兽祭祀，其他的臣子只要够用就行了。又如《孟子・梁惠王下》：“春省耕而补不足，秋省敛而助不给。”《管子・国蓄》：“故使蓄贾游市，乘民之不给，百倍其本。”《史记・滑稽列传》：“西门豹即发民凿十二渠，引河水灌民田……至今皆得水利，民人以给足富。”“民人以给足富”，意思是说，老百姓因此食用丰足，生活富裕。“给”与“足富”同义连文。《后汉书・祭遵列传》：“家富给，而（祭）遵恭俭，恶衣服。”唐李渊《置社仓诏》：“触类长之，去其泰甚，庶使公私俱济，家给人足，抑止兼

---

① 纟，音 mì，同“糸”，细丝，用作偏旁，俗称“绞丝旁”。又音 sī，蚕丝，同“絲”，简化作“丝”。

并，宣通壅滞。”宋宋敏求《春明退朝录》卷下：“租佣使元载以吴、越虽兵荒后，民产犹给，乃辟召豪吏分宰列邑以重敛之。”这种用法，现在只存在成语中，例如：“家给户足”。

“给”的［+充足］义素脱落，表示供给，供应义，转化为动词，例如《左传·宣公十二年》：“子有军事，兽人[①]无乃不给于鲜。”“兽人无乃不给于鲜”，即谓猎人敢不进献新鲜的禽兽（用作食材）。《庄子·让王》：“（颜）回有郭外之田五十亩，足以给飦粥。”“飦粥”，稠粥。“足以给飦粥”，意谓可以提供充足的稠粥了。《韩非子·外储说右上》：“振贫穷而恤孤寡，行恩惠而给不足。”“给不足”，即供给弥补不足的人。《战国策·齐策》：“孟尝君使人给其食用，无使乏。”句子意思是：孟尝君派人供给她粮食费用，不让她缺少什么。《世说新语·排调》：“顾长康作殷荆州佐，请假还东。尔时例不给布帆[②]，顾苦求之，乃得发。”“尔时例不给布帆”，即谓当时按照惯例是不提供小船的。又如晋陶潜《读〈山海经〉》诗之八：“赤泉给我饮，员丘足我粮。”清刘正谊《自笑》诗：“鬻田买古砚，贷米给诗僧。”“给”的这种用法，还孑遗在现代汉语的合成词中，例如：“发展生产，保障供给。”“供给”“补给”“给养”“给水”等。

富足了才可以让渡给别人，故引申出给予、赐予，此义破读 gěi。例如《吕氏春秋·权勋》：“齐王怒曰：‘若残竖子之类，恶能给若金？’[③]”《世说新语·德行》：“阮光禄在剡，曾有好车，借者无不皆给。有人葬母，意欲借而不敢言。阮后闻之，叹曰：‘吾有车，而使人不敢借，何以车为？’遂焚之。”“借者无不皆给”，想借车的人都能借到车。给，给予。唐高祖《命太子建成讨刘黑闼诏》：“其有弃恶思顺，自拔而来，随即安罪。给其优赏，咸使附业，各令安堵。”《唐会要》卷九十三：“太和七年八月敕：中书门下省所将本钱，与诸色人，给驱使官文牒，于江淮诸道经纪，每年纳利，并无元额许置。”唐昭宗《改元天复赦文》：“自此准京兆府并依往例处分。两市立正印，委所司追纳毁弃，改给朱记行用。”宋吴曾《能改斋漫录·事始二》：“俄而女仆请饭库钥匙，备夫人点心。（郑）修诟曰：‘适已给了，何得又请’云云。”《红楼梦》第七十二回：“我已

---

① 兽人，周时官名，掌管田猎进献之物。《周礼·天官·冢宰·宰夫之职》：“兽人，掌罟田兽，辨其名物。冬献狼，夏献麋，春秋献兽物。”

② 布帆，布制的帆，借喻小舟。唐顾况《别江南》诗：“布帆轻白浪，锦带入红尘。”

③ 句子大意是：你们这些无能的残兵败将，怎么能给你们金钱呢！

经看中了两个丫头，一个与宝玉，一个给环儿。”清《二十年目睹之怪现状》第十八回：“照你这样给起来，除非真是发了财。只怕发了财，也供应他们不起呢！”这种用法现代汉语最常用，例如：“不用担心，给钱就能通过的。”唐德宗《宣慰河南河北诏》（见《全唐文》卷五十二）：“其州县遭水漂损乏绝户，宜共赐三十万石，度支即与本道节度观察使计度，各随所近支给，委本使择清干官送米给州县。”唐宪宗《宣慰魏博制》（见《全唐文》卷五十七）：“仍赐钱一百五十万贯，以河阳院诸道合进内库绫绢绵等支送充，赏给将士及六州县百姓。”末两例“给”为赐予义。

动词“给”的“给予”义表达式中，直到明代出现了双宾语结构“给+人+物”[①]，例如明梁辰鱼《浣纱记》第十八出：“给越王鸾舆法驾。”又明范受益《寻亲记》第十五出：“本府给我盘缠。用了一半，还有一半。”

“给+人”后跟处置动词，则经过重新分析，动词“给”衍化为介词，这种用法产生较晚，约在清代中叶，相当于“被”，例如清《儒林外史》第五十三回：“邹师傅是从来不给人赢的，今日一般也输了。”“邹师傅是从来不给人赢”，即邹师傅从来不被人赢，只不过，句中“给”的被动意味比“被”弱。又如《二十年目睹之怪现状》第七十五回：“逛窑姐儿的人，倘给都老爷查着了，他不问三七二十一，当街就打。”句中“给”的被动意味比较明显。现代汉语承袭之，例如沙汀《航线》：“军队给堵住了呀，通不过。”

这种表示被动的“给”，从语义上看，它来源于给予的“给”，例如《儿女英雄传》第三十八回：“他（程相公）又拿那铜匙子舀了点儿放在嘴里，才放进去，就嚷说：‘阿，原来是牛奶！’便跳牙裂嘴的吐在地下。安老爷道：‘不能吃，倒别勉强。’随把碗酪给麻花儿吃了。”“把碗酪给麻花儿吃了”，其中的“给”，既可表示给予义，也能重新分析表示被动义，这正是“给”语法化演变的重要特征。

当“给”后的施动者省略，“给”附着在实意动词前，则由介词经过重新分析，衍化为表示被动标志的助词，如清文康《儿女英雄传》第三十八回：“这又是我们花铃儿干的。我也不懂，叠衣裳总爱叼在嘴里叠，怎么会不弄一袖子胭脂呢？瞧瞧，我昨儿早起才换上的，这是甚么工夫给弄上的？”“这是甚么工夫给弄上的”，意思是说，我的衣服袖子是什么时候给弄上胭脂的？“给”含有被动的意味。

---

① 晁瑞：《汉语“给”的语义演变》，《方言》2013年第3期。

四 去

去，音qù，动词，在56008个现代汉语常用词中，位列第62位。

（一）在现代汉语中的用法

（1）离开，与“来”相对，例如“你们去留两便，我们不强求。”引申表示从说话者处到别处，例如：“明天我去上海，后天回来。”“你去不去？说句话吧。”再次引申为失掉，例如：“大势已去。”

（2）除掉，例如：“这种果子要去皮才能吃。”“这个句子去掉几个字就通了。”

（3）相距，例如：“从村上到镇上两地相去三十里地。”“去今已经有五载。”

（4）刚过去的，例如：“去年”，即今年的前一年。“去春”，即上一个春天、春季。引申指过去的，例如：“去日”，过去的时日。

（5）去做……事情，例如：“我们去找找。”“小明，我们下午去游泳吧。”

此种用法也可以把“去”放在完成工作的后面，已经虚化为趋向动词了，比较：

> 我们去找找。→ 我们找找去。
> 小明，我们下午去游泳吧。→小明，我们下午游泳去吧。

还可以一前一后用两个“去”，例如：“我们去找找去。”“小明，我们下午去游泳去吧。”

放在完成工作之后，趋向意味十分明显。例如：“我听报告去了。”“别烦人，边上玩去啦。”“去”位于行为动作的动词后面，表示一种趋势或状态，又如：“首长信步走下山去。”“随他说去，不要管他。”“一眼望去，到处是黄灿灿的油菜花。”

（二）产生与发展

去[①]，《说文·去部》：“人相违也。从大凵[②]声。”段注：“违，离

① “去”之甲骨文是“呿”之初文，假借为离开义的“去”。“去”之小篆字形是“盇”（盖）字之初文。参见董莲池《说文解字考正》，作家出版社2004年版，第197页。

② 凵，音qù。

也。”本义是离开，例如《诗经·魏风·硕鼠》：“逝[①]将去女，适彼乐土。”“逝将去女”，即发誓要离开你。《墨子·经下》：“偏去莫加少。”孙诒让间诂：“去，犹言相离。”《战国策·齐策二》：“齐、梁之兵连于城下，不能相去。”高诱注：“去，离也。”《尚书·汝鸠汝方·书序》：“伊尹去亳适夏，既丑有夏，复归于亳。入自北门，乃遇汝鸠、汝方，作《汝鸠、汝方》。”南朝宋《世说新语·德行》：“荀巨伯远看友人疾，值胡贼攻郡，友人语巨伯曰：‘吾今死矣，子可去！’”韩愈《剥啄行》：“剥剥啄啄，有客至门。我不出应，客去而嗔。”清黄宗羲《前乡进士泽望黄君圹志》：“泽望堕地来，书卷未尝一日去手。”

离开后到目的地，必然会有段距离，因此引申为距离，例如《穀梁传·庄公三十二年》：“遇者，志相得也。梁丘在曹、邾之间，去齐八百里，非不能从诸侯而往也。辞所遇，遇所不遇，大齐桓也。”“去齐八百里”，是说梁丘距离齐国八百里。《管子·揆度》：“珠起于赤野之末光，黄金起于汝、汉水之右衢，玉起于禺氏之边山。此度去周七千八百里。其涂远，其至厄。”汉班固《汉书·西域传序赞》云：“其河有两源：一出葱岭，一出于阗。于阗在南山下，其河北流，与葱岭河合，东注蒲昌海。蒲昌海一名盐泽者也，去玉门、阳关三百馀里，广袤三百里。”东晋西域沙门迦留陁伽译《佛说十二游经》：“五大国城人多黑短小，相去六十五万里。从是但有海水，无有人民。去铁围山百四十万里。”《世说新语·德行》：“王朗每以识度推华歆。歆蜡日，尝集子侄燕饮，王亦学之。有人向张华说此事，张曰：‘王之学华，皆是形骸之外，去之所以更远。’”“去之所以更远”，意谓（这）就是王朗距离华歆更远的原因。又如宋梅尧臣《刑部厅海棠见赠依韵答永叔》诗之一：“彭祖与颜回，相去犹瞬息。”《资治通鉴·赤壁之战》：“去北军二里余。同时发火。”

离开，有主动的行为，也有被动的行为，被动的行为，即“去掉”“让……走”“打发”，例如《吕氏春秋·下贤》：“去其帝王之色。”高诱注：“去，犹除也。”《周礼·天官·宫人》：“去其恶臭。”孙诒让正义：“去，亦除也。”《战国策·秦策三》：“夫江上之处女，有家贫而无烛者，处女相与言，欲去之。”宋鲍彪注：“遣之使去。”《史记·游侠列传》：

① 逝，通假“誓”，发誓。

“（郭）解姊子负解之势，与人饮，使之釂[①]。非其任，强灌之。人怒，拔刀刺杀解姊子，亡去。……贼窘自归，具以实告解。解曰：‘公杀之固当，吾儿不直。’遂去其贼。”“遂去其贼”，郭解让贼走了。

不愿离开而必须离开的，即为开除、除去。例如《易经·系辞下》：“小人以小善为无益而弗为也，以小恶为无伤而弗去也。”《汉书·许皇后传》：“可因投毒去也。”颜师古注：“去，谓除去皇后也。”《汉书·五形志下之上》：“夏帝卜杀之，去之。”颜师古注：“去，谓驱逐也。”《汉书·霍去病传》：“单于后得其众，右王乃去单于之号。”柳宗元《捕蛇者说》：“去死肌，杀三虫。”“去死肌”，即除掉坏死的肌肉。宋戴埴《鼠璞·性善恶》：“孟子之学，澄其清而滓自去；荀子之学，去其滓而水自清。”

离开某地，必然到另一个地方去，所以又引申为“到……去”，前往，例如《世说新语·贤媛》：“贾充前妇，是李丰女。丰被诛，离婚徙边。后遇赦得还，充先已娶郭配女，武帝特听置左右夫人。李氏别住外，不肯还充舍。郭氏语充，欲就省李，充曰：‘彼刚介有才气，卿往不如不去。’”例中“去”与“往”相对，即“往”（到……地）义。南朝宋宗炳《明佛论》：“今自抚踵至顶以去陵虚，心往而勿已，则四方上下，皆无穷也。”“抚踵至顶以去陵虚”，即自脚抚摸到头，直到头顶的上空。李白《与史郎中饮听黄鹤楼上吹笛》诗：“一为迁客去长沙，西望长安不见家。”元结《别王佐卿序》：“癸卯岁，京兆王契佐卿年四十六，顷去西蜀，对酒欲别。”白居易《买花》诗：“帝城春欲暮，喧喧车马度。共道牡丹时，相随买花去。”敦煌变文《太子成道经》：“大王道：‘夫人，来日后园之内，有一灵树，号曰无优（忧）之树。夫人往去观看，得免其愁。’”宋辛弃疾《摸鱼儿·淳熙己亥自湖北漕移湖南同官王正之置酒小山厅为赋》：“休去倚危栏，斜阳正在，烟柳断肠处。”

有人认为“去”的“到”“往”义在西汉时已经出现了，这个看法值得商榷[②]。持此观点的依据是以下 3 例，《史记·卫青霍去病列传》：“自是之后，大将军青日退，而骠骑日益贵。举大将军故人门下多去事骠

① 釂，饮尽杯中酒。

② 杨克定：《从〈世说新语〉〈搜神记〉等书看魏晋时期动词“来”“去”语义表达和语法功能的特点》，载程湘清《魏晋南北朝汉语研究》，山东教育出版社 1992 年版，第 249 页。

骑，辄得官爵，唯任安不肯。”又《史记·傅靳蒯成列传》：“汉军败，还保雍丘，去击反者王武等。”又《论衡·偶会》：“雁鹄集于会稽……粮尽食索，春雨适作，避热北去，复之碣石。”我们认为这3例中的“去”都表“离去”义而非“到”“往”义。《史记》中的“大将军故人门下多去事骠骑”，是句“去”后承前省“大将军”，即离开大将军；第2例“去击反者王武”之“去”承前省宾语“雍丘”，即离开雍丘。许嘉璐主编的《史记全译》将这两句话分别译作：“从此以后，大将军卫青势力日益减退，而骠骑将军霍去病则日渐显贵。凡事大将军的老友或是门客，很多都离开了他而去侍奉骠骑将军了，都得到了官职和爵位，唯独任安不肯这样做”[①]；“汉军失败退回，靳歙退守雍丘，又离开雍丘去征讨反叛的王武等人。”[②]此译文完全证明了我们的观点。第3例《论衡》中的“北去”之“北”名词作状语，即向北离去。

有人甚至认为“去”的前往义，在商代已经出现，例证为“巳卜宾贞：王去作寝？（13568）——去，前往”[③]，“作寝”，是修建寝宫。仔细斟酌，我们认为此例的“去”也可表示“离开（此处）”义。

“去”因含有离开义，故放在动词或动词性词语后，表示趋向，衍变成了趋向动词，例如《汉书·沟洫志》：“禹之行河水，本随西山下东北去。”《世说新语·德行》：“管宁、华歆共园中锄菜，见地有片金，管挥锄与瓦石不异，华捉而掷去之。”又《世说新语·文字》：“庾子嵩读庄子，开卷一尺便放去，曰：‘了不异人意。’”杜甫《茅屋为秋风所破歌》：“公然抱茅入竹去。”句子意思是，明目张胆地抱着茅草到竹林那边去了。宋梅尧臣《绝句》之二：“上去下来船不定，自飞自语燕争忙。”

离开原地，原地就成为了过去的地方，因而又引申为过去，例如西汉陆贾《新语·至德》：“斯乃去事之戒，来事之师也。”“去”与“来”相对，一谓过去，一谓未来。“去事”，即过去的事情。曹操《短歌行》：“去日苦多。”苦：患，苦于。句子意思是“已经过去的日子真是太多了”。南朝梁吴均《与顾章书》：“仆去月谢病，还见薜萝。”韩愈《进〈顺宗实录〉表状》：“去八年十一月，臣在史职。”

---

① 许嘉璐：《二十四史全译·史记（第二册）》，汉语大词典出版社2004年版，第1349页。

② 同上书，第1216页。

③ 陈年福：《甲骨文动词词汇研究》，巴蜀书社2001年版，第232页。

以今言之，则“去”的离开，在时间上就是“以后”，例如《三国志·吴志·吕岱传》：“自今已去，国家永无南顾之虞。”晋陶潜《游斜川》诗：“未知从今去，当复如此不?”《后汉书·曹世叔妻列传》：“去矣，其勖勉之。”唐李贤注：“去矣，犹言从今已往。”宋张元翰《感皇恩》词：“愿从今日去，身长健。”元高明《琵琶记·五娘劝解公婆争吵》：“媳妇便是亲儿女，劳役本分当为。但愿公婆从此去，相和美。”“公婆从此去”，即公婆从此以后。

五 让

让，音 ràng，在56008个现代汉语常用词中，位列第67位。

（一）在现代汉语中的用法

1. 动词。

（1）把方便或者好处给别人，谦让。例如：“当哥哥的就该让弟弟点儿。”“大爷，我把座位让给你。”“小明是个好同志，见困难就上，见荣誉就让。”引申为礼让，避开，躲闪，例如：“让首长先走。”“让让。”“让一条道，汽车马上冲过来了。”

（2）指使，容许，听任。例如：“谁让你来的?”“要是让事态发展下去，那还了得啊。”“小明脸一红，不让我说了。”

2. 介词。表示被动，例如：“被子让雨淋湿了。”“敌人让八路军打得落花流水。”

与“被”“叫”“给”等不同的是，“让”后的施动名词不能省略，试一比较：

被：被子被雨淋湿了。→被子被淋湿了。

　　敌人被八路军打得落花流水。→ 敌人被打得落花流水。

叫：被子叫雨淋湿了。→ 被子叫淋湿了。

　　敌人叫八路军打得落花流水。→ 敌人叫打得落花流水。

给：被子给雨淋湿了。→ 被子给淋湿了。

　　敌人给八路军打得落花流水。→ 敌人给打得落花流水。

让：被子让雨淋湿了。→ *被子让淋湿了。

　　敌人让八路军打得落花流水。→ *敌人让打得落花流水。

（二）产生与发展

让（讓），《说文·言部》："相责让。从言襄声。"本义为责备，《玉篇·言部》："让，责让。"《左传·僖公五年》："初，晋侯使士蔿为二公子筑蒲与屈，不慎，寘薪焉。夷吾诉之，公使让之。"杜预注："让，谴让之。"《左传·昭公二十五年》："季、郈之鸡斗。季氏介其鸡，郈氏为之金距。平子怒，益宫于郈氏，且让之。"杜预注："让，责也。"《国语·周语上》："于是乎有刑不祭，伐不祀，征不享，让不贡，告不王。"[①]韦昭注："让，谴责也。""让不贡"，即责备不进岁贡。"让"与"刑""伐""征""告"等表示责罚类的词对文近义。《墨子·鲁问》："鲁人有因子墨子而学[②]其子者，其子战而死，其父让子墨子。""其父让子墨子"，意思是"鲁父责备墨子"。又如《孟子·告子下》："入其疆，土地荒芜，遗老失贤，掊克[③]在位，则有让。"《史记·商君列传》："孝公既见卫鞅，语事良久，孝公时时睡，弗听。罢而孝公怒景监曰：'子之客妄人耳，安足用邪！'景监以让卫鞅。""景监以让卫鞅"，即景监因此而责怪卫鞅。景监在秦孝公那儿受了气，故而迁怒到商鞅。《史记·魏公子列传》："平原君使者冠盖相属于魏，让魏公子。""让魏公子"，即责备魏公子。《汉书·项籍传》："秦军数却，二世使人让章邯。章邯恐，使长史欣请事。"《汉书·匈奴传》："皇帝让书再至。"颜师古注："让书，有责让之言也。"《后汉书·赵咨列传》："征拜议郎，辞疾不到，诏书切让。"

受到责备的原因是因为没有尽职尽责，不能尽职尽责就应该"退让"。《广韵·漾韵》："让，退让。"例如《春秋穀梁传·庄公九年》经："齐小白入于齐。"传："大夫出奔，反，以好曰'归'，以恶曰'入'。齐公孙无知弑襄公，公子纠、公子小白不能存，出亡。齐人杀无知而迎公子纠于鲁。公子小白不让公子纠，先入；又杀之于鲁。故曰'齐小白入于齐'，恶之也。""公子小白不让公子纠"，意思是公子小白与公子纠针锋相对，毫不退让。让，即退让义。又如《楚辞·九章·怀沙》："知死不可让，愿勿爱兮。"句子大意是，知道死亡不可退让，生命就无须吝

① 句子意思是：这时就有惩罚不祭的，讨伐不祀的，征讨不享的，责备不贡的，晓谕不来朝见的。刑：施以刑罚，惩罚。伐：攻打，征伐。征：征讨，讨伐。让：责备，谴责。告：同"诰"，谕告，指上告下。

② 学，读作斅"敩"xiào，教的意思。

③ 掊克，搜刮百姓钱财的人，犹言"贪官"。

惜。《春秋繁露·立元神》："自然之赏至，虽退让委国而去，百姓襁负其子，随而君之，君亦不得离也。"再引申为推让，字也写作"攘。"《说文解字·手部》"攘，推也。"段玉裁注："推手使前也，古推让字如此作。……《汉书·礼乐志》：'盛揖攘之容。'《艺文志》：'尧之克攘。'《司马迁传》：'小子何敢攘。'皆用古字。凡退让用此字，引申之使人退让亦用此字。如攘寇、攘夷狄是也。"

主动让位与人，即为谦让。《玉篇·言部》："让，谦让。"例如《尚书·尧典》："禹拜稽首，让于稷契暨皋陶。""让于稷契暨皋陶"，即禹主动将官位谦让给让于稷、契、皋陶等人。《论语·学而》："夫子温良恭俭让以得之。"皇侃疏："推人后己谓之让。"朱熹集注："让，谦逊也。"《论语·卫灵公》："当仁不让于师。"意思是，当做事合乎仁的标准时，对于老师也不必谦让。《庄子·达生》："威公曰：'田子无让，寡人愿闻之。'"无，通假"毋"，"无让"，即无须谦让。句子的意思是：田先生不要谦让了，我很希望听你讲解呢。又如《孟子·公孙丑上》："无辞让之心，非人也。"《吕氏春秋·行论》："尧以天下让舜。"《荀子·非十二子》："不知则问，不能则学；虽能必让，然后为德。"唐刘肃《大唐新语·举贤》："他日，则天以问（张）循宪，具以实对，因请以己官让之。"

避让，是退让的一种主动形式。银雀山汉墓竹简《孙膑兵法·威王问》："威王问：'敌众我寡，敌强我弱，用之奈何？'孙子曰：'命曰让威。'""让威"，即避开锋芒。唐刘禹锡《乐天见示伤微之敦诗晦叔三君子皆有深分因成是诗以寄①》："吟君叹逝双绝句，使我伤怀奏短歌。……芳林新叶催陈叶，流水前波让后波。""流水前波让后波"，即奔流的河水，前面的波浪让后面的波浪前行。这种用法延续至今，例如："小明又向一边让了让地方。"谦让，避让即不受，故引申为拒绝。例如李斯《谏逐客书》："是以太山不让土壤，故能成其大。河海不择细流，故能就其深。""不让"与"不择"相对，拒绝。"太山不让土壤"，即泰山不拒绝土壤。《盐铁论·刺议》："山陵不让椒跬②，以成其崇。"也是其例。

由避让引申谓任凭，听任，容许。这种用法起源于唐代，例如唐杨巨

---

① 见示，意谓"示我"，即给我看。我，即刘禹锡自己。乐天，即白居易。伤，感伤。深分，深厚情分。诗题意谓：白居易感伤好友元稹（字微之）、崔群（字敦诗）、崔玄亮（字晦叔）相继去世，写了两首绝句给"我"看，"我"看到诗后，写了这首诗作为酬答。

② 椒：山顶，例如《谢庄·月赋》"菊散芳于山椒。"跬，kuǐ，半步。

源《春雪题兴善寺广宣上人竹院》诗：“竹风催淅沥，花雨让飘摇。”唐王翰《奉和圣制送张说上集贤学士赐宴得筵字》诗：“徒仰蓬莱地，何阶不让缘。”唐朱庆余《山居》诗：“山泉共鹿饮，林果让僧尝。”后世承袭之，例如元《求风尘》第二折：“我为娶这妇人呵，整整磨了半截舌头，才成得事。如今着这妇人上了轿，我骑了马，离了汴京，来到郑州。让他轿子在头里走，怕那一般的舍人说‘周舍娶了宋引章’，被人笑话。”《西游记》第六十九回：“且莫管他，让老猪吃顿饱饭也。”《老残游记》第十四回：“你别哭，让我们好替你打主意。”清文康《儿女英雄传》第一回：“闹了这许多天了，实在也乏了，且让我歇一歇儿，慢慢的再计议罢。”《二十年目睹之怪现状》第二回：“不然，就让我在你房里搜一搜!”任凭，听任，向前发展，即引申出使役义，例如清文康《儿女英雄传》第七回：“就让你说，你把你是怎样一桩事情，也说来我听听!”“让”带有强制性质，犹言“叫”，处置义可以引申出被动用法，例如清《儿女英雄传》第二十八回：“没有别的，且把帽子摘下来，让我打你几个脑凿子再讲。”由动词的听凭、允许，虚化为介词“让”，不过，这种用法产生很晚，明末清初才出现了“让”表示被动句子，例如《醒世姻缘传》第二十五回：“薛教授极是欢喜，只是杨家的对过，外人怎么插得进来?只得让杨尚书的孙子买了。”《醒世姻缘传》第六十四回：“可说我让你骂了好几回，你再骂，我不依了。”类似的句子，清代大量出现，例如清唐芸洲《七剑十三侠》第四十二回：“行恭见他只是发喘，越发逼紧上来。打到四十来回合，行恭卖个破绽，让他打过门来，将身闪过一边，飞起一脚，把黑汉踢倒在地。”清《济公全传》第二十一回（何庆善点校）：“王兴在那里也说：‘公子爷，我在你府门口做买卖，没有得罪你老人家。你开恩把我夫妻放了罢!’秦怛听此言，反冲冲大怒，吩咐一干恶奴：‘把他二人替我吊起来打!’手下人就把这小夫妻两个吊起来，用鞭子一抽，这夫妻是把心横了，就让他打死，也不想从他。”清常杰森《雍正剑侠图》第六回：“海川一听是老哥哥李源，急忙大声喊道：‘老哥哥快来，这是盗国宝的贼人，别让他跑了。’”这类句子，多含有允许、“让”由允许、听凭，发展到承受，使令义逐渐减弱，被动义逐渐增强，最终虚化为表示被动的标志词。

目前发现的最早的清代“让”表示被动的句子是晚清的松龄《小额》（此书刊行于清光绪三十八年，即1908年），如：

（1）伊老者还要揪他的脖领儿，让小连叼住了腕子，往后一推，伊老者可就闹了一个豆蹲儿。

(2) 善全因为刚才让票子联拍了一顿，听见说他奶奶叫他拿钱，心里很不愿意。

(3) 门口儿这们（么）一拿人，茶馆儿里头也是一阵大乱，都知道小额让人给抓了去啦。

(4) 原来是一个乡下老儿，为地租子的事情，让某宅在南城给送下来啦。过了两堂，挨了好几通儿打，乡下人胆子小，十四的晚上，在里头上吊死啦。

(5) 他女人是让他气死啦，略下一个孩子，今年十六啦。

(6) 孩子回来一学舌，黑老婆儿立刻就要找人家不答应去，让街坊给拦住啦。

(7) 后来小脑袋儿春子一瞧善大爷不言语啦，以为是让他们给拍闷啦呢。

《小额》不足8万字，但是“让”表示被动标记的句子有25例[①]，可见此时“让”表示被动应该是相当成熟了。在现代，“让”表示被动标记很常见，例如许地山《空山灵雨·笑》：“我从远地冒着雨回来，因为我妻子心爱的一样东西让我找着了。”白先勇《孽子》：“我们师傅杨金海教头赶忙离座站了起来，指手画脚地分辩道：‘这是天大的冤枉！老爷子，这次实在不能怪我。这几个东西虽然愣头愣脑，跟着我胆子都还小。杀人放火绝对不敢。就连欺诈恫吓我也不许的，就算这个小贼——’师傅指了老鼠一下，指的老鼠直眨眼睛，‘有时手脚不干净，也是芝麻绿豆的小玩意儿，还让我打的贼死。这次都是让叫铁牛的那个囚根子给整的，那个亡命痞子在公园里无法无天，早该送到火烧岛去囚起来，省得咱们清清白白的人受连累！’”“（老鼠）还让我打的贼死”“这次都是让叫铁牛的那个囚根子给整的”，其中的“让”均表示被动。又如莫怀戚《透支时代》：“他们有他们的秩序，莫名其妙地让我打碎了。”

六 起

起，音qǐ，在56008个现代汉语常用词中，位列第72位。

（一）在现代汉语中的常见用法

1. 动词。

(1) 立起。例如：“起立！”引申专指起床，例如：“明天早起，今晚

① 屈哨兵：《现代汉语被动标记研究》，华中师范大学出版社2008年版，第50页。

早点睡吧。”

（2）表示事物由下往上升起。例如：“气球飞起来了。”

（3）长出。例如：“手上起泡了，明天去看医生。”“树起芽了。”

（4）领取。例如：“我来起货，快点，我要赶路呢。”“到窗口来起行李。”

（5）发生、发动。例如：“起风了，看样子要下雨。”“老王起疑心了。”“身兼三镇节度使的安禄山为什么要起兵造反呢？”

（6）（从、由……）开始。例如：“起讫时间一定，范围就清楚了。”“打今儿起，你就是我的领导。”

（7）趋向动词，词义虚化，表示运动方向或动作行为的发生。例如“班长拿起枪就跑到前线去了。”“乐队奏起迎宾曲。”“我想起这件事的来龙去脉了。”

2. 量词。表示动量或物量，次、件。例如：“这个地方，一天发生了两起交通事故。”“这样的案例每年都有几起。”

（二）产生与发展

起，《说文·走部》：“能立也。从走巳声。”段注：“起，本发步之称，引申之训为立，又引申之为凡始事、凡兴作之称。”起，本义是起步，出发，动身。《释名·释言语》：“起，启也，启一举体也。”例如《左传·昭公二十六年》：“王起师于滑。”晋杜预注：“起，发也。”《墨子·公输》：“子墨子闻之，起于鲁，行十日十夜而至于郢。”出发是为了赶路，故引申出“跑”义。例如《吕氏春秋·论威》：“知其不可久处，则知所兔起凫举死惛之地矣。”高诱注：“起，走。”

起步而行，首先须“站起”“起立”，故引申出“站起”“起立”义。例如《春秋穀梁传·定公十年》：“两君就坛，两相相揖。齐人鼓噪而起，欲以执鲁君。”《庄子·齐物论》：“曩子行，今子止；曩子坐，今子起。何其无特操与？”《礼记·曲礼上》：“烛至，起；食至，起；上客，起。”北齐颜之推《颜氏家训·勉学》：“（魏收）取《韦玄成传》，掷之而起。”唐王维《偶然作》诗之二：“喧聒茅檐下，或坐或复起。”起床必先起身，故而引申特指起床，例如《礼记·内则》：“孺子蚤①寝宴起。”南朝梁元帝《金楼子·箴戒》：“齐武帝时，置钟于景阳楼上，宫人闻钟，则起装

① 蚤，音义通“早”。

饰。”北宋《太平广记·报应八·尼法信》（出《冥报记》）：“访工书者一人，数倍酬直，特为净室，令写此经。一起一浴，然香更衣，仍于写经之室，凿壁通，加一竹筒，令写经人每欲出息，径含竹筒，吐气壁外。”《警世通言·白娘子永镇雷峰塔》：“李员外不说其事，说道：‘我今日起得早了，连日又辛苦了些，头风病发晕倒了。’”

词义由实及虚，表示“升起”。例如《尚书·金縢》：“王出郊，天乃雨，反风，禾则尽起。”《汉书·韩安国传》：“且臣闻之，冲风之衰，不能起毛羽。”唐韦应物《园林晏起寄昭应韩明府卢主簿》诗：“田家已耕作，井屋起晨烟。”由实到虚引申，表示“兴起”，“发生”。例如《尚书·益稷》：“股肱喜哉，元首起哉，百工熙哉。”孔安国传：“股肱之臣喜乐尽忠，君之治功乃起，百官之业乃广。”《荀子·天论》：“一废一起，应之以贯，理贯不乱。”《庄子·胠箧》：“唇竭则齿寒，鲁酒薄而邯郸围，圣人生而大盗起。”《吕氏春秋·直谏》：“百邪悉起。”高诱注：“起，兴也。”《史记·吕太后本纪》：“不然，祸且起。”《三国志·魏志·武帝纪》：“光和末，黄巾起。”南朝宋鲍照《春羁》诗：“春日起游心，劳情出徙倚。”后世承之，例如：“汉奸见姑娘貌美，便起了歹心。”“临时起意。”

由起步，动身义引申出开始义。例如《孙子算经》卷上：“度之所起，起于忽。”《史记·李斯列传》：“明法度，定律令，皆以始皇起。”《文选·马融〈长笛赋〉》：“近世双笛从羌起。”唐张铣注：“起，谓首作也。”《儿女英雄传》第二回：“偏偏从工完这日下雨起，一连倾盆价的下了半个月的大雨。”后世承之，例如杨朔《三千里江山》第三段：“每逢喝醉，就要立在十字路口骂大街。从鱼行老板骂起，直骂到县大老爷祖宗三代。”

肤发之“凸起”，植物等生长之“突出”，也是一种从无到有的开始、兴起。例如《黄帝内经·素问·皮部论》：“邪之始入于皮也，泝然起毫毛，开腠理。”唐王冰注：“起，谓毛起竖也。”《韩非子·说林下》：“人见蛇则惊骇，见蠋①则毛起。”《后汉书·张衡列传》：“合盖隆起，形似酒尊②。”东晋释慧远《庐山记略》：“东南有香炉山，

① 蠋，音 zhú，桑蚕，毛虫。

② 尊，通“樽”。

孤峰秀起。”宋陈圣俞《庐山记·叙山南篇》：“其字大如掌，文皆隐起。”

从开始、兴起义引申出割取，剥取义。例如宋王谠《唐语林·补遗二》：“时豪家食次，起羊肉一斤，层布于巨胡饼，隔中以椒豉，润以酥，入炉迫之，候肉半熟食之。”由此引申出“领取”，“索取”义。例如明《警世通言·玉堂春落难逢夫》：“公子谢了主考，辞了提学。坟前祭扫了，起了文书。”明无名氏《包公案·夹底船》：“岂知单贵二人是夜将货另载小船，将空船扬言被劫，将船寄在漳湾，二人起货往南京发卖。既到南京，将缎绢总撥上铺，得银一千三百两，掉船而回。”

古汉语数词直接放在动词前。动词“起”也不例外，例如战国《庄子·天运》：“其卒无尾，其始无首。一死一生，一偾一起，所常无穷，而一不可待。”“一偾一起”，即一下子转入低沉，一下子升为高昂。《荀子·天论》：“百王之无变，足以为道贯。一废一起，应之以贯，理贯不乱。”《三国志·蜀志·伊籍传》：“籍适入拜，权曰：‘劳事无道之君乎？’籍既对曰：‘一拜一起，未足为劳。’籍之机捷，类皆如此，权甚异之。”唐段成式《酉阳杂俎》续集卷八《支动》“飞数”：“鹧鸪飞数逐月，如正月一飞而止于窠中，不复起矣。十二月十二起，最难采，南人设网取之。”《酉阳杂俎》说，鹧鸪按月飞行，正月飞一次，十二月飞十二次。数词与动词“起”大量搭配使用，动词“起”受语用的作用，引申出量词的用法，不过产生的时代较晚，约为两汉间，常用的用法有以下几种：

①相当于“层”。例如东汉《东观汉记·明德马皇后传》：“后长七尺二寸，青白色，方口美发，为四起大髻。”《醒世姻缘传》第六十一回：“恰好庄间狄员外大兴土木，创起两座三起高楼。”

②相当于“伙”，“批”，时代较晚。例如金李天明《南征录汇》：“国相退师，分作五起：宝山大王押朱后一起，固新押贡女三千人二起，达懒押工役三千家三起，高庆裔押少主四起，从河东路进发。”《金史·孟浩传》：“据田珏一起人除已叙用外，但未经任用身死，并与复旧官爵。”元话本《玉堂春落难逢夫》：“遇着一夥人，公子躬身便问：‘列位，曾见一起男女，往那里去了？’那夥人不是好人，却是短路的。”明《水浒传》第三十四回：“山上都收拾得停当，装上车子，放起火来，把山寨烧作光地。分为三队下山：宋江便与花荣引着四五十人，三五十骑马，簇

拥着五七辆车子，老小队仗先行；秦明、黄信引领八九十匹马和这应用车子，作第二起；……离了清风山，取路投梁山泊来。”《西游记》第五回：“说不了，一起小妖又跳来道：‘那九个凶神，恶言泼语，在门前骂战哩！’”

③相当于“件”，“次”，这种用法产生的时代更晚。例如清《儿女英雄传》第十二回：“正热闹着，外边家人将银子行李一起起的搬来交代明白。”

“起”用在动词后，词义虚化，表示向上，作趋向动词。三国魏曹操《观沧海》诗：“秋风萧瑟，洪波涌起。”宋黄庭坚《满庭芳》词：“为扶起，樽前碎玉颓山。饮罢风生两腋，醒魂到，明月轮边。”明《水浒传》第一百二十回：“王庆走得汗雨淋漓，满身蒸湿，带着护身枷，挨入人丛中，踮起脚看那汉使棒。”

趋向动词，表示动作涉及某事物。《京本通俗小说·错斩崔宁》：“大娘子说道：‘不要说起三年之久，也须到小祥之后。’”《醒世恒言·卖油郎独占花魁》：“问起根由，至亲三口，抱头而哭。”用在动词后。多与“从”“由”配合表示动作开始或持续。《儿女英雄传》第二回：“偏偏从工完这日下雨起，一连倾盆价的下了半个月的大雨。”杨朔《三千里江山》第三段：“每逢喝醉，就要立在十字路口骂大街。从鱼行老板骂起，直骂到县大老爷祖宗三代。”用在动词后。常跟“不”“得”连用，表示够得上、经受得住或够不上、经受不住。例如元马致远《青衫泪》第二折：“随老妈要多少钱，小子出得起。”清李渔《奈何天·虑婚》：“就是一顶秀才头巾，也像平天冠一般，再也承受不起。”

“起”放在时间或处所词的前边，后接陈述性结构，表示时间或处所的起点，由动词衍化为介词。犹言“从……”例如《墨子·备城门》：“百步一栊枞，起地高五丈。”岑仲勉注：“高度自地面起计，故曰‘起地’。”唐韩愈《送水陆运使韩侍御归所治序》：“今各就高为堡，东起振武，转而西，过云州界，极于中受降城，出入河山之际，六百余里，屯堡相望，寇来不能为暴，人得肆耕其中。”宋王禹偁《拟罢苏州贡橘诏》：“起今后，本州所贡洞庭柑橘，俟见敕者，即得供进，不得脩为常贡。”

第四节　“做”“走”“成”“想”“如”常见用法及其源流

一　做

做，音 zuò，动词，在 56008 个现代汉语常用词中，位列第 77 位。

（一）在现代汉语中的用法

1. 制作。例如：“这料子做旗袍一定很漂亮。”“这两天帮我做一个沙盘。”从无到有的劳动叫“做”，写作也是从无到有，例如：“做论文”“做材料”“做文章”。

2. 从事某种工作或活动。例如：“做个小买卖。”“我在你们小区做保安。”

担任某个角色，实际上也是一种工作或活动，例如：“做母亲的没有不疼爱孩子的。”“今天你做大会执行主席。”

3. 结成某种关系。例如：“我们做朋友吧。”

4. 做作，假扮。例如：“做鬼脸”“做样子”“做表面文章”。

（二）产生与发展

做，产生较晚，字书中，最早见于宋丁度等《集韵·暮韵》：“作，宗祚切，造也。俗作‘做’，非是。”做，本字为“作”。作，本是阳声韵，但到了唐代已经变成了入声韵。因为经常使用，口语中入声的塞音音尾脱落①，变成了去声，于是另写作“做”，而读书音还是入声，仍旧写成“作”②。做，晚唐五代的佛教文献《祖堂集》中已经出现③，如“做梦”“做官”“阎王是鬼做”。

做，以“作”之“制造”为起点，逐步引申开来，发展成为今天的“做”。表示某种活动，如宋朱敦儒《鹊桥仙·姮娥怕闹》：“山翁散发，

① 唐昭宗时日本和尚昌住《新撰字镜·人部》：“作，正音子各反，入，用也。……俗音则卢反，去；又进贺反，去。”

② 参见本书第三章第六节“作”字条。

③ 引自杜翔《论“做”“作”的分野》，《词汇学理论与应用 4》，该书编委会编，商务印书馆 2008 年版，第 360 页。

披衣松下，琴奏瑶池三弄。曲终鹤警露华寒，笑浊世、饶伊做梦。”《五灯会元·临安府五云悟禅师》：“山僧虽与他同床打睡，要且各自做梦。何故?”《水浒传》第二十四回：“我且不做买卖，和你一同家去。”专指做文章，写作。例如宋《朱子语类·学四·读书法上》：“老苏只取《孟子》《论语》韩子与诸圣人之书，安坐而读之者七八年，后来做出许多文字如此好。他资质固不可及，然亦须着如此读。只是他读时，便只要模写他言语，做文章。”宋费衮《梁溪漫志》卷四：“为文若能立意，则古今所有，翕然并起，皆赴吾用。汝若晓得此，便会做文字也。’”《清平山堂话本·简贴和尚》：“就旅邸中取出文房四宝，做了双曲儿，唤做《踏莎行》。”清李渔《闲情偶寄》卷一：“文章做与读书人看，故不怪其深。”

制造是由无到有，担任职位也是从无到有，故由制造义隐喻出从事某种工作或担任某种职务，后世专用“做”。例如《朱子语类·大学三·释正心修身》：“这心未有物之时，先有个主张说道：‘我要如何处事。’才遇著事，便以是心处之，便是不正。且如今人说：‘我做官，要抑强扶弱。’及遇著当强底事，也去抑他，这便也是不正。”宋邵雍《和人留题张相公庵》诗：“做了三公更引年，人间福德合居先。”元佚名《冻苏秦》一折：“我如今眼睁睁捱尽了十分蹭蹬。待要去做农庄，又怕误了九经；做经商，又没个本领。”《水浒传》第六回：“洒家不管菜圃，俺只要做都寺、监寺。”《水浒传》第二十四回：“我且不做买卖，和你一同家去。”《儒林外史》第一回：“只靠着我替人家做些针指生活寻来的钱，如何供得你读书。”由此引申出代表某种身份、地位。例如元张国宾《薛仁贵荣归故里·楔子》：“只守着这茅檐草舍，做个庄家。”

由制作引申出假扮，假装义，例如宋元话本《宋四公大闹禁魂张》：“宋四公故意叫骂埋怨，却把点茶老儿的儿子衣服，打换穿着，低着头，只做买粥，走将出来，因此众人不疑。”《水浒传》第三十五回：“宋江教分作三起下山，只做去收捕梁山泊的官军。”《红楼梦》第三十五回：“你不用做这些像生儿，我知道你的心里多嫌我们娘儿两个。”

词义由实向虚引申，犹言“化作”“成为”。例如秦观《江城子·西城杨柳弄春柔》词：“便做春江都是泪，流不尽，许多愁。”宋杨万里《竹枝歌》之四：“积雪初融做晚晴，黄昏恬静到三更。”《清平山堂话本·羊角哀死战荆轲》：“庙中忽然起火，烧做平地。”《水浒传》第八十四回："四对儿在阵前厮杀，绞做一团，打做一块。"引申谓当作，叫做。宋柳永《两同心·嫩脸修蛾》："嫩脸修蛾，淡匀轻扫。最爱学、宫体梳妆，偏能做、文人谈笑。"宋陈慥《无愁可解·光景百年》："这里元无我与你。甚唤做，物情之外。"《宣和遗事》元集："虽江湖不测之澜，力不可致者，百计出之，名做神运。"又《宣和遗事》亨集："抵暮，至一坊，名做金环巷。"引申表示"结成（某种关系）"，例如宋《朱子语类·易四·乾上》："其他爻象，占者当之。惟九二见龙，人当不得，所以只当把爻做主，占者做客，大人即是见龙。"话本《碾玉观音》："秀秀道：'比似只管等待，何不今夜我和你先做夫妻，不知你意下何如？'"《京本通俗小说·冯玉梅团圆》："又过数日，妇人脚不痛了，徐信和他做了一对夫妻上路。"

二　走

走，音 zǒu，动词，在 56008 个现代汉语常用词中，位列第 84 位。

（一）在现代汉语中的用法

（1）步行。例如："孩子会走了。""走路还是骑车？"

（2）挪动，运行。例如："表不走了。""这种情况下，只能是走一步看一步了。"

（3）离开。例如："车刚走，晚了一步。""小明明天走，小强后天走。"委婉语，代替死亡。例如："祥林嫂在一个大雪纷飞的夜晚寂寞地走了。""姑娘年纪轻轻地，咋这狠心就撇下孩子撒手走了。"

（4）亲戚朋友之间的走动。例如："走娘家。""他们两家走得近。"

（5）通过，经过。例如："走山路较近一点儿。""现在到台湾，不用弯道走香港了。"

（6）泄漏，漏出。例如："轮胎走气了。""小明说走了嘴，周末旅游的事儿被老师察觉了。"

（7）改变或失去原样。例如："小明唱歌走调。""茶叶走味了，低价处理吧。"

（二）产生与发展

走，《说文·走部》："趋也。"段玉裁引《释名》"徐行曰步，疾行曰趋，疾趋曰走"，注曰："此析言之，许浑言不别也。今俗谓走。"走，金文字形上下结构，上部像一人甩臂跑步之状，下部从止（脚），表奔跑之意。篆文整齐化后人头前倾幅度加大，前后甩臂，更像跑步的样子，本义为“跑”。《左传·昭公七年》：“循墙而走。”杜预注：“言不敢安行。”安行，即安然而行，坦然而行。《左传·昭公十七年》引《夏书》云：“日辰不集于房，瞽奏鼓，啬夫驰，庶人走。”“庶人走”，即（因为日食）民众（惊恐而）逃跑。《韩非子·五蠹》：“田中有株，兔走，触株折颈而死。”“兔走”，即“兔子奔跑”，兔子因奔跑看不清路况才撞上树桩折颈而死。《战国策·楚策一》：“秦王闻而走之。”南宋鲍彪注：“走，疾趋也。”《史记·越王勾践世家》：“范蠡遂去，自齐遗大夫种书曰：‘蜚鸟尽，良弓藏；狡兔死，走狗烹。越王为人长颈鸟喙，可与共患难，不可与共乐。子何不去？’”“走狗”实谓善跑之狗，借以专指猎狗。“走”的跑义还一直保存在成语或词语中，例如：“走马观花”“飞沙走石”“走投无路”等。

古代慢走叫“步”，如“望而却步”“故步自封”，《荀子·劝学》：“不积跬步[①]，无以至千里”。快走叫“趋”，如《礼记·曲礼》：“帷薄之外不趋。”《史记·萧相国世家》：“赐带剑履上殿，入朝不趋[②]。”比“趋”更快的就是“走”。跑[③]代替走，产生时代大致在唐代[④]。

“奔跑”的速度是主观衡量的，也就是说，“走”的词义在边界上是

---

① 跬步，半步。

② 古代礼仪，臣子拜见君上要小跑快走，以示尊敬。例如《战国策·赵策四》载左师触龙拜见赵太后时“入而徐趋，至而自谢”，因为足疾不能小跑而向太后道歉。徐趋，慢走；谢，道歉。

③ 跑，从足包声，是个形声字，本指兽用脚刨地，《广韵·肴韵》：“足跑地也。”晋葛洪《西京杂记》卷四：“滕公驾至东都门，马鸣，跼不肯前，以足跑地久之。”“以足跑地”，即马用蹄子刨地。唐刘商《胡笳十八拍·第十七拍》：“马饥跑雪衔草根，人渴敲冰饮流水。”浙江杭州大慈山慧禅寺侧院内有个著名景点“虎跑泉”，《西湖志纂》卷十一载明宋濂《虎跑泉铭并序》说明得名之由：“唐元和十四年，性空大师来游兹山，乐其灵气盘郁，栖禅其中。寻以无水，将他之。忽神人跪而告曰：自师之来，我等邀惠者甚大，奈何弃去？南岳童子旋当遣二虎来移，师无忧也。翼日，果见二虎跑山出泉，甘洌胜常。大师因留建立伽蓝。”“虎跑泉”，即源于“二虎跑山出泉”，两只老虎用脚爪刨地而出泉。“虎跑泉”之“跑”是古汉语的遗存。现代汉语中，“跑”意谓用脚快速前进，即“奔跑”义，来源于中古。明代李翊《俗呼小录》三十二：“趋谓之跑。”此义唐诗中已见，例如唐代马戴《边将》诗：“红缰跑骏马，金镞掣秋鹰。”唐以降俗文学多用此义，如《水浒传》第十八回：“（宋江）离了茶坊，飞也似跑到下处。”现代汉语继承了这个用法，“跑”的“奔跑”义代替了“走”的本义，这是语言的替代现象。

④ 参见曹翔《古代汉语课堂教学改革的实践与思考》，《开封教育学院学报》2012年第3期。

模糊的，“走”的速度慢下来，就是“快走”，例如《左传·昭公七年》：“一命而偻，再命而伛，三命而俯，循墙而走，亦莫余敢侮。”《战国策·魏策一》：“共叔痤反走，再拜辞曰……”《吕氏春秋·乐成》：“将军还走，北面再拜曰……”

快走的速度慢下来，便是步行，例如三国吴支谦译《佛说义足经》卷上：“山神念是比丘无过，今当怨死。我可拥护令脱是厄，便化作大猪身，徐走王边。侍者即白王。大猪近在王边，王便舍比丘。”晋干宝《搜神记》卷十五载汉史姁死而复生的故事：“汉陈留考城史姁，字威明，年少时，尝病，临死谓母曰：‘我死当复生。埋我，以竹杖柱于瘗上，若杖折，掘出我。’及死埋之……七日往视，杖果然折，即掘出之。已活，走至井上浴，平复如故。”唐李衍《醉妆词》：“者边走，那边走，只是寻花柳。那边走，者边走，莫厌金杯酒。”唐沈佺期《初达驩州》诗：“水行儋耳国，陆行雕题薮。魂魄游鬼门，骸骨遗鲸口。夜则忍饥卧，朝则抱病走。搔首向南荒，拭泪看北斗。何年赦书来，重饮洛阳酒。”“抱病走”，则理解为因病慢步而行较为合理。唐［日］圆仁《入唐求法巡礼行记》卷二：“十一日，黄昏，寺主弟子沙弥咏贤，偷率上座小师师俊，两人同心，暗自走去。院中老少无人闻知。”宋元话本《错斩崔宁》：“两个厮赶着，一路正行，行不到二三里田地，只见后面两个人，脚不点地赶上前来，赶得汗流气喘，衣服拽开，连叫：‘前面小娘子慢走，我却有话说知！’”《快嘴李翠莲记》：“姑娘、小叔若要吃，灶上两碗自去拿。两个拿着慢慢走，泡了手时哭喳喳。”

走，由“跑”“走”义引申专指在人前听命驱使奔跑的人，用作谦词[①]，《小尔雅·广言》：“走，我也。”例如司马迁《报任安书》：“太史公牛马走司马迁再拜言……”唐李善注：“走，犹仆也。”“牛马走”，意谓司马迁我是像牛马一样供太史公驱使的人。又如张衡《东京赋》：“走虽不敏，庶斯达矣。”骆宾王《和道士闺情诗启》：“走以不敏，谬蒙提及，谨申奉和，轻以上呈，未近咏歌，伏深悚恧。”黄庭坚《谢送碾壑源拣芽》诗：“已戒应门老马走，客来问字莫载酒。”皆是其例。

由跑义引申出“走开”，“离开”义。例如《史记·郦生陆贾列传》：“郦生瞋目案剑叱使者曰：‘走！’”东汉《太平经》卷一百十四《大寿

① 谦词，贬抑自谦之词，以抬高尊敬别人。

诫》："相贫之家，财去人走，何时可合。"《宋书·张畅传》："今城内乏食，人无固心，但以关扃严密，不获走耳。"《红楼梦》第二十一回："你别走，我还有话和你说呢。"

奔跑一定有方向，引申为奔向，趋向。例如《国语·鲁语下》："若从君以走患，则不如违君以避难。"《吕氏春秋·审己》："水出于山而走于海。"《淮南子·说林训》："渔者走渊，木者走山，所急者存也。"《史记·萧相国世家》："诸将皆争走金帛财物之府。"唐封演《封氏闻见记·贡举》："在馆诸生，更相造诣，互结朋党，以相渔夺，号之为棚，推声望者为棚头。权门贵盛，无不走也，以此荧惑主司视听。"引申逃走，投降，例如《吕氏春秋·荡兵》："兵诚义，以诛暴君而振苦民……民之号呼而走之，若强弩之射于深溪也。"高诱注："走，归。"《史记·张仪列传》："其卒虽多，然而轻走易北，不能坚战。"《史记·廉颇蔺相如列传》："臣尝有罪，窃计欲亡走燕。""欲亡走燕"，即想逃跑到燕国去。东汉王充《论衡·幸偶》："鲁人为父报仇，安行不走，追者舍之。"跑比走快，故引申出"快"义。例如《资治通鉴·赤壁之战》："豫备走舸，系于其尾。""走舸"，即快船，跑得快的船。

由趋向义引申出延伸，通向，经过义。《史记·张释之冯唐列传》："上指示慎夫人新丰道，曰：'此走邯郸道也。'"司马贞索隐："音奏。案：走犹向也。"杜牧《阿房宫赋》："骊山北构而西折，直走咸阳。"《世说新语·德行》："军人溃散，逃走山泽，皆多饥死，（陈）遗独以焦饭得活。"《儒林外史》第二十回："只到扬州，弟就告别，另上南京船，走长江去了。"《老残游记》第三回："前日有人对宫保说：'曾走曹州府某乡庄过，亲眼见有个蓝布包袱弃在路旁，无人敢拾。'"

由离开义引申，在具体语境中可表移动，滚动义。例如北魏郦道元《水经注·沁水》："自太行以西、王屋以东，层岩高峻，天时霖雨，众谷走水，小石漂迸。"走水，即流水。北魏《齐民要术》卷十《五谷、果蓏、菜茹非中国物产者·桃》引《神仙传》："樊夫人与夫刘纲，俱学道术，各自言胜。中庭有两大桃树，夫妻各咒其一：夫人咒者，两枝相斩击；良久，纲所咒者，桃走出篱。"唐岑参《走马川行奉送封大夫出师西征》诗："轮台九月风夜吼，一川碎石大如斗，随风满地石乱走。"唐吴融《杂曲歌辞·水调》："凿河千里走黄沙，浮殿西来动日华。"宋杨万里《江雨》诗："雨点飞来水面初，湿银盘里走真珠。"《水浒传》第十九回："阮小七听得笑道：'泼贼！'便把枪只一点，那船便使转来，望小港里串着走。"《儿女英雄传》第二十回："姑娘道：'他们岸上走，你们河里走，怎得知道就是咱们的船呢？'"引申出机械、仪表等的运转等，例如《二十年目睹之怪现状》第三十回："他说这样子不对，照他的龙骨，恐怕走不动。"后世承之，例如："几点啦？我的表不走了。"

由奔走义引申出人际间的往来，走动义。此种用法产生较晚，大约在宋元以后，例如元无名氏撰《陈州粜米》第三折："（正末云）姐姐，如今你根前可有甚么人走动？姐姐，你是说与老汉听咱。"明冯梦龙《喻世明言·蒋兴哥重会珍珠衫》："这蒋世泽做客，起头也还是丈人罗公领他走起的，因罗家近来屡次遭了屈官司，家道消乏，好几年不曾走动。"《金瓶梅词话》第六十一回："西门庆道：'那个是常在我家走的郁大姐，这好些年代了。'"《红楼梦》第六回："刘老老（姥姥）忙念佛道：'我们家道艰难，走不起。'"近人曹绣君《古今情海·情中烈》："一天，金容的公婆走亲戚去了，丈夫在官场做事，值班当早起。"引申为泄露，例如明高明《琵琶记·伯喈思家》："（生）你是我的亲的人，我有一件事和你商量，你休要走了我的言语。"清《红楼梦》第四十六回："太太是多疑的人，只怕疑我走了风声，叫他拿腔作势的。"

由移动义引申出改变义。例如宋陈亮《乙巳春答朱元晦书》之二："使知千途万辙，卒走圣人样子不得。"《儒林外史》第四十九回："我朝二百年来，只有这一桩事是丝毫不走的，摩元得元，摩魁得魁。"隐喻为走样。例如后魏贾思勰著《齐民要术》卷八《作酱等法》："汤少则添，慎勿易汤；易汤走失豆味，令酱不美也。"明沈德符《野获编·词曲·弦索入曲》："若单喉独唱，非音律长短而不谐，则腔调矜持而走板。"

三　成

成，音 chéng，在 56008 个现代汉语常用词中，位列第 93 位。

（一）在现代汉语中的用法

1. 动词。

（1）与"败"相对，成功，完成。例如："小明上学的事成了。""成也萧何，败也萧何。""成败在一念间。"

（2）成全。例如："玉成好事。""君子成人之美。"

（3）变成，成为。例如："长大了，我就成了你。""雪糕化成水了。”“这人成精了，别指望他，没有一句实话。”

2. 名词。

(1) 成果，成就。例如：“不劳而获，坐享其成。”“我已届不惑之年，却一事无成，深感惆怅。”引申作区别词，成熟的，如“成虫”“成品”“成人”“成药”“成见”。

3. 数词。十分之一为一成。例如：“这个实验有九成把握成功。”“今年庄稼增产两成。”

(二) 产生与发展

成，《说文・戊部》：“就也。从戊丁声。”清徐灏注笺：“戊古读曰‘茂’，茂盛者，物之成也。丁壮亦成也。”就，《说文・京部》：“高也。”段注引《广韵》“就：成也，迎也，即也”，曰：“皆其引伸之义也，从京尤。尤，异于凡也。说从尤之意。京者，高也，高则异于凡。”成，许慎《说文》认为其本义是完成，恐不确。成的甲骨文、金文的字形由左右构形会意，字形的左下角像一块条状物，右边是一把长柄板斧，以斧劈物，体现出古代杀牲盟誓[①]的意思。小篆发生了较大变化，成了外“戊”内“丁”的形声字。订盟约为“成”，名词。例如《左传・成公二十一年》：“秦晋为成。”即秦晋签订盟约媾和。《左传・桓公六年》：“楚武王侵随，使薳章求成焉，军于瑕以待之。随人使少师董成。”“求成”，即签订盟约；“董成”，即主持签约仪式。名词用作动词，引申为完成，成功，例如《诗经・周南・樛木》：“南有樛木，葛藤藟之。乐只君子，福履成之。”[②] 汉毛亨传：“成，就也。”《老子》第四十一章：“夫唯道，善贷且成。”西汉河上公注：“成，就也。”《诗经・大雅・绵》：“虞芮质厥成，文王蹶厥生。”毛传：“成，平也。”孔颖达疏：“言由谐文王而得成其和

① 《广韵・庚韵》：“盟，盟约，杀牲歃血也。”《左传・隐公元年》“三月，公及邾仪父盟于蔑。”孔颖达疏：“凡盟礼，杀牲歃血，告誓神明，若有背违，欲令神加殃咎，使如此牲也。”《穀梁传・庄公二十七年》：“桓会不致，安之也。桓盟不日，信之也。信其信，仁其仁，衣裳之会十有一，未尝有歃血之盟也。”《礼记・曲礼下》：“约信曰誓，莅牲曰盟。”孔颖达疏：“盟之为法，先凿地为方坎，杀牲于坎上，割牲左耳，盛以珠盘。又取血，盛以玉敦，用血为盟书。书成，乃歃血读书，知坎血加书者。”《淮南子・齐俗训》：“故胡人弹骨，越人契臂，中国歃血也。所由各异，其于信一也。”歃血，盟约宣读后，盟誓者用口吸取所杀牲之血，以示诚意。一说盟会时，把牲畜的血涂在嘴唇上。

② 句子的大意是：南边有参天大树，野葡萄藤参绕其上。祝愿君子快乐无边，上天降福成就你们。

平也。”《国语·晋语四》：“黄帝以姬水成，炎帝以姜水成。”《礼记·乐记》：“夫乐者，象成者也。”郑玄注：“成，谓已成之事也。”韦昭注：“成，谓所生长以成功也。”《孙子·谋攻》：“修橹轒轀[①]，具器械，三月而后成。”“三月而后成”，即三个月以后才能完成。《吕氏春秋·谨听》：“非知观于五帝、三王之所以成也”，高诱注：“成，成其治。”

由完成义引申表示成熟，茂盛义。《释名·释言语》：“成，盛也。”《公羊传·庄公八年》：“成者何？盛也。”《逸周书·命训》：“罚不服，赏不从，劳事不震，政不成。”“政不成”，即政令（适度）不繁杂。《吕氏春秋·明理》：“五谷萎败不成。”高诱注：“成，熟也。”引申为肥硕。《孟子·滕文公下》：“牺牲不成，粢盛不洁，衣服不备，不敢以祭。”汉赵岐注：“不成，不实肥腯也。”人之成熟，即为成人。例如《史记·五帝本纪》：“黄帝者，少典之子，姓公孙，名曰轩辕。生而神灵，弱而能言，幼而徇齐，长而敦敏，成而聪明”张守节正义：“成，谓成人也。”《大戴礼记·千乘》：“成男成女名属。”孔广森补注：“成，成人者也。”《礼记·祭义》：“成人之道也。”郑玄注：“成人，既冠者。”小孩长到八岁后叫“成童”，意谓儿童较大者。《穀梁传·昭公十九年》：“羁贯成童，不就师傅，父之罪也。”范宁注：“成童，八岁以上。”柳宗元《送南涪州量移州序》：“故君自未成童。”明蒋之翘辑注：“成童，谓八岁以上也。”

由动词的动作行为引申为动作行为的结果，变为名词，意谓成就，成绩，例如《周礼·夏官·稿人》：“春献素[②]，秋献成。”清孙诒让正义：“成，谓成功。”“秋献成”，即谓秋天收缴制作好的成品。《资治通鉴·赤壁之战》：“成败之机，在于今日。”

由平凡到不平凡是个转变，故引申出“变成”，“成为”义。例如《易经·系辞上》：“在天成象，在地成形，变化见矣。”《荀子·劝学》：“积土成山，风雨兴焉。”引申表示“成全”“促成”。例如《论语·颜渊》：“君子成人之美，不成人之恶。小人反是。”《战国策·秦策一》：“以成伯王之名。”高诱注：“成，立也。”

上古动词直接受数词修饰，表示工作一次即一成。例如《尔雅·释丘》：“丘一成为敦丘，再成为陶丘。”此“成”带有量词的性质。由此引

---

① 轒轀，fénwēn，古代用来攻城的四轮兵车。

② 素，制造弓矢等物的原材料。春献素，即春天收缴原材料。

申表示数量，例如马融《长笛赋》："托九成之孤岑兮，临万仞之石溪。""九成"与"万仞"相对，其中的"成"为量词。乐曲一终，即为一成。《尚书·益稷》："《箫韶》九成，凤凰来仪。"郑玄注："成，犹终也。每曲一终，必变更奏。若乐九变，人鬼可得而礼。"古时土地区划名称用"成"。例如《左传·哀公元年》："有田一成，有众一旅。"杜预注："方十里为成。"《诗经·小雅·莆田》："岁取十千。"郑玄笺："通十为成，成方十里，成税百夫，其田万亩。"《周礼·地官·小司徒》："井牧其田野。"汉郑玄注引《司马法》[①]："井十为通，通十为成，成十为终，终十为同。"今称十分之一为一成，即源于此。

四 想

想，音 xiǎng，动词，在 56008 个现代汉语常用词中，位列第 103 位。

（一）在现代汉语中的用法

1. 思索，思考。例如："想问题""想办法""苦思冥想"

2. 推测，认为。例如："我想小明会及时回来的。""我想这个办法可行。"

3. 希望，打算。例如："我想成为一名飞行员。""我想明天去趟杭州。"

4. 想念，怀念。例如："朝思暮想""想家""我们都想你。"

（二）产生与发展

想，《说文·心部》："冀思也。从心相声。"徐锴注："希冀而思之也。"段注："想，觊思也。觊，各本作冀。今正。……觊思者，觊望之思也。"想，本义是思念。例如《史记·屈原贾生列传》："史太史公曰：余读《离骚》《天问》《招魂》《哀郢》，悲其志。适长沙，观屈原所自沈渊。未尝不垂涕，想见其为人。"三国魏嵇康《与山巨源绝交书》："吾每读尚子平、台孝威传，慨然慕之，想其为人。"南朝宋范晔《后汉书·逸民列传·梁鸿》载梁鸿《思友高恢诗》："鸟嘤嘤兮友之期，念高子兮仆怀思，想念恢兮爰集兹。"[②] 南朝宋刘铄《拟明月何皎皎》："结思想伊人，沈忧怀明发。"引申出希望，想往。例如旧题汉李陵《答苏武书》：

① 《司马法》，相传是周文王制定的土地、军赋、兵甲制度的文件。

② 爰集兹，谓与高恢集于此。爰犹"与"，连词。

"望风怀想，能不依依。"西晋刘琨《劝进表》："四海想中兴之美，群生怀来苏之望。"诗中"想"与"怀"同义相对。杜甫《客居》诗："览物想故国。"清《儿女英雄传》第十九回："那时他老人家正在用功，想中那名进士。"

思念必然伴随心理活动，臆想活动场景，于是引申出"想象""设想"义。《广韵·养韵》："想，思想也。"例如韩非子《解老》："人希见生象也，而得死象之骨，案其图以想其生也，故诸人之所以意想者皆谓之象也。"《周礼·春官·视祲》："视祲掌十辉之渡，以观妖祥，辨吉凶。一曰提，二曰象……十曰想。掌安宅叙降。"郑玄注"杂气有似可形想。"杜甫《至日遣兴奉寄两院故人》诗之一："欲知趋走伤心地，正想氤氲满眼香。"柳永《八声甘州》词："想佳人妆楼凝望，误几回，天际识归舟。"

解决难题，寻找途径办法，发动心理活动，于是产生出"思索"，"思考"。《玉篇·心部》："想，思也。"例如《楚辞·九章·悲回风》："入景响之无应兮，闻省想而不可得。"朱熹集注："省想，闻见所不能接，而但可省记思想者也。"《吕氏春秋·知度》："故有道之主，因而不为，责而不诏，去想去意，静虚以待。"《晋书·成公绥传》："希高慕古，长想远思。"引申作名词，想法。孔稚珪《北山移文》："潇洒出尘之想。"

对可能情况的思考、思索，即料想、估计。例如《战国策·中山策》："今王发军，虽倍其前，臣料想赵国守备，亦以十倍矣。"南朝宋范晔《后汉书·孔融列传》："以今度之，想当然耳。""想当然耳"，即推测应该是这样子的。杜甫《铜瓶》诗："侧想美人意，应非寒甃沉。"宋王安石《与王子醇书》之三："边事难遥度，想公自有定计。"《水浒传》第六十四回："想是京师救军去取他梁山泊，这厮们恐失巢穴，慌忙归去。"

五 如

如，音 rú，在 56008 个现代汉语常用词中，位列第 104 位。

（一）在现代汉语中的用法

1. 动词

（1）顺从。例如："这次能北京上学了，可如了你的愿了。""非得这样才如你的意？”

（2）适合，依照。例如：“如数奉还”“如期完成”。

（3）如同，好像。例如：“小明十多年来爱厂如家。”“小明一想到马上能回到故乡，泪如雨下。”

（4）比如。例如：“小明去过很多地方，如北京、杭州、广州等地。”“唐朝有很多大诗人，如李白、杜甫、白居易等。”

（5）比得上。例如：“小明不如小强数学好。”“与其那样，不如这样。”

2. 连词。表示假设，如果之省。例如：“如不及早准备，到时会措手不及。”

（二）产生与发展

如，《说文·女部》：“从随也。从女从口。”徐锴注：“女子从父之教，从夫之命，故从口。会意。”段注：“从随，即随从也。随从，必以口。从女者，女子从人者也。幼从父兄，嫁从夫，夫死从子。故《白虎通》曰：‘女者，如也。’引伸之，凡相似曰如；凡有所往曰如，皆从随之引伸也。”如，本义是顺从，依照。例如《易经·豫·彖传》：“豫，顺以动，故天地如之。”[①] 惠栋引《说文》曰：“如，从随也。”《左传·宣公十二年》：“有律以如己也。”杜预注：“如，从也。”《公羊传·桓公元年》：“继弑君不言即位，此其言即位何？如其意也。”“如其意”，即随其意，实现了自己的意愿。《史记·高祖本纪》：“项羽使人还报怀王，怀王曰：‘如约。’”“如约”，意即一切按照以前的约定。汉班固《白虎通·嫁娶》：“女者，如也，从如人也。”唐韩愈《唐故监察御史卫府君墓志铭》：“闻南方多水银丹砂，杂他奇药，镳为黄金，可饵以不死……得药，试如方，不效。”《西游记》第四十一回：“龙王俱如号令。”

顺从，就是听命，跟着指令走，故引申出“到……去”。例如《尚书·洛诰》：“王如弗敢及天基定命。”[②] 汉孔安国传：“如，往也。”《左传·僖公二十八年》：“宋人使门尹般如晋师告急。”《左传·隐公六年》：“郑伯如周，始朝桓王也。”《国语·鲁语下》：“公父文伯之母如季氏”，韦昭注：“如，之也。”《史记·项羽本纪》：“坐须臾，沛公如厕。”韩愈

① 句子大意：豫卦说，顺从本性而动，所以天地都遵从这一规律来运行。

② 汉孔安国传：“言王往日幼少，不敢及知，天始命周家安定天下之命，故已摄。”

《祭田横墓文》："贞元十一年九月，（韩）愈如东京，道出田横墓下。"

顺从，依照，则二者有相似性，故由顺从、依照义引申出动词"像"义，常用于比喻句中，例如《左传·隐公元年》："段不弟，故不言弟；如二君，故曰克；称郑伯，讥失教也。""如二君"，即像两个君主（之间的斗争）。《诗经·王风·采葛》："一日不见，如三秋兮。"《梦溪笔谈·活板》："用胶泥刻字，薄如钱唇。"

由"像""若"义引申出"跟得上""比得上"。例如《左传·隐公元年》："姜氏何厌之有？不如早为之所，无使滋蔓！"《论语·公冶长》："子曰：'弗如也！吾与汝弗如也！'"《管子·权修》："一年之计莫如树谷，十年之计莫如树木，终身之计莫如树人。"唐韩愈《举张惟素自代状》："臣所不如，辄举自代。"《管子·小匡》："臣之所不如管夷吾者五。"《战国策·齐策一》："臣诚知不如徐公美。"句子大意谓，我确实知道自己不如徐公俊美。

由动词"像……"引出例如，表示举例，这种用法大约在唐宋时期。例如宋欧阳修《六一诗话》："太瘦生，唐人语也，至今犹以为语助，如'作麽生'、'何以生'之类是也。"

如，若，上古音均为日母，为双声字。如，鱼韵；若，月韵，两字韵母相近。如，若，音近而通，意谓"假使""如果"。例如《诗经·秦风·黄鸟》："如可赎兮，人百其身。"《论语·述而》："如不可求，从吾所好。"《论语·子路》："定公问：'一言而兴邦，有诸？'孔子对曰：'……人之言曰：为君难，为臣不易。'如知为君难也，不几乎一言而兴邦乎？"皇侃疏："如，若也。""如知为君难也，不几乎一言而兴邦乎"，句子大意是，假如知道当国君的困难，不就差不多是一句话就可以把国家治理好吗？《论语·先进》："曾子曰：上失其道，民散久矣。如得其情，则哀矜[①]而勿喜。"皇侃疏："如，犹若也。""如得其情，则哀矜而勿喜"，意谓如果弄清他们的实情，那么就会怜悯他们而不会自鸣得意。《礼记·少仪》："君将适他，臣如致金玉货贝于君，则曰'致马资于有司'。"《史记·李将军列传》："惜乎，子不遇时！如令子当高帝时，万户侯岂足道哉！"《汉书·西南夷传》："如以先帝所立累世之功不可堕坏。"颜师古注："如，亦若也。"《资治通鉴·汉元帝永光五年》："如当亲者

---

① 哀矜，怜悯，同情。

疏，当尊者卑，则佞巧之奸因时而动，以乱国家。”

第五节 “该”“至”“无”“张”“作”常见用法及其源流

一 该

该，音 gāi，在 56008 个现代汉语常用词中，位列第 107 位。

（一）在现代汉语中的用法

1. 动词。主要有两种用法：

（1）应当，应该，表示情态。例如：“你该把自己的真实想法说出来。”“我该好好努力。”

（2）根据情理推测或经验判断必然或可能的结果。例如：“起风了，该下雨了。”“再不浇水，菜该蔫了。”

2. 指示代词。指代前面或上文说到的人或事。例如：“该地河网密布，是个鱼米之乡。”“该同学品学兼优。”

（二）产生与发展

该，《说文·言部》：“军中约也。从言亥声。”段注：“凡俗云当该者皆本此。”马叙伦《说文解字六书书证》卷五：“按此誓约之本字。……约为缠束而誓约为以言相束，则语源同也。”

该，本义为军中共同遵守的誓约，可惜未能发现书面例证。军中誓约，本该共同遵守，故引申出本该、应该[①]义，此义成为后世“该”的基本用法，例如白居易《洛下卜居》诗：“该知是劳费，其奈心爱惜。”句子意思是说，明明知道应该劳神费力，但自己却偏偏做不到。

由应该、应当义引申出推测之义，理该，理应如此，例如元关汉卿《钱大尹智宠谢天香》第一折：“今日升堂，坐起早衙。张千，有该签押的文书，将来我发落。”又第三折：“（二旦云）姐姐，咱掷这色数儿，俺输了也。姐姐，可该你掷。”《西游记》第二十一回：“如来照见了他，不该死罪。”《二十年目睹怪现状》第四十二回：“莫说供长生禄位，就是天

① 明张自烈《正字通·言部》云：“俗借为该当之称，犹言宜也。凡事应如此曰该。”

天来给你们磕头，也是该的。”

军中无戏言，戒约详备，故引申出具备、包含义。例如《管子·小问》：“凡牧民者，必知其疾，而忧之以德……昔者，天子中立，地方千里，四言者该焉。”唐尹知章注：“该，备也，谓四言足以备千里之化。”《谷梁传·哀公元年》：“夏四月，辛巳，郊。此该之变而道之也。”范宁注：“该，备也。”《孔子家语·正论解》：“夫孔子者大圣无不该”，王肃注：“该，包也。”《论衡·自纪》：“幼老生死古今，罔不详该。”《后汉书·班固列传》：“仁圣之事既该，帝王之道备矣。”《三国志·魏志·魏武帝纪评》：“太祖运筹演谋，鞭挞宇内，鉴申商之法术，该韩白之奇策。”

用作指代词，犹言“这”“那”，指前面提到的人或事，多用于书面语。例如《儒林外史》第十九回：“为此，牌仰该县，即将本犯拿获。”《红楼梦》第九十九回：“应令该节度审明实情，妥拟具题。”“该”的这种用法产生于明代，例如明袁彬《北征事迹》：“钦遵本月二十二日，臣将事迹录写欲送该馆，未敢擅便，具题。”明沈榜《宛署杂记·卷十三》：“看得条陈六事，俱应依拟，但铺行银两旧系该州县征收，若欲改令征催，恐催银者一官，收银者一官，衙门隔别，反滋科扰。”《牡丹亭·劝农》：“昨已分付该县置买花酒，待本府亲自劝农。”指代词“该”源于动词“当该”“该管”等。例如关汉卿《谢天香·楔子》：“迎新送旧，都是小人该管。”《元典章·朝纲·咨禀》：“若不应咨而咨者，定将当该首领官吏取招治罪。”《元典章·吏部·承荫》：“如有不实，罪及当该官吏。”动词“该”由于常处于定语位置，限定后面的名词，慢慢地动词性减弱，直至消失，指代词“该”产生。代词“该”产生初期多用于职称之前，且只用于上级对下级或官府对庶民，带有较浓的尊卑色彩，清代以来逐渐脱出原来的语境。现代汉语中代词“该”词义已经彻底泛化，可出现于不同文体，后可接各类名词，感情色彩也逐渐淡化、消失①。

二 至

至，音 zhì，在 56008 个现代汉语常用词中，位列第 118 位。

(一) 在现代汉语中的常见用法

1. 动词，到。例如：“至今”“自始至终”“时至”。

① 参见李小军《“该”指代义的形成及泛化》，《中国语文》2008 年第 1 期。

2. 名词，极点。例如："荣幸之至""高兴之至""诚恳之至"。

3. 副词，极，甚，最。例如："至为感佩""至少五人才行。"

（二）产生与发展

至，《说文·至部》："鸟飞从高下至地也。从一，一犹地也。"段注："凡云来至者，皆于此义引申叚（假）借。引申之为恳至，为极至。"罗振玉云："（金文'至'）象矢远来降至地之形，非象鸟形也。"① 至，本义是到，到达。《尔雅·释诂上》："詹，至也。"清邵晋涵正义："从高而下曰至，自外而来亦为至。"例如《周易·临》："至临，无咎。"李鼎祚集解引三国吴虞翻曰："至，下也。"《诗经·小雅·天保》："如山如阜，如冈如陵，如川之方至，以莫不增。""如川之方至"，意谓"如同大河洪水一样奔涌而来"。又如《论语·述而》："不知老之将至云尔。"《荀子·劝学》："故不积跬步，无以至千里。"《战国策·东周策》："颜率至齐。"《史记·陈涉世家》："陈王至陈。"

由到达引申出到达最高处，动词。例如《论语·雍也》："子曰：'中庸之为德也，其至矣乎！民鲜久矣。'"《吕氏春秋·具备》："宓子之德至矣。"《战国策·秦策四》："物至而反，冬夏是也。"能到的地方，就是最远的地方，也就是极点，故由动词转化为名词，"极地""极点"。例如《论语·泰伯》："子曰：'泰伯，其可谓至德也已矣！三以天下让，民无得而称焉。'"《庄子·徐无鬼》："故海不辞东流，大之至也。"《史记·礼书》："故绳者，直之至也；衡者，平之至也。"

名词"至"，含有［+最/甚/极］［+处所］等义素，词义进一步引申，当位于动词或形容词前时，［+处所］义素脱落，引申出"甚""极""最"等义，表示程度，例如《吕氏春秋·制乐》："欲观至乐，必于至治。"《孟子·尽心下》："以至仁伐至不仁。"当"至"修饰限制谓词时，经过重新分析，"至"由名词转化为副词，又如《战国策·秦策一》："商君治秦，法令至行。""法令至行"，即法令大大推行。贾谊《论积贮疏》："古之治天下，至纤至悉也。""至纤至悉"，意谓极其细致周到。《史记·酷吏列传》："郅都迁为中尉。丞相条侯至贵倨也，而（郅）都揖丞

① 罗振玉：《雪堂金石文字跋尾》，见《雪堂类稿丙·金石跋尾》，辽宁教育出版社2003年版，第24页。

相[1]。”“至贵倨”，即非常高贵傲慢。

三 无

无，音 wú，在 56008 个现代汉语常用词中，位列第 123 位。

(一) 在现代汉语中的常见用法

1. 动词。跟“有”相对，没有。例如：“教室空无一人”“无理取闹”“无忧无虑”。

2. 副词。表示否定，相对于“不”。例如：“无须说明，你直接行动。”“无可名状的恐惧。”

3. 连词。不论，连接形容词。例如：“事无大小，一律认真对待。”

(二) 产生与发展

《说文·亾[2]部》：“無，亡也。……無，奇字无。”段注：“凡所失者，所未有者，皆如逃亡然也。……（无）谓古文奇字如此作也。今六经惟《易》用此字。”许慎、段玉裁失察本义。無，甲骨、金文皆为人之舞蹈之形，本义跳舞，也即“舞”之初文。因音近（同为明纽鱼韵，無平声，舞上声）而借作有无之无。例如《伊簋》：“伊其万年無（无）疆”（伊将长寿万年无止境）。《子璋钟》：“其眉寿無（无）基（期）”（年寿绵长没有期限）郭店楚墓竹简《老子甲》：“我無（无）为而民自化”（我没有作为而老百姓自己得到教化）。

无，上古文献中，多为“無”的别体。《易经》“無”字皆作“无”，《庄子》亦多作“无”，如《逍遥游》：“至人无已，神人无功，圣人无名。”其他文献通常作“無”。汉字简化后，無，简化作“无”。無，又通作“亡”，《尔雅·释言》：“靡，無也。”清郝懿行义疏：“無，又通作亡，古有無字俱作亡。”清邵晋涵正义：“亡与無古通用。”例如《尚书·洪范》：“無虐茕独。”唐陆德明释文：“無虐，马本作亡侮。”

无（無）[3]，《广韵·虞韵》：“无，有无也。”《尔雅·释言》：“靡，無也。”邢昺疏：“无，不有也。”例如《诗经·小雅·车攻》：“之子于征，有闻无声。”汉毛亨传：“有善闻而无喧哗之声。”《论语·泰伯》：

---

① 条侯，即丞相周亚夫。揖丞相，向丞相作揖。此句言郅都不阿附权贵，见到至尊至贵的丞相，也只是依礼而行。

② 亾，音 wáng，古同“亡”。

③ 無，下文所引古文献例证一律简化作“无”。

"子曰：'恭而无礼则劳，慎而无礼则葸，勇而无礼则乱，直而无礼则绞。君子笃于亲，则民兴于仁；故旧不遗，则民不偷。'"《庄子·天下》："无厚不可积也，其大千里。"陆德明释文引司马云："物言形为有，形之外为无。"《史记·张释之冯唐列传》："使其中无可欲者，虽无石椁，又何戚焉！"《文选·何劭〈赠张华〉》："处有能存无。"唐李善注引汉毛苌《诗传》曰："无，贫也。"

无，没有，用在动词前，表示否定，相当于"不"，"毋"，重新分析后成为否定副词。例如《尚书·洪范》："无偏无党，王道荡荡。"《诗经·大雅·板》："敬天之怒，无敢戏豫。"① 清陈奂传疏："无，即不也。"《诗经·豳风·鸱鸮》："无毁我室。"陈奂传疏："无，犹毋也。无、勿、毋三字并与不可同义。"《论语·泰伯》："子曰：'大哉尧之为君也！巍巍乎！唯天为大，唯尧则之。荡荡乎！民无能名焉。巍巍乎其有成功也！'"《荀子·正名》："知道之莫之若也，而不从道者，无之有也。"《读书杂志·荀子第四·君道》："敌至而求无危削不灭亡，不可得也。"王念孙按："无，亦不也。"南朝梁沈约《冠子祝文》："无耻下问，乃致高车。"

当"无"用在穷遍性词语前，表示条件时，经过重新分析，"无"变成了表示假设条件的连词，犹言"不论"，例如《诗经·鲁颂·泮水》："无小无大，从公于迈。"《史记·孟尝君列传》："食客数千人，无贵贱一与（田）文等。"宋苏轼《密州通判厅题名记》："余性不慎语言，与人无亲疏，辄输写腑臟。"清李渔《闲情偶寄·颐养·疗病》："人无贵贱穷通，皆有激切所需之物。"也可以表示让步，犹言"即使"。例如《左传·僖公二十二年》："国无小，不可易也。无备，虽众，不可恃也。"

四　张

张，音 zhāng，在 56008 个现代汉语常用词中，位列第 124 位。

（一）在现代汉语中的常见用法

1. 动词。

（1）使合拢的东西分开或使紧缩的东西松开，放开。例如："张嘴""张弓射箭"。

---

① 句子大意：严肃认真对待上天的发怒，不能嬉戏马虎。

（2）陈设，铺排。例如：“张灯结彩”“大张宴席”。

（3）张望。例如：“他朝巷里一张，吓了一跳，一只花猫正瞪着自己。”“别东张西望了，快走。”

2. 量词。

（1）用于平面的物体。例如：“一张纸”“两张床单”

（2）用于可张开的东西。例如：“家里还有三张嘴等着吃饭呢。”“小明买了一张老式弯弓。”

（二）产生与发展

张，《说文·弓部》：“施弓弦也。从弓长声。”段注：“施，敷也。张弛，本谓弓施弦解弦。引申为凡作辍之称。”张，本义是把弦安在弓上。例如《诗经·小雅·吉日》：“既张我弓，既挟我矢。”[①] 司马迁《报任安书》：“然（李）陵一呼劳军，士无不起，躬自流涕，沬自饮泣，更张空弮[②]，冒白刃，北向争死敌者。”“更张空弮”，即重新把弦安在空空的弓上。引申出拉紧弓弦。例如唐韩愈《元和圣德诗》：“汝张汝弓，汝鼓汝鼓。”

弦安在弓上，弓、弦皆绷紧，故引申出“紧张”义，例如《礼记·杂记下》：“张而不弛，文武弗能也；弛而不张，武弗为也；一张一弛，文武之道也。”张、弛相对，一紧一松。郑玄注：“张弛，以弓弩喻人也。弓弩久张之则绝其力，久弛之则失其体。”孔颖达疏：“言弓一时须张，一时须弛。喻民一时须劳，一时须逸。”南朝梁刘勰《文心雕龙·论说》：“夫说贵抚会[③]，驰张相随。”

把罗网、帷帐等挂起来，与弦挂弓上相似，故引申为张挂。例如《周礼·秋官·冥氏》：“冥氏掌设弧张。”清孙诒让正义：“《广雅·释诂》云：‘张，施也。’凡网罗之属，并为机张轴施之，故即谓之张。”《公羊传·隐公五年》：“百斤之鱼，公张之。”何休注：“张，谓张罔罟，障谷之属也。”褚少孙《西门豹治邺》：“张缇绛帷，女居其中。”“张缇绛帷”，即张挂起黄色和红色的帷帐。

帷帐、罗网张挂后，即有张开、张大义。例如《广雅·释诂三》：“张，开也。”《庄子·山木》：“方舟而济于河，有虚船来触舟，虽有惼心

---

① 句子大意，弓已上弦，箭已在手。

② 弮，quān，弩弓。

③ 抚会，切合实际。

之人不怒，有一人在其上，则呼张歙之。”唐陆德明释文：“张，开也。”又如《庄子·大宗师》：“古之真人，其状义而不朋，若不足而不承；与乎其觚而不坚也，张乎其虚而不华也。”潘岳《西征赋》：“张舅氏之奸渐，贻汉宗以倾覆。”韩愈《三星行》：“牛奋其角，箕张其口。”

远望一定要张眼（睁大眼睛），故张眼远望为“张”。《史记·廉颇蔺相如列传》：“左右欲刃相如，相如张目叱之。”“张目叱之”，即瞪大眼睛呵斥他们。话本《勘皮靴单证二郎神》：“太尉便同一个过去，捏脚捏手，轻轻走到韩夫人窗前，向窗眼内把眼一张，果然是房中坐着一尊神道，与二人说不差。”明汪廷讷《狮吼记》第九出《奇妒》：“你且住，我去张一张，若是年幼的朋友，不许你出去。”《西游记》第三十一回：“众猴撒开手，那呆子跳得起来，两边乱张。”明罗懋登《三宝太监西洋记》第七十一回：“猛然间听见齁一声响，象是自家的宝贝。你看他一轂碌爬起来，开眼一张，果然是自家的宝贝！悠悠扬扬，悬在半天之上，齁齁的响。”这种用法还保留在某些方言区里，如江淮官话、西南官话。敝乡人在子女走亲访友时常叮嘱道：“圣人说，非礼勿视，到人家里别乱张。”巴金《家》十五：“我听见他说话的声音，我不敢在门缝里张他一眼。”

由张开、张挂引申出“布置”“铺张”“布满”“陈设”等义。例如《左传·襄公二十三年》：“张武军于荧庭。”唐孔颖达疏：“张，谓张设筑作之具。服虔云：‘张设旗鼓也。’”《楚辞·九歌·湘夫人》：“登白薠[①]兮骋望，与佳期兮夕张。”宋洪兴祖补注：“张，陈设也。”《汉书·黥布传》：“出就舍，张御食饮从官如汉王居，布又大喜过望。”唐颜师古注：“张，若今言张设。”《资治通鉴·赤壁之战》：“顷之，烟炎张天。”

古汉语数词直接修饰限制动词，于是“张”量词便产生了。起初表示张开之物，充当帷帐、弓、琴、口等类物品的量词，例如《左传·昭公十三年》：“子产以幄幕[②]九张行。”南北朝宋文帝《赐萧思话弓琴手敕》：“今以相借，因是戴颙意于弹抚，响韵殊胜，直尔嘉也。并往桑弓一张，材理乃快，先所常用，既久废射，又多病，略不能制之。”唐吕岩《七言》诗：“除此更无余个事，一壶村酒一张琴。”南宋《古尊宿语录》卷二十“次住海会语录”：“上堂云：‘我有一柄箒，扫尽雪山雪；我有一

---

① 薠，fán，古书上说的一种似莎而比莎大的草。

② 幄幕，军用帐篷。

张口，临事无可说；我有一双眼，和盲悖诉瞎。’”

罗网、琴、弓等张开后，成平面状，由此类推，用作屏风、被褥、纸张等的量词，东汉赵昭仪《奏上赵皇后书贺正位》：“谨奏上二十六物以贺：金屑组文茵一铺，沉水香莲心碗一面，五色同心大结一盘，鸳央万金锦一匹，琉璃屏风一张，枕前不夜珠一枚，含香绿毛狸藉一铺，通香虎皮檀象一座……”唐［日］释圆仁《入唐求法巡礼行记》卷三：“（万圣戒坛）纯用白玉石作，高三尺而八角，以香泥筑填坛底，坛上敷一张五色采丝毯，亦八角造，阔铗（狭）共坛恰齐。”唐张鷟《野朝佥载》卷三：“（侯敏）遂行至州，投刺参州将，错题一张纸。州将展看，尾后有字，大怒曰：‘修名不了，何以为县令！’”唐《大唐故银青光禄大夫□□□侍郎赠礼部尚书韦府君墓志铭》：“特降令旨，遣中使临柩慰问，赐绢百匹，锡黼衣一袭，锦衾一张。”元王实甫《西厢记》第五本第二折：“这上面若签个押字，使个令史，差个勾使，只是一张忙不及印赴期的启示。”

五　作

作，音 zuò，在 56008 个现代汉语常用词中，位列第 134 位。

（一）在现代汉语中的常见用法

1. 动词。

（1）起，开始。例如：“日出而作”“枪声大作”。

（2）从事某种活动。例如：“自作自受”“作书”“作曲”。

（3）当作，作为。例如：“过期作废”“认贼作父”。

（4）发作。例如：“这样不注意卫生，很容易作病。”“作怪”。

2. 名词。作品。例如“大作”“名作”“成功之作”。

（二）产生与发展

作，《说文·人部》：“起也。从人从乍。”张舜徽注：“作字从人，其本义自谓人之由坐卧而起也。”许慎、张舜徽等说不可信。作，甲骨文、金文形体是“耒”翻起土块状，本义是耕作，《尔雅·释言》：“作，为也。”例如殷墟卜辞《甲骨文合集》9472 片：“令尹作大田。”引申指劳作、工作。《甲骨文合集》13503 片：“贞余其作邑”“作邑”，即为邑，修治城池。又《甲骨文合集》第 32980 片：“甲午贞：其令多尹作王寝。”（第 17 页第一片）“作王寝”，即修建商王的寝宫。又如《尚书·五子之歌》：“内作色荒”孔传：“作，为也。”《诗经·大雅·皇矣》：“帝作邦作对，”郑玄笺：“作，为也。”《穀梁传·文公二年》：“［经］丁丑，作僖公主。”传：“作，为也。为僖公主也。”《楚辞·天问》：“启代益作后。”王逸注：“作，为也。”《后汉书·廉范列传》：“旧制禁民夜作，以防火灾。”陶渊明《桃花源记》：“其中往来种作，男女衣着，悉如外人。”“往来种作”，意谓来来往往劳作（的人）。

作，由动词的劳作义引申为“站起”“起身”。例如《论语·先进》：“鼓瑟希（稀），铿而，舍瑟而作。”何晏集解引孔安国曰：“置琴起对。”清刘宝楠正义：“作，起也。”“舍瑟而作”，放下瑟站起身来。《礼记·少仪》：“客作而辞。”客人站起身而告辞。宋苏轼《画佛赞》：“如日出时，眠者皆作。”皆是其例。

人起身是力量的开始，引申为“振奋”“兴起”“发作”等义，例如《易经·乾》：“圣人作而万物睹。”郑玄注：“起也，马融作‘起’。”《逸周书·武称》：“作者劝之，怠者沮之。”“作”与“怠”（懒惰）相对为文，表示劳作义，“作者劝之”，即劳作的人要鼓励他们。《左传·庄公十年》：“一鼓作气，再而衰，三而竭。”《论语·学而》：“有子曰：‘其为人也孝弟而好犯上者，鲜矣！不好犯上，而好作乱者，未之有也。’”《庄子·齐物论》：“子綦曰：‘夫大块噫气，其名为风。是唯无作，作则万窍怒呺。’”宋王安石《送李宣叔倅漳州》诗：“山川郁雾毒，瘴疠春冬作。”清方苞《狱中杂记》：“此疫作也。”（这就是瘟疫开始发作了）

“诗言志”，古人认为，文学创作是抒发心情志向的，因奋激而作，故专指写作，创作。例如《易经·系辞下》：“作《易》者，其有忧患乎?”《论语·述而》：“子曰：‘述而不作，信而好古，窃比于我老彭。’”《史记·屈原列传》：“屈平之作《离骚》，盖自怨也。”此句的大意是，屈原创作《离骚》，是由于怨恨而起的。《后汉书·列女传·曹世叔妻》：“扶风曹世叔妻者……号曰大家。每有贡献异物，辄诏大家作赋颂。”由动作引申出动作之结果，即作品，文章，衍化为名词。例如晋陆机《〈文赋〉序》：“余每观才士之作，窃有以得其心。”唐韩愈《荐士》诗：“齐梁及陈隋，众作等蝉噪。”

动词“作”，后可跟具体的工作，也可跟所担任的职务，由此引申出担任，充当义，例如《尚书·舜典》：“佥曰：‘伯禹作司空。’”南朝宋刘义庆《世说新语·政事》：“（陶侃）作荆州时，敕船官悉录锯木屑，不限多少。”唐韩愈《唐故绛州刺史马府君行状》：“司徒公作藩太原，授河南府参军。”由此引申谓认作，当作，例如晋陈寿《三国志·魏志·吕布传》南朝宋裴松之注引《九州春秋》：“布大怒曰：‘布禁酒，卿酿酒，诸将共饮食作兄弟，共谋杀布邪？’成大惧而去，弃所酿酒，还诸将礼。”《世说新语·宠礼》：“为人作父如此，何如？”唐李延寿《南史·羊侃传》：“汝以铜鼓买朱异作父，韦粲作兄，何敢无宜适。”宋夏元鼎《水调歌头·要识刀圭诀》词：“愚底转生分别，划地唤爷作父，荆棘满心田。”宋费衮《梁溪漫志》卷六“米元章拜石”载周少隐诗：“唤钱作兄真可怜，唤石作兄无乃贤。望尘雅拜良可笑，米公拜石不同调。”

《广韵·暮韵》：“作，造也。臧祚切。”中古音“作”，“臧祚切”，则“作”为入声字，有“为也、起也、行也、役也、始也、生也”等义。又《广韵·个韵》：“作，为也，则个切，本臧洛切。”中古音“作”，又读“则个切”，则为去声，只有“为也”一义。韩愈《奉和虢州刘给事使君三堂新题二十一咏·方桥》诗：“非阁复非船，可居兼可过。君欲问方桥，方桥如此作。”“作”下自注“音佐”，是去声字。此义晚唐五代后亦写作“做”，以示区别。现代汉语“作”“做”分作两字，且不可混用。明张自烈《正字通》：“做，俗‘作’字。《字汇》作，去声，又音佐。不知‘作’本有去入二音，分‘作’‘做’为二，非。”张自烈不懂汉字在历史上的演变规律，故认为“做”从“作”中分化出来是错误的。做，是“作”的后起字，它是汉字自我调整，主动适应词义、语音变化的需要，其产生有历史的必然性。

第六节　“没有”“起来”“可以”常见用法及其源流

一　没有

没有，音 méiyǒu，在 56008 个现代汉语常用词中，位列第 34 位。

（一）在现代汉语中的常见用法

没有，在现代汉语中属于兼类词，兼属动词和副词。

1. 动词，“有”的否定式。主要有以下几种用法：

（1）对具有、领有的否定。例如：“我们还没有票，你顺便帮我买一张吧。”“我没有时间做这事儿。”

（2）表示对存在的否定。例如：“今天没有风，可以划船。”“屋里没有人。”

（3）表示数量不足。例如：“这房间没有二十平方米。”“他走了还没有两天呢。”

（4）表示不及。例如：“小明没有小强高。”“谁都没有小明跑得快。”

2. 副词，否定动作或状态的发生。例如：“她去了，我没有去。”“我没有着急，只是有点担心。”前一例中“没有”相当于“未”，后一例中“没有”相当于“不”。

（二）产生与发展

动词“没有”，源于“副词‘没’+动词‘有’”的组合，两个跨层成分，因语言线性表达需要，固化而成为一个词。

副词“没”来源于动词“没”。《说文·水部》：“没，沈（沉）也。”段注：“没者，全入于水，故引伸之义训尽。”没，本义谓沉没，莫勃切，拼合今音 mò，例如《庄子·大宗师》：“且汝梦为鸟而厉乎天，梦为鱼而没于渊。不识今之言者，其觉者乎？其梦者乎？”“没于渊”，即沉入深水中。《荀子·议兵》：“若赴水火，入焉焦没耳！”“焦没”，即烧焦沉没。又如《史记·秦始皇本纪》：“欲出周鼎泗水，使千人没水求之。”《三国志·魏志·杜畿传》：“试船遇风，没。”《世说新语·自新》：“处即刺杀虎，又入水击蛟，蛟或浮或没。”引申为淹没，例如《史记·滑稽列传褚少孙论》：“水来漂没，溺其人民。”引申谓泯灭、埋没，例如《后汉书·应劭列传》：“旧章堙没，书记罕存。”

沉没于水，没有了，就是“尽”，故而引申表“尽”义，仍然是动词。例如《国语·晋语八》：“及桓子骄泰奢侈，贪欲无艺……而赖武之德，以没其身。”①“没其身”，即终其一生（没有遭到祸患）。《诗经·小雅·渐渐之石》：“山川悠远，曷其没矣。”汉毛亨传：“没，尽也。”《论语·乡党》：“没阶趣进翼如也。”何晏集解引孔安国曰：“没，尽也。”朱熹集注：“没阶，下尽阶也。”

表尽义的“没”，后带名词，相当于“无”，此用法大约始于两汉②，

① 句子大意是：到了栾桓子，他骄奢淫逸，贪欲无度……幸赖栾武子之德而得以善终。

② 向熹认为是唐代，他说：“‘没’在唐代开始用作‘有’的否定。”并举例张祜《偶题》诗：“惟恨世间无贺老，谪仙长在没人知。”（向熹：《简明汉语史（下）》，高等教育出版社1998年版，第425页）

例如《小尔雅[1]·广诂》："没，无也。"汉贾谊《新书》："礼者，臣下所以承其上也；礼者，所以节义而没不还。"清俞樾《诸子平议·贾子二》按引《小尔雅·广诂》"没，无也。"汉刘向《烈女传·辩通传》："终没后言。"[2] 唐袁晖《三月闺情》诗："蛾眉愁自结，鬓发没情梳。"唐王建《酬从侄再看诗本》诗："眼暗没功夫，慵来翦刻粗。自看花样古，称得少年无?"《新五代史·任圜传》："崔协不识文字，而虚有仪表，号为没字碑。"宋《朱子语类·论语六·攻乎异端章》："如后来士大夫末年皆流入佛氏者，缘是把自家底做浅底看，便没意思了。"元王实甫《西厢记》第三本第二折："分明是你过犯，没来由把我摧残。"这种用法一直延续到现在，例如："教室里没人，锁门吧。"

"没"位于表示动作行为的动词前，由"无"义引申表示否定，成为副词，大约起于晚唐五代[3]，例如敦煌变文《八相变》："数次叫问，都没应挨；推筑（催促）再三，方始回答。"例中"应挨"与"叫问"相对，与"回答"意义相近，同为动词；"都没"与"方始"位置相同，均为副词，所以此处的"没"是个表示否定的副词，相当于"不"。随后用例逐渐多起来，例如《朱子语类·大学五》"独其所谓格物致知者"条："如人读书，初未理会得，却不去究心理会。问他《易》如何，便说中间说话与《书》甚处相类。问他《书》如何，便云与《诗》甚处相类。一齐都没理会。"例中"没理会"，犹言"不理会"。又《朱子语类·春秋·经》："《春秋》书'季子来归'，恐只是因旧史之文书之，如此宽看尚可。若谓《春秋》谨严，便没理会。"金董解元《西厢记诸宫调》下："不当道你个日光菩萨，没转移好教贤圣打。"《汉语大词典》此义项下引明吾邱瑞《运甓记·诸贤渡江》："我劝世人没要学撑船，乘子船来弗得闲。"未能真实反映副词"没"的产

---

① 《小尔雅》"成书于汉成帝陈发秘府之后，哀帝时刘歆录其目于所编《七略》之中。"（黄怀信：《小尔雅汇校集释·小尔雅的源流》，三秦出版社2002年版，第58页）

② 句子大意是：最终没有再说什么（难听的）话了。

③ 太田辰夫认为否定标记词"没""没有""否定动词大约始于元明"（《中国语历史文法》，1958年初版，北京大学出版社2003年版，第279页）孙锡信持同样的观点，认为"没""没有""用于否定动词大约也在元明之际。"（《汉语历史语法要略》，复旦大学出版社1992年版，第171页）向熹也认为："明代'没'用来修饰动词，有了副词的用法。"（《简明汉语史（下）》，高等教育出版社1998年版，第425页）

生时代。

“没有”连用，起于隋唐，是个松散的动宾结构，表示“无有”，例如隋僧璨（约公元510—606年）《信心铭》：“遣有没有，从空背空。多言多虑，转不相应。绝言绝虑，无处不通。”例中“没”与动词“遣”“背”相对，还没有凝固成词，但是其组合为“没有”成词准备了客观的条件。

到了宋元时，“没有”开始大量连用，表示否定，成为偏正式的合成词①，相当于“无”，动词。例如宋元话本《错斩崔宁》：“后因没有子嗣，娶下一个小娘子，姓陈，是陈卖糕的女儿，家中都呼为‘二姐’。”又《错斩崔宁》：“到了小娘子面前，看了一看，虽然没有十二分颜色，却也明眉皓齿，莲脸生春，秋波送媚，好生动人。”《宋四公大闹禁魂张》：“我虽然卖人肉馒头，老公虽然做赞老子，倒没有许多物事。”这是对领有、拥有的否定。

话本《宋四公大闹禁魂张》：“走到禁魂张员外门前，路上没有一个人行，月又黑，宋四公取出蹊跷作怪的动使，一挂挂在屋檐上。”这是对存在的否定。又元《朴通事谚解》卷上：“做一对护膝，不算功钱时，没有五六钱银子，结果不出来。”这是对数量的否定。又明《水浒传》第二十三回：“那婆子道：‘大官人，休怪老身直言：你先头娘子也没有武大娘子这手针线。’西门庆道：‘便是小人先妻也没有此娘子这表人物。’”这是表示程度不及。

《汉语大词典》第五卷第982页：“没有”条下第一个义项“表示存在、领有、具有的否定”。所给例证最早的是明《水浒传》第十三回：“这殿里又没有庙祝，殿门不关，莫不有歹人在里面么?”《近代汉语词典》此义项下首引元古本《老乞大》：“你这八字十分好，一生不少衣禄，不受贫；官星没有，只宜做买卖，出入通达。”② 很明显，两部代表性的大型辞书给“没有”的例证时代嫌晚。

当“没有”后面跟动词，经过重新分析后，由动词衍化为副词，大

---

① 如何辨别两个音节的语言片段是临时组成的词组还是演化为合成词？一般认为，“凡是确实已经无法拆开后用两个词素的意义简单相加来解释的双音词，可确定为已结合成熟的词。”（王宁：《汉语词源的探求与阐释》，《中国社会科学》1995年第2期）

② 《近代汉语词典》第二卷，白维国主编，上海教育出版社2015年版，第1259页。

概在两宋之时[①]，例如宋朱熹《朱子语类·论语三·学而》“道千乘之国章”：“人须是事事敬，方会信。才信，便当定如此，若恁地慢忽，便没有成。今日恁地，明日不恁地，到要节用，今日俭，明日奢，便不是节用。不会节用，便急征重敛，如何得爱民！”例中“没有成”，犹言“不成”。元代写本《京本通俗小说·拗相公》：“没有替换，却要四个人的夫钱。”“没有替换”，相当于“未替换”，又如《水浒传》第二十三回：“郓哥道：‘你正是“马蹄刀木杓里切菜”，水泄不漏，半点儿也没有落地！’”后世承之，例如明《水浒传》第六十回：“我常听俺军师说：‘一盘星辰，只有飞来，没有飞去。’”《儒林外史》第五十回：“秦中书道：‘客犯了事，我家人没有犯事，为甚的不唱？’”《三侠五义》第四十一回：“要斟右边，将左边窟窿堆住，没有斟不出来的。”

二 起来

起来，音 qǐlái，动词，在 56008 个现代汉语常用词中，位列第 91 位。

（一）在现代汉语中的常见用法

1. 身体由躺到坐，或从坐到站。例如：“你起来说话，别躺着了。”“起来活动活动，老坐着对身体不好。”专指起床。例如：“铃响了，起来做早操了。”

2. 趋向动词，表示向上、升起等。例如：“飞机飞起来了。”“中国人民站起来了。”进一步虚化，表示动作行为的趋势或开始、目的。例如“当下看起来，问题可能不太容易解决。”“她话一落音，大家就笑起来了。”“我们要把青年学生组织起来。”

---

① 向熹认为：“‘没有’本是一个偏正词组，连用既久，也用来修饰别动词，就成为一个复合的否定副词，产生较晚，不见于元曲及《水浒传》《西游记》等小说里，似到清代才盛行起来。”（《简明汉语史》，高等教育出版社 1993 年版，第 425 页）石毓智、李讷根据梅祖麟《从语言史看几本元杂剧宾白的写作时期》（《语言学论丛》第十三辑，商务印书馆 1984 年版）对宋末元初的调查，认为：“‘没’在唐、宋时期一直是一个名词性成分的否定标记，它否定动词性成分的用法十五世纪前后才出现。”“‘没’从约八世纪起开始引申作否定‘领有’的动词，一直到约十四世纪的五六百年的时间里都是单独用，‘没有’是后起的用法。”“‘没’作为普通动词的否定标记的时间比‘没有’凝固成复合动词的时间大约要晚 两百年的时间。”（《十五世纪前后的句法变化与现代汉语否定标记系统的形成——否定标记“没（有）”产生的句法背景及其语法化过程》，《语言研究》2000 年第 2 期）

（二）产生与发展

动词“起来”连用，大约萌生于汉魏时期，例如东汉支娄迦谶译《道行般若经·昙无竭菩萨品》：“是时，萨陀波菩萨安隐从三昧觉起，并与五百女人共至昙无竭宫门外，门外立，自念言：‘今我用经法起来，师入在内，我义不可卧、不可坐。须我师来，出上高座，说般若菠萝蜜，乐乃坐耳。’”西晋陈寿《三国志·魏志·邢颙》：“（邢）颙谓（田）畴曰：黄巾起来二十余年，海内鼎沸，百姓流离。今闻曹公法令严。民厌乱矣，乱极则平。请以身先。”东晋释跋陀罗、法显译《摩诃僧律》：“欲灭诤事者，当先自筹量身力、福德力、辩才力、无畏力、知事缘起、比丘先自思量有如是等力，又此诤事起来未久，此人心调软，诤事易可灭、此比丘时应作灭诤。”所引三例中的“起来”均是动词，表示兴起、开始义。又如李白《赠韦秘书子春》二之一：“谢公不徒然，起来为苍生。”例中“起来”，表示站出来，领头。明《初刻拍案惊奇》卷三十：“又道是‘疑心生暗鬼’，未必不是阳命将绝，自家心上的事发，眼花灯花上头起来的。”例中“起来”表示产生，引起义。

唐以后，用例甚多，例如唐李白《草书歌行》：“起来向辟（壁）不停手，一行数字大如斗。”敦煌变文《维摩诘经讲经文》：“弥勒承于圣旨，忙忙从座起来。”敦煌变文《妙法莲华经讲经文》：“夫人闻言，泪流如雨，抛却妆台起来，拽得髭须咒咀：‘一自为亲，几经寒暑，今朝忽拟生离，天地争交容许！’”敦煌变文《大目乾连冥间救母变文》：“良久而死，复乃重苏，两手按地起来，政（整）顿衣裳，腾空往至世尊处。”诸例“起来”，均表示动作起身，向上或继续，开始等义。又如宋李石《临江仙》词：“起来花影下，扇子扑流萤。”《新编五代史平话·梁史上》：“那黄巢拿着酒壶抬身起来。”明《二刻拍案惊奇》卷十二：“拨开浮泥看去，乃是一块青石头，上面依稀有字，晦翁叫取起来看。”

由“兴起”“产生”义，进一步虚化，表示趋向，例如五代《祖堂集》卷十四《百丈和尚》：“见一星火，夹起来云：‘这个不是火，是什摩？’”“夹起来云”，犹言夹起来说，“起来”表示趋向。

由“动身”义引申专指起床，例如唐孟彦深《元次山居武昌之樊山新》：“起来望樊山，但见群玉峰。”白居易《食后》诗：“食罢一觉睡，起来两瓯茶。”魏朴《和皮日休悼鹤》：“霜晓起来无问处，伴陀弹指绕荷塘。”韦庄《含山店梦觉作》：“灯前一觉江南梦，惆怅起来山月斜。”明

《二刻拍案惊奇》卷九："次日，清早起来，也无心想观看书史，忙忙梳洗了，即望园东墙边来。"

动词"起来"，源于"动词'起'+动词'来'"联合形成的并列式结构，如北凉释昙无谶《悲华经卷·大施品第三之二》："世尊，今当令是转轮王等，从三昧起来至佛所。"

"起"（见本书第三章第五节"起"），本义为起步，出发，动身，引申为"起床""升起""向上"等义，又进一步引申为"兴起""产生"之意，既可以表示空间位移，也可以表示时间的"开始"，由此可见，在东汉以前"起"的用法已经相当广泛，囊括了"起来"的全部含义。

"来"（见本书第三章第三节"来"），原是"麦"的本字，假借为"行来"之"来"，后为借意所专，又引申为"招致，招使之来"，引申为表示趋势的趋向动词，又由表示空间位移又进一步引申为表示时间的"过去""未来""某一段时间以后"之意。

汉魏以降，汉语双音化趋势发展迅速，动词"起"+"来"并列组合成"起来"就是顺理成章的事情。其演变的路径是：

起（起步，出发，动身）+来（行来/位移方向）→起来（空间位移，趋向）

起（起床）+来（位移方向）→起来（起床）

起（开始）+来（时间）→起来（时间或空间的开始，兴起）

三　可以

可以，音 kěyǐ，在 56008 个现代汉语常用词中，位列第 60 位。

（一）在现代汉语中的常见用法

1. 动词。

（1）表示可能或能够。例如："只要努力，小明是可以提高成绩的。""这个教室可以容纳 400 名学生。"

（2）表示许可。例如："明天可以去了，他们已经准备好了。""公共场所不可以吸烟。"

2. 形容词。表示一般化，或略高于一般，例如："小明的毛笔字还可以。""小强为人还可以，你去找他试一试。"引申表示程度超过一般，例如："小明的这张嘴真可以，无理说得有理来。""东家对咱们够可以的啦，一日三餐，还有肉，知足吧。"

（二）产生与发展

情态动词“可以”起源甚早，春秋之前就有不少用例，例如《左传·哀公六年》：“吾先君与陈有盟，不可以不求。”《国语·晋语一》：“若使太子主曲沃，而二公子主蒲与屈，乃可以威民而惧戎，且旌君伐[①]。”《国语·晋语三》：“天殃流行，国家代有；补乏荐饥，道也，不可以废道于天下。”[②]《诗经·小雅·鹤鸣》：“他山之石，可以为错。”唐孔颖达疏：“它山远国之石，取而得之，可以为错物之用。”《论语·为政》：“子曰：‘温故而知新，可以为师矣。’”以上诸例“可以”，表示可能或能够，后世承之，例如《孟子·梁惠王上》：“五亩之宅，树之以桑，五十者可以衣帛矣。”《吕氏春秋·慎行》：“身为僇，支属不可以见，行忮之故也。”[③] 唐张鷟《游仙窟》：“莫言钗意小，可以挂渠冠。”唐孙樵《书何易于》：“（何）易于为属令，当其无事，可以充役。”柳宗元《捕蛇者说》：“然得而腊之以为饵，可以已大风、挛踠、瘘疠、去死肌、杀三虫。”

从客观条件迁移到主观态度，引申表示许可[④]，例如《左传·昭公十八年》载鲁国友人前去拜见周大夫原伯鲁，原氏在谈话之中不及学，反而声称“可以无学，无学不害”，“可以无学，无学不害”，即允许不学习，因为不学习也不会有害处。又《国语·晋语四》载：“二年春，公以二军下，次于阳樊。右师取昭叔于温，杀之于隰城。左师迎王于郑。王入于成周，遂定之于都。王飨醴，命公胙侑。公请隧[⑤]，弗许。曰：‘王章[⑥]也，不可以二王，无若政何。’”晋文公带兵救周襄王于郑，自认功高，想死后享受天子之礼（“公请隧”），但是周襄王不答应，说：“隧葬这是表明天子身份的制度，国家不允许有两个天子，否则天子无法向下发布政令。”“不可以二王”，即“弗许”的原因，“可以”，即允许，许可义，

① 旌，表扬。伐，功劳。

② 句子大意是：天灾流行，每个国家都会交替碰到。救助饥荒，这是正道，不能在天下废弃正道啊。

③ 僇，lù，侮辱。支属，亲属，宗支。忮，zhì，恶。

④ 《汉语大词典》此义项引用唐韩愈《卢君墓志铭》例（《汉语大词典》第三册，第32页）。

⑤ 隧，韦昭注：“六隧之地。”隧葬，为天子葬礼。

⑥ 王章，天子的典章制度。

动词。又如唐韩愈《处士卢君墓志铭》："处士讳於陵，其先范阳人。父贻，为河南法曹参军。河南尹与人有仇，诬仇与贼通，收掠取服。法曹曰：'我官司也，我在不可以为是。'"由此引申出形容词的用法，表示不错，较好，不过此种用法我们目前发现的例证是在清初[①]，例如《红楼梦》第七十五回："西瓜往年都还可以，不知今年怎么就不好了。""可以"前受副词"还"修饰，并与后文形容词"好"相对成文，故为形容词。《红楼梦》第七十九回："但只一件，虽然这一改新妙之极，却是你在这里住着还可以，我实不敢当。"清张杰鑫《三侠剑》第五回："敲锣的躺在地下，银凤过去照脖子上一抹，那更夫一伸腿，就归西去了。前面打梆子直敲梆子，不听锣响，回头一看，说道：'你真可以，打着更就睡着啦。'"清石玉昆《续小五义》第一〇七回："于奢往怀里一抽，小爷又这么一送，一撒手，噗咚一声，仰面朝天，栽倒在地。于奢自己羞得面红过耳，说：'瘦小子真可以，咱们两个人再试试。'"

情态动词"可以"，来源于情态动词"可"和介词"以"的跨层组合。上古汉语介词"以"的宾语常常省略，致使"以"的介词功能逐渐弱化，受语用的影响（习惯连用），"以"粘附于"可"之后成为构词的一个音节[②]，这样"可以"便凝固为复音词。

---

① 《汉语大词典》此义项引用近人夏丏尊、叶圣陶《文心》四："这封信清楚明白，末了两节又有活泼趣味，也就可以了。"（《汉语大词典》第三册，第33页）例证嫌晚。

② 参见刘利《从〈国语〉的用例看先秦汉语的"可以"》，《中国语文》1994年第5期。

第四章

汉语常用介词源流

介词，虚词的一类，不能独立充当句子成分，它一般依附在实词或短语前面共同构成“介词短语”，主要用于修饰、限制、补充谓词性词语。本章主要介绍“在、把、从、以、被、向、于、由、比、同”等最常见的10个介词。这10个词中，只有“于”为纯粹的介词，其余为兼类词。

第一节 “在”“把”“从”“以”“被”常见用法及其源流

一 在

在，音zài，在56008个现代汉语常用词中，位列第3位。

（一）在现代汉语中的常见用法

1. 介词，引介时间或处所。例如：“故事发生在冬天。”“我们下午在教室上课。”

2. 动词。有以下几种用法：

（1）存在，生存。例如：“先烈精神永在。”“留得青山在，不愁没柴烧。”

（2）表示人或事物的处所位置。例如：“小明晚上不在学校。”“大家都在这儿啊。”

（3）在于，决定于。例如：“事在人为，我们一定会成功的。”“这件事主要在自己。”

3. 副词。正在。例如：“风在吼，马在叫，黄河在咆哮。”“小明在做功课。”

（二）产生与发展

在，《说文·土部》："存也。从土才声。"段注："存，恤问也。《释诂》：'徂、在，存也；在、存，察也。'按《虞夏书》'在，训察'，谓在与伺音同，即存问之义也。在之义古训为存问①。今义但训为存亡之存。""在"之本义，段玉裁认为是"存问"义，恐不确。在，甲骨文与"才"同形，借草木初生之形以表示存在。金文始另加义符"土"，以强调生存于土地。篆文整齐化，仍旧是左右结构。隶变后楷书写作"在"，成为半包围结构。在，本义实谓存在，生存。例如《尚书·康诰》："则罔政在厥邦。"清孙星衍今古文注疏引《释诂》云："在，存也。"《国语·晋语四》："（子犯）与从者谋于桑下，蚕妾在焉。莫知其在也。"《论语·学而》："父在，观其志；父没，观其行。"《韩非子·喻老》："唯孙叔敖独在。"清王先慎集解："存，在义同。"《淮南子·原道训》："无所不充，无所不在。"唐杜甫《羌村》诗之一："妻孥怪我在，惊定还拭泪。"

存在是以时空方位来确定的，故引申出"居于"，"处于"。例如《易经·乾》："是故居上位而不骄，在下位而不忧。"《孟子·公孙丑上》："贤者在位，能者在职。"晋张华《情诗》："处欢惜夜促，在戚怨宵长。"宋苏轼《题西林壁》诗："不识庐山真面目，只缘身在此山中。"

由存在义虚化，引申出在于，由于，听凭义。例如《尚书·汤诰》："其尔万方有罪，在于一人。"《管子·牧民》："政之所兴，在顺民心；政之所废，在逆民心。"《孟子·滕文公上》："夫滕壤地褊小，将为君子焉，将为野人焉。无君子莫治野人，无野人莫养君子。……方里而井，井九百亩，其中为公田。八家皆私百亩，同养公田。公事毕，然后敢治私事，所以别野人也。此其大略也。若夫润泽之，则在君与子矣。""若夫润泽之，则在君与子矣"，意谓至于怎么调整完善，那么就靠你们的君主与您了。《荀子·劝学》："驽马十驾，功在不舍。"《史记·苏秦列传》："大王诚能听臣，臣请令山东之国奉四时之献，以承大王之明诏，委社稷，奉宗庙，练士厉兵，在大王之所用之。"杜甫《收京》诗："克服诚如此，安危在数公。"唐韩愈《符读书城南》诗："木之就规矩，在梓匠轮舆。"

在，与"存"同声旁"才"，两字音近，假借为"存"，表存问、慰

① 存问，问候，安慰。

问义，例如《左传·襄公二十六年》："吾子独不在寡人。"晋杜预注："在，存问也。"《仪礼·聘礼》："子以君命在寡君。"郑玄注："在，存也。谓存问之。""在寡君"，意谓慰问我国君主。由此引申出伺察义，例如《尔雅·释诂》："在、存、省、士[①]，察也。"《大戴礼记·曾子立事》："存往者，在来者。"意谓察人往行来（知其过改否）。

动词"在"表示处所时间等修饰或补充动词性词语时，通过重新分析，"在"由动词演变为介词，相当于"于"。例如《尚书·洛诰》："在十有二月，惟周公诞保文武受命。"《诗经·小雅·鱼藻》："鱼在在藻，有颁[②]其首。""鱼在在藻"，意谓鱼儿藏身在水草中，句中第二个"在"为介词。唐白居易《凶宅》诗："长安多大宅，列在街东西。"明张居正《请蠲积逋[③]以安民生疏》："夫以当年之所入，完当年之所供。在百姓，易于办纳；在有司，易于催征。"

介词"在"省略处所时间宾语，直接修饰动词，介词"在"演变为副词，表示动作行为正在进行，不过，这种用法产生时代较晚，萌芽于六朝，例如晋《搜神后记·死人头》："新野庾谨，母病，兄弟三人，悉在侍疾。""悉在侍疾"，意谓都在母亲身边服侍疾病。"在"的处所宾语省略，此时的"在"，既可看作表示引介处所的介词，也可重新分析为修饰行为动作状态的副词。又如《春秋穀梁传·成公二年》："其日，或曰日其战也，或曰日其悉也。"晋范宁注："悉，谓鲁四大夫时悉在战也。明二者皆当日。"范宁注"时悉在战"，意即当日都在作战。《礼记·祭统》："苟可荐者，莫不咸在。"唐孔颖达疏："'苟可荐者'，悉在祭用，故云'示尽物'也，则上阴阳之物备矣。"孔颖达疏语"悉在祭用"，即理解为"都在祭用"。又如敦煌变文《汉将王陵变》："我家有子在临胎，千般痛苦诞婴孩。"宋《大宋宣和遗事·元集》："忽一日，宋江父亲作病，遣人来报。宋江告官给假，归家省亲。在路上撞着杜千、张岑两个，是旧时知识，在河次捕鱼为生，偶留得一大汉姓索名超的在彼饮酒；又有董平为捕捉晁盖不获，受了几顿粗棍限棒，也将身在逃，恰与宋押司途中相会。""在逃"，即正在逃跑之中。元盍西村《醉中天》："独倚屏山漫叹息，在

① 士，执法官，又称士师，主管审察狱讼。《周礼·秋官·士师》："（士师）察狱讼之辞，以诏司寇断狱弊讼，致邦令。"

② 颁，汉毛亨传："颁，大首貌。鱼以依藻为得其性。"郑玄笺："藻，水草也。"

③ 蠲，juān，免除。积逋，累欠的赋税。

把灯剔。”元郑廷玉《包待制智勘后庭花》第四折：“（正末云）既然吩咐了李顺，张千，拿将李顺来者。（张千）李顺在逃了。”明罗懋登《三宝太监西洋记》第六十四回：“却说三太子听见南船上人人都在做梦，个个都在打呼，心上大喜，说道：‘此天意有在，令吾成此大功也！’”

张亚军认为副词“在”来源于“正+［在+宾语］+谓词结构”向“正在+谓词结构”的虚化，并断言“‘在’作为时间副词的用法出现在明清以后”①，与我们的看法大不相同。

二　把

把，音 bǎ，在 56008 个现代汉语常用词中，位列第 22 位。

（一）在现代汉语中的常见用法

1. 介词。

（1）表示处置的对象。例如：“把头一扭跑了”“把手洗洗再吃饭”。

（2）表示致使义。例如：“把他乐疯了”“把他累得够呛。”

2. 动词。

（1）用手抓住，握住。例如：“把稳方向盘”“两手把着枪杆”。

（2）看着，把守。例如：“把住巷子的两头，别让小偷跑了。”“你去玩吧，我来把门。”

3. 量词。用于有把手的器具。例如：“一把刀”“一把伞”“一把扇子”。一手抓的数量。例如：“一把米”“一把韭菜”。引申用于抽象事物的描述，例如：“一把好手”“一把年纪”“一把力气”“帮他一把”。用手的动作，例如：“拉他一把”“一把拽住”。

4. 助词。加在“百、千、万”和“里、丈、斤、个”等量词后面，表示数字接近这个单位整数。例如：“百把个客人，招待不成问题。”“里把路，开车几分钟就到了。”

5. 名词，音 bà，普通话儿化韵②。

（1）器物上，便于手抓的部分。例如：“这个掸子把儿比较粗糙。”“茶缸把坏了。”

---

① 张亚军：《时间副词“正”“正在”“在”及其虚化过程考察》，《上海师范大学学报》2002 年第 1 期。

② 名词“把儿”，在 56008 个现代汉语常用词中，位列第 20002 位，因它与动词“把”有渊源关系，故列在此一并讨论。

(2) 花、叶、果实的柄。例如："玫瑰花把儿刺手。""梨把儿都烂了，不新鲜了。"

(二) 产生与发展

把，《说文·手部》："握也。从手巴声。"段注："握者，搤持也。"把，本义是一手握住。例如《战国策·燕策三》："臣左手把其袖，右手揕[①]其胸。"《史记·殷本纪》："汤自把钺以伐昆吾，遂伐桀。"白居易《卖炭翁》："手把文书口称敕。""手把文书"，即手里握着公文。白居易《忆晦叔》："游山弄水携诗卷，看月寻花把酒杯。"

由动词的把握义引申出管理，把守，看守等义，例如《晏子春秋·谏下》："然则后世谁将把齐国?"宋杨万里《松关》诗："竹林行尽到松关，分付（吩咐）双松为把门。"宋孙光宪《北梦琐言》卷三："洎荆州失守，复把潼关。"明《三国演义》第四十九回："周围尽是东吴军马，把得水泄不通。"

数词直接修饰限制动词，物一握为一把。例如《孟子·告子上》："拱把之桐梓，人苟欲生之，皆知所以养之者。"汉赵岐注："拱，合两手也；把，以一手把之也。"《文子·道德》："十围之木始于把，百仞之台始于下。"当"数词+把"后跟名词时，量词"把"便产生了，例如汉刘向《新序·杂事一》："夫腹下之毳，背上之毛，增去一把，飞不为高下。""一把"后承前省略了意念中心词"毳""毛"。《三国志·吴志·陆逊传》："乃敕各持一把茅，以火攻拔之。"南朝齐求那毗地译《百喻经·猕猴把豆喻》："昔有一猕猴，持一把豆，误落一豆在地，便舍手中豆，欲觅其一。未得一豆，先所舍者，鸡鸭尽食。"由表示手的"量"进一步虚化，犹言"一次""一下"，例如清《七侠五义》第七十六回："这个叫：'贤弟，我一个儿不是他的对手，你帮帮哥哥一把儿。'"由表示手的"量"进一步引申，用于有把手的器物量，例如《西游记》第十六回："又一童，把一把白铜壶儿，斟了三杯香茶。"《儒林外史》第四十七回："两把黄伞，八把旗，四队踹街马。"

词义进一步虚化，表示约数，重新分析后由量词转化为助词，但是产生的时代较晚，例如《水浒传》第四十七回："只听得祝家庄里一个号炮，直飞起半天里去。那独龙冈上，千百把火把一齐点着，那门楼上弩箭如雨

① 揕，zhèn，用刀剑等刺。

点般射将来。”“千百把火把”中，前一“把”为量词，用作约数。又如《西游记》第九十三回：“我们也去摸他块把砖儿送人。”明《初刻拍案惊奇》卷十五：“乘他此时窘迫之际，胡乱找他百把银子，准了他的庄，极是便宜。”《儒林外史》第二回：“李老爹这几年在新任老爷手里着实跑起来了，怕不一年要寻千把银子。”这三例“把”均是表示约数的助词了。

由动词把握义转指把握的地方，即器物把握的部分，柄，由动词转化为名词。例如《文选·潘岳〈射雉赋〉》：“戾翳旋把，萦随所历。”吕向注：“把，柄也。戾翳之柄，萦曲随雉之行，使不见也。”《隋书·五行志上》：“鄴中又有童谣曰：‘金作扫帚玉作把，净扫殿屋迎西家。’”元《朴通事》：“紫檀把儿，象牙顶儿，也是走线。”明陈继儒《太平清话》卷二：“王敬美家藏一玉觯，有把，长三寸。”引申指花、叶、果实的柄。例如《雍正剑侠图》：“北侠把花蒂翻过来，原来是两个根部，两朵花连在一起，这根部花把儿很短，当人们把缠头绢帕缠好之后，就把这朵花插在鬓边。”

“把”后跟宾语修饰动词性词语，为整个结构的重新分析准备了条件，即由连动结构演变为状中结构；“把+宾语”重新分析后变成了介宾结构，介词“把”便产生了。介词“把”或引进处置对象，唐李白《清平乐》词：“应是天仙狂醉，乱把白云揉碎。”金董解元《西厢记诸宫调》卷三：“把窗儿纸微润破，见君瑞披衣坐。”元孟汉卿《魔合罗》第二折：“走杀我也！把那贼弟子孩儿！”元王子一《误入桃源》第二折：“［滚绣球］香渗渗落松花把山路迷，密匝匝长苔痕将野径封。”《西游记》第十六回：“须臾间，风狂火盛，把一座观音院处处通红。”处置义虚化，用作引介对象，宋苏轼《饮湖上初晴后雨》诗：“欲把西湖比西子，淡妆浓抹总相宜。”《二刻拍案惊奇》卷十三：“直生初时大胆，与刘鬼相问答之时，竟把生人待他一般，毫不为异。”或表示致使义，《儒林外史》第十九回：“他每日在店里，手里拿着一个刷子刷头巾，口里还哼的是‘清明时节雨纷纷’，把那买头巾的和店邻看了都笑。”可表示被动。例如宋辛弃疾《好事近》词：“彩胜斗华灯，平把东风吹却。”元无名氏《杀狗劝夫》第二折：“这明明是天赐我两个横财，不取了他的，倒把别人取了去。”

三　从

从，音 cóng，在 56008 个现代汉语常用词中，位列第 27 位。

（一）在现代汉语中的常见用法

1. 介词。

（1）表示起点，常跟“到、往”等词搭配。例如：“从上海到北京”“从今往后”“从不懂到懂”。

（2）表示经过。例如：“你从桥上过，就能看到一个戴草帽的男子。”“你不要从门缝里看人，小瞧他。”

（3）表示根据。例如：“凡是都要从实际出发。”“从脚步声，就可以判断，小明来了。”

2. 副词，“从来”之省，用于否定句中。例如：“从不屈服”“从未看见”“从没听说”。

（二）产生与发展

从（從），《说文·从部》：“相听也。从二人。凡从之属皆从从。”又：“從，随行也。从辵从，从亦声。”许慎将“从”“從”分开释义，“从”的本义是听从，“從”本义是跟从，不确。段注：“从者，今之從字。從行而从废矣。”段说是。从，传世古文献中多作“從”，汉字简化后作“从”。

从，甲骨文中多见，字呈二人相随形。本义为跟随，动词。于省吾《殷契骈枝续编·释从雨》云：“从、從，古今字。”马叙伦云：“林义光曰：‘從，即从之或体[①]。’伦按：随行也，即从字义。此增辵以见行意，犹卬之增辵为迎矣。后起字每然也。……字见《急就篇》。疑《急就》本作从，传写者以通行字易之。”（《说文解字六书疏证》卷十五）可见，从、從，古今字，先有“从”，在“从”的基础上，增加表示行走的形旁“辵”。從，甲骨文中偶见，钟鼎文中多起来[②]（本文后面的用例均用简化字“从”）。例如《诗经·大雅·既醉》：“釐尔女士，从以孙子。”[③]郑玄笺：“从，随也。”《论语·微子》：“子路从而后。”《左传·庄公十年》：“可以一战，战则请从。”《楚辞·九歌·山鬼》：“乘赤豹兮从文狸。”洪兴祖补注：“从，随行也。”唐杜甫《石壕吏》诗：“老妪力虽衰，请从吏夜归。”

由跟随义引申出“听从”“顺从”义，例如《尚书·洪范》：“五事：

① 或体，即异体字。

② 参见李圃主编《古文字诂林》第七册，上海教育出版社2002年版，第478页。

③ 釐，通“赉”，赐予。句子大意是：上天赏赐的才女啊，追随您的子孙啊。

一曰貌，二曰言，三曰视，四曰听，五曰思。貌曰恭，言曰从，视曰明，听曰聪，思曰睿。”清江声集注音疏：“从，顺也。”《尚书·益稷》：“女毋面从，退有后言。”清江声集注音疏：“从，听也。”《左传·庄公十年》：“小惠未徧（遍），民弗从也。”《论语·子路》：“子曰：‘其身正，不令而行；其身不正，虽令不从。’”《史记·陈涉世家》：“乃诈称公子扶苏、项燕，从民欲也。”

“听从”“顺从”，即跟随别人一起做某事，故引申为参加、参与。《左传·成公十六年》：“君之外臣至（郤至）从寡君之戎事，以君之灵，间蒙甲胄，不敢拜命。”《论语·微子》：“已而，已而，今之从政者殆而。”[①]《淮南子·主术训》：“是犹贯甲胄而入宗庙，被罗纨而从军旅，失乐之所由生矣。”宋曾巩《故太常博士吴君墓碣》：“初，君从进士试，屡不中。”

跟随做事为“从”，由动作转指动作的施动者，“从”也由动词转化为名词，即随从者，例如《诗经·齐风·敝笱》：“齐子归止，其从如水。”[②]《大戴礼记·夏小正》：“鹿人从者，从群也。”“鹿人从”，意谓鹿像人一样相互跟随。王聘珍解诂：“从者，随也。人从者，言如人之相从也。”《史记·刺客列传》：“从者以告其主。”唐司马贞索隐：“从者，谓主人家之左右也。”南朝梁沈约《齐故安陆昭王碑文》：“倾山尽落，其从如云。”

从者是跟随在后的人，故在法律判决上，主谋的人为首，随从者为从，为次。唐《唐律疏议·名例共犯罪造意为首条》：“共犯罪者谓二人以上共犯，以造意者为首，余并为从。”

由跟从、听从义引申，谓采取的方法或办法。汉班固《白虎通·考黜》：“君子重德薄刑，赏宜从重。”南朝梁刘勰《文心雕龙·练字》：“自晋来用字，率从简易。时并习易，人谁其难?”《警世通言·老门生三世报恩》：“又替他纠合同年，在各衙门恳求方便，蒯公遂得从轻降处。”

“从”后跟名词，修饰动词性词语时，经过重新分析，“从”演变为介词，用于介绍方位、处所。《左传·宣公二年》：“晋灵公不君……从台上弹人，而观其辟（避）丸也。”《孟子·离娄下》：“齐人有一妻一妾而

① 句子大意是：算了吧，算了吧，现在参与政治的人已经很危险了啊。

② 句子大意是：齐国的女子回国，随从的人像水一样多。

处室者，其良人出，则必餍酒肉而后反。……而良人未之知也，施施从外来，骄其妻妾。”《韩非子·十过》：“（晋）平公曰：‘寡人老矣，所好者音也，愿遂听之。’师旷不得已而鼓之。一奏之，有玄云从西北方起；再奏之，大风至，大雨随之，裂帷幕，破俎豆，隳廊瓦。”唐韩愈《樊绍述墓志铭》：“樊绍述既卒，愈将铭之，从其家求书，得书，一号《魁纪公》者三十卷。”由处所转指时间，例如唐韩愈《盆池》诗之二：“从今有雨君须记，来听萧萧打叶声。”表示听从、跟从，例如汉赵晔《吴越春秋·勾践阴谋外传》：“越国洿下，水旱不调，年谷不登，人民饥乏，道荐饥馁，愿从大王请籴。”《后汉书·逸民列传·韩康》：“时有女子从康买药，康守价不移。”用于表示起点。《尔雅·释诂上》：“从，自也。”《诗经·小雅·何人斯》：“伊谁云从。”郑笺：“谮我者是言从谁生乎？”《孟子·梁惠王上》：“上下交征利”，汉赵岐注：“从王至庶人。”清焦循正义：“从，自也。”又如柳宗元《小石潭记》：“从小丘西行百二十步。”由起点表示方位，在，由。汉袁康《越绝书·外传记越地传》：“勾践伐吴，霸关东，从琅琊起观台，台周七里，以望东海。”南朝宋刘义庆《世说新语·赏誉》：“桓大司马病。谢公往省病，从东门入。”宋陈鹄《耆旧续闻》卷一：“有一士人从贵宦幕外过，见其女乐甚都。注目久之，观者狎至，触坠其幕。”用于表示根据，依照。《淮南子·说山训》：“圣人从外知内，以见知隐也。”《列子·黄帝》：“若能入火取锦者，从所得多少赏若。”北魏贾思勰《齐民要术·笨麹并酒》：“计六斗米，用水一斗，从酿多少，率以此加之。”

动词“从”与动词“来”结合，组成“从来”，起初是个连动结构，常与“所”字结合，例如《墨子·号令》：“出候无过十里，居高便所树表……与城上烽燧相望，昼则举烽，夜则举火。闻寇所从来，审知寇形，必攻论。”《吕氏春秋·悔过》：“郑贾人弦高、奚施将西市于周，道遇秦师，曰：‘嘻！师所从来者远矣。此必袭郑。’”“所”也可省略，例如《逸周书·大武》：“五虞：一、鼓走疑；二、备从来；三、佐车举旗；四、采虞人谋；五、后动撚之。”“备从来”，清朱右曾注：“防其断我归路。”“备从来”犹言“备所从来”。

到了六朝，“从来”用在谓词性词语前，经过重新分析，演变为副词，例如东汉荀悦《前汉纪·孝成皇帝纪》：“荀悦曰：夫葬之侈也，从来久矣。是以直节遂志之士，见其失而矫之。”《宋书·文九王传·始安王休仁》："休仁又说休云：'汝但作佞，此法自足安。我常秉许为家，从来颇得此力。但试用，看有验不？'"《宋书》卷十二《历志·景初历法》引何承天《上元嘉历表》："又史官受诏，以土圭测景，考校二至，差三日有馀。从来积岁及交州所上，检其增减，亦相符验。"唐贾岛《过京索先生坟》诗："从来有恨君多哭，今日何人更哭君？"唐归仁《题楚庙》诗："羞容难更返江东，谁问从来百战功？"

副词"从来"与否定副词"不""未""没"等组合，如《搜神记·庾亮》："昔苏竣事，公于白石祠中祈福，许赛其牛，从来未解。故为此鬼所考，不可救也。"唐王梵志诗："可惜千金身，从来不惧罪。"《五灯会元》卷二十《天童昙华禅师》："上堂：'德章老瞎秃，从来没滋味。拈得口，失却鼻。三更二点唱巴歌，无端惊起梵王睡。'"

受语言双音节表达需要，"从来不/未/没"常常省略为"从不/未/没"，"从"承担了副词"从来"的用法，衍化为副词，这种用法是唐以后才大量出现的，例如唐《艺文类聚·人部十九》："《列子》曰：郑公孙穆好色，后庭数十，皆择稚齿，屏亲昵，绝交游，于后庭以昼足夜，三月一出，意从未惬。"白居易《渐老》诗："今朝复明日，不觉年齿暮。白发逐梳落，朱颜辞镜去。当春颇愁寂，对酒寡欢趣。遇境多怆辛，逢人益敦故。形质属天地，推迁从不住。所怪少年心，销磨落何处？"话本《杜十娘怒沉百宝箱》："便应道：'老娘从不说谎，当真哩！'"明《初刻拍案惊奇》卷二十："莫说你是奶子，便是公子，我也从不曾见有七十岁的养头生。"明《醒世恒言·薛录事鱼服证仙》："好古怪！好古怪！我们一向紧紧的守定在此，从没个猫儿在他身上跳过，怎么就把死尸吊了起来？"《喻世明言·蒋兴哥重会珍珠衫》："他两个也不行礼，也不讲话，紧紧的你我相抱，放声大哭。就是哭爹哭娘，从没见这般哀惨，连县主在傍，好生不忍。"清《粉妆楼》第三十四回："走了两日，可怜一个娇生惯养的千金小姐，从没有出过门，那里受得这一路的风尘之苦。"清《老乞大新释》："我教你，把柳罐提起来，在水面上摆倒，撞下水去，就能盛满了水了。果真的麽？向来常见人打水，从不曾试，今日却会了。"《儒林外史》第九回："我家从没有人敢做这样事。"

"从不"词义泛化，偶尔表示"从此不"的意思，例如北宋《太平广记·道术三·郑君》（出《逸史》）载唐贞元末，主持盐铁信州院的郑君受人捉弄，炼不出矿银，后来手下人礼遇之，终于炼出矿银，文末云：

"郑君视于瘗所，悉已无矣，银并成就，从不复见矣。""从不复见"，即从此不再出现。

四 以

以，音 yǐ，在 56008 个现代汉语常用词中，位列第 32 位。

（一）在现代汉语中的常见用法

1. 介词。

（1）用，拿。例如："晓之以理""以弱胜强""一言以蔽之（用一句话来概括）"。

（2）依据，按照。例如："以你高见，我们该如何行动？""以规定为准，不得擅自更改标准。"

2. 连词，表示目的。例如："努力学习以报国家。""广泛开展科学研究，以提高生产水平。"

（二）产生与发展

以，《说文·巳部》："用也。"段注："用者，可施行也。凡以字皆此训。"许慎、段玉裁所释"以"的本义不确。

以，甲骨文形体象人手提物状，本义是提携，携带[①]，动词，例如《甲骨文合集》第 35 片："丁未卜。贞：惟亚以众人步？十二月。""以众"，即带领众人。《春秋·桓公十四年》："宋人以齐人、蔡人、卫人、陈人伐郑。"唐赵匡集传："不用我师而用彼师曰'以'。"《春秋·定公四年》："蔡侯以吴子及楚人战于柏举。"晋杜预注："师能左右之曰'以'。"引申为"致送""进献"义，例如《甲骨文合集》第 8984 片："戊辰卜，雀以象？戊辰卜，雀不其以象。十二月。""以象"，即进献大象。引申为"用"，仍为动词。例如《易经·泰》："不富以其邻。"唐孔颖达疏："以，用也。"《尚书·盘庚上》："盘庚敩于民，由乃在位，以常旧服，正法度。"《楚辞·涉江》："忠不必用兮，贤不必以。"《荀子·正论》："故鲁人以榶，卫人用柯。"末两例中"用"与"以"同义对文。

带宾语后，前后还可以接动词性结构，往往修饰或补充动词性词语，这时，经过重新分析，"以"演变为介词，表示"用""把"义，例如西周金文《五年调生簋》："余献妇氏以壶。"《左传·僖公二十三年》：

① 郭锡良：《介词"以"的起源和发展》，《古汉语研究》1998 年第 1 期。

“（公子）醒，以戈逐子犯。”《论语·学而》：“子曰：‘道千乘之国，敬事而信，节用而爱人，使民以时。’”《史记·项羽本纪》：“私见张良，具告以事。”“具告以事”，即把事情全部告诉了张良。《世说新语·德行》：“王戎、和峤同时遭大丧，具以孝称。”宋何薳《春渚纪闻·紫姑书大字》：“墨浆以大器贮，备濡染也。”表示带领义，例如《左传·僖公五年》：“宫子奇以其族行。”《诗经·邶风·击鼓》：“不我以归，忧心有忡。”郑玄注：“以，犹与也。”《史记·晋世家》：“里克、邳郑欲内（纳）重耳，以三公子之徒作乱。”表示按照、依据义，例如《左传·昭公二十年》：“仲尼曰：‘善哉！政宽则民慢，慢则纠之以猛。’”《孔子家语》作“慢则纠之于猛。”《孔子家语》中的介词“于”对应于《左传》的介词“以”。《孟子·离娄下》：“孟子曰：君子深造之以道，欲其自得之也。”王引之《经传释词》卷一：“言深造之于道也。”孟子的意思是说，君子遵循一定的方法来加深造诣，是希望自己有所收获。

介词“以”有一个特性，宾语前置和省略的情况比较多，西周金文中也有反映。例如西周金文《虢季子白盘》：“折首五百，执讯五十，是以先行。”“是以”之“是”，宾语前置，后来“是以”形成固定结构。《论语·微子》：“明日，子路行，以告。”“以告”，即“以之告”，把这个情况告诉孔夫子。

“以”的宾语前置，为介词“以”衍化为连词“以”提供了条件。“以”的前置宾语一般是可定的指称性词语，当“以”的前置成分是陈述性词语时，则介词“以”就衍化为连词，例如西周《颂簋》：“颂拜稽首。受令（命），册佩以出，返纳瑾璋。”此例“以”可以看成是介词（前置宾语“册佩”，表示指称），又可以重新分析为连词（“册佩”为动词）。又如《论语·季氏》：“隐居以求其志，行义以达其道。”《论语·宪问》：“修己以安百姓。”这两例“以”既可以分析为介词，也可分析为连词。分析为介词时，“隐居”“行义”“修己”充当“以”的前置宾语；分析为连词时，“以”相当于“而”，“隐居”“行义”“修己”与后面的成分构成顺连，表示目的。特别是当句义强化时，连词“以”，由并列引申出顺承、因果、目的等，例如《易经·鼎》：“得妾以其子。”王引之《经传释词》卷一：“言得妾与其子也。”王氏用连词“与”对译《易经》的“以”。又如《尚书·金縢》：“秋，大熟，未获，天大雷电以风。”《春秋·隐公七年》：“戎伐凡伯于楚邱以归。”清刘淇《助字辨略》卷三：“此以字，犹而也。"《荀子·礼论》："至文以有别，至察以有说。"王念孙《读书杂记》云："以，犹而也。"又如《淮南子·泰族》："武王左操黄钺、右执白旄以麾之，则瓦解而走，遂土崩而下。"《世说新语·德行》："巨伯曰：'远来相视，子令吾去，败义以求生，岂荀巨伯所行邪！'"范仲淹《岳阳楼记》："属予作文以记之。"①

五 被

被，音 bèi，在 56008 个现代汉语常用词中，位列第 39 位。

（一）在现代汉语中的常见用法

1. 介词。引导动作行为的施事。当施事省略时，直接附着处置性词语前，表示被动含义。例如："小明家的羊被狼咬死了。""敌人被消灭干净了。"

2. 名词。被子。例如："拿一床被过来，有点冷。""毛巾被很实用。"

（二）产生与发展

被，《说文·衣部》："寝衣也，长一身有半。从衣，皮声。""被"本义是"被子"，名词。如《诗经·召南·小星》："抱衾与裯。"毛亨传："衾，被也。"孔颖达疏："今名曰被，古者曰衾。"《论语·乡党》："必有寝衣，长一身有半。"郑玄注："今小卧被是也。"三国魏何晏集解："今之被也。"宋玉《招魂》："翡翠珠被，烂齐光些。"汉王逸注："被，衾也。"这个义项一直沿用至今，如"衣被"。被，是盖在身上的，故由名词"被子"引申为动词的"覆盖"义，如阮籍《咏怀》"凝霜被野草"。

动词"覆盖"义，即把一物加于另一物之上，故"被"由此引申出动词的"施及"义，如《尚书·尧典》："光被四表。"《尚书·禹贡下》："西被于流沙。"清孙星衍今古文注疏引《广雅·释诂》云："被，加也。"蔡沈集传："被，覆也。"《墨子·尚贤中》"下施之万民，万民被其利。"《荀子·臣道》："泽被生民。"

被，由动词的"施及"义，再引申为动词的"享受""蒙受""遭受""领受"义，如《管子·形势解》："主明而国治，竟（境）内被其

① 句子大意是：嘱咐我写篇文章来记述这件事情。

利泽。”例中“被”表享受义。《汉书·赵充国传》：“身被二十余创”。《后汉书·逸民列传·逢萌》：“吏被伤流血，奔而还。”白居易《琵琶行》：“妆成每被秋娘妒。”此三例“被”表遭受义。宋洪迈《夷坚甲志·辛中丞》：“（岳飞）尽出平生所被宸翰，凡数百纸，具言眷遇之渥。”例中“被”表领受义。

至战国以前，动词“被”后面一直跟一个名词，即“被+名词”，但到了战国末期，“被+动词”的格式出现了，如《韩非子·五蠹》“令兄弟被侵……知友被辱”中的“被侵、被辱”是遭受到侵害、遭受到侮辱。《战国策·齐策》：“国一日被攻，虽欲事秦，不可得也。”“被攻”，即谓遭受攻击。

被，由动词的“蒙受、遭受”义引申出表示“被动”的处置表达式，它的萌芽时期在两汉，如西汉《史记·屈原列传》：“信而见疑，忠而被谤，能无怨乎？”“见疑”与“被谤”相对，已经含有被动的意谓。又如东汉蔡邕《被收时表》：“五月二十日，臣被尚书召。”

南北朝时期，“被”字句大增。施动名词 N2 可以插入“被+V”之间，受动的名词 N1（意念上的宾语）提前放在主语的位置上，呈现出“N1 + 被+ N2 + V”的格式，这种格式在汉语里被称为“被字句”。如南朝宋《世说新语·言语》：“祢衡被魏武谪为鼓吏。”《世说新语·方正》：“（庾）亮子被苏峻害。”南朝齐颜之推《颜氏家训·归心》：“举体如被刀刺，叫呼而终。”施动名词 N_2 因上下文而可以省略，如《北史·麦铁杖传》：“吾荷国恩，今是死日。我得被杀，尔当富贵。”唐元稹《说剑》诗：“曾被挂树枝，寒光射林薮。”关汉卿《杜蕊娘智赏金线池》第二折：“我不合道着‘韩辅臣’，被罚酒也。”关汉卿《望江亭中秋切鲙》第四折：“（衙内云）我奉圣人命，有势剑金牌，被盗失了。我有文书！”

第二节　“向”“于”“由”“比”“同”常见用法及其源流

一　向

向，音 xiàng，在 56008 个现代汉语常用词中，位列第 47 位。

（一）在现代汉语中的常见用法

1. 介词。表示动作的方向。例如："向东看，你能看到一棵大树，他在那儿等你。""我们必须从胜利走向胜利。"

2. 动词。

（1）对着。例如："他面向讲台，毕恭毕敬。""两人相向而行。"

（2）偏袒。例如："衙门当官的不会向着穷人说话。""我不是向着他，我是说公道话。"

3. 副词。向来。例如："向无此例""向有研究"。

（二）产生与发展

向，《说文·宀部》："北出牖也。从宀从口。"宋徐锴曰："牖所以通人气，故从口。"徐锴所言不确。向，本义为朝北开的窗户。林义光《文源》云："口象牖形，宀象屋在其上。"例如《诗经·豳风·七月》曰："塞向墐户。"汉毛亨传："向，北出牖也。"牖，即今之窗户。唐陆德明释文引《韩诗》云："向，北向窗也。""北向窗"，即朝北的窗户。

窗户朝北开，含有方向义，故引申出"朝向"义，字亦作"嚮"。例如《庄子·齐物论》："五者园（圆）而几向方矣。"陆德明释文："向，亦作嚮。"《庄子·秋水》："（河伯）望洋向若而叹曰：'野语有之曰：闻道百以为莫己若者，我之谓也。'"《孟子·滕文公上》："（门人）入，揖于子贡，相向而哭。"《战国策·燕策三》："北向迎燕。"《史记·滑稽列传》："西门豹簪笔磬折，向河立待良久。"宋司马光《项羽诛韩生》："夫秦据函谷，东向以制天下。"《聊斋志异·促织》："夫妻向隅，茅舍无烟。"引申作名词，方向。例如《国语·周语上》："明利害之向。"唐柳宗元《宋从兄称罢选归江淮诗序》："今吾遑遑末路，寡偶希合，进不知向，退不知守。"

由朝向引申出奔向，趋向，例如《韩非子·外储说左下》："今西伯昌，人臣也，修义而人向之。"《左传·定公十年》："尔欲吴王我乎？"晋杜预注："见剑向己，逆呵之。""见剑向己"，即看到剑刺向自己。南朝宋《后汉书·班超列传》："莫不向化。"司马光《资治通鉴·赤壁之战》："到夏口，闻操已向荆州。"宋沈作喆《寓简》卷二："朝者君子所会，市者小人向之。"由此引申谓"接近"。例如《易经·说》："圣人南面而听天下，向明而治。"向，接近。向明，即天刚亮。《后汉书·段颎列传》："今适期年，所耗未半，而余寇残烬，将向殄灭。"

由“奔向”“接近”引申出偏向、偏袒义，例如《商君书·慎法》：“民倍[①]主位而向私交，则君弱而臣强。”“向私交”，即偏向私交。《史记·班超传》：“何故欲向汉？”“向汉”，即偏袒汉朝。《新唐书·王播传》：“时韦处厚当国，以献替自任，天子向之。”唐刘禹锡《秋中暑退赠乐天》诗：“人情皆向菊，风意欲摧兰。”宋陆游《朝中措》词之二：“总是向人深处，当时枉道无情。”《西游记》第三十八回：“行者道：‘八戒生得夯，你有些儿偏向他。’唐僧道：‘我怎么向他？’”唐僧所说的“向他”，即行者所说的“偏向他”。

又音同而假借为“曏”[②]，旧时，先前，往昔，表示时间。《说文·宀部》清朱骏声《通训定声》：“向，假借为曏。”《说文·日部》清段玉裁《说文解字注》：“向年、向时、向者，即曏字也。”例如《庄子·寓言》：“若向也俯，而今也仰。”“向”与“今”对言，犹言“过去”与“现在”。《庄子·庚桑楚》：“向吾见若眉睫之间，吾因以得汝矣。”[③]《商君书·君臣》：“瞋目扼腕而语勇者得，垂衣裳而谈说者得，迟日旷久积劳私门者得，尊向三者，无功而皆可以得，民去农战而为之，或谈议而索之，或事便辟而请之，或以勇争之。”《吕氏春秋·察今》：“病变而药不变，向之寿民今为殇子矣。”《穀梁传·成公二年》：“今之屈，向之骄也。”晋陶潜《桃花源记》：“太守即遣人随其往，寻向所志，遂迷，不复得路。”宋苏轼《谏买浙灯状》：“右臣向蒙召对便殿，亲奉德音。”由时间名词“先前”“往昔”义引申表示“从来”“向来”，转化为副词，例如唐沈佺期《哭道士刘无得》：“蓬莱向清浅，桃杏欲芳菲。”唐赵璘《因话录》卷四：“某向不与张君熟。”元《杀狗劝夫》楔子：“我向住在哥哥嫂嫂家里。”

向，时间名词放在句首，表示假设情况，演变为假设连词，例如《史记·秦始皇本纪》：“贾谊、司马迁曰：‘向使婴有庸主之才，仅得中佐，山东虽乱，秦之地可全而有，宗庙之祀未当绝也。’”《后汉书·张衡列传》：“向使能瞻前顾后。”清刘淇《助字辨略》卷四：“向使，犹假使也。”宋蔡絛《铁围山丛谈》卷二：“向非城西索水之北有新筑堤，初

---

① 倍，通“背”，背离。

② 曏，xiàng，《说文·日部》：“不久也。从日鄉（乡）声。《春秋传》曰：‘曏役之三月。’”曏，许两切；向，许谅切，两字唯有声调不同。

③ 句子大意是：刚才看见你眉宇之间的表情，我就了解你了。

架水之通宫苑者，偶横阻得且止，微此，一夕灌城，悉为鱼鳖矣。”“向”与后文“微”相对，均表示假设关系的连词。

当动词“向”跟宾语共同修饰动词性结构时，经过重新分析，介词“向”就产生了。表示动作的方向。《史记·孝文本纪》：“群臣皆伏固请。代王西向让者三，南向让者再。”“西向”“南向”，即朝西坐、朝南坐。后汉《太平经·辛部》：“比若向日月而坐，俱有光明。何以知其热与清乎？去人积远。以何效之？主以成功也，向日而坐熅也，足以知热；向月而坐，足以知清。”《后汉书·段颎列传》：“一日一夜二百余里，晨及贼，击破之。余虏走向洛川，复相屯结。”唐白居易《孔戡》诗：“拂衣向西来，其道直如弦。”

表示动作的起点，从，在，这种用法产生时代较晚。例如《水浒传》第八十二回：“向那御屏风背后，转出一大臣。”《西游记》第七十一回：“日期满足才开鼎，我向当中跳出来。”

表示动作的地点，犹“在”。例如唐崔曙《登水门楼见亡友张贞期题望黄河诗因以感兴》诗：“人随川上逝，书向壁中留。”宋陆游《风云昼晦夜遂大雪》诗：“已矣可奈何？冻死向孤村。”《水浒传》第三十八回：“不搽煤墨浑身黑，似着朱沙两眼红，闲向溪边磨巨斧，闷来岩畔斫乔松。”

表示动作的对象。例如南朝宋刘义庆《世说新语·雅量》：“后有人向庾①道此。”唐元稹《感梦》诗：“填填满心气，不得说向人。”

二　于

于，音 yú，介词，在 56008 个现代汉语常用词中，位列第 59 位。

（一）在现代汉语中的常见用法

（1）介绍时间、地点。例如：“她生于 1908 年。”“黄河发源于青海青藏高原的巴颜喀拉山脉。”

（2）介绍对象、目标。例如：“问道于盲”“求救于人”；“投身于革命事业”“致力于翻译工作”。

（3）介绍来源、比较。例如：“青出于蓝而胜于蓝”。

（4）表示被动。例如：“好端端的庄稼毁于一场蝗虫。”

① 庾，庾子嵩，西晋名士、清谈家。

（二）产生与发展

《说文·亏部》："亏（于），於也。象气之舒亏。从丂从一。一者，其气平之也。"段注："《释诂》、毛传皆曰：'亏，於也。'凡《诗》《书》用亏字，凡《论语》用於字。盖亏於二字在周时为古今字，故《释诂》、毛传以今字释古字也。"许、段之说不可信。

于，於，本来是两个词，上古不同音。于，匣母鱼部；於，影母鱼部。於，古音同"乌呼"之"乌"，是个叹词，例如《尚书·尧典》："佥曰：'於，鲧哉！'"《诗经·周颂·烈文》："於乎！前王不忘。"

于，本是动词，甲骨文中不少见①，例如胡厚宣《甲骨文合集释文》第33124片："壬寅卜，王于商。"对比第33125片："辛卯卜，王入商。""王于商"与"王入商"相对，"于"与动词"入"相对，也为动词。"王于商"即王到商这个地方去，本义为往，到。《诗经·桃夭》："之子于归，宜其室家。"毛传："于，往也。"可以组成连动结构，例如《甲骨文合集释文》第557片："丁未卜：王往于田，无灾？""王往于田"，即商王出门去打猎。"于田"即去田猎。这种结构中"于"的词义开始虚化，为衍化为介词做好了准备。

当"于+处所"充当连动结构时，经过重新分析，"于"衍化为介词，例如《甲骨文合集》第6507片："土方征于我东鄙。"第1105片："贞：作大邑于唐土（社）。"第20173片："甲子卜，其求雨于东方。"进一步引申，"于"可以引进动作行为有关的处所、时间、对象等。西周金文中开始出现介词"於"（音近借用），但是金文、《诗经》《尚书》中，"于"仍然占绝大多数，而在《左传》中"于""於"大致相当。到了战国晚期，"於"字逐渐占了优势。魏晋以后，除了在引用古籍或固定用法以外，"于"就很少出现了。这种用字现象跟汉字使用的繁化心理有关。汉字简化后，"於"作"于"，下文统作"于"。

介词"于"介绍处所，例如《尚书·禹贡》："既修太原，至于岳阳。"《诗经·大雅·卷阿》："凤皇鸣矣，于彼高冈。"《老子》第六十四章："千里之行，始于足下。"《论语·宪问》："子路宿于石门。"《庄子·逍遥游》："海运则将徙于南冥。"

---

① 甲骨文中"于"作动词有250例之多。参见郭锡良《介词"于"的起源和发展》，《中国语文》1997年第2期。

介绍人物，例如《尚书·洪范》："王访于箕子。"《论语·卫灵公》："己所不欲，勿施于人。"《论语·述而》："不义而富且贵，于我如浮云。"或者介绍对象，例如《左传·隐公元年》："颍考叔为颍谷封人，闻之，有献于公。"《左传·隐公四年》："公问于众仲曰：'卫州吁其成乎？'"《诗经·邶风·泉水》："有怀于卫，靡日不思。"《论语·子路》："吾党之直者异于是。"

介绍时间，例如《左传·僖公三年》："自十月不雨至于五月，不曰旱，不为灾也。"《诗经·豳风·东山》："自我不见，于今三年。"《论语·述而》："子于是日哭则不歌。"

表示比较，例如《荀子·劝学》："冰，水为之，而寒于水。"《礼记·檀弓下》："苛政猛于虎也。"《孟子·公孙丑上》："且王者之不作，未有疏于此时者也；民之憔悴于虐政，未有甚于此时者也。""未有疏于此时者也"，意谓从来没有比现在更加疏远；"未有甚于此时者也"，意谓从来没有比现在更加厉害。

表示被动，例如《左传·成公二年》："郤克伤于矢。"《左传·庄公八年》："僖公之母弟曰夷仲年，生公孙无知，有宠于僖公，衣服礼秩如适。"《孟子·滕文公上》："劳力者治于人。"

表示来源，例如《诗经·小雅·鹤鸣》："声闻于天。"《左传·隐公元年》："初，郑武公娶于申，曰武姜，生庄公及共叔段。"

表示依据，例如《史记·淮阴侯列传》："于诸侯之约，大王当王关中。"《汉书·吴王刘濞传》："今吴王前有太子之隙，诈称病不朝，于法当诛。"

表示手段或方式，犹"用"，"以"。例如《尚书·盘庚上》："予告汝于难，若射之有志。"《韩非子·解老》："慈，于战则胜，以守则固。"表示目的，例如《论语·为政》："吾十有五，而志于学。"

表示原因，例如《尚书·君奭》："我咸成文王，功于不怠。"唐韩愈《进学解》："业精于勤，荒于嬉；行成于思，毁于随。"

三 由

由，音 yǒu，在56008个现代汉语常用词中，位列第63位。

（一）在现代汉语中的常见用法

1. 介词

（1）引进施动者。例如："买菜由我负责，烧饭由你负责。""队长一职由你担任。”

（2）介绍时间、处所或来源。例如：“我们打算由明年开始试种超级水稻。”“由北京出发”“由学生中选择献花者”。

（3）表示凭借，依据。例如“由实验结果看，效果不错。”“人体是由各种细胞组成的。”

2. 动词。听凭，任由。例如：“信不信由你，我说的是真的。”“他不听话，由他好了。”

（二）产生与发展

繇，《说文·系部》：“随从也。”段注：“由，或繇字。古繇、由通用一字也。”

繇，曾宪通先生判断西周金文为象形字，即“鼬鼠”（《说繇》，《古文字研究》第十辑[①]），假借为动词“随从”，例如《史记·孝文本纪》：“盖闻天道祸自怨起而福繇德兴。”《汉书·元帝纪》：“惧于天地之戒，不知所繇。”此用法时，繇，通常写作“由”[②]。清刘淇《助字辨略》卷二：“由，与繇同。”《诗经·小雅·小弁》：“君子无易由言。”清马瑞辰传笺通释：“繇，由，古通用。”《楚辞·远游》：“求正气之所由。”旧校：“由，一作繇。”《汉书·魏相传》：“未得所繇。”唐颜师古注：“由，从也，因也。”下文统一作“由”。

由，从“随从”义引申出“经过”。例如《论语·雍也》：“行不由径。”又：“谁能出不由户？何莫由斯道也？”[③] 又引申出“任由”“凭随”“听从”义。例如《论语·颜回》：“为仁由己，而由人乎哉？”《论语·泰伯》：“民可使由之，不可使知之。”

“由+宾语”，常常用于动词性词语前后，充当状语或补语，这样，“由”由动词演变为介词。引进动作行为的人物、处所等，例如《左传·僖公四年》：“公至，毒而献之。公祭之地，地坟。与犬，犬毙。与小臣，小臣亦毙。姬泣曰：‘贼由太子。’”“贼由太子”，意谓想杀人的是太子。《孟子·公孙丑上》：“文王何可当也？由汤至于武丁，贤者之君六七作，天下归殷久矣，久则难变也。”以上诸例引进动作行为的人物。《孟子·

---

① 转引自董莲池《说文解字考正》，作家出版社 2004 年版，第 510 页。

② 由，许慎《说文》未收。

③ 句子大意是：谁能走出屋子而不经过门户呢？为什么没有人走这条（必经的仁义之）路呢？

告子下》："他日，由邹之任，见季子；由平陆之齐，不见诸子。"此例"由"引进处所。

表示开始，例如《左传·僖公二十四年》："臣负羁绁，从君巡于天下，臣之罪甚多矣。臣犹知之，而况君乎？请由此亡。"表示时间，例如《史记·魏其武安侯列传》："武安由此滋骄，治宅甲诸第。"《汉书·东方朔传》："董君由是日衰，至年三十而终。"

引进动作行为的施动者，《左传·宣公十二年》："由我失霸，不如死。"《孟子·梁惠王下》："礼义由贤者出，而孟子之后丧逾前丧。君无见焉！"《史记·项羽本纪》："政由羽出，号为霸王。"

引进动作行为的原因，例如《左传·桓公二年》："国家之败由官邪也，官之失德，宠赂章也。"《左传·庄公八年》："公曰：'不可。我实不德，齐师何罪？罪我之由。'""罪我之由"，意谓罪过是因为我（而生）。《世说新语·尤悔》："逮周侯被害，丞相后知周侯救己，叹曰：'我不杀周侯，周侯由我而死。幽冥中负此人！'"

引进凭借的对象或依据，例如《庄子·胠箧》："由是观之，善人不得圣人之道不立，跖不得圣人之道不行。"《荀子·富国》："故自天子通于庶人，事无大小多少，由是推之。"

四　比

比，音 bǐ，在 56008 个现代汉语常用词中，位列第 98 位。

（一）在现代汉语中的常见用法

1. 介词。表示比较。例如："今天比昨天冷。""人们的生活一年比一年好。"

2. 动词。常见以下几种用法：

（1）比较；较量。例如："比长短""比干净""学先进，比先进。"

（2）数量的倍数关系。例如"一比四"。

（3）表示比赛的得分的对比。例如"甲队以 2 比 1 胜出。"

（二）产生与发展

比，《说文·比部》："密也。二人为从，反从为比。"段注："其本义谓相亲密也。余义俌也，及也，次也，校也，例也，类也，频也，择善而从之也，阿党也，皆其所引伸。"

比，甲骨文中与"从"同字，字形作二人并列状，本义为并列，靠近，动词。例如《尚书·牧誓》："称尔戈，比尔干。"孔安国传："干，楯也。"孔颖达疏："楯则并以扞敌，故言比。"《尚书·召诰》："王先服殷御事，比介于我有周御事。""比介"，即比迩，接近。《孟子·滕文公上》："夫物之不齐，物之情也。或相倍蓰，或相什百，或相千万；子比而同之，是乱天下也。""比而同之"，即并列放在一起，同等看待。《吕氏春秋·观世》："千里而有一士，比肩也。"《史记·平津侯主父列传》："晏婴相景公，食不重肉，妾不衣丝，齐国亦治，此下比于民。"司马贞索隐："比者，近也。"晋左思《魏都赋》："竦峭双碣，方驾比轮。"明魏学洢《核舟记》："东坡现右足，鲁直现左足，各微侧，其两膝相比者，各隐卷底衣褶中。"

由并列、靠近义引申出"亲近""亲密"。例如《左传·僖公二十二年》："《诗》曰：'协比其邻，昏姻孔云。'吾兄弟之不协，焉能怨诸侯之不睦？"王勃《送杜少府之任蜀州》诗："海内存知己，天涯若比邻。""比邻"，即亲密的邻居。由亲近、亲密义引申出顺从、和顺。例如《诗经·大雅·皇矣》："王此大邦，克顺克比。"毛传："择善而从曰比。""比"与"顺"相对为文，表义相类。

并列在一起，就可以比较，故引申出"比较"义，例如《周礼·天官·内宰》："比其大小与其粗良，而赏罚之。"《孟子·公孙丑上》："曾西艴然不悦曰：'尔何曾比予于管仲？管仲得君如彼其专也，行乎国政如彼其久也，功烈如彼其卑也。尔何曾比予于是！'""尔何曾比予于管仲"，意思是说，你为什么竟然把我与管仲相比呢。《三国志·蜀志·诸葛亮传》："曹操比于袁绍，则名微而众寡。"比较就有高下，故引申为考校、考核。例如《周礼·地官·小司徒》："及三年，则大比。""大比"，即大考。

由比较义，引申出"比照"，"依照"义。例如《韩非子·内储说上》："人之救死者，比死敌之赏。"《战国策·齐策四》："为之驾，比门下之车客。"

两件事物或人物相比较，就有相似的地方，故引申出"比拟""比喻"义，例如《诗经·大序》："故诗有六义焉，一曰风，二曰赋，三曰比，四曰兴，五曰雅，六曰颂。"《周礼·大师》郑玄注："比者，比方于物也。"《论语·述而》："子曰：'述而不作，信而好古，窃比于我老彭。'"《三国志·蜀志·诸葛亮传》："每自比于管仲、乐毅，时人莫之许也。"

事物比较必然呈现数量关系，故引申出“成比”，“成例”。《礼记·王制》：“疑狱，泛与众共之；众疑，赦之。必察大小之比以成之。”郑玄注：“已行故事曰比。”《韩非子·有度》：“上智捷举中事，必以先王之法为比。”《后汉书·张敏列传》：“建初中，有人侮辱人父者，而其子杀之，肃宗贳其死而降宥之，自后因以为比。”《资治通鉴·汉灵帝熹平元年》：“至于卫后，孝武皇帝身所废弃，不可以为比。”近代，引申用于数字之间的比较，比赛的比分。例如“十四比一”“四比二获胜。”

并列在一起，就有“接连”义，例如《战国策·燕策二》：“人有卖骏马者，比三旦立市，人莫之知。”《史记·吕太后本纪》：“吕后用事，春秋高，听诸吕，擅废帝更主，又比杀三赵王。”《汉书·外戚传》：“比三年日蚀。”① 汉王充《论衡·物势》：“亦或辩口利舌，辞喻横出为胜；或诎弱缀跲，蹥蹇②不比者为负。”进一步引申出“勾结”义，例如《论语·为政》：“君子周而不比，小人比而不周。”《吕氏春秋·喻大》：“父子兄弟相与比周于一国，姁姁③焉相乐也，以危其社稷。”《礼记·缁衣》：“大臣不治而迩臣比矣。”郑玄注：“比，私相亲也。”“私相亲”，即私底下亲呢，也即勾结。

词义虚化，连接下去，就能达到，故引申出“等到”，例如《国语·齐语》：“比（管仲）至，三衅④三浴之，桓公亲逆之于郊，而与之坐而问焉。”《左传·庄公十二年》：“陈人使妇人饮之酒，而以犀革裹之。比及宋，手足皆见。”⑤《晏子春秋·谏下》：“晏子使于鲁，比其反（返）也，景公使国人起大台之役。”《论语·先进》：“比及三年，可使足民。”《孟子·梁惠王下》：“比其反也，则冻馁其妻子。”《史记·陈涉世家》：“比至陈，车六七百乘。”

关系亲密者之间往往会袒护，故引申出偏袒义，例如《左传·襄公三年》：“君子谓祁奚于是能举善矣。称其仇，不为谄；立其子，不为比；举其偏，不为党。”“立其子，不为比”，意谓推举他自己的儿子，不算是

---

① 句子大意是：接连三年都出现了日食的现象。

② 蹥蹇，同“连蹇”，遭遇坎坷。

③ 姁姁，xǔxǔ，喜悦自得的样子。

④ 衅，三国吴韦昭注：“以香涂身曰衅。”

⑤ 句子的大意是：陈国派妇人把南宫万灌醉，然后用犀牛皮把他裹起来，等到了宋国，手足都露出来了。

偏袒。

“比+宾语”修饰或补充谓词性词语，经过重新分析，“比”转化为介词，主要有以下几种用法：

介绍比较的对象。例如《孟子·梁惠王上》：“及寡人之身，东败于齐，长子死焉；西丧地于秦七百里，南辱于楚。寡人耻之，愿比死者一洒之，如之何则可？”“愿比死者一洒之”，即希望为死去的人把深仇大恨都洗刷掉。《孟子·公孙丑下》：“且比化者无使土亲肤，于人心独无恔乎？”①《世说新语·文学》：“方响则金声，比德则玉亮。”②唐柳宗元《捕蛇者说》：“今虽死乎此，比吾乡邻之死，则后矣。”

五　同

同，音 tóng，在 56008 个现代汉语常用词中，位列第 99 位。

（一）在现代汉语中的常见用法

1. 介词。引进对象。例如：“小明，你过来，我有事同你商量。”“小明同他哥哥一样聪明。”

2. 动词。

（1）相同，一样。例如：“条件不同，结果肯定不一样。”“小明与小强同岁。”引申表达“与……相同”，例如：“同上”“同前”。

（2）共同。例如：“同甘共苦”“一同前往”。

3. 连词。表示联合关系。例如：“我同你都在第一小组。”

（二）产生与发展

《说文·冃③部》：“同，合会也。从冃从口。”甲骨文和金文上部象人抬物状，下从口会意，表示依口令协调行动，本义为共同行动，相同、等同，动词。例如《尚书·舜典》：“同律度量衡。”《左传·襄公二十九年》：“弃同即异，是谓离德。”《论语·述而》：“君取于吴为同姓。”《论语·卫灵公》：“子曰：‘道不同，不相为谋。’”《管子·大匡》：“四年，修兵，同甲十万，车五千乘。”尹知章注：“同甲，谓完坚齐等。”《孟子·滕文公上》：“夫物之不齐，物之情也。或相倍蓰，或相什百，或相

① 句子大意是：况且替死者着想，不使泥土挨着尸体，对亲人来说，难道不高兴吗？

② 句子大意是：比作声响就像悦耳的金声，比作情操就像宝玉一样发亮。

③ 冃，mǎo，《说文·冃部》：“重覆也。”《唐韵》《集韵》并武道切，毛上声。

千万；子比而同之，是乱天下也。巨屦小屦同贾，人岂为之哉？”宋司马光《功名论》：“然则人主有贤不能知，与无贤同；知而不能用，与不知同；用而不能信，与不用同。”引申为“与……相同”。例如《淮南子·俶真训》：“置猿槛中，则与豚同，非不巧捷也，无所肆其能也。”唐《唐律疏议》卷十四《户婚》“杂户官户与良人为婚”：“如与杂户、官户为婚，并同良人共官户等为婚之法，仍各正之。”“同良人共官户等为婚之法”，意即“与良民和官户通婚的法条同样处断”。唐元稹《五弦弹》诗：“一贤得进胜累百，两贤得进同周召。”

由相同义引申为偕同，共同义。例如《尚书·立政》：“惟羞刑暴德之人，同于厥邦；乃惟庶习逸德之人，同于厥政。”孔颖达疏：“惟进用刑罚与暴德之人同治其国，并为威虐；乃惟众习为过德之人，与之同共于其政，由其任同恶之人。”“同于厥邦”，即共同治理国家；“同于厥政”，即共同治理朝政。《左传·成公元年》：“是齐楚同我也。”晋杜预注：“同，共也。”《论语·宪问》：“公叔文子之臣大夫僎与文子同升诸公。”《孟子·梁惠王下》：“王如好货，与百姓同之，于王何有？”汉王充《论衡·书虚》：“舜之与尧，俱帝者也，共五千里之境，同四海之内。”

由偕同，共同引申出“齐聚”。例如《诗经·小雅·车攻》：“我车既攻，我马既同。”《诗经·小雅·吉日》：“兽之所同，麀鹿麌麌①。”郑玄笺：“同，犹聚也。”北周庾信《燕射歌辞·角调曲》：“泾渭同流，清浊异能。”

由偕同，共同引申出参与，过问。例如《孙子·谋攻》：“不知三军之事而同三军之政者，则军士惑矣。”“同三军之政”，即参与三军的军事指挥。

同，由共同、一起义，直接修饰动词性词语，演变为副词。例如《易经·睽》：“二女同居，其志不同行。”《孟子·梁惠王下》：“此无他，与民同乐也。今王与百姓同乐，则王矣。”《孟子·滕文公上》：“八家皆私百亩，同养公田。”《韩非子·扬权》：“亏靡有量，毋使民比周，同欺其上。”《淮南子·主术训》：“夫鸟兽之不可同群者，其类异也；虎鹿之不同游者，力不敌也。”《世说新语·德行》：“郗公值永嘉丧乱，在乡里，甚穷馁。乡人以公名德，传共饴之。公常携兄子迈及外生周翼二小儿往

① 麀，yōu，雌鹿。麌麌，yú，鹿众多的样子。

食……后并得存，同过江。”《儒林外史》第十七回：“（景兰江等）当下同出店来，分路而别。”

“同+宾语”，修饰或补充谓词性词语，经过重新分析，动词“同”演变为介词。例如《诗经·豳风·七月》：“同我妇子，馌彼南亩。”唐杜甫《绝句》之一：“梅熟许同朱老吃，松高拟对阮生论。”关汉卿《钱大尹智宠谢天香》楔子：“（柳云）大姐，你喜欢咱！钱大尹是我同堂故友，明日我同大姐到相公行分付着看觑你，我也去的放心。”《清平山堂话本·简贴和尚》：“即不曾有人来同小娘子吃酒。”《西游记》第六十一回：“是我家爷爷与昨日那雷公嘴汉子并一个长嘴大耳的和尚同火焰山土地等众厮杀哩！”

当“同”前后的名词为并列关系时，“同”就转化为连词，但是这种用法产生时代较晚，大约在元代以后，元戏剧剧本中的舞台说明性文字中就有很多这种表达方式，例如元关汉卿《钱大尹智宠谢天香》第一折：“正旦同众旦上。”关汉卿《山神庙裴度还带》第一折：“冲末王员外同旦儿、净家童上。”这类用法的“同”由介词转化为连词做好了结构形式上的准备。又如元关汉卿《山神庙裴度还带》第三折：“（夫人云）老身同小女告回也。”从意义表达上看，“老身同小女告回”，也可以说成“小女同老身告回”，因此例中的“同”就可以分析为连词了。又如元关汉卿《温太真玉镜台》：“老夫王府尹是也。今有温学士亲事一节，老夫奏过官里，特设一宴，叫做水墨宴，又叫做鸳鸯会，专请学士同夫人赴席。”《二十年目睹之怪现状》第六回：“我同你呢，又不知是甚么缘法，很要好的。”

第五章

汉语常用数量词源流

数量词是数词和量词的合称。数词是表示数目，分基数与序数两类。量词是表示计量单位的词，分名量词（表示人和事物的计算单位）和动量词（表示动作次数和发生的时间量）两类。本章主要介绍“一”“两”“三”“二”“四”“五”6个常用数词、“个”“次”“条”“位”“副”5个常用量词和“一些”“第一”等两个常用双音节数（量）词。

第一节 “一”“两”“三”“二”“四”“五”常见用法及其源流

一 一

一，音 yī，在56008个现代汉语常用词中，位列第4位。

（一）在现代汉语中的常见用法

1. 数词，数目字。基数字，例如：“每人一个”“一一得一”；序数字，例如：“一班留下，二班跟我上街执勤。”“小明初一学习不好，初二成绩跟上来了。”

2. 副词。

（1）另一，又一。例如：“番茄一名西红柿。”

（2）表示条件或因果关系，例如：“一失足成千古恨。”“小明一喝酒就脸红。”“大家一商量，问题解决了。”

3. 代词。每一。例如：“一人一辆车”“一星期值日一天。”

（二）产生与发展

一，早见于甲骨文（参见第五章第三节“第一”条）、金文、战国简帛等，均为一横画以表示数目字的“1”。一、壹，本不同字。壹，本义为“专壹”。壹，起于秦之小篆①。《说文·壶部》：“壹，专壹也。从壶吉声。”甲骨卜辞中的“壹”为“殪”之本字②。

一，为防伪诈而借作“壹”。商承祚《石刻篆文编字说》云：“秦并天下，防奸易，故以壹为一，后世相承。”③其实在秦统一六国之前的“商鞅方升”（公元前334年）中已有借壹为一的用例④。

一，表示基数，例如《尚书·文侯之命》：“彤弓一，彤矢百，卢弓一，卢矢百，马四匹。”《论语·公冶长》：“回也闻一以知十。”宋朱熹集注：“一，数之始也。”

基数用作序数，例如《尚书·洪范》：“五行：一曰水，二曰火，三曰木，四曰金，五曰土。”《尚书·武成》：“惟一月壬辰。”汉孔安国传：“一月，周之正月。”《左传·庄公十年》：“一鼓作气，再而衰，三而竭。”《逸周书·五权解》：“五权：一曰地，地以权民；二曰物，物以权官；三曰鄙，鄙以权庶；四曰刑，刑以权常；五曰食，食以权爵。”清顾炎武《日知录》卷二十三：“今人兄弟行次，称一为大。”

数词修饰名词，《尚书·皋陶谟》：“兢兢业业，一日二日万几。”⑤《诗经·魏风·汾沮洳》：“彼汾一方。”朱熹集传：“一方，彼一方也。”

表示每一个，衍化为代词，例如唐长孙无忌《唐律疏议》卷第四“名例”：“议曰：计功作庸，应得罪者，计一人一日为绢三尺。牛马驼骡驴车计庸，皆准此三尺，故云‘亦同’。”唐《通典》卷二《食货二》：“其赐田者，谓公田及诸横赐之田。魏令，职分公田，不问贵贱，一人一顷，以供刍秣。自宣武出猎以来，始以永赐，得听卖买。”明《三国演义》第二十七回：“一人一个火把。”

数词可以充当谓语，表示相同，一样。例如《尚书·大禹谟》：“惟

---

① 最早见于《秦二十六年陶斗》，即秦始皇二十六年所做的陶斗，1963年于山东省邹县纪王城出土。铭文为：“二十六年，皇帝尽并兼天下诸侯，黔首大安，立号为皇帝。乃诏垂丞相状、绾，法度量则不壹、歉疑者，皆明壹之。”

② 从饶宗颐说，见《古文字诂林》第八册，第847页。

③ 转引自《古文字诂林》第八册，第847页。

④ 商鞅方升铭文有“（秦孝公）十八年，齐（率）卿大夫众来聘，冬十二月乙酉大良造鞅爰积十六尊（寸）五分尊（寸）壹为升”等字样。

⑤ 句子大意是：勤勉小心，一天一天，事务众多，变化万端。

精惟一，允执厥中。”[①]《孟子·离娄下》：“先圣后圣，其揆一也。”[②]《庄子·逍遥游》：“能不龟手，一也。”[③]《史记·秦始皇本纪》：“器械一量。”唐张守节正义：“壹量者，同度量也。”引申出统一义，例如《韩非子·五蠹》：“法莫如一而固。”唐杜牧《阿房宫赋》：“六王毕，四海一。”

数词用于动词性词语前，表示动作的数量。例如《管子·幼官》：“一举而上下得终，再举而民无不从，三举而地辟散成。”《史记·廉颇蔺相如列传》：“于是秦王不怿，为一击瓴。”这种用法，经过重新分析转化为副词，表示另一，又一，例如《说文·艸部》：“蘘，蘘荷也，一名菖蒩。”《三国志·魏志·武帝纪》：“姓曹，讳操。”裴松之注引《曹瞒传》：“太祖一名吉利，小字阿瞒。”南朝梁元帝《金楼子·兴王》：“时许耳之子名曰由，字道开，一字武仲。”

一，由数的起点，引申表示动作行为刚一发生，就产生了某种结果，例如《吕氏春秋·用民》：“壹引其纲，万目皆张。”《史记 平原君列传》：“毛先生一至楚，而使赵重于九鼎大吕。”《后汉书·张俊列传》：“一见太守王朗徒从整饰，心嫌之，遂称病自绝。”

数词修饰动词，由“数之始”义引申为统括之词，数词的意谓减弱，副词的性质增强，意谓“都”“一概”。例如《诗经·邶风·北门》：“王事适我，政事一埤益我。”[④]《荀子·劝学》：“君子之学也，入乎耳，著乎心……一可以为法则。”注：“一，皆也。”表示条件，意谓“一旦”“一经”，例如《左传·成公二年》：“蔡许之君，一失其位，不得列于诸侯。”《史记·滑稽列传》：“此鸟不飞则已，一飞冲天；不鸣则已，一鸣惊人。”

二 两

两，音 liǎng，在56008个现代汉语常用词中，位列第26位。

---

① 句子大意是：精诚专一，言行不偏不倚。

② 句子大意是：前代的圣人和后代的圣人，他们的制度准则都一样。揆，尺度，准则。

③ 句子大意是：能够让手不皲裂，是同一个药方。

④ 埤益，增益，此处引申有“强加”义。句子大意是，王家差事推给我，官府的差事也都强加给我。

（一）在现代汉语中的常见用法

1. 数词。

（1）数目字。例如：“一个苹果再加一个苹果，一共是两个苹果。”

（2）虚指，表示数量不多，相当于“几”。例如：“过两天再说吧。”“小明，你过来，我跟你说两句话。”

2. 量词。重量单位，10 钱等于 1 两，10 两 1 斤。旧制 16 两等于 1 斤，故有“半斤八两”之说。

（二）产生与发展

两，《说文·㒳部》：“二十四铢为一两。”㒳，《说文·㒳部》：“再也。”段注：“再者，一举而二也。凡物有二，其字作㒳不作两。两者，二十四铢之称也。今字两行而㒳废矣。”于省吾认为，“㒳”是截取甲骨文、金文中“车（車）”字像车辕前部的双轭形部分，引申之，凡成双并列均可为“两”[①]（《释两》，载《古文字研究》第十辑）。许慎释义不确。两，金文中在“㒳”上加一横笔，只是装饰，并无实在意义。

数目字“㒳”，后写作两，《说文·㒳部》：“㒳，经典皆作两。”南朝梁顾野王《玉篇·㒳部》：“㒳，今作两。”《广韵·养韵》：“㒳，通作两。”凡数字为二者，皆可称两。例如《左传·闵公二年》：“成季之将生也，桓公使卜楚丘之父卜之，曰：‘男也，其名曰友，在公之右；间于两社，为公室辅。’”《论语·子罕》：“我叩其两端而竭焉。”朱熹集注：“两端，犹言两头。”《孟子·尽心下》：“城门之轨，两马之力与?”《史记·陈涉世家》：“陈胜佐之，并杀两尉。”《汉书·窦婴传》：“有如两宫奭将军。”颜师古注：“两宫，太后及帝也。”数词直接用在动词前，表示动作“两次”，例如《荀子·劝学》：“目不能两视而明，耳不能两听而聪。”由实向虚引申，虚指，表示数量不多，例如东汉王褒《僮约》：“日暮欲归，当送干薪两三束。”东汉《太平经》卷六十七《六罪十治诀》：“其中小贤，日举之于乡里，其中大愚人不偿报恩者，极十有两三耳，安能使人大贫哉?”南朝宋王微《报何偃书》：“家贫乏役，至于春秋令节，辄自将两三门生，入草采之。”贾思勰《齐民要术》卷三《种葵》：“地形狭长者，井必作一行；地形正方者，作两三行亦不嫌也。”宋《太平广记·报应二·杜通达》（出《法苑珠林》）：

---

① 参见董莲池《说文解字考正》，作家出版社 2004 年版，第 301 页。

“通达见僧经箱，谓意其中是丝绢，乃与妻共计，击僧杀之。僧未死，闻诵咒三两句，遂有一蝇飞入其鼻，久闷不出。”

自然界成双配对的为“两”，故而引申作量词。如用于鞋、袜等成对使用的衣物，犹言“双”。《诗经·齐风·南山》：“葛屦五两，冠緌双止。”唐孔颖达疏：“屦必两双相配，故以一两为一物。”唐戴叔伦《忆原上人》诗：“一两棕鞋八尺藤，广陵行遍又金陵。”元萨都剌《茅山道士》诗：“道人自有爱山癖，蜡屐平生几两穿。”清王士禛《池北偶谈·谈献五·癖》：“阮方吹火蜡屐，叹曰：‘未知此生当着几两屐！’”用于两股相交的物品。例如汉扬雄《法言·孝至》：“由其德，舜禹受天下不为泰；不由其德，五两之纶、半通之铜亦泰矣。”唐李轨注：“纶如青丝绳也。”用于帛、锦。每两四丈，犹匹。例如《礼记·杂记下》：“纳币一束，束五两，两五寻。”《左传·昭公二十六年》：“夏，齐侯将纳公，命无受鲁货，申丰从女贾，以币锦二两，缚一如瑱，适齐师。”杜预注：“二丈为一端，二端为一两，所谓匹也。”《左传·闵公二年》：“重锦三十两。”晋杜预注：“重锦，锦之熟细者。以二丈双行，故曰两。三十两，三十匹也。”《续资治通鉴·宋太宗雍熙三年》：“令图不虞其诈自以为终获大功，私遗休格重锦十两。”

两，也用作重量单位，取自两根黄钟之管的重量。《汉书·律历志上》：“二十四铢为两，十六两为斤。……两者，两黄钟律之重也。”唐颜师古注引汉李奇曰：“黄钟之管重十二铢，两十二得二十四也。”《淮南子·天文训》：“十二粟而当一分，十二分而当一铢，十二铢而当半两，衡有左右，因倍之，故二十四铢为一两。”

十进制中，十钱为两。唐武德四年（621），唐高祖李渊下令“废五铢钱，行‘开元通宝’钱”，积十文重一两。其“轻重大小，最为折衷，远近甚便之”。开元通宝钱的大小轻重成为唐以后历代铸币的基本标准，由此，以十钱为一两的衡量单位形成。

三 三

三，音 sān，在56008个现代汉语常用词中，位列第38位。

（一）在现代汉语中的常见用法

数词，数目字，基数，二加一所得。引申作多数，例如：“一而再，再而三。”“小明三番五次来央求跟我们一道去旅游。”

（二）产生与发展

三，《说文·三部》："数名。天地人之道也，从三数。"段注："陈焕曰：'数者，《易》数也。'三兼阴阳之数言，一下曰：'道立于一。'二下曰：'地之数。'王下曰：'三者，天地人也。'老子曰：'一生二，二生三，三生万物。'此释三之义。"三，本来就是一个数目字，殷商甲骨文、西周金文均积三横而成字，表示数目"三"，例如《左传·宣公二年》："臣侍君饮，过三爵，非礼也。""过三爵"即超过三杯。《庄子·齐物论》："二与一为三。"

道家认为，"三"可以生出万物，故而引申泛指"多数"，例如《左传·定公十三年》："三折肱知为良医。"《诗经·硕鼠》："三岁贯汝，莫我肯顾。"修饰限制动词，表示"多次"，例如《论语·公冶长》："季文子三思而后行。"《孟子·离娄下》："禹、稷当平世，三过其门而不入，孔子贤之。"《史记·屈原贾生列传》："一篇之中三致志焉。"

四　二

二，音 èr，在 56008 个现代汉语常用词中，位列第 88 位。

（一）在现代汉语中的常见用法

数词，数目字，一加一所得。"二"和"两"虽然都是数目字，但是二者还是有某些分别：（1）"十、百"前一般用"二"，"千、万、亿"前常用"两"；（2）度量词前常用"二"，但"米、吨、公里"等新兴的度量词前大都用"两"；（3）作单个数在一般量词前用"两"（除度量词外），但作多位数中的个位数，一律用"二"；（4）序数只能用"二"；（5）当作数字读，包括个数、分数等都用"二"。"两"也可以表示不定的数目，相当于"几"。例如：你再休息两天吧！

（二）产生与发展

二，《说文·二部》："地之数也。从耦一，会意。"二，甲骨文、金文和篆文都是两横，指明数目二。例如《左传·庄公十四年》："纳我而无二心者，吾皆许之。"《论语·公冶长》："赐也闻一以知二。"《韩非子·五蠹》："大父未死而有二十五孙。"

借以表示哲学概念，《易经·系辞》："因二以济民行。"三国吴虞翻注："谓乾与坤也。后世官书以贰为之，为防奸易。"《孟子·尽心下》："孟子曰：'尽信书，则不如无书。吾于《武成》，取二三策而已矣。仁人无敌于天下。以至仁伐至不仁，而何其血之流杵也？’”《史记·孙子吴起列传》：“孙子分为二队，以王之宠姬二人各为队长。”

基数可用作序数，例如《孙子·计》：“故经之以五事……一曰道，二曰天，三曰地，四曰将，五曰法。”《公羊传·桓公四年》：“诸侯曷为必田狩？一曰干豆，二曰宾客，三曰充君之庖。”《公羊传·成公元年》：“二月辛酉，葬我君宣公。”汉刘向《战国策书录序》：“上小尧、舜，下邈三王。二世愈甚，惠不下施，情不上达。”唐杜甫《石壕吏》：“一男附书至，二男新战死。”

五 四

四，音 sì，在56008个现代汉语常用词中，位列第100位。

（一）在现代汉语中的常见用法

数词，表示数目“4”，例如：“二二得四。”数词限制名词，例如“你们四人一组。”组成数量结构，例如：“这四所学校现在全部放暑假了。”

（二）产生与发展

四，《说文·四部》：“阴数也。象四分之形。”四，甲骨文、金文[①]画四个横道，表示数目四。

四，本义就表数目字，《玉篇》：“四，数也，次三也。”例如《尚书·尧典》：“光被四表，格（至）于上下。”《左传·隐公五年》：“九月，考[②]仲子之宫，将《万》[③]焉。公问羽数于众仲，对曰：‘天子用八，诸侯用六，大夫四，士二。夫舞，所以节八音而行八风，故自八以下。’”《论语·子产》：“子谓子产：‘有君子之道四焉：其行己也恭，其事上也敬，其养民也惠，其使民也义。’”《史记·高祖本纪》引刘邦《大风歌》“大风起兮云飞扬，威加海内兮归故乡，安得猛士兮守四方！”借用作哲学概念，例如《易经·系辞上》：“两仪生四象，四象生八卦。”

---

① 金文别体“四”，像口上有鼻孔形，本为喘息之“息”，是呬的本字，借用来表示数目“三”。呬，音 xì，《说文·口部》：“东夷谓息为呬。”

② 考，建筑落成祭礼。杜预注：“成仲子之宫，安其主而祭之。”

③ 万，舞蹈名。《诗经·邶风·简兮》：“简兮，简兮，方将万舞。”毛亨传：“以干、羽为万舞，用之宗庙山川。”

基数充当序数，表第四。例如《尚书·洪范》：“五行：一曰水，二曰火，三曰木，四曰金，五曰土。”《左传·隐公元年》：“夏，四月，费伯帅师城郎。不书，非公命也。”

六　五

五，音 wǔ，在 56008 个现代汉语常用词中，位列第 135 位。

（一）在现代汉语中的常见用法

数词，数目字，四加一所得。组成数量结构，例如“五元钱”“五斤肉”。数词直接用于名词前，这是古汉语的孑遗，例如：“五人小组”。

（二）产生与发展

五，《说文·五部》：“五行也。从二，阴阳在天地间交午也。”徐铉曰：“二，天地也。”

五，甲骨文与小篆字形同，上下两横，中间两线相交呈“X”形，本义为“交午”，即“十”字形，意谓正中午。假借为数目字名称，例如《尚书·舜典》：“（天子）五载一巡守，群后四朝。”《左传·僖公十六年》：“春，王正月戊申朔，陨石于宋五。”《左传·襄公二十五年》：“五人以其私卒先击吴师。”《论语·为政》：“子曰：‘吾十有五而志于学，三十而立，四十而不惑，五十而知天命，六十而耳顺，七十而从心所欲、不踰矩。’”数词量词结合，组成数量结构，例如《论语·雍也》：“子华使于齐，冉子为其母请粟。……冉子与之粟五秉。”《左传·昭公二十六》：“能货子犹[①]，为高氏后，粟五千庾[②]。”庾，量词。

第二节　“个”“次”“条”“位”“副”常见用法及其源流

一　个

个，音 gè，量词，在 56008 个现代汉语常用词中，位列第 8 位。

---

① 能货子犹，能收买子犹。货，动词，收买。子犹，即梁丘据（字子犹），齐国大夫，齐景公的大臣。

② 庾，杜预注：“十六斗。”

（一）在现代汉语中的常见用法

个，通用个体量词，用于没有专用量词的名词前，例如："五个苹果""一个远大理想"。也可以用于某些专用量词的事物，例如"一所学校→一个学校""一家工厂→一个工厂"。

动宾结构中，"个"前的"一"可以省略，表达轻快，语义随便，例如："画个画→画一个画""洗个澡→洗一个澡""喝个茶→喝一个茶"（充当宾语）。动补结构间，也可以插入"一个"充当补语，"个"前的"一"可以省略，比较：

看仔细→看一个仔细→看个仔细
问明白→问一个明白→问个明白
玩痛快→玩一个痛快→玩个痛快
洗干净→洗一个干干净净→洗个干净

动补结构间的"个"有人认为是助词，但是从来源上看，它仍然是由量词衍化而来[①]。

（二）产生与发展

量词"个"来源于金文"个"（象矢镞之形[②]，即矢镞），"一矢为一个"。《仪礼·大射仪》："司射犹袒，决，遂左执弓，右执一个，兼诸弦，面镞。"《仪礼·大射仪》："司射入于次，搢三而挟一个。"郑玄注："个，犹枚也。"诸例"个"所表名词的量均与"矢镞"有关。汉语早期量词发展的一个重要特点是，量词的本义与所表示的对象有密切的内在联系，如以口称人，以蹄称马等[③]。

箇，起于战国晚期，清翟灏《通俗编》卷九："个属古字，经典皆用之；箇起六国时，個则用于汉末，郑康成犹谓俗言。唐人习用箇字。今或反疑个为省笔，非也。"箇常用作计量竹子的量词。郑玄《礼经》注："数木曰枚，曰挺，数竹曰箇。"

① 参见张谊生《从量词到助词——量词"个"语法化过程的个案分析》，《当代语言学》2003年第3期。

② 吴其昌：《金文名象疏证》，参见《古文字诂林》第四册，上海教育出版社2004年版，第672—673页。

③ 游汝杰：《方言接触论稿》，复旦大学出版社2016年版，第4页。

個，本义为“偏”，《玉篇·人部》：“個，加贺切，偏也。俗呼为个。”六朝初时，开始作量词“个”的异体，例如《仪礼·士虞礼》：“举鱼腊俎，俎释三个。”郑注：“个犹枚也。今俗或命枚曰個，音相近。”贾疏：“经中个，人下竖牵，俗语名枚曰個者，人傍着固，字虽不同，音声相近，同是一个之义。”唐时，“個”成为“个”的常用字。《集韵》去声三十八：“箇、个、介，居贺切，《说文》‘竹枚也。’或作个、介，通作‘個’。”

个，通行本《说文》未收。《说文·竹部》：“箇，竹枚也。从竹，固声。”戴侗《六书故》引唐文《说文》曰：“箇，竹枝也，今或作‘个’，半竹也。”段注、《集韵》均从唐本《说文》。然清王引之《经义述闻》、王筠《说文释例》详辨戴、段之误，认为唐本《说文》不可信。王引之认为“个”是“介”的省写，《经义述闻·通说上》云：“‘个’即‘介’字隶书之省，非两字也。”洪诚先生也认为“个”源于“介”，他说：“介字古义为偏，为部分，为段，为单独。它开始是以形容词的意义专跟‘一’连用。”“‘个’成为量词，和‘箇’意义相近而通用，于是它们以双声同转入歌部。”[①]古文献确有借“介”为“个”的例证，例如《尚书·秦誓》“如有一介臣”，《大学》引作“若有一个臣”；《左传·襄公八年》：“亦不使一介行李，告于寡君。”杜预注，“一介，独使也。行李，行人也。”“一介”，即一个，但是“字形相近而通与语源演变绝不能等同”[②]，因为“介”为形容词，表示“微小”“细小”义，而量词均是由表示具体事物、动作或数量引申而来，也就是说量词是由名词、动词或数词衍化而来，以此推之，形容词的“介”不可能引申用作量词。

“个”当由名词（矢镞义）引申作量词。战国时，为了突出其“一枚竹”义，篆文另造一个从竹固声的“箇”字（形声字）。由于使用范围扩大，多用于表示人的“量”[③]，故又另造了从亻、固声的“個”字（形声

① 洪诚：《略论量词“个”的语源及其在唐以前的发展情况》，原载《南京大学学报》1963年第2期，详见《洪诚文集·雒诵庐文集》，江苏古籍出版社2000年版，第139—149页。

② 游汝杰：《方言接触论稿》，复旦大学出版社2016年版，第2页。

③ 吕叔湘曾说：“個字的主要用途在于称人。”“指人的名词前头除较尊敬时用位外，普通都用個字。”参见《個字的应用范围，附论单位词前一字的脱落》，载《金陵、齐鲁、华西大学中国文化汇刊》第四卷，1944年，又见吕叔湘《汉语语法论文集》（增订本），商务印书馆2002年版，第145页。

字）。如今简化仍用“个”。下文无特别说明，均写作“个”。

个，用作通用量词，是很早的事情，春秋时已见用例，例如《左传·昭公三年》：“二惠竞爽[①]，犹可，又弱[②]一个焉，姜其危哉。”例中“个”是表示人的量词。《荀子·议兵》：“衣三属之甲，操十二石之弩，负服五十个，置戈其上，冠胄带剑，赢三日之粮，日中而趋百里。”“负服五十个”，即盛箭器五十个。“个”是表示盛箭器的量词。《周礼·考工记·匠人》：“庙门容大扃[③]七个，闱门容小扃参个，路门不容乘车五个，应门二彻三个。”郑玄注：“大扃，牛鼎之扃，长三尺，每扃为一个，七个二丈一尺。”例中“个”用于“大扃”“小扃”“乘车”“彻”的计量单位，具有通用量词的属性。又如《国语·齐语》：“鹿皮四个”，韦昭注：“个，枚也。”“个”用来表示鹿皮，也是通用量词。但是总体来说，先秦量词使用较少，“个”的使用频率也较低，可以看作是通用量词的雏形，又如《仪礼·特牲馈食礼》：“佐食盛肵俎。俎释三个。”郑玄注：“个，犹枚也。今俗言物数，有云若干者，此读然。”秦汉以降，量词“个”的使用逐渐多起来，例如《史记·货殖传》：“木千章，竹竿万个。”张守节正义引《释名》云：“竹曰个，木曰枚。”《汉书·刑法志》：“负矢五十个。”《齐民要术·杂说》：“如一具牛，两个月秋耕，计得小亩三顷。”唐王梵志诗：“傍看数个大憨痴，造舍拟作万年期。人人百岁乃有一，纵令长命七十稀。”宋本《太平广记》卷四百七十三《昆虫一·施子然》（出《续异记》）：“会稽施子然……子然问其姓名，即答曰：‘仆姓卢，名钩，家在粽溪边，临水。’复经半旬中，其作人掘田塍西沟边蚁垤，忽见大坎，满中蝼蛄，将近斗许。而有数头极壮，一个弥大。子然至是始悟曰：‘近日客称卢钩，反音则蝼蛄也，家在粽溪，即西坎也。’”皆是其例。“一个”之“一”可以省略，例如李白《江夏行》诗：“东家西舍同时发，北去南来不逾月。未知行李游何方，作个音书能断绝。”李煜《蝶恋花·遥夜亭皋闲信步》：“一片芳心千万绪，人间没个安排处。”关汉卿《关张双赴西蜀梦》第二折：“这场勾当，不由我索向君王行酝酿个谎。”又《闺怨佳人拜月亭》楔子：“虽是这战伐，负着个天摧地塌，

① 二惠竞爽，杜预注：“子雅、子尾皆齐惠公之孙也。竞，强也。爽，明也。”后因以“二惠竞爽”为对人兄弟的称颂之辞。二惠，即指公孙灶和公孙虿，两人都是齐惠公之孙。

② 弱，用作动词，意谓“死”。

③ 扃，鼎扃。以木贯鼎，所以闭鼎者。

是必想着俺子母每早来家。”

量词“个”也可重叠，例如唐寒山子诗：“我见百十狗，个个毛狰狞。”杜甫《屏迹三首》之一：“用拙存吾道，幽居近物情。桑麻深雨露，燕雀半生成。村鼓时时急，渔舟个个轻。杖藜从白首，心迹喜双清。”贯休《乐府杂曲·战城南二首》之一：“邯郸少年辈，个个有伎俩。拖枪半夜去，雪片大如掌。”明冯梦龙《警世通言·杜十娘怒沉百宝箱》：“人人如此，个个皆然，并没有个慷慨丈夫，肯统口许他一十、二十两。”

唐代以前，“个”后跟名词，例如敦煌变文《叶净能诗》：“净能承其帝命，抽身便起，只对殿西角头一个剑南蛮画瓮子，可授石已来，净能移心作法。”敦煌变文《汉将王陵变》：“凡人斫营，捉得个知更官健，斩为三段，唤作厌兵之法。”宋以后可以前带疑问代词，例如《景德传灯录》卷第十九《青原行思禅师法嗣》：“汝且唤那个为佛，那个为祖，且说个超佛越祖底道理。”“个”后能带“什么+中心语”，例如《景德传灯录》卷第八《潭州龙山和尚》：“洞山又问和尚：‘见个什么道理便住此山？’”此结构中，“什么”后的中心词可以脱落，例如《景德传灯录》卷第七《明州大梅山法常禅师》：“大寂闻师住山，乃令一僧到问云：‘和尚见马师得个什么便住此山？’”例中“什么”后可以补上“道理”等名词，但是有时“什么”之后无法补充中心词，如《景德传灯录》卷第十一《筠州末山尼了然》：“闲乃喝云：‘何不变去！’然云：‘不是神不是鬼变个什么？’”如此发展，则“什么”之后可以带补语，例如宋《五灯会元》卷四《长沙景岑禅师》：“师云：‘长长出不得。’又云：‘成佛成祖出不得，六道轮回出不得。’僧云：‘未审出个什么不得？’”后世承之，“个”用于动补结构中，例如《儿女英雄传》第四回：“商量了一个停妥严密。”

二　次

次，音 cì，在 56008 个现代汉语常用词中，位列第 57 位。

（一）在现代汉语中的常见用法

1. 量词。

（1）动量，用于重复的动作。例如：“北京我去过两次。”“这篇文章至少修改三次。”

（2）名量，用于可以重复的事物。例如：“一次机会”“两次会议”。

2. 形容词。质量较差，例如："表演太次了，没有水平啊。""小明在班上的排名仅次于小强。"

（二）产生与发展

次，《说文·欠部》："不前不精也。从欠二声。"段注："不前不精，皆居次之意也。"王筠注："不前者，逗留不进也。《左传》：'凡师一宿为舍，再宿为信，过信为次。'精者，择也。不择则粗，是次也。"

次，本义为军队临时驻扎，例如《周易·师》："师左次。无咎。"唐孔颖达疏："师在高险之左以次止，则无凶咎也。"《左传·僖公四年》："师退，次于召陵。"晋孙楚《为石仲容与孙皓书》："师次辽阳，而城池不守。"

军队驻扎，必然有序进行，故引申出依次。例如《尚书·洪范》："初一曰五行，次二曰敬用五事，次三曰农用八政。"《史记·陈涉世家》："陈胜、吴广皆次当行。"《齐民要术》卷九《素食·瓜瓠法》："先布菜于铜铛底，次肉〔无肉以苏油代之〕，次瓜，次瓠，次葱白、盐、豉、椒末，如是次第重布，向满为限。"敦煌写卷《八相押座文》："先开有教益群情，次说空宗令悟解，后向灵山谈妙法，益今利后不思议。"《资治通鉴·赤壁之战》："余船以次俱进。"引申作次序。例如《荀子·王制》："贤能不待次而举[①]。"汉贾谊《新书·六术》："六亲有次，不可相逾。"韩愈《新竹》诗："笋添南阶竹，日日成清閟。缥节已储霜，黄苞犹掩翠。出栏抽五六，当户罗三四。……纵横乍依行，烂熳忽无次。""无次"，即无序。引申意谓第二，如《周礼·夏官·司马》："大国三军，次国二军，小国一军。"《左传·昭公二十年》："郑子产有疾，谓子大叔曰：'我死，子必为政。唯有德者能以宽服民，其次莫如猛。夫火烈，民望而畏之，故鲜死焉；水懦弱，民狎而玩之，则多死焉，故宽难。'"《孟子·告子下》："孟子曰：'所就三，所去三。迎之致敬以有礼，言将行其言也，则就之；礼貌未衰，言弗行也，则去之。其次，虽未行其言也，迎之致敬以有礼，则就之；礼貌衰，则去之。其下，朝不食，夕不食，饥饿不能出门户；君闻之，曰：'吾大者不能行其道，又不能从其言也，使饥饿于我土地，吾耻之。'"《世说新语·方正》："诸葛恢大女儿适太尉庾亮儿，次女适徐州刺史羊忱儿。"

次序在后的，表示等级较差，例如《论语·季氏》："生而知之者上也，学而知之者次也，困而学之，又其次也。"《孙子·谋攻》："凡用兵

---

① 举，提拔。

之法，全国为上，破国次之。全军为上，破军次之；全旅为上，破旅次之；全卒为上，破卒次之；全伍为上，破伍次之。”唐卢纶《送邓州崔长史》诗：“出山车骑次诸侯，坐领图书见督邮。”由此引申衍化为形容词，例如晋陈寿《三国志·魏志·牵招传》：“（牵）招在郡十二年，威风远振。其治边之称，次于田豫，百姓追思之。”“次于田豫”，即比田豫（的声誉）要差一点儿。又《三国志·魏志·刘琮传》：“太祖军到襄阳，琮举州降。备走奔夏口。”裴松之注引《傅子》曰：“（傅）巽字公悌，瑰伟博达，有知人鉴。……巽在荆州，目庞统为半英雄，证裴潜终以清行显。统遂附刘备，见待次于诸葛亮，潜位至尚书令，并有名德。”“见待次于诸葛亮”，即礼遇仅比诸葛亮差一点。又如唐《唐国史补》卷下：“今之博戏，有长行最盛。……有通宵而战者，有破产而输者，其工者近有浑镐、崔师本首出。围棋次于长行，其工者近有韦延祐、杨芃首出。”《朱子语类·礼一·论修礼书》：“客将次于太守，其权甚重，一州之兵皆其将之，凡教阅出入皆主其事。当时既是大户做，亦自爱惜家产，上下相体悉。若做得好底，且教他做。更次一等户，便为公人，各管逐项职事。更次一等户为吏人，掌文书简牍。极下户为胥徒，是今弓手节级奔走之属。”明《醒世恒言·李玉英狱中讼冤》：“到得十月满足，生下一个儿子，乳名亚奴。你道为何叫这般名字？元来民间有个俗套，恐怕小儿家养不大，常把贱物为名，取其易长的意思。因此每每有牛儿、狗儿之名。那焦氏也恐难养，又不好叫恁般名色，故只唤做亚奴，以为比奴仆尚次一等，即如牛儿、狗儿之意。”

古汉语中，数词直接修饰限制动词，当“数词+次”充当中心语的修饰成分或补充成分的时候，“次”的量词性质就充分显现出来了，例如《逸周书·周月》：“日月俱起于牵牛之初，右回而行，月周天进一次而与日合宿。日行月一次而周天历舍于十有二辰。终则复始，是谓日月权舆。”唐张籍《祭退之》：“三次论诤退，其志亦刚强。”宋秦观《醉蓬莱·见扬州独有》：“见扬州独有，天下无双，号为琼树。占断天风，岁花开两次。九朵一苞，攒成环玉，心似珠玑缀。”关汉卿《钱大尹智宠谢天香》第一折：“今子告别，我则道有甚么嘉言善行，略无一语；止为一匪妓，往复数次，虽鄙夫有所耻，况衣冠之士，岂不愧颜？”由动量引申修饰限制名词，表示名量，例如宋元话本《碾玉观音》：“那汉从来伏侍郡王，身上也有十数次官了，盖缘是粗人，只教他做排军。”明《三国演义》第八十六回："须臾风起，雾散云收，望见江南一带皆是连城：城楼上枪刀耀日，遍城尽插旌旗号带。顷刻数次人来报：'南徐沿江一带，直至石头城，一连数百里，城郭舟车……'"明《西游记》第六十九回："荤有猪羊鸡鹅鱼鸭般般肉，素有蔬肴笋芽木耳并蘑菇。几样香汤饼，数次透酥糖。滑软黄粱饭，清新菇米糊。色色粉汤香又辣，般般添换美还甜。"末一例中，数量短语"几样"修饰名词"香汤饼"，与数量短语"数次"相对为文，也是修饰名词"透酥糖"。

三　条

条，音 tiáo，在 56008 个现代汉语常用词中，位列第 89 位。

（一）在现代汉语中的常见用法

1. 量词。

用于细长的物体。例如："三条黄瓜""猪有四条腿"。引申指固定数目的条状物，例如："一条香烟"。引申用于人，例如："一条人命""咱们要一条心"。词义虚化，引申用于分项陈述的事物。例如："一条新闻""五条规则"。

2. 名词。细长的树枝。例如："荆藤条子""柳树条儿"。引申谓细长的物体，例如："面条儿""布条儿"。

（二）产生与发展

条，《说文·木部》："小枝也。从木攸声。"段注："毛传曰：'枝曰条'，浑言之也。条为枝之小者，析言之也。"条，本义为树木的细小枝条，名词，例如《诗经·国风·周南·汝坟》："遵彼汝坟，伐其条枚。"毛传："枝曰条，干曰枚。"王充《论衡·是应》："风不鸣条，雨不破块。"《古诗十九首》之九："攀条折其荣，将以遗所思。"《世说新语·言语》："桓公北征，经金城，见前为琅邪时种柳，皆已十围，慨然曰：'木犹如此，人何以堪！'攀枝执条，泫然流泪。"李白《折杨柳》诗："攀条折春色，远寄龙庭前。"名词用作动词，修剪枝条。例如《诗经·豳风·七月》："蚕月条桑。"条，动词，条桑，即连枝带叶采摘桑叶。

条，由泛称枝条引申为专称，一种树木名，即楸树。《诗经·秦风·终南》："终南何有？有条有梅。"毛传："条，槄①。"孔颖达疏引郭璞

① 槄，tāo，类似楸的一种树。

云：“今之山楸也。”

树木的枝条是条形状，故而引申泛指长条形物体。例如北周庾信《七夕赋》：“缕条紧而贯矩，针鼻细而穿中。”徐珂《清稗类钞，艺术类》：“操笔纵横，虽长条巨幅，俄顷之间，淋漓殆遍。”

树枝是一一分明而有层次的，故又引申指分成的项目，条款。例如《战国策·秦策一》：“科条既备，民多伪态。”《汉书·元帝纪》：“条奏毋有所讳。”《汉书·刘向传》：“比类相从，各有条目。”《汉书·黄霸传》：“臣问上计长吏守丞以兴化条。”颜师古注：“凡言条者，一一而疏举之，若木条然也。”曹操《陈损益表》：“谨条遵奉旧训、权时之宜十四事。”《后汉书·章帝纪》：“及吏人条书相告。”唐李贤注：“条，事条也。”白居易《与元微之书》：“其馀事况，条写于后。”“条”，名词作状语。“条写于后”，即逐条写在后面。

名词受数词限制，转化为量词，例如《汉书·刑法志》：“大辟四百九条，千八百八十二事。”“四百九条”，即死刑有四百零九条法律。又如西汉王褒《日出东南隅行》：“卖酒七条衢。”东汉繁钦《定情诗》：“纨素三条裙。”南朝齐谢朓《咏兔丝》诗：“轻丝既难理，细缕竟无织。烂熳已万条，连绵复一色。”《魏书·神元平文诸帝子孙传》：“时有诸疑事三百馀条。”《世说新语·品藻》：“何次道为宰相，人有讥其信任不得其人。阮思旷慨然曰：‘次道自不至此。但布衣超居宰相之位，可恨唯此一条而已。’”“可恨唯此一条而已”，意即遗憾的也就这一项罢了。

条款依次排列，故又引申为秩序、条理。例如《尚书·盘庚上》：“若网在纲，有条而不紊。”《庄子外篇·至乐》：“名止于实，义设于适，是之谓条达而福持。”[①]《世说新语·言语》：“江左地促，不如中国。若使阡陌条畅，则一览而尽，故纡余委曲，若不可测。”

四　位

位，音 wèi，在 56008 个现代汉语常用词中，位列第 90 位。

(一) 在现代汉语中的常见用法

1. 量词。

(1) 用于人。例如：“诸位好!”“家里来了几位客人。”

---

① 句子大意是：名义要与实际相符，义理讲求适宜，这就叫作条理畅达而保持福分。

（2）表示按次序排列的数字。例如：“小明刚学会两位数的加减法。”“百位上是零。”

2. 名词。所在或所占的地方。例如：“各就各位，马上行动。”“电影院空位不少。”

（二）产生与发展

位，《说文·人部》：“列中庭之左右谓之位。从人立。”段注：“《释宫》曰：‘中庭之左右谓之位。’郭云：‘群臣之列位也。’《周语》注亦曰：‘中廷之左右曰位。’按：中廷犹言廷中。古者朝不屋，无堂阶，故谓之朝廷。朝士掌外朝之位：九棘，孤卿大夫位焉；右九棘，公侯伯子男位焉；面三槐，三公位焉。司士掌治朝之位：王南向；三公北面东上；孤东面北上；卿大夫西面北上；王族故虎士，在路门之右，南面东上；大仆大右大仆从者，在路门之左，南面西上。虽有北面南面之臣，皆以左右约举之。《左传》云：‘有位于朝’，是也。引伸之凡人所处皆曰位。……按《小宗伯》：‘掌神位’，故《书》位作立。古文《春秋》‘公即位’为‘公即立’，古者立、位同字。”

位，在甲骨文和金文中，是一人站在地上形，即“立”字，表示站立，也表示站立的处所。篆文另加义符“亻”，以分化字义，专用以表示人站立的位置。位，本义是廷中之位次。上古公卿朝拜议事，各有其位。例如《尚书·顾命》：“卿士邦君麻冕蚁裳[①]，入即位。”“入即位”，意谓各就其位也。《国语·周语上》：“大夫、士日恪位著以儆其官。”韦昭注：“中庭之左右曰位，门庭之间曰著也。”《孟子·离娄下》：“礼，朝廷不历位而相与言，不逾阶而相揖也。”宋朱熹集注：“历，更涉也；位，他人之位也。”《礼记·坊记》：“故贵贱有等，衣服有别，朝廷有位，则民有所让。”引申出“位置”义，例如《左传·成公二年》：“逄丑父与公易位。”“易位”，即交换位置。《左传·成公十七年》：“以戈杀驹伯、苦成叔于其位。”意思是，用戈杀驹伯和苦成叔于他们的座位上。

位置所在，即以方位为参照，引申为“方位”，例如《周礼·天官·冢宰》：“惟王建国，辨方正位。”唐韩愈《贺庆云表》：“西北方者，京师所在。士为国家之德，祥见京师之位，既征于古，又验于今。”

朝廷位次，代表的是地位高低，引申出职位，官位，名分。例如

① 卿士，朝廷的官员。邦君，诸侯国君。麻冕，麻制礼帽。蚁裳，礼服，色黑如蚁。

《论语·泰伯》："不在其位，不谋其政。"《论语·卫灵公》："臧文仲其窃位者与？知柳下惠之贤而不与立也。"《战国策·赵策四》："位尊而无功，奉（俸）厚而无劳。"《史记·廉颇蔺相如列传》："拜为上卿，位在廉颇之上。"《资治通鉴·赤壁之战》："品其名位，犹不失下曹从事。"宋陆游《病起书怀》诗："位卑未敢忘忧国，事定犹须待阖棺。"《水浒传》第十六回："晁盖只得坐了第一位。"

位次中，王位最大，有时专指君王之位。例如《尚书·尧典》："朕在位七十载。"《左传·桓公元年》："春王正月，公即位。"杜甫《哀王孙》："窃[①]闻天子已传位。"

公卿各有其位，故引申出称人的敬词，如"诸位""众位""各位"等。诸位，始见于东汉佛经[②]，如《佛说四十二章经》第二章："心不系道，亦不结业，无念无作，非修非证。不历诸位，而自崇最，名之为道。""诸位"，即一切位置，阶段，佛教《华严经》中将菩萨修学阶梯分为七个阶段：十信、十住、十行、十回向、十地、等觉、妙觉。作为人称代词，是稍后的六朝佛经中才出现，例如六朝《北凉译经·大悲莲花经》："敬请读诵受持本经诸位贤者，若有疑难不明处，可以两种译本对照参阅，悉令明晰。"例中"诸位"，即在座的各位。又如唐佛经《首楞严经》："得须陀洹果、斯陀含果、阿那含果，阿罗汉道、辟支佛乘、十地地前诸位菩萨。"俗文学中到宋朝才见，例如北宋小说《宋朝事实》："吾有捷疾一百万，诸位灵官万垓人。""众位"最早见于宋王义山《乐语·对厅致语》："众位判府郎卿，金石春鸣，琳琅映照。"又如明《水浒传》第十九回："弟有片言，不知众位肯依我么？""各位"最早见于清代口语《老乞大新释》："各位请家里坐。"

位，用来表达多位数中每个数字所占的位置。例如宋欧阳修等《新唐书·历志六下》："令自相乘，进二位，以消息法除为分，副之。"[③]

数词直接修饰限制名词，例如《管子·地员》："沃土之次曰五位。五位之物，五色杂英。"《三国志·魏志·管辂传》裴松之注引《辂别传》："夫乾坤者天地之象，然天地至大，为神明君父，覆载万物，生长无首，何以安处二位与六卦同列？""二位"，代替君父。梁沈约《宋书·

① 窃，私下。

② 参见陈翠珠《汉语人称代词考论》，光明日报出版社2013年版，第152、157、158页。

③ 句子大意是：取所得之数的平方，再进二位，用消息法除为分数，副置一旁。

志期》："诏曰：'社实一神，而相袭二位，众议不同，何必改作，其使仍旧，一如魏制。'"当"数词+位"直接说明或修饰限制名词时，"位"由名词转化为量词。例如宋范仲淹《与韩魏公书》："州署中有凉厅一位，可以待他。""凉厅一位"，即凉厅一间。宋吴自牧《梦粱录》卷八"大内"："遇有宣唤收买，即时供进。如府宅贵家，欲会宾朋数十位，品件不下一二十件，随索随应，指挥办集，片时俱备，不缺一味。"元话本《快嘴李翠莲记》："二位大人慢慢吃，休得坏了你们牙。"

五 副

副，音 fù，在56008个现代汉语常用词中，位列第122位。

（一）在现代汉语中的常见用法

1. 量词。用于成套的东西。例如："一副手套""一副象棋""全副武装。"引申指面部表情，例如："一副笑脸""一副假惺惺的面孔"。

2. 非谓形容词，即只充当定语，不能充当谓语的形容词。表示第二位的，附带的，辅助的意思，例如："副班长""副食品""副作用"。

3. 动词。符合，例如："名不副实""名实相副"。

4. 名词。副手。例如"班副"，即副班长。

（二）产生与发展

副，《说文·刀部》："判也。从刀畐声。"唐颜师古《匡谬正俗》："副，本音普力反①，义训剖劈。"本义是剖开，劈开。《玉篇·刀部》："副，破也。"《广韵·屋韵》："副。剖也。"例如《礼记·曲礼上》："为天子削瓜者副之。"郑玄注"副，析②也""副之"，即把瓜劈开。引申为裂开。例如《诗经·大雅·生民》："不坼不副，无菑无害。"孔颖达疏："坼、副，皆裂也。"《吕氏春秋·行论》："（鲧）怒于尧曰：'得天之道者为帝，得地之道者为三公。今我得地之道，而不以我为三公。'以尧为失论，欲得三公。怒甚猛兽，欲以为乱。……舜於是殛之③於羽山，副之以吴刀。""副之以吴刀"，即用吴刀把鲧（的尸体）劈开。

将一个物体劈开后，分为两个部分；将这两个部分合起来，又成为一个整体，故引申为符合、相称。例如西汉《淮南子·缪称训》："是故禄

---

① 普力反，即音 pì，义同"劈"，字一作"副"。

② 析，分开。

③ 殛，jí，杀死。

过其功者损，名过其实者蔽，情行合而名副之，祸福不虚至矣。”《淮南子·天文训》：“律之数六，分为雌雄，故曰十二钟，以副十二月。”汉桓宽《盐铁论·利议》：“情貌不相副。”《后汉书·黄琼列传》：“盛名之下，其实难副。”引申表示相配、匹配义，例如南朝梁陶弘景《授陆敬游十赍文》：“尔期诚玄契，遐想灵风，至怀所诣，因心则通，今故赍尔香炉一枚，熏陆①副之，可以腾烟紫阁，昭感上司。”又：“今故赍尔大砚一面，纸笔副之，可以临文写字，对真授言。”“熏陆副之”，即谓送熏陆相配。“纸笔副之”，即谓送纸笔相配。引申表示相配合的物体为“副”，演化为名词，例如《战国策·燕策》：“乃令秦武阳为副。”副，即为副官。《史记·太史公自序》：“藏之名山，副在京师。”副，即表副本。晋袁宏《后汉纪·顺帝纪》：“太子，国之储副。”储副，即国之副君。又如南朝宋丘仲起《皇太子冕服议》：“伏寻古之上公，尚得服兖以朝，皇太子以储副之尊，率土瞻仰，愚谓宜式遵盛典，服兖冕九旒以朝贺。”引申专指舰船上的副手，例如清《二十年目睹之怪现状》第七十八回载南洋水师管带蒙骗两江总督：“这位管带自己虽不懂驾驶，那大副、二副等却是不能不懂的。他得了信，知道制台要来考察，他便出了一个好主意，预先约了大副，等制台叫他把舵时，那大副便扮了那个兵，站在船头上：舵房是正对船头的，应该向左扳舵时，那大副便走向左边；应该向右扳舵时，那大副便向右边走；暂时不用扳动时，那大副就站定在当中。”《清史稿》卷一百三十六《兵志七·海军》：“其员弁之目：曰管带，曰帮带大副，曰鱼雷大副，曰驾驶二副，曰枪砲二副，曰船械三副，曰舢板三副，曰正砲弁，曰水手总头目，口副砲弁，曰巡查……”

整体分开叫“副”，分开的部分又可以组成整体，故而由此引申器物一套（整体）为一副，由名词演变为量词。例如三国魏曹植《冬至献袜颂表》：“拜表奉贺，并献纹履七量，袜若干副。”《世说新语·方正》刘孝标注引《孔氏志怪》：“复致衣一袭、被褥一副。”北宋王溥《唐会要》卷十七：“南郊太庙祭器，令所司造两副供用。”人的面孔也是一个整体，故而用来表示面相，例如清吴敬梓《儒林外史》第四十一回：“跟着一个汉子，酒糟的一副面孔，一顶破毡帽坎坎②齐眉毛，挑过一担行李来。”

---

① 熏陆，即乳香。晋嵇含《南方草木状》云：“熏陆，出大秦国，其木生于海边沙上，盛夏木胶流出。沙中夷人取之卖与贾客。”

② 坎坎，虚空。

个体与整体相比，是次要的，隐喻为辅助的，次要的，修饰名词，衍化为区别词。例如《史记·留侯世家》："良与客狙击秦皇帝博浪沙中，误中副车。""副车"，皇帝外出时的从车。《汉书·张良传》："误中副车。"唐颜师古曰："副，谓后乘也。"《汉书·张骞传》："骞即分遣副使使大宛、康居、月氏、大夏。""副使"，即副大使。《汉书·苏武传》："武与副中郎将张胜及假吏常惠等募士斥候百余人俱。"《后汉书·百官志》："其不置校尉部，但军司马一人，又有军假司马，假侯，皆为副贰。"副贰，即副职，泛指佐助的官吏。《魏书·李彪传》："正本蕴之麟阁，副贰藏之名山。"副贰，即指副本。《隋书·经籍志》："炀帝即位，秘阁之书，限写五十副本。"

第三节 "一些""第一"常见用法及其源流

一 一些

一些，音 yīxiē，在 56008 个现代汉语常用词中，位列第 86 位。

（一）在现代汉语中的常见用法

一些，数量词，表示不定的数量。例如："在学校要多读一些好书。""会议结束时，还谈了其他一些问题。""些"有"些许"义，表示量少或数字小，故"一些"表示数量少，或程度轻，例如："我只有这一些了，可能不够。""疼痛感轻一些了。""想开一些，问题就不太复杂了。"

（二）产生与发展

《说文》原本无"些"字，但《新附》收录之，《此部》云："些，语辞也。从此，从二。其义未详。"

些，会意字，篆文从此、二会意，是用在禁咒语尾后的语气词。宋沈括《梦溪笔谈》卷三："今夔峡、湖湘及南北江獠人，凡禁咒句尾皆称'些'，此乃楚人旧俗。"些，本义为语气词，苏个切，合成今音 sā 或 siā[①]，

① 语气词"些"，《辞源》（合订本，商务印书馆 1988 年版，第 148 页）注音 suò，句末助词，无义，例引宋玉《招魂》诗："去君之恒干，何为四方些。"这里参考张平的看法（见张平《不定量词"些"的来源探讨》（载王建华，张涌泉主编《汉语语言学探索》，浙江大学出版社 2007 年版，第 280 页）。

例如战国《楚辞・招魂》："魂兮归来，东方不可以托些。"又："魂兮归来，南方不可止些。"唐卢照邻《悲才难》："金为舟兮玳瑁楫，不可以陟邱陵些；珠为衣兮翡翠裳，不可以混樵蒸些。"宋范成大《连日风作洞庭不可渡出赤沙湖》诗："慷慨悲歌续楚些，仿佛幽瑟迎湘灵。""楚些"，借代用法，即《楚辞》也。《尔雅・释诂四》："呰，此也。"唐陆德明释文："呰，郭音'些'"并引三国魏张揖《广雅・释诂四》："些，辞[①]也。"宋《广韵・个韵》："些，楚语辞。"清刘淇《助字辨略》卷四："些，语已之辞，犹云兮也。"

些，又写邪切，即音 xiē，表示少许，略微，不定量词。《广韵・麻韵》："些，少也。"清刘淇《助字辨略》卷二："些，少许之辞。"《说文・女部》："娑，妇人小物也。"段注："今人用些字，取微细之意，即娑之俗体也。"此义大约起于汉魏时期，例如东汉《太平经》卷四十《丙部之六・乐生得天心法》："然，今既为天语，不与子让也。但些子悒悒常不言，故问之耳。""些子悒悒"，即有一些郁闷，有点儿不快乐。"些子"表达少量的意思，"子"是后缀，词义落在"些"上。三国魏曹植《鹞雀赋》："雀微贱，身体些小，肌肉瘠瘦，所得盖少。""些小"与"微贱"相对，故"些"含有"小""少"义。又如敦煌变文《佛说阿弥陀经讲经文（二）》："自家身上割些吃，有罪无罪便应知。"敦煌变文《丑女缘起》："万计事须相就取，陪些房卧[②]莫争论。"宋《太平广记》卷一二七《报应二十六・岐州寺主》引《广古今五行记》："见寺主左臂上袈裟忽有些鲜血。"宋史达祖《夜行船》词："不剪春衫愁意态，过收灯，有些寒在。"杨万里《郡圃晓步因登披仙阁》诗："昨来风日较暄些，破晓来游特地佳。"《水浒传》第四回："买了些鲜鱼、嫩鹅、肥鲊、时新果子之类归来。"

引申表示轻微的程度，例如唐卢纶《伦开府席上赋得咏美人名解愁》："舞态兼些醉，歌声似带羞。"敦煌变文《丑女缘起》："些些丑陋不嫌，新妇正当年少。"宋贺铸《浣溪沙》词："东风寒似夜来些。"明李贽《三大士像议》："像之面目有些不平整，和尚每见辄叹以为好。"

不定量词"些"产生后，可以与指示代词"这""那"结合，组成指

---

① 辞，即虚词。

② 房卧，嫁妆。

量结构，例如唐吕岩《敲爻歌》："这些功，真奇妙，分付与人谁肯要。"宋毛滂《更漏子·绿窗寒》词："那些愁，推不去。分付一檐寒雨。"

也可以与数词"一"结合，组成数量结构，例如宋周邦彦《琴调相思引·生碧香罗粉兰香》词："花落燕□春欲老，絮吹思浪日偏长。一些儿事，何处不思量。"受语用的影响，数量短语"一些"凝固成词，又如宋刘克庄《木兰花慢·郡人元未识》："待说向诸贤，西桥人物，个个清臞。相将下车许久，但凝香之乐一些无。"《朱子语类·学三·论知行》："只守著一些地，做得甚事！须用开阔看去。"宋陈楠《水调歌头》词："夺取天机妙，夜半看辰杓。一些珠露，阿谁运倒稻花头。"宋赵必《隔浦莲·东风吹长嫩葆》："梳宫样、髻云钗凤斜倒。……愁觉，一些心事谁表。"例中"一些"表示不定量。又如《朱子语类·大学二·经下》："因指灯曰：'亦如灯烛在此，而光照一室之内，未尝有一些不到也。'"《朱子语类·论语二十三·颜渊篇上》："所谓诚者，必须实能尽得此理。仁义礼智，无一些欠阙他底，如何不乐！"宋马子严《水龙吟·东君直是多情》："问因何，却欠一些香味，惹旁人恨。"宋吴潜《秋霁·阶砌吟蛩》："凉浸桃笙，暑消葵扇，借伊一些秋意。"话本《错斩崔宁》："敲门已是点灯时分，小娘子二姐独自在家，没一些事做，守得天黑，闭了门在灯下打瞌睡。"又《错斩崔宁》："府尹见他情词可悯，即着人去捉那静山大王到来，用刑拷讯，与大娘子口词一些不差。"诸例"一些"，表示数量少或程度轻。

二 第一

第一，dìyī，序数词，在56008个现代汉语常用词中，位列第105位。

（一）在现代汉语中的常见用法

1. 排在最前面的。例如："小明这次考试又考了第一。""现在我们来学习条例的第一章第一款。"

2. 指最重要。例如："百年大计，质量第一。""大家守纪律是第一。"

（二）产生与发展

第，本作"弟"。《广韵·齐韵》："第，《说文》本作弟。"《说文·弟部》："弟，韦束之次弟也。从古字之象。"段注："以韦束物，如辀五束、衡三束之类。束之不一则有次弟也，引伸之为凡次弟之弟，为兄弟之弟，为岂弟之弟。”韦，本为象形字，就是用皮做的绳子；束，就是捆绑；次弟就是顺序。“弟”的本义就是用皮绳捆扎东西的顺序，例如《左传·哀公十六年》：“楚国第，我死，令尹司马非胜而谁？”晋杜预注：“第，用士之次第。”“楚国第”，意谓按楚国用人的次序。《国语·周语下》：“由是第之”，韦昭注：“第，次也。”《孟子·告子下》：“徐行后长者，谓之弟；疾行先长者，谓之不弟。夫徐行者，岂人所不能哉？所不为也。尧舜之道，孝弟而已矣。”《吕氏春秋·原乱》：“乱必有弟。”高诱注：“弟，次也。”

引申为兄弟之“弟”，《尚书·吕刑》：“王曰：‘呜呼！念之哉！伯父、伯兄、仲叔季弟、幼子、童孙，皆听朕言，庶有格命。’”《左传·昭公二十五年》：“为父子兄弟”，孔颖达疏：“男子先生为兄，后生为弟。”《急就篇》卷一：“求男弟”，王应麟补注：“弟者，弟也，相次弟也。”弟，后为“兄弟”之“弟”所专用，余义则往往加形符“竹”以示区别，遂有形声字“第”。

把顺序固定下来，就成了等级，故“第”又有等级义。《后汉书·孝献帝纪》：“九月甲午，试儒生四十余人，上第赐位郎中，次太子舍人，下第者罢之。”“上第”即上等；“下第”即下等。

殷商甲骨文中，已有数词一至九的个位系数词，还有十、百、千、万的位数词。周代出现了“亿”以上的数字。如：“之日兽（狩），允禽（擒），隻（获）虎一，鹿卌（四十）。”①“八日辛亥，允戈；伐二千六百五十六人。”②（见《卜辞通纂》第19片；《殷墟书契后编（下）》第43页第9片）甲骨文中，序数词用基数来表示，例如：“贞今二月，帝不其令雨。一、二、三、四、五，小告。”③“今二月”，即现在是第二月。商周以降，序数仍然借用基数表示，但是也有新的发展，有时用“一、再、三”“初一、次二”“上、次、次”“上、下”等方式表示序数，如《左传·庄公十年》：“一鼓作气，再而衰，三而竭。”《孙子兵法·谋攻》：

① 胡厚宣：《甲骨文合集》第四册，中华书局1999年版，第1497页，甲骨拓本第10198片。

② “二千六百五十六人”之“二千”，郭若愚解释为地名（见郭若愚《纠正殷代武丁时期杀伐二千六百五十六人的一件史实》，《上海师范大学学报》（哲学社会科学版）1983年第3期）。

③ 胡厚宣：《甲骨文合集》第五册，第2010页，第14135片。

"故上兵伐谋，其次伐交，其次伐兵，其下攻城。"秦汉以降①，表示序数的"第"才产生，例如岳麓书院藏秦简0355："内史郡二千石官共令。第甲。"又秦简0690："内史郡二千石官共令。第乙。"又简0522："内史郡二千石官共令。第丙。"2002年湖南里耶出土于的《里耶秦简》（简8-1363）："第一：人病少气者恶闻人声。"《史记·张丞相列传》："（车丞相）有男四人，使相工相之，至第二子，其名玄成。"东汉王充《论衡·吉验》："光武帝，建平元年十二月甲子，生于济阳宫后殿第二内中。"《吴越春秋·勾践阴谋外传》："乃行第一术。""善哉第二术也。"

又如《史记·萧相国世家》："平阳侯曹参身被七十创，攻城略地，功最多，宜第一。""宜第一"意谓按顺序应该排在头一位。《史记·陈丞相世家》："于是孝文帝乃以绛侯勃为右丞相，位次第一；平徙为左丞相，位次第二。"后世承之，例如《太平经·丙部之五》："得天地心，第一最善。"《世说新语·品藻》："世论温太真是过江第二流之高者。时名辈共说人物，第一将尽之间，温常失色。"宋苏轼《与梁左藏会饮傅国傅家》诗："将军破贼自草檄，论诗说剑俱第一。"

古人排序，在前的，常常是最重要的，故"第一"由位次第一引申表示程度最深，最重要，例如《世说新语·崇礼》："卞范之为丹阳尹。羊孚南州暂还，往卞许，云：'下官疾动，不堪坐。'卞便开帐拂褥，羊径上大床，入被须枕。卞回坐倾睐，移晨达莫（暮）。羊去，卞语曰：'我以第一理期卿，卿莫负我。'"北魏贾思勰《齐民要术·养羊》："常以正月、二月预收乾（干）牛羊矢（屎），煎乳第一好；草既灰汁，柴又喜焦；乾（干）粪火软，无此二患。"明李贽《复士龙悲二母吟书》："幸公虚心以听，务以翰峰先生为念。翰峰在日，与公第一相爱，如仆旁人耳，仆知公必念之极矣。"

---

①《尚书·尧典》"尧典第一"，恐为后人所加。王力先生说："先秦诸子每篇标题，往往标为某某第一。某某第二。这恐怕是人后加的，不足为据。"（《汉语语法史》，商务印书馆1989年版，第22页）《尔雅·释诂上》："释诂第一"，宋邢昺疏："第，次也。"例中"第"还是动词，表示编次义，还不是真正的序数词，又如《史记·五帝本纪》："五帝本纪第一"，张守节正义："第者，次序之目。"

第六章

汉语常用副词源流

副词，修饰限制谓词，充当状语，表示行动行为的范围、程度、情状、时间等类的词。本章介绍“不”“也”“就”“又”“很”“已”“更”“最”“可”“再”“才”“却”12个常用单音节副词和“已经”双音节副词的用法，探讨其源流演变轨迹。

第一节 “不”“也”“就”“又”的常见用法及其源流

一 不

不，音bù，副词，在56008个现代汉语常用词中，位列第5位。

（一）在现代汉语中的常见用法

不，否定副词，直接用于谓词性词语前，表示否定。例如：“不行”“不能参加”（用于动词前）；“不好”“不干净”（用于形容词前）；“不一定”“不曾”（用于副词前）；“不几天就到”“不一会儿就完了。”（用在谓词性结构前面）

（二）产生与发展

不，《说文·不部》：“鸟飞上翔不下来也。从一，一犹天也，象形。”许说不确。不，甲骨文、金文字形皆为花萼状，本义为花萼。例如《诗经·小雅·常棣》：“常棣之华，鄂不韡韡。”郑玄笺：“承华者曰鄂；不，当作拊①，拊，鄂足也。”《群书治要》卷三载《毛诗治要》作“萼不炜

① 拊，通假“柎”。柎，fū，花萼，亦指草木子房。

炜"，并附注："不，当作跗。跗，萼足也。"清黄生《义府·鄂不》："（不）象花蒂形，即古柎字。"

同音假借为否定副词，这种用法从殷商的甲骨文一直沿用至今。例如《甲骨文合集》95："贞：祖辛不我害？"[①]《诗经·魏风·伐檀》："不稼不穑，胡取禾三百廛兮？"《荀子·劝学》："故不登高山，不知天之高也。"（用在动词前）又《尚书·大禹谟》："朕宅帝位，三十有三载，耄期倦于勤，汝惟不怠，总朕师。"《孙膑兵法·威王问》："威王曰：'善哉言！兵势不穷。'"《诗经·鄘风·君子偕老》："子之不淑，云如之何？"（用在形容词前）又《尚书·大禹谟》："慎乃有位，敬修其可愿，四海困穷，天禄永终。惟口出好兴戎，朕言不再。"《孟子·梁惠王上》："直不百步耳，是亦走也。"《史记·淮南衡山王列传》："不一年，陈胜、吴广发兵。"《新唐书·杨朝晟列传》："虏料王师不十分，势难侵入。"（用于数词或数量词前）又《尚书·五子之歌》："皇祖有训，民可近，不可下。"《尚书·汤誓》："夏氏有罪，予畏上帝，不敢不正。"《论语·阳货》："齐景公待孔子，曰：'若季氏则吾不能，以季、孟之间待之。'曰：'吾老矣，不能用也。'"《孟子·梁惠王上》："不违农时，谷不可胜食也；数罟不入洿池，鱼鳖不可胜食也。"（用于助动词前）三国吴支谦译《菩萨本缘经·毗罗摩品》："夫爱别离非王独有如此，皆是有为法相也。大王昔来不曾闻耶？"《世说新语·文学》："习凿齿史才不常，宣武甚器之……宣武问：'见相王何如？'（习凿齿）答云：'一生不曾见此人。'""一生不曾见此人"，即从来都没有见过这样的人。又梁武帝《与周舍论断肉敕》："僧辩所道自死肉，若如此说，鸱鸦鸠鸽，触处不死。那不见有一自死者。鹿雉兔，充满野泽，亦不曾见有一自死者。而觅死肉，其就屠杀家；觅死鱼，必就罾网处。"（"不曾"之"不"用于副词前）《尚书·西伯戡黎》："祖伊反曰：'呜呼！乃罪多参在上，乃能责命于天！殷之即丧，指乃功；不无戮于尔邦。'"《尚书·大诰》："无毖于恤，不可不成乃宁考图功。"（双重否定）

又，假借作"否"，表示假设。《史记·齐太公世家》："屈完曰：'君以道则可，若不，则楚方城以为城，江、汉以为沟，君安能进乎？'"《史记·项羽本纪》："范增起，出召项庄，谓曰：'君王为人不忍，若入

---

① 句子大意是：贞问：祖辛会不会降祸给我们呢？

前为寿，寿毕，请以剑舞，因击沛公于坐，杀之。不者，若属皆为所虏。'"《旧唐书·杜伏威列传》："若公能为主，吾当敬从；自揆不堪，可来听命。不，则一战以决雄雌。"（单独成句）引申谓禁止之词，不要，通"毋"。例如《孟子·滕文公上》："病愈，我且往见。夷子不来。"《孙膑兵法·威王问》："必攻不守，兵之急者也。"《庄子·让王》："今有饥色，君过而遗先生食，先生不受，岂不命耶?"

由否定引申，表示未发生，例如《诗经·王风·采葛》："彼采萧兮，一日不见，如三秋兮。"《百喻经·工鸽喻》："彼实不食，我妄杀他。"

二　也

也，音 yě，副词，在 56008 个现代汉语常用词中，位列第 10 位。

（一）在现代汉语中的常见用法

1. 表示相同。例如："你去北京，我也去北京。""你去也可以，不去也可以。"例如："你即使不说，我也知道。""尽管有困难，我们也要完成任务。"

2. 表示委婉。例如："也只好如此。""也就这样，没有你说的那么新奇。"

（二）产生与发展

也，《说文·乁[①]部》："女阴也。象形。"段注："女阴是本义，叚（假）借为语词。本无可疑者，而浅人妄疑之。许在当时必有所受之，不容以少见多怪之心测之也。"许慎、段玉裁之说不可信。甲骨文、金文字形如蛇形，即古"它（蛇）"字。战国文字一分为二，"也""它"分立。也，起初是假借用作语气词，用于判断句中。例如《论语·为政》："知之为知之，不知为不知，是知也。"《荀子·天论》："治乱非天也。"用于因果句中，表示解释。例如《商君书·画策》："黄鹄之飞，一举千里，有必飞之备也。"李斯《谏逐客书》："向使四君却客而不内（纳），疏士而不用，是使国无富利之实，而秦无强大之名也。"用于疑问句，表示疑问或反问。例如《荀子·强国》："人之所恶何也?"《韩非子·六反》："是以上设重刑者而奸尽止，奸尽止则此奚伤于民也?"用于句中，

① 乁，yí，古同"移"。

表示停顿。例如《论语·先进》:“(颜)回也，视予犹父也。”《商君书·赏刑》:“圣人之为国也，壹赏、壹刑、壹教。”《孟子·梁惠王上》:“国人之于国也，尽心焉耳矣。”

副词“也”，产生时代较晚，大约在南北朝时期，例如梁沈约《贞女引》:“贞女信无矫，傍邻也见疑。”梁徐防《赋得蝶依草应令诗》:“那知不梦作，眠觉也恒飞。”陈后主《戏赠陈应》:“留人不留人，不留人也去。”北周庾信《拟咏怀诗》:“自知费天下，也复何足言。”南朝梁刘孝威《咏剪彩花》二之一:“叶舒非渐大，花发是初开。无论人讶似，蜂见也争来。”后梁宣帝《游七山寺赋》:“梅花皎而似霜，黄柑壮其如日。或晔晔而夏开，也离离而冬实。”末一例中，连词“而”的作用是用在谓语中，连接的是状语与谓词中心词，“也”恰好用在状中结构前，它又与副词“或”相丽偶，故可认定它是个副词。后世承之，例如唐岑参《赴北庭度陇思家》诗:“西向轮台万里余，也知乡信日应疏。”唐王梵志诗:“倖门如鼠穴，也须留一个。若还都塞了，好处却穿破。”

语气词“也”与副词“亦”在句中连用，为副词“也”的产生准备了必要的条件①。如《庄子·外物》:“然则无用之为用也亦明矣。”《论语·阳货》:“赐也亦有恶乎?”《孟子·告子下》:“周公之封于鲁为方百里也，地非不足，而俭于百里;太公之封于齐也亦为方百里也，地非不足也，而俭于百里。”《抱朴子外篇·逸民》:“且吕尚之未遇文王也亦曾隐于穷贱，凡人易之，老妇逐之，卖庸不售，屠钓无获，曾无一人慕之。”在口语中，上例中“也”可直接与“亦”连读。语速快了，“亦”与“也”就很容易合并。在语言交流中，由于处于谓词前的“也”“亦”合音为“也”，则“也”兼负了“亦”的含义，根据语义重新分析原理，这时，“也”便成了表达“类同”义的副词了，道理就是这么简单。

三 就

就，音 jiù，在 56008 个现代汉语常用词中，位列第 13 位。

(一) 在现代汉语中的常见用法

1. 副词。

(1) 表示时间短。例如:“我就来。”“天很快就亮了。”

---

① 参见曹翔《副词“也”研究的相关问题》,《乐山师范学院学报》2012 年第 8 期。

（2）表示事情前后接连发生。例如："铃一响就起床。"用于条件句中，引出结论，例如："你一来，问题就解决了。""不同意就算了。""看见你就高兴。"

2. 动词。靠近，趁机。例如："就着灯看书""就近入学"；"就汤下面""就着这场雨，赶快把秧苗插好。"

3. 介词。表示范围。例如："就这个问题，他们讨论了一下午。""党政联席会议就年终分配方案讨论了两天。"

4. 连词。表示假设的让步。例如："我就再胖，也没有你胖啊。""你就赶到车站，也来不及了。"

（二）产生与发展

就，《说文·京部》："高也。从京从尢。"段注："《广韵》曰：'就，成也；迎也；即也。'皆其引伸之义也。从京尢。尢，异于凡也。说从尢之意。京者，高也，高则异于凡。"

就，甲骨文从亯[①]从京会意，用作地名[②]。古人择高而居[③]，故有趋向，走向，接近义。例如《尚书·舜典》："五刑有服[④]，五服三就。""五服三就"，意谓就三处[⑤]去接受五种惩罚。《易经·乾·文言》："水流湿，火就燥。"《论语·学而》："子曰：'君子食无求饱，居无求安，敏于事而慎于言，就有道而正焉，可谓好学也已。'"《孟子·梁惠王上》："王若隐其无罪而就死地，则牛羊何择焉？"又："民归之，由[⑥]水之就下。"《荀子·劝学》："施薪若一，火就燥也；平地若一，水就湿也。"《战国策·赵策三》："曷为与人俱称帝王而卒就脯醢之地也？"王充《论衡·自然》："宋人有悯其苗之不长者，就而揠之。"《三国志·魏志·武帝纪》："久之，征还为东郡太守，不就。"《三国志·蜀志·诸葛亮传》："此人可就见，不可屈致也。"孟浩然《过故人庄》诗："待到重阳日，还来就菊花。"宋《梦溪笔谈·活版》："持就火炀之。"今语有"就座"

① 亯，xiǎng，通"享"。

② 参见李圃《古文字诂林》第五册，上海教育出版社 2002 年版，第 544 页。

③ 桂馥："此言人就高以居也。"（《说文解字义证》，上海古籍出版社 1987 年版，第 447 页）。

④ 五刑有服，犯了五刑而服罪。

⑤ 三处谓四裔之外，九州之外，中国之外。（从马融说，见《史记集解》）

⑥ 由：通"犹"，如同。

“各就各位”。

由接近义引申谓乘机，凭借，趁着。《诗经·周颂·访落》：“将予就之。”马瑞辰通释：“就当训因。笺云‘扶将我就其典法而行之’，即因其典法而行之也。”《管子·乘马》：“因天材，就地利，故城郭不必中规矩，道路不必中准绳。”唐韩愈《宋水陆运使韩侍御归所治序》：“令各就高为垒，东起振武，转而西，过云州界，极于中受降城。”

由趋向义引申出到达，达到义，例如李斯《谏逐客书》：“河海不择细流，故能就其深。”王充《论衡·实知》：“人才早成，亦有晚就。”由到达义引申为完成，成就义。例如《诗经·周颂·敬之》：“日就月将，学有缉熙于光明。”唐孔颖达疏：“日就，谓学之使每日有成就。月将，谓至于一月则有可行。言当习之以积渐也。”《荀子·富国》：“事必不就，功必不立。”《战国策·齐策四》：“三窟已就，君姑高枕为乐矣。”

当动词“就”修饰限制谓词性词语时，动词“就”便演化为副词“就”，例如《左传·哀公十一年》：“冉有帅左师，管周父御，樊迟为右。季孙曰：‘（樊）须也弱。’有子曰：‘就用命焉。’”晋杜预注：“虽年少，能用命。”从语义上看，杜预用情态动词“能”来对译“就”，这说明动词“就”词义虚化，处于演变之中。副词“就”汉代以后多见，例如《尚书·西伯戡黎》：“殷之即丧”汉孔安国传：“言殷之就亡。”“就”对应于副词“即”，表示动作行为发生得迅速，又如《左传·隐公四年》：“此二人者，实弑寡君，敢即图之”，晋杜预注：“因其往，就图之。”杜预用“就”对译副词“即”。后世承之，例如南朝宋谢庄《皇太子妃哀策文》：“离天渥兮就销沉，委白日兮即冥暮。”宋元话本《错斩崔宁》：“郡王道：‘好！正合我意。’就叫崔宁下手。”蒲松龄《聊斋志异·促织》：“及扑入手，已股落腹裂，斯须就毙。”

副词“就”还能表示前后动作行为的呼应，例如《三国志·魏志·张鲁传》：“汉末，力不能征，遂就宠鲁为镇民中郎将，领汉宁太守，通贡献而已。”① 句中“就”是副词，它前有表示因果关系的副词“遂”。西晋竺法护译《佛说大净法门经》：“国王、太子、大臣、长者、居士诸子，兴贪爱心……便就从之。”句中“就”与副词“便”相类连文，也是

① 句子大意是：汉朝末年，无力征伐（张鲁），于是便尊封张鲁为镇民中郎将，任汉宁太守，（就是为了）往来进贡罢了。

副词。又如《晋书·景帝纪》："必以文武为谥，请依何等，就加诏许之，谥曰忠武。"

当动词"就"后面跟宾语，共同修饰限制谓词性词语时，动词"就"变演变为介词"就"。（1）引进议论、商讨、观察的范围，例如《三国志·魏志·王朗传》裴松之注："肃之所言，盖就汉制而为言耳。谓之为谬，乃是讥汉，非难肃也。"白居易《与元九书》："就六经言，《诗》又首之。"《朱子语类·论语十一·公冶长下·子张问曰令尹子文章》："曰：此只就二子事上说。若比干伯夷之忠、清，是就心上说。若论心时，比干伯夷已是仁人，若无让国、谏纣之事，亦只是仁人，盖二子忠、清元自仁中出。若子文文子，夫子当时只见此两件事是清与忠，不知其如何得仁也。"（2）介绍动作行为发生、出现时的对象，例如《世说新语·言语》："就卿谈，可坚城垒。"《太平广记》卷第三百四十四《鬼二十九·呼延冀》（出《潇湘录》）："至夜深，（老翁）亲就冀谈话。"《资治通鉴·宪宗元和十二年》："此洄曲子弟就吾求寒衣也。"（3）介绍动作行为发生、出现的处所，可译为"在"，例如《汉书·外戚传》："后月余，复与孝成赵皇后俱废为庶人，就其园自杀。"敦煌《伍子胥变文》："请来就船而食。"五代《祖堂集》卷四："所在迫狭，就后山上起小屋，请和尚去上头安下。"宋《梦溪笔谈·雷电》："有一宝刀，极坚钢，就刀室中溶为汁，而室亦俨然。"元《陈母教子》楔子："是真个打墙处撅出一窖金银来，休动着，就那里与我培埋了者。"

当副词"就"表顺承意，用于条件句中时，表示假设情况，则动词"就"变演变为连词"就"，可译为"即使"，例如《三国志·魏志·荀彧传》："其子弟念父兄之耻，必人自为守，无降心，就能破之，尚不可有也。"《三国志·魏志·辛毗传》："就与刘（放）、孙（资）不平，不过令吾不作三公而已，何危害之有？"《三国志·蜀志·法正传》："法孝直若在，则能制主上令不东行；就复东行，必不倾危矣。"《资治通鉴·汉献帝建安五年》："就操破琼，吾拔其营，彼固无所归矣。"

四　又

又，音 yòu，副词，在 56008 个现代汉语常用词中，位列第 30 位。

（一）在现代汉语中的常见用法

1. 表示重复或继续。例如："我又找了一遍，还是没有找到。""他在这个工地上，干了一年又一年。”

2. 表示相继发生的动作。例如：“她走了，一会儿又来了。”“她逛了书店，又去了百货商场。”

3. 表示同等并列的关系。例如：“妈妈做的饼又香又脆。”“他人聪明，又肯努力，是个好苗子。”

4. 表示意义递进一层。例如：“连续几天急行军，又是雨天，部队疲惫不堪。”

5. 表示转折。例如：“小明想说什么，可是又不说出来。”“她身体一直不好，可又查不出问题。”

6. 用于整数与零数之间，表示相加。例如：“一月又三天。”“三又四分之一。”

（二）产生与发展

又，《说文·又部》：“手也，象形。”段注：“此即今之右字。”甲骨文字形像右手形。罗振玉云：“卜辞中左右之右，福佑之佑，有亡之有，皆同字。”①

虚词“又”与本义“右手”无关，为假借字。朱俊声《说文通训定声》：“又，假借为再。”清刘淇《助字辨略》：“又，复也，更也。”又假借为“有”。王念孙《读书杂志·汉书第八》：“右字通以又为有。”《易经·系辞上》：“又以尚贤也”，唐陆德明《经典释文》：“郑本作‘有以’。”

“又”表示动作的重复或继续，修饰谓词性词语，副词，上古很常见，例如《老子》第四十八章：“损之又损，以至于无为。”《诗经·小雅·宾之初筵》：“室人入又。”郑玄笺：“又，复也。”《韩非子·难一》：“誉之曰：‘楯之坚，莫能陷也。’又誉之矛曰：‘吾矛之利，于物无不陷也。’”

在重复或继续的基础上，程度加深，则表示递进。例如《论语·子罕》：“固天纵之将圣，又多能也。”《孟子·公孙丑上》：“非徒无益，而又害之。”《韩非子·外储说右下》：“身处佚乐之地，又致帝王之功也。”

动作重复，暗喻性质相似，即引申表示同等并列的关系。例如《论

---

① 罗振玉：《增订殷墟书契考释》卷中，转引自《古文字诂林》第三册，第378页。

语·八佾》："子谓《韶》尽美也，又尽善也。"《史记·魏其武安侯列传》："今将军傅太子，太子废而不能争，争不能得，又弗能死。"《论语·颜渊》："既欲其生，又欲其死，是惑也。"

相对、甚至相反的也是一种并列关系，故而引申表示轻微的转折。例如《墨子·节葬下》："欲以干上帝鬼神之福，又得祸焉。"《史记·袁盎晁错列传》："陛下素骄淮南王，弗稍禁，以至此，今又暴摧折之。"

在转折的基础上，程度加深，故而引申加强疑问或反诘语气。例如《论语·述而》："求仁而得仁，又何怨？"《史记·陈丞相世家》："且盗嫂受金，又何足疑乎？"《淮南子·泛论训》："牛马有功，犹不可忘，又况人乎？"

整数是由零数累加而来，整数与零数之间也有递进关系，故而引申用于数目之间，表示相加。例如西周早期青铜器《大盂鼎》："六百又五十九夫。"夫，即人，句子意思即谓"659人"。"又"用在百位与十位数之间。又西周期青铜器《遽伯还簋》："遽伯还作宝尊彝，用贝十朋又四朋。"朋，贝的单位。上古以贝壳为货币，五贝为一串，两串为一朋。句子意思是"遽伯这个人还造了这只酒器，花了十四朋的贝壳。""又"用在十位与个位数之间。

第二节　"很""已""更""最"常见用法及其源流

一　很

很，音 hěn，副词，在56008个现代汉语常用词中，位列第40位。

（一）在现代汉语中的常见用法

很，表示程度高。例如："很好""很不错""好得很"

（二）产生与发展

很，《说文·彳部》："不听从也。一曰行难也；一曰盭[①]也。"很，本义是不听从，形容词。例如《庄子·渔父》："见过不更，闻谏愈甚，

---

① 盭，lì，古同"戾"，乖违，例如《史记·张耳陈馀列传》："及据国争权，卒相灭亡，何乡者慕用之诚，后相背之盭也？势利之交，古人羞之，盖谓是矣。"

谓之很。”① 《史记·项羽本纪》：“猛如虎，很如羊，贪如狼，鷔不可使者，皆斩之。”“很如羊”，即固执如羊。

由不听从引申出违背义，也即许氏所谓“行难也”。例如《国语·吴语》：“今王将很天而伐齐。”韦昭注：“很，违也”，“很天而伐齐”，即违逆天意而攻打齐国。《逸周书·谥法》：“极知鬼神曰灵；杀戮无辜曰厉；愎很遂过曰刺。”晋孔晁注：“反是曰很。”

由“不听从”引申出“鷔”意，即“凶狠、乖戾”，形容词。例如《尚书·酒诰》：“厥心疾很，不克畏死。”汉孔安国传：“纣疾很其心，不能畏死，言无忌惮。”“疾很”，意谓强狠。《左传·襄公二十六年》：“太子痤美而很。”汉服虔注：“很，戾不从教。”《史记·张仪列传》：“夫赵王之很戾无亲，大王之所明见。”“很戾”即“凶暴、乖戾”。

《广韵·很韵》：“很，俗作狠。”《说文·彳部》清桂馥义证：“很，借作狠。”《说文·犬部》：“狠，吠斗声。”常见义为“凶狠、乖戾”，与“很”意思相同，故“狠”“很”通用。《篇海类编·鸟兽类·犬部》：“狠，与很同。恶也。”例如《韩非子·八经》：“民以制畏上，而上以势卑下，故下肆很触而荣于轻君之俗，则主威分。”清王先谦集解引清卢文弨曰：“很，凌本作狠。”《汉语大词典》第三卷释：“很触，违犯（禁令）。”“很”和“触”是同义连文，都表“违犯”意。

当“很”修饰谓词性成分时，意义就会逐渐虚化，于是副词产生。起初，“很/狠”后带形容词时，为并列结构，“很/狠+形容词”前后两项的地位相等，共同作谓语，如“很戾”（凶暴、乖戾）、“很傲”（很戾倨傲）。随着语言的发展，这两者的地位渐渐出现了不平衡现象。语义上“很/狠+形容词”以形容词为中心时，“很/狠”（本身含有“甚”意）有了修饰色彩，例如《晋书·刘毅传》：“毅刚猛沈断，而专肆很愎，与刘裕协成大业，而功居其次，深自矜伐，不相推伏。”又《南齐书·蛮东南夷列传》：“天威所被，四海弥伏，而今鸠酬罗守执奴凶，自专很强。”“很愎”“很强”可以看做是形容词的联合结构，也可以将“很”理解为表示程度的副词。当“很”的词义逐渐抽象泛化，不再是具体的实词意义时，副词“很”便产生了。例如元关汉卿《拜月亭》第三折：“天哪！这一柱香则愿削减了俺尊君

① 句子大意是：知道过失不改正，听到劝谏后反而更变本加厉，这就叫作“很”（执拗不从）。

狠切。”《汉语大词典》释：“狠切，谓殷切之心。”“切”即“殷切”，“狠”的词意则不太明确，似有表程度深的色彩了。

“很/狠”作状语的例子，元代的例证已经很清楚了，如元吴澄《吴文正集·经筵讲义》“帝范军德”：“唐太宗是唐家很好底皇帝。”元刊杂剧三十种《散家财天赐老生儿杂剧》第一折：“［油葫芦］那几个守户闲官老秀才，他每都很厉害，把老夫监押的去游街。”

到清朝时期，“很/狠”的程度副词用法已大大多于形容词用法。明凌濛初《初刻拍案惊奇》“狠”字作形容词有 38 例，作程度副词只有 2 例，如第二回：“只是我大儒人狠专会作贱人，我虽不怕他，怕难为这小娘子，有些不便，到回去不得。”又第三十九回：“妻子惊惶无计，对着神像只是叩头，又苦苦哀求庙巫，庙巫越把话来说得狠了。”到了清中叶吴敬梓《儒林外史》，其中“狠”作程度副词有 23 例，作形容词只有 5 例，到晚清刘鹗《老残游记》“狠”出现 94 次，全部作程度副词[①]。

二　已

已，音 yǐ，在 56008 个现代汉语常用词中，位列第 48 位。

（一）在现代汉语中的常见用法

1. 副词。

（1）动作行为已经发生或完成。例如：“时间已到，立即交卷。”“我已到达目的地。”

（2）用在数词前，表示数量多，或者时间长、晚。例如：“王大爷已八十多岁了，身体还很硬朗。”“我工作已三十年，是个老工人了。”

2. 动词。停止。例如：“争论不已”“不能自已”。

（二）产生与发展

已，《说文·巳部》：“巳也。四月，阳气已出，阴气已藏，万物见，成文章，故巳为蛇象形。”段注：“《律书》曰：‘巳者，言万物之已尽也。’”甲骨文、金文、小篆“已”“巳”字形不分，均像一个头朝下的胎儿的形。表示胎儿已经成熟，即将出生，故“已”之本义谓停止，完毕，动词。例如《诗经·郑风·风雨》：“风雨如晦，鸡鸣不已。”郑玄笺：“已，止也。”《国语·鲁语上》：“臣故曰庶几可已矣。”韦昭注：“已，止也。”《荀子·

① 王静：《“很”的语法化过程》，《淮阴师范学院学报》2003 年第 4 期。

劝学》："学不可以已。"意思是说，学习是不能停止的。

由停止义引申为"罢休""算了"。例如《易经·损》："已事遄[①]往。"孔颖达疏："已，竟也。"《战国策·齐策二》："言未已，齐让又至。""言未已"，即话语还没有讲完。诸葛亮《后出师表》："臣鞠躬尽力，死而后已。"由此引申出治愈；治好。例如西汉枚乘《七发》："今太子之病可无药石、针刺、灸疗而已。"唐柳宗元《捕蛇者说》："可以已大风、挛、踠、瘘、疠。"

动词"已"，用在其他动词前时，语义虚化以表示动作完成，意谓"已经""不久"等，演变为副词。例如《吕氏春秋·察今》："舟已行矣，而剑不行。"《穀梁传·文公六年》："襄公已葬。"《史记·高祖本纪》："老父已去，高祖适从旁舍来。"引申谓"已往"。例如汉贾谊《陈政事疏》："夫三代之所以长久者，其已事可知也。"

由已经义引申出"随后""不久"。例如《史记·秦始皇本纪》："荆王献青阳以西，已而畔约，击我南郡。"又《项羽本纪》："韩王成无军功，项王不使之国，与俱至彭城，废以为侯，已又杀之。""已又杀之"，即不久又杀了他。《汉书·游侠传·原涉》："文母太后丧时，守复土校尉。已为中郎，后免官。""已为中郎"，即不久做了中郎这个官。又如宋欧阳修《醉翁亭记》："已而夕阳在山。"

副词"已"用于形容词前，表示性状超出了某种程度，可译为"太"。例如《左传·昭公二年》："君刑已颇，何以为盟主?""已颇"，即太偏。《论语·阳货》："三年之丧，期已久矣。""已久"，即期限太长。《孟子·离娄上》："孟子曰：'仲尼不为已甚者。'""已甚"，意谓太过分。

副词"已"用在数量词前，表示数量多，时间长，例如战国《庄子·秋水》："庄子持竿不顾，曰：'吾闻楚有神龟，死已三千岁矣。王巾笥[②]而藏之庙堂之上。此龟者，宁其死为留骨而贵乎?'"战国《韩非子·难一》："且舜救败，期年已一过，三年已三过。舜有尽，寿有尽，天下过无已者；以有尽逐无已，所止者寡矣。"西汉刘向《战国策·赵策一》："今南攻楚者，恶三晋之大合也。今攻楚休而复之，已五年矣，攘地千余里。"[③] 明归

① 遄，chuán，快，迅速。

② 笥，sì，一种盛放物品的竹器。这里名词用作动词，意谓"用竹匣装"。

③ 句子大意是：如今向南攻打楚国，是担心楚国和韩、魏、赵三国联合。现在它攻打楚国在休整后重新出兵，已持续五年了，夺取土地一千多里。

有光《震川先生集·寒花葬志》:“回思是时，奄忽便已十年。”

三　更

更[①]，音 gèng，副词，在 56008 个现代汉语常用词中，位列第 56 位。

(一) 在现代汉语中的常见用法

更，表示程度增加或者在同类中更加突出，更加。例如:“她比以前更漂亮了。”“我更喜欢这个地方。”“体育活动中，我更喜欢打乒乓球。”

(二) 产生与发展

更，《说文·攴[②]部》:“改也。”段注:“更训改，亦训继。不改为继，改之亦为继。故《小雅》毛传曰:‘庚、续也。’《用部》‘庸’下曰:‘庚、更事也。’《列子》云:‘五年之后，心庚念是非，口庚言利害；七年之后，从心之所念庚无是非，从口之所言庚无利害。’皆假庚为更。今人分别平去二音，非古也。从攴，丙声。”

《小尔雅·广诂》:“更，易也。”更，本义为更改，更换，动词，古行切，合成今音 gēng。例如《左传·襄公二十八年》:“公膳日双鸡，饔人窃更之以鹜。”《论语·子张》:“过也，人皆见之；更也，人皆仰之。”三国魏何晏集解引汉孔安国曰:“更，改也。”《庄子·养生主》:“族庖月更刀，折也。”“月更刀”，即一个月更换一把刀。《吕氏春秋·仲春》:“是月也，祀不用牺牲，用圭璧，更皮币。”[③]《韩非子·解老》:“凡法令更则利害易。”

由更换义引申为交替义，例如《汉书·万石君传》:“九卿更进用事。”张衡《西京赋》:“秘舞更奏，妙材骋伎。”陆游《赠燕》诗:“四序如循环，万物更盛衰。”

汉代宫廷夜值，分五个班次，按时更换，因此引申为夜间计时的单位(名词)，一晚五更，一更约两小时。《颜氏家训·书证》:“或问:‘一夜何故五更？更何所训？’答曰:‘汉魏以来，谓为甲夜、乙夜、丙夜、丁夜、戊夜；又云鼓，一鼓、二鼓、三鼓、四鼓、五鼓；亦云一更、二更、

---

① 更，还有一个读音为 gēng，在《现代汉语常用词表》中以构词语素的身份存在，例如“更迭”“更动”“更改”等，此处不讨论。

② 攴，pū，古同“扑”，戒尺。

③ 牺牲：祭祀用的牲畜。圭：玉器名。皮币：毛皮和缯帛。

三更、四更、五更。皆以五为节。《西都赋》亦云：‘卫以严更之署①。’所以尔者？假令正月建寅②，斗柄③夕则指寅，晓则指午矣。自寅至午，凡历五辰，冬夏之月，虽复长短参差，然辰间辽阔，盈不过六，缩不至四，进退常在五者之间。更，历也，经也，故曰五更尔。’”后世多用“更”表示夜间时间，如晋干宝《搜神记·谢鲲获鹿怪》：“陈郡谢鲲④，谢病去职，避地于豫章。尝行经空亭中夜宿。此亭，旧每杀人，夜四更，有一黄衣人呼鲲字云：‘幼舆！可开户。’”《孔雀东南飞》：“仰头相向鸣，夜夜达五更。”“夜夜达五更”，即每晚都到五更天明时分，当然这是夸张的说法。更，此义旧时破读 jīng。又如唐李贺《秦王饮酒》诗：“银云栉栉瑶殿明，宫门掌事报一更。”李商隐《无题》诗四之一：“来是空言去绝踪，月斜楼上五更钟。”宋岳飞《小重山》词：“惊回千里梦，已三更。”

动词“更”用在谓词性词语前，词义虚化，表示在原来的基础上有所增加，故引申出“更加”，转化为副词，为了区别词义和词性，改读为去声 gèng。例如《战国策·韩策一》：“与之，即无地以给之；不与，则弃前功，而后更受其祸。”《史记·管晏列传》：“吾尝为鲍叔谋事，而更穷困。”《汉书·王吉传》：“民欣然若更生。”王之涣《登鹳雀楼》诗：“欲穷千里目，更上一层楼。”王安石《孤桐》诗：“岁老根弥壮，阳骄叶更荫。”又引申为另，另外。例如《左传·僖公五年》：“在此行也，晋不更举矣。”《楚辞·九辩》：“国有骥而不知乘兮，焉皇皇而更索？”《史记·孟尝君列传》：“此时孟尝君有一狐白裘，直⑤千金，天下无双，入秦献之昭王，更无他裘。”《后汉书·班超列传》：“吏如班超，何故不遣而更选乎？”《汉书·孔光传》：“或问光温室省中树皆何木也，光嘿不应，更答以它语。”杜甫《石壕吏》：“室中更无人，惟有乳下孙。”

---

① 严更之署，汉代督行夜鼓的郎署，护卫汉宫。汉宫周卫，郎官在内，卫卒在外。郎所居为署。此句大意是：督行夜鼓的郎署护卫汉宫。

② 建寅，夏历以寅月为岁首，称建寅。

③ 斗柄，北斗七星中“玉衡”“开阳”“摇光”三星相近，形似斗柄，故而得名。

④ 谢鲲，字幼舆，晋朝名相谢安的伯父，两晋名士。

⑤ 直：同“值”。

四 最

最，音 zuì，在 56008 个现代汉语常用词中，位列第 58 位。

（一）在现代汉语中的常见用法

副词。同类中程度最高，例如："这是最好的产品。""最左边的那个是给你的。"

（二）产生与发展

最，《说文·冃部》："犯而取也。从冃从取。"冃，音 mào，即帽子，蒙覆义；取，上古战争中，割取敌人左耳以作为考核军功的凭据。最，本义为合计军功最多，动词。例如《史记·绛侯周勃世家》："攻槐里、好畤，最。"南朝宋裴骃集解引三国魏如淳曰："于将率（帅）之中功为最。"唐李延寿《南史·周文育传》："频战功最，进爵寿昌县公。""频战功最"，即因频频出战，功劳最大。引申用于数量词或名词前，表示动作行为发生、出现的次数，或时间、人事的总和。例如《史记·绛侯周勃世家》："最从高帝得相国一人，丞相二人，将军、二千石各三人。"唐司马贞索引："最，都凡也。谓总举其从高祖攻战克获之数也。"《汉书·卫青传》："最大将军青凡七出击匈奴，斩捕首虏五万余级。"

动词"最"，用于谓词性词语前，词义虚化，由军功最多引申用作副词，表示"极"，例如《商君书·外内》："故农之用力最苦，而赢利少，不如商贾技巧之人。"[①]《庄子·天下》："然惠施之口谈，自以为最贤。"《韩非子·外储说右上》："故桓公问管仲曰：'治国最奚患？'对曰：'最患社鼠矣。'"《穀梁传·文公十一年》："叔孙得臣最善射者也。"《战国策·赵策一》："及三晋分知氏，赵襄子最怨知伯，而将其头以为饮器。"《战国策·赵策四》："老臣贱息舒祺最少，不肖。"《史记·肃相国世家》："高祖以萧何功最盛，封为酂侯。"《史记·滑稽列传》："三子之才能，谁最贤哉？"

① 句子大意是：因此农民出力最勤苦，而获得的余利却很少，不如经商和从事技艺的人。

第三节 “可”“再”“才”“却”常见用法及其源流

一 可

可，音 kě，在56008个现代汉语常用词中，位列第61位。

（一）在现代汉语中的常见用法

1. 副词。表示强调。例如：“这枣可甜了。”“她待人可好了。”“我们到处找你，可算把你找到了。”“你可让我好等啊！”引申表示转折。例如：“他人小志气可不小。”

2. 动词。表示同意、许可。例如：“他不置可否。”引申表示可能，例如“这件事情可大可小，就看你怎么处理了。”“小麦长势喜人，可望丰收。”

（二）产生与发展

可，《说文・可部》：“肯也。从口从丂。丂亦声。”本义是许可、允许①，动词，例如《甲骨文合集释文》第18897片：“贞：其可？”“其可”，即卜师问“可以吗？”《尚书・盘庚上》：“若火之燎原，不可向迩，其犹可扑灭。”又《尧典》：“试可乃已。”《国语・晋语》：“大夫辞之，不可。”《论语・八佾》：“孔子谓季氏：‘八佾舞于庭，是可忍也，孰不可忍也？’”《孟子・滕文公下》：“谓王良，良不可。”《三国志・魏志・武帝纪》：“今焚烧宫室，劫迁天子，海内震动，不知所归，此天亡之时也。一战而天下定矣，不可失也。”柳宗元《封建论》：“盖非不欲去之也，势不可也。”

只有在条件允许的情况下才许可，故引申出“可以”“可能”，演化为助动词。例如《左传・隐公元年》：“蔓草犹不可除，况君之宠弟乎？”《论语・学而》：“虽百世可知也。”《孟子・梁惠王下》：“国人皆曰可杀。”《荀子・劝学》：“锲而不舍，金石可镂。”《韩非子・说难》：“上古夫龙之为虫也，柔可狎而骑也。”《汉书・匈奴传》：“光更问中郎将范明友，明友言可击。于是拜明友为度边将军，将二万骑出辽东。”

---

① 可，一说本义为歌咏。参见李学勤《字源》，天津古籍出版社2013年版，第420页。

表示许可，往往要经过估量揣测，故引申出“大约”义，经常出现在谓词性结构前，演化为副词。例如《韩非子·外储说左上》：“可数百步，以马为不进，尽释车而走。”《史记·高祖本纪》：“遇刚武侯，夺其军，可四千馀人，并之。”《史记·大宛列传》：“上古乌孙在大宛东北可二千里。”《汉书·张骞传》：“身毒国在大夏东南可数千里。”《水经注·淮水》：“于溪之东山有一水……可数百丈。”柳宗元《小石潭记》：“潭中鱼可百许头”。

由揣测义引申出强调语气，例如《论语·子罕》“子曰：‘后生可畏，焉知来者之不如今也？’”《世说新语·品藻》：“何次道为宰相，人有讥其信任不得其人。阮思旷慨然曰：‘次道自不至此。但布衣超居宰相之位，可恨唯此一条而已。’”“可恨”，即确实遗憾。唐王梵志诗：“索强欺得客，可是丈夫儿？”敦煌变文《伍子胥变文》：“与子争妻，可不惭于天地？”由强调语气，程度加强，引申出肯定语气，例如唐王梵志诗“亲还同席坐，知卑莫上头。忽然人怪责，可不众中羞。”宋周密《武林旧事·德寿宫起居注》：“太上宣谕知省云：‘官家已醉，可一路小心照管。’”王实甫《西厢记》第一本第一折：“可正是人值残春蒲郡东，门掩重关萧寺中，花落水流红。”

物极必反，由肯定引申出转折意谓，例如李白《相逢行》诗二之一：“相见不得亲，不如不相见。相见情已深，未语可知心。胡为守空闺，孤眠愁锦衾。”“未语可知心”，即未说话却已经知道对方的心意了。《景德传灯录》卷二十八：“泡因水有泡，散可即无水？身因性起身，死岂言性灭？”元康进之《李逵负荆》第二折：“佳蕙点头，想了一会道：‘可也怨不得你。这个地方，本也难站。’”

二　再

再，音 zài，副词，在 56008 个现代汉语常用词中，位列第 80 位。

（一）在现代汉语中的常见用法

1. 表示又一次。例如：“学习，进步；再学习，再进步。”“二班希望跟一班再比一次。”

2. 表示程度增加。例如：“天再冷，雨再大，我也要去接她。”“这衣服再贵我也要买一件。”

（二）产生与发展

再，《说文·冓部》：“一举而二也。”段注：“凡言二者，对偶之词；

凡言再者，重复之词。一而又有加也。”再，本义为二次，数词。《玉篇·冓部》：“再，两也。”例如《尚书·康王之诰》：“皆再拜稽首。王义嗣德，答拜。太保暨芮伯，咸进，相揖，皆再拜稽首。”“再拜稽首”，即拜了两次、行礼两次。《论语·公冶长》：“季文子三思而后行。子闻之，曰：‘再，斯可矣。’”季文子每做一件事都要考虑多次。孔子听说后，说季文子考虑两次就可以了。《史记·孟尝君列传》：“坐者皆起，再拜。”“再拜”，即拜两次。《史记·孙子吴起列传》：“田忌一不胜而再胜。”“一不胜而再胜”，即一次失败，两次胜利。

基数词用作序数词，表示第二次，例如《尚书·多方》：“我惟时其教告之，我惟时其战要囚之，至于再，至于三。”① “至于再，至于三”，即到了第二次、第三次。《左传·庄公十年》：“一鼓作气，再而衰，三而竭。”“再而衰”，即第二次击鼓，士气就已经衰落了。

由第二次引申再一次，又一次，由于经常出现在谓词性结构前作状语，经过重新分析，转化为副词。例如《左传·宣公十二年》：“及楚杀子玉，公喜而后可知也，曰：‘莫余毒也已。’是晋再克而楚再败也，楚是以再世不竞。”② “再败”，即又败了。又如《战国策·秦策三》：“昔者，齐人伐楚，战胜，破军杀将，再辟地千里，肤寸之地无得者，岂齐之欲地哉！”《战国策·齐策一》：“秦、赵战于河漳之上，再战而再胜秦；战于番吾之下，再战而再胜秦。”汉李陵《与苏武》诗之一：“良时不再至，离别在须臾。”“良时不再至”，即美好的时光不会再来到。词义虚化，表示动词行为的重复或前后相继，例如《古诗十九首》：“一弹再三叹，慷慨有余哀。”《后汉书·张衡列传》：“安帝雅闻衡善术学，公车特征拜郎中，再迁为太史令。”③ 陶渊明《晋故征西大将军长史孟府君传》：“乃益器焉，举秀才，又为安西将军庾翼府功曹，再为江州别驾、巴丘

① 句子大意是：我必须好好地教导你们，我要用武力来镇压你们，详细考察你们的供词，你们一而再，再而三地发动叛乱，我也就要一而再，再而三地讨伐你们。

② 句子大意是：等到楚国杀了子玉，晋文公的欣喜就可知道了，（他）说：“没有人毒害我了啊。”这是晋国再次得胜而楚国再次失败（的缘故），楚国所以两世不能强盛。

③ 句子大意是：安帝素来听说张衡擅长技巧之术，公车指名征召让（他）任郎中官，后来又调任太史令。

令。”① 唐孙逖《夜到润州》：“夜入丹阳郡，天高气象秋。海隅云汉转，江畔火星流。城郭传金柝，闾阎闭绿洲。客行凡几夜，新月再如钩。”表示程度的增加，例如宋陆游《家世旧闻》卷上：“崇宁元年正二月间，有一武人调官京师，以相术自名。楚公旧在南阳识之，因其求见，问：‘朝士孰再贵？’答曰：‘大宗正丞郑居中极贵，其次，太学博士李夔，法当有贵子。’”明《西游记》第五十三回：“老孙若肯拿出本事来打你，莫说你是一个什么如意真仙，就是再有几个，也打死了。”清西周生《醒世姻缘传》第六十七回：“你若用心看得好，莫说二十两，半现半赊，就是预先全送也有，就是再添十两三十两也有。”《红楼梦》第十九回：“别说我吃了一碗牛奶，就是再比这个值钱的，也是应该的。”

三　才

才，音 cái，在 56008 个现代汉语常用词中，位列第 82 位。

（一）在现代汉语中的常见用法

1. 副词。

（1）表示事情刚发生。例如：“火车才走一会儿。”“这个问题我才发现。”

（2）表示数量少，程度低。例如：“才三块钱，不多，买了吧。”“他才高中毕业，这工作他干不了”

（3）表示某种条件下发生。例如：“这样做才正确。”“你这么不听话，我才懒得管你。”

2. 名词。才能。例如：“德才兼备”“多才多艺。”转指有才能的人。例如：“干才”“奇才”。

（二）产生与发展

才，《说文・才部》：“艹木之初也。”段注：“引伸为凡始之称。”才，甲骨文像种子在土里发芽冒头生长状，本义谓草木开始生长，动词，惜古文献用例不存②。

人之才干必须通过展示才能被发现，如草木萌发，慢慢生长，故

① 句子大意是：于是（他）更加器重孟嘉，选拔为秀才，又让做了安西将军庾翼幕府功曹，接着又担任了江州别驾、巴丘县令。

② 甲骨卜辞中“才”，均假借为“在”。参见李孝定《甲骨文字集释（第六）》，转引自《古文字诂林》第六册，2003 年版，第 36 页。

“才”隐喻为才能。《玉篇·才部》：“才，才能也。”《诗经·鲁颂·駉》：“思无期，斯马斯才。”毛亨传：“才，多材也。”《论语·泰伯》：“如有周公之才之美，使骄且吝，其余不足观也已。”[①]《论语·先进》：“才不才，亦各言其志也。”《孟子·告子上》：“非才之罪也。”朱熹集注：“才，犹材质，人之能也。”《淮南子·主术》：“任人之才。”《后汉书·张衡列传》“虽才高于世，而无骄尚之情。”《三国志·蜀志·诸葛亮传》：“君才十倍曹丕，必能安国，终定大事。”孟浩然《岁暮归南山》诗：“不才明主弃，多病故人疏。”

由才能转指有才能的人，这是借代引申。例如《论语·子路》：“举贤才。”朱熹集注：“才，有能者。”《论语·泰伯》：“才难，不其然乎？”[②] 沈括《梦溪笔谈·杂志二》：“用人者莫不欲尽天下之才，常患近己之好恶而不自知也。”

进一步词义缩小，引申专指某种品德的人，例如“贤才”“奴才”，《论语·子路》：“赦小过，举贤才。”《晋书·刘元海载记》：“（成都王司马）颖不用吾言，逆自奔溃，真奴才也。”

草木刚露芽生长，含有［+草木］［+刚刚］［+生长］等义素，当［+草木］［+生长］义素脱落时，只剩下［+刚刚］，也即段玉裁所云“引伸为凡始之称”，用在数词、数量词谓语或带有数量词作宾语的动宾结构前，表示范围小，数量少，演变为副词，可译为“刚”“仅”“只”等。例如贾谊《新书·藩强》：“窃迹前事，大抵强者先反。淮阴王楚，最强，则最先反；……卢绾国北，最弱，则最后反。长沙乃才二万五千户耳，力不足以行逆，则功少而最完，势疏而最忠，全骨肉。”《汉书·晁错传》：“陛下不救，则边民绝望而有降敌之心。救之，少发则不足，多发，远县才至，则胡又已去。”[③]《汉书·贾山传》：“秦皇帝计其功德，度其后嗣，世世无穷。然身死才数月耳，天下四面而攻之，宗庙灭绝矣。”[④] 晋陶渊

① 句子大意是：如果有周公的才能和俊美，但假使骄傲而且吝啬，其余的也就不值得欣赏了。

② 难，难得。其，语气助词。然，这样。句子大意是：人才难得，难道不是这样子的？

③ 句子大意是：陛下您若不去救援，边塞人民就会绝望而有投降敌人的心思。如果去救援，派的兵马少就会不够用；大量发兵，远县的兵马刚刚赶到，胡兵却又已离去。

④ 句子大意是：秦始皇考虑自己的功勋恩惠，料想他的子孙后代定会世世代代传位下去，没有穷尽。可是他死后仅仅几个月，天下各国就从四面八方来讨伐他，国家很快就灭亡了。

明《桃花源记》："便舍船，从口入。初极狭，才通人。""才通人"，即仅能容一个人通过。此用法"才"，也写做"纔"。汉字简化后，"纔"废，"才"存。又如《晋书·谢安传》附《谢混传》："才小富贵，便豫人家事。"①

草木生长，是有条件的，故引申用在条件句中，有什么条件，就能有什么结果。例如晋袁宏《后汉纪·顺帝纪》："臣愿请兵五千，才加部队之号。"唐牛僧孺《玄怪录·郭元振》："乌将军此乡镇神，乡人奉之久矣，岁配以女，才无他虞。""岁配以女，才无他虞"，意谓每年把一个女子婚配给他（乌将军），才能没有别的忧虑。元关汉卿《窦娥冤》第三折："婆婆也，直等待雪飞六月，亢旱三年呵，那其间才把你个屈死的冤魂窦娥显。"② 清李渔《巧团圆·原梦》："梦而有据，才能不忘。"进一步引申，表示强调。《儒林外史》第四回："他和你是田邻，你也该去问讯一声才是。"《儿女英雄传》第二十一回："这才叫英雄志量遇见了英雄志量，儿女心肠遇见了儿女心肠！"

四　却

却，音 què，副词，在 56008 个现代汉语常用词中，位列第 87 位。

（一）在现代汉语中的常见用法

却，表示转折。例如："他们回家了，我却留下来值夜班。""文章虽短却很有说明力。"

（二）产生与发展

却，《说文·卩③部》："节欲也。"段注："各本作节欲也，误。今依《玉篇》欲为却，又改节为卪。卪④，却者，节制而却退之也。"许氏之说不确，段氏之说也未中的。篆文"却"，从卩（跪人），古人跪坐臀部压在脚后跟，故用以表示腿脚，即"脚"的本字。杨树达云："却，即脚之初文也。……脚为后起之加形旁字，乃据有足胫之义，而初文之却只为却

① 句子大意是：刚刚有点富贵，就干预别人的家事。

② 句子大意是：婆婆呀，直等到六月飞雪，大旱三年，那时候才能把你这屈死的窦娥冤魂显现出来！

③ 卩，jié，古同"节"。

④ 卪，jié，古同"节"。

退等义矣。”[1] 睡虎地秦简《封诊式》：“舌出齐唇吻，下遗矢弱，污两却。”弱，通“溺”，矢弱，即屎尿；“污两却”，即污两脚。“却”，是脚的本字。

古人跪坐，脚朝后，故由此引申出后退，使后退，退却等义，由名词演化为动词。例如《商君书·去强》：“敌不敢至，虽至必却。”《吕氏春秋·序意》：“马却不肯进。”《战国策·赵策三》：“秦将闻之，为却军五十里。”贾谊《过秦论》：“乃使蒙恬北筑长城而守藩篱[2]，却匈奴七百余里。”此义存于今之合成词中，如“退却”。

却之后退义，含有［+返回］义素，而把东西退还给别人，也是“却”，故“却”引申为不接受，拒绝义。例如《楚辞·九辩》：“却骐骥而不乘兮，策驽骀[3]而取路。”《孟子·万章下》：“却之，却之为不恭，何哉？”秦李斯《谏逐客书》：“王者不却众庶，故能明其德。”《战国策·西周策》：“今君禁之，而秦未与魏讲也。而全赵令其止，必不敢不听，是君却秦而定周也。”南北朝宋《世说新语·方正》：“今日共为欢，卿何却邪？”

六朝以后，动词“却”用于谓词性词语前，词义虚化，演变为副词，表示动作行为与以前相反，即表达转折义，例如《世说新语·方正》：“王修龄尝在东山甚贫乏。陶胡奴为乌程令，送一船米遗之，却不肯取。”《世说新语·任诞》：“刘尹云：‘孙承公狂士，每至一处，赏玩累日，或回至半路却返。’”《世说新语》这两例便处于演化之中，既可解为动词，与后面的动词组成连动结构或并列结构，也可解为副词。后世表示转折的这个用法广泛流传开来，例如唐王梵志诗：“只见母怜儿，不见儿怜母。长大取得妻，却嫌父母丑。”李白《江夏行》：“谁知嫁商贾，令人却愁苦。”李白《把酒问月》诗：“人攀明月不可得，月行却与人相随。”司空图《漫书》诗五之一：“逢人渐觉乡音异，却恨莺声似故山。”白居易《饮后夜醒》：“将归梁燕还重宿，欲灭窗灯却复明。”朱熹《答周叔谨》：“彦章书来，云欲见访，却不见到，不知何故。”《水浒传》第三十回：“施恩来了大牢里三次，却不提防被张团练家心腹人见了，回去报知。”

---

① 杨树达：《积微居小学述林》卷五，转引自《古文字诂林》第八册，2003年版，第111页。

② 蒙恬，秦国名将。藩篱，比喻边疆上的屏障。

③ 驽骀，nútái，资质低劣的马。

转折意谓弱化，引申表示动作行为的重复，可译为“再”“又”，例如《尔雅·释木》曰：“榆，白粉”，晋郭璞注：“枌榆，先生叶，却著荚；皮色白。”“却”，即“再”义。李白《白头吟》诗：“覆水却收不满杯，相如还谢文君回。”《敦煌变文·叶静能诗》：“神人至三更，取内人来于观内寝，恰至天明，却送归宫。”李商隐《雨夜寄北》诗：“何当共剪西窗烛，却话巴山夜雨时。”

第四节　“已经”常见用法及其源流

已经

已经，音 yǐjīng，副词，在 56008 个现代汉语常用词中，位列第 79 位。

（一）在现代汉语中的常见用法

已经，表示动作变化完成或时间已经过去。例如：“问题已经解决了。”“天已经黑了，妈妈在家等着急了。”

（二）产生与发展

副词“已经”，来源于“副词‘已’+（动词‘经’+谓词性结构）”的再分析①。副词“已”产生时代较早（参看第六章第二节“已”），在春秋之时已经出现，例如《论语·微子》：“道之不行，已知之已矣”。

动词“经”有经历、经过义，产生时代不晚于西周，例如西周晚期青铜礼器《虢季子白盘》铭文有“经纬四方”之语。后世承之，例如《楚辞·招魂》：“经堂入奥，朱尘筵些。”《管子·七发》：“不明于计数，而欲举大事，犹无舟楫而经于水险也。”《吕氏春秋·孝行》：“求之其本，经旬必得；求之其末，劳而无功。”《史记·樗里子甘茂列传》：“今之燕必经赵，臣不可以行。”

---

① 这里采用杨永龙先生的观点。参见杨永龙《“已经”的初见时代及成词过程》，《中国语文》2002 年第 1 期。张艳认为“已经”成词是“已”与“经”的同义合成，可备一说。参见张艳《“经”亦有“已经”义——兼谈“已经”的成词过程和时期》，《南京师范大学文学院学报》2009 年第 1 期。

"经"后可以跟谓词性结构，例如《后汉书·郎顗列传》："又恭陵火灾，主名未立，多所收捕，备经考毒。"《周书·独孤信列传》："然孤军数千，后援未接，贼众我寡，难以自固。既经恩降。理绝刑书。"

当"经"后接动词性结构时，词义开始虚化，由"经历""经过"义向表示经历、经过动作的时间迁移，表示"曾经"（强调事件过程结束）或"已经"（强调事件对现在和未来的影响）义。例如南朝梁《周氏冥通记》卷二："此中五人，三人已经来。""已经来"，即已曾来。梁沈约《宋书·明帝纪》载《大赦诏》（八月癸卯）："至乃假名戎伍，窃爵私庭，因战散亡，托惧逃役。且往诸沦逼，虽经累宥，逋窜之党，犹为实繁。""虽经累宥"，即虽然已经得到（朝廷）多次宽恕。又如唐房玄龄《晋书·刑法志》："文帝为晋王，患前代律令本注烦杂，陈群、刘邵虽经改革，而科网本密，又叔孙、郭、马、杜诸儒章句，但取郑氏，又为偏党，未可承用。""陈群、刘邵虽经改革"中，"经"引进的施动者"陈群、刘邵"提前，"经"的动词性质进一步弱化。

到了六朝晚期，动词"经"发展可以用来表示时间，衍化为副词，例如唐李延寿《南史·周山图传》："义乡县长风庙神姓邓，先经为县令，死遂发灵，山图启乞加神位辅国将军。""先经为县令"中，"经"前有副词"先"，后有动宾结构"为县令"，所以是个副词，犹言先前。唐朝令狐德棻《周书·萧察列传》："又不好声色，尤恶见妇人，虽相去数步，遥闻其臭。经御妇人之衣，不复更著。""御妇人之衣"是动宾结构，"经"修饰动宾结构，表示这件事造成的影响是"不复更著"，犹言已经。又如《周书·异域列传上》："被卖者号叫不服，逃窜避之，乃将买人指挥捕逐，若追亡叛，获便缚之。但经被缚者，即服为贱隶，不敢更称良矣。""但经被缚"中，"经"前有副词"但"修饰，"经"又修饰后面的动词"被缚"，显然也是个副词。但是"经"的这种用法很少，未能在口语中普及开来。我们查敦煌变文、王梵志诗等唐人口语材料，均未能发现"经"作"已经"的用例。寒山诗有"经眠虎头枕，昔坐象牙床"之语，此"经"与对句中的"昔"相对，表示"曾经"义；又："自从到此天台境，经今早度几冬春"，诗句中的"经今"，项楚注曰："犹云'至今'"，其中的"经"，我们认为是个介词。

副词"已"出现在"'经'+谓词性结构"组合中，一直到唐代都未真正成词，例如梁沈约《宋书·五行志一》："五行精微，非末学所究。

凡已经前议者，并即其言以释之；未有旧说者，推准事理，以俟来哲。”又《宋书·宗室列传》：“因纵兵，贼众奔败，即克盆口，进平寻阳。……玄虽窃名雄豪，内实恇怯，加已经奔败，众无固心。”但在六朝晚期，出现了两可的用例，例如梁释伽婆罗译《宝云经》：“所谓于声闻法已经修学，于缘觉法已经修学，于菩萨法已经修学，如是学已，威仪具足。”“已经修学”，既可分析为“已/经修学”，也可分析为“已经/修学”，前一种分析法中“经”是动词，后一种分析法中的“已经”显然是合成词，共同修饰后面的动词，衍化为副词。又如梁释宝亮等《大般涅槃经集解》卷第十八：“道生曰：‘前明（众生）除惑乃见（佛性），今明（众生）已经受化也。’”唐李延寿《北史·高道悦传》：“时道悦兄观为外兵郎中，澄奏道悦有党兄之负，孝文诏责。然以事经恩宥，遂寝而不论。”唐释义净《根本萨婆多部律摄》：“有二种衣，一未用衣，谓是新衣；二曾用衣，谓于三时随一时中已经受用。”义净译《根本说一切有部毗奈耶杂事》卷第九：“佛至园中，见彼被磨童男童女尚有残命，彼见佛时悉皆号泣。世尊即便在其一面，于所敷座就之而坐，告诸苾刍曰：劫比罗城诸释种子，已经三度被他屠杀，出大叫声。昔为渔人杀诸鱼类，复于聚落伤害诸人，今于此时被恶生所杀，尚有残命，出大叫声，与昔无异。”唐释般若译《大乘本生心地观经》卷第四：“往彼山中遇风雪，入于石窟而暂息。窟中往昔藏妙宝，已经久远无人知。”敦煌变文《悉达太子修道因缘》：“到雪山已经时久，耶输降下一子。”敦煌写卷《大目乾连冥间救母变文》：“业官启言大王：‘青提夫人亡来已经三载，配罪案总在天曹录事司太山都尉一本。’”诸例中“已经”均可作两种分析。

宋时才真正出现副词“已经”的用例，例如宋薛居正《旧五代史·明宗纪七》：“应私债出利已经倍者，只许征本；已经两倍者，本利并放。”《朱子语类·礼七·祭》：“且如绍兴中作《七十二子赞》，只据唐爵号，不知后来已经加封矣。”《朱子语类·论语十六·述而篇》：“要之，当时史官收诗时，已各有编次，但到孔子时已经散失，故孔子重新整理一番，未见得删与不删。”这种用法后世承之，例如《醒世姻缘传》卷三十七：“他已经入籍当差，赤历上有他父亲绸粮实户的名字，怕人怎的？”

第七章

汉语常用代词源流

代词是代替人或事物名称的词，起替代和指示作用。本章主要介绍“这”“他”“我”“之”“她”“其”“你”“它”“各”“本”“此”11常用单音节代词和“我们”“他们”“自己”“这个”“这样”“这些”“什么”7个常用双音节代词的用法及源流演变轨迹。

第一节 “这”“他”“我”“之”“她”常见用法及其源流

一 这

这，音 zhè，指示代词，在56008个现代汉语常用词中，位列第7位。

（一）在现代汉语中的常见用法

这，主要有两种用法：

1. 表示近指。例如：“这孩子十分聪明。”“这件事交给小明去负责完成。”

2. 表示时间。例如：“我这就走。”“明天这就到家喽。”

（二）产生与发展

这，《说文》不收，但是秦汉时已经出现，本义谓“迎接”。清秦笃辉《平书·文艺上》：“这，音彦，迎也。《正字通》：‘《周礼》：掌讶，主迎讶。讶，古作这。’毛晃曰：‘凡称此为者个，俗改用这字。这，乃迎也。’”《史记·孟尝君传》：“齐湣王不自得，以其这孟尝君，孟尝君至。”“这孟尝君”，即迎孟尝君。南北朝时，“这”读音未变，仍然是个动词。南朝梁顾野王《玉篇·辵部》：“宜箭切，迎也。”

作为近指代词，“这”产生时代较晚，大约在唐五代时期，例如唐寒山诗："夏天将作衫，冬天将作被，冬夏递互用，长年只这是。"不过除韵文外，"这"多与"个"结合，例如敦煌变文《维摩诘经讲经文》："这个修行是道场。"敦煌变文《庐山远公话》："这个老人来也不曾通名，去也不曾道字。"这两例在同篇文献中，指代词"这"也写作"此"，例如《维摩诘经讲经文》："此个名为真道场。"《庐山远公话》："此个老人前后听法来一年。"

唐宋时，近指代词"这"，也写作"者"，例如唐释齐己（863？—937？）《对菊》诗："蝶醉风狂半折时，冷烟清露压离披。欲倾琥珀杯浮尔，好把茱萸朵配伊。孔雀毛衣应者是，凤凰金翠更无之。何因栽向僧园里，门外重阳过不知。"敦煌变文《燕子赋》："者汉大痴，好不自知。"五代十国前蜀王衍《醉妆词》："者边走，那边走，只是寻花柳。那边走，者边走，莫厌金杯酒。"

也写作"遮"，例如敦煌变文《韩擒虎话本》："耐遮贼，临阵交锋，识认亲情。"五代王定保《唐摭言》卷五："遮阿师更不要见，便把拽出得。"

也写作"只"，例如唐王梵志诗："生亦只物生，死亦只物死。来去不相知，苦乐何处是？唯见生人悲，未闻啼哭鬼。"句中"只物"，项楚先生注："这麽，如此。'只'就是'这'，'物'就是'麽'。"[①] 唐释慧海《大珠禅师语录》卷上《顿悟入道要门论》："若了了自知住在，住时只物在，亦无住处，亦无无住处也。"又如敦煌变文《大目乾连冥间救母》："积善之家有余庆，皇天只没杀无辜。""只没"，即"这么"。

唐宋时，近指指代词的多种写法，说明此时它正处于激烈的演变过程中。

唐以后，口语中近指代词慢慢定型用"这"，一直到今天。例如唐《镇州临济慧照禅师语录》："如何是佛法大意。师便喝，僧礼拜。师云：'这个师僧，却堪持论。'问师唱谁家曲，宗风嗣阿谁。师云：'我在黄檗处。'三度发问三度被打。"宋欧阳修《阮郎归》词："去年今日落花时。依前又见伊。……才会面，便相思，相思无尽期。这回相见好相知。相知已是迟。"苏轼《踏莎行》词："这个秃奴，修行忒煞。云山顶上空持戒。"宋《朱子语类·理气上·天地上》："孔子见这四字好，便挑开说

① 项楚：《王梵志诗校注》增订本，上海古籍出版社2010年版，第691页。

了。”又“他这名义自定，心便是他个主宰处，所以谓天地以生物为心。”《朱子语类·理气下·天地下》：“这都未理会得。……而今某自不曾理会得，如何说得他是与不是。这也是康节说恁地。”元王晔《桃花女破法嫁周公》楔子：“这早晚是时候了，待我披开头发，倒坐门限上，把马杓儿敲三敲，叫三声石留住待。”元杨文奎《儿女团圆》第二折：“我将到家中，我那浑家可不有乳食，把这女孩儿抬举成人长大。”明《二刻拍案惊奇》卷二十二：“这许多田地，大略多是有势之时，小民投献，富家馈送，原不尽用价银买的。”《京本通俗小说·西山一窟鬼》：“打脊魍魉！你这厮许了我人情又不还。”

近指代词“这”，直接来源于“者”。段玉裁《说文解字注·白部》云：“者，别事词也。言主于别事，则言者以别之。……凡俗语云‘者个’、‘者般’、‘者回’皆取别事之意。不知何时以‘迎这’之‘这’代之。”段氏受材料的限制，未能弄清楚指示代词“这”代替“者”的时间。

者，上古本是辅助性代词，例如：“仁者，爱人”“陈胜者，阳城人也，字涉。吴广者，阳夏人也，字叔。”到了两汉时，“者”有了指示代词的用法，例如《汉书·艺文志·诸子略》：“儒家者流，盖出于司徒之官。”“儒家者流”，即儒家这一类人。到了唐宋时，口语中近指代词语音发生了变化，开始由上声变成了去声，吕叔湘先生曾举宋代的两个例子①，一是宋杨万里《诚斋集·舟过安仁五首之四》（《四部丛刊》影印日本钞宋本）：“南风作雨北风休，岂是春云得自由。只者天时过湖得，长年报道不须愁。”“者”字下自注“去声”。一是宋佚名《朝野遗记》（涵芬楼排印本）：“刘贡父觞客，子瞻有事，欲先起。刘调之曰：‘幸早里，且从容。’子瞻曰：‘奈这事，须当归。’各以三果一药为对。”例中“这”，谐音“蔗”，“蔗”去声（刘贡父出联的三果一药：“幸早里”谐“杏枣李”，“从容”谐中药名“苁蓉”；苏轼对联的三果一药：“奈这事”谐“柰蔗柿”，“当归”，即中药名）。于是语言实际中，人们最终选择了去声的“这”来作近指代词。

近指代词“者”，六朝后写作“堵”。堵，从“者”得声，堵、者二

---

① 吕叔湘、江蓝生：《近代汉语指代词》，学林出版社1985年版，第185—186页。又见吕叔湘《漫谈语法研究》，《中国语文》1978年第1期；吕叔湘等《语法研究入门》，马庆株编，商务印书馆1999年版，第6—7页。

字古音相同。《汉书·张释之传》："张释之字季，南阳堵阳人也。"唐颜师古注："堵音者。"《说文·白部》："者，别事词也。"六朝时有指示代词"阿堵"，如南朝宋刘义庆《世说新语·文学》："殷中军见佛经云，理亦应阿堵上。"又《世说新语·规箴》："王夷甫雅尚玄远，常嫉其妇贪浊，口未尝言钱字。妇欲试之，令婢以钱绕床不得行。夷甫晨起，见钱阂行，呼婢曰：'举却阿堵物。'"清郝懿行《晋宋书故》："阿堵，音者，即今人言这个。阿，发语词。堵，从者声，义得相通。"近指代词"堵"，在唐代还能偶尔见到，例如王梵志诗："天下恶风俗，临丧命犊车。男婚傅香粉，女嫁著钗花。尸棤阴地卧，知堵是谁家？""知堵是谁家？"即知道这是哪一家？

近指代词"这"，与"时"结合，起于晚唐五代，例如后唐《县令两税征科公事奏》（天成三年二月）："其所欠税额，如依前不纳，便可直由感情中责罚，这时，以定轻重。"《朱子语类·论语三十·微子篇》"子路从而后"："这时虽大纲做，行不行亦自有小小从违处，所谓义也。"晚清以来口语中"这时"快读和轻音化，zhe+shi=zhei，常单用"这"表示时间。例如清石玉昆《小五义》第七十三回："那人说：'可不是么！来了，来了！你看，这就来了！'"清贪梦道人《彭公案》第一百二十二回："（挑水的）听金眼雕说给银子一块，他连连答应说：'老爷子，你头里等我，这就到。'"清张杰鑫《三侠剑》第一回："秦尤羞恼成怒，遂亮出匕首，竟将桌角断去，言说割袍断义，划地绝交。叫道：'韩贤弟，哥哥这就走。'"

二　他

他，音 tā，人称代词，在 56008 个现代汉语常用词中，位列第 11 位。

（一）在现代汉语中的常见用法

他，用作第三人称代词，主要有以下三种用法：

1. 称呼第三者。例如："小明他明天回来吗？""今天李书记他来不了啦，昨天出差还没有回来。"

2. 虚指。例如："盖他三间大瓦房。""睡他一个好觉，醒来什么事情都没有了。"

3. 旁指。例如："他日，我一定会感谢您的。""洞房花烛夜，他乡遇故知。"

（二）产生与发展

他，《说文》不收。本义为旁指代词，别的，其他的，字也作它、佗等（下文统一作他）。例如《诗经·王风·葛藟》："谓他人父，亦莫我顾。""谓他人父"，即呼喊别人家的爸爸。《诗经·郑风·褰裳》："子不我思，岂无他人。"[①]《左传·隐公元年》："制，岩邑也……他邑惟命。""他邑"，即其他的城邑。《论语·子张》："孟庄子之孝也，其他可能也，其不改父之臣与父之政，是难能也。"[②]《墨子·非儒下》："他人不知，已独知之。"《孟子·梁惠王下》："王顾左右而言他。"[③]《史记·高祖本纪》："于是沛公乃夜引兵从他道还。""他道还"，即从其他的路上返回。唐人王梵志诗："羊即辛苦死，人去无破伤。命绝逐他走，魂魄历他乡。"韩愈《答窦秀才书》："愈少驽怯，于他艺能，自度无可努力。"引申特指别人。例如《左传·成公二年》："萧同叔子非他，寡君之母也。"北凉昙无谶《佛所行赞·离欲品第四》："见他老病死，不知自观察。"

第三人称，是你我之外的"旁人，别人"，故引申出第三人称代词，其萌生时代大约在六朝早期。例如南朝齐求那毗地译《百喻经·妇诈称死喻》："妇无贞信，后于中间共他交往。"北齐魏收《魏书·尔朱度律传》："汝既荷国恩，无状反叛，我何忍见他屠戮汝也。"诸例中"他"既可以理解为旁指，也可以理解为第三人称。柳士镇先生认为，当出现代替前面已经提到的某一个确定的人，或者代替在场的对话之外的第三人时，"他"就成为真正的第三人称代词了[④]，如姚秦弗若多罗与鸠摩罗什译《十诵律》："妇见打比丘，故语夫言：'何以打他？'"《百喻经·一鸽喻》："雄鸽见已，方生悔恨：'彼实不食，我妄杀他。'"

第三人称代词"他"虽起于六朝，但是"形成与确立则应当是唐代的事情"[⑤]，《北史·齐景思王传》："食鸡羹，何不还他价直（值）也？"唐王梵志诗："使者门前唤，忙怕不容迟。裸体逐他走，浑舍共号悲。""逐他走"，即跟随他（"使者"，伺命鬼）走。又："天子与你官，俸禄

① 句子大意是：你不想念我，难道就没有别人（想念我）？

② 句子大意是：孟庄子的孝，别的都容易做到，而他不改换父亲的旧臣和父亲的政治措施，这是别人很难做到的。

③ 句子大意是：齐宣王回头左右张望，把话题扯到其他方面去了。

④ 柳士镇：《魏晋南朝历史语法》，南京大学出版社1992年版，第157页。

⑤ 同上书，第158页。

由他授。”“由他授”，即由上句提到的“天子”授。又如唐李玫《纂异记》(《太平广记》卷五十引)：“不可近他贵婿。”唐元稹《遣悲怀》诗：“谢公最小偏怜女，自嫁黔娄百事乖。顾我无衣搜荩箧，泥他沽酒拔金钗。”泥，央求义。泥他沽酒拔金钗，意谓恳请她帮我打点酒，她就会拔下头上的金钗去换钱买酒。唐寒山诗：“仲翁自身亡，能无一人哭。吃他杯脔者，何太冷心腹。”《大唐起居注》上：“且我辈无故远来，他又不与我战。”《隋唐嘉话》卷下：“阿师当向北门出入，南衙宰相往来，勿犯他。”

晚唐五代后以后，替代的内容虚化，演变成虚指代词。敦煌本《搜神记》：“我遣汝早去，因何违他期日？”《河南程氏遗书》卷二：“自古元不曾有人解‘仁’字之义，须于‘道’中与他分别出五常。”宋辛弃疾《祝英台近·晚春》词：“鬓边觑，试把花卜归期，才簪又重数。罗帐灯昏，哽咽梦中语：是他春带愁来，春归何处，却不解、带将愁去。”这里的“他”既可解作梦中的情人游子，也可指代春天，语义明显虚化。明《初刻拍案惊奇》卷二：“是你妹子，密地相认了，再做道理。不是妹子，睡他娘一晚，放他去罢！”“睡他娘一晚”，粗鄙俗语，意谓行男女之事，“他娘”之“他”虚指。又如明《西游记》第三十二回：“行者又飞来，着耳根后又啄了一下。呆子慌得爬起来道：‘这个亡人，却打搅得我狠！想必这里是他的窠巢，生蛋布雏，怕我占了，故此这般打搅。罢！罢！罢！不睡他了！’搴着钯，径出红草坡，找路又走。”清《儿女英雄传》第三十五回：“他听了这句，心里先有些说不出口的不愿意。转念一想：‘今日这一天的闷葫芦可叫人怎么打呀！倒莫如遵着太太的话，睡他一大，倒也是个老正经。’”

三　我

我，音 wǒ，人称代词，在 56008 个现代汉语常用词中，位列第 16 位。

（一）在现代汉语中的常见用法

我，称代自己。例如：“我就来，你们先走。”引申泛称代替“我们”，例如：“我校”“我军”“敌我不分”。

（二）产生与发展

我，《说文·我部》：“施身自谓也。”甲骨文字形像一把刃部呈锯齿状的长柄斧钺，本义是一种特殊的刑具，假借为第一人称代词。后世假借义行而本义废。例如《诗经·小雅·采薇》：“昔我往矣，杨柳依依。”[①]可以代替第一人称单数。例如西周金文《大盂鼎》：“我闻殷述命……古丧师。”[②] 述，通“坠”，“我闻殷述命”，即我听说殷朝丧失了上天所赐予的大命。《诗经·大雅·抑》：“投我以桃，报之以李。”句子意思是，他投给我桃子，我回报他李子。《庄子·秋水》：“子非我，安知我不知鱼之乐?”《战国策·齐策一》：“我孰与城北徐公美?”隋杨素《赠薛播州》诗：“吊影余自怜，安知我疲病!”韩愈《送李愿归盘谷序》：“大丈夫不遇于时者之所为也，我则行之。”清《二十年目睹之怪现状》：“明日我便收拾行李，别过众人，仍旧渡过江去。”

也可代替第一人称复数。例如《尚书·盘庚上》：“古我先王暨乃祖乃父，胥及逸勤。”[③] “我先王”，即我们的先王，复数。《左传·庄公十年》：“彼竭我盈，故克之。”我，即指我军。又如《国语·周语中》：“我周之东迁，晋郑是依。”《诗经·大雅·皇矣》：“陟我高冈，无矢我陵，我陵我阿。无饮我泉，我泉我池。”[④] 《史记·吴泰伯世家》：“秋，吴伐楚，楚败我师。”这种用法一直延续到现代，例如《红楼梦》第五回：“吾不忍君独为我闺阁增光，见弃于世道。”

词义虚化，表示不定指，一般具有描绘的特点。例如明《水浒传》第二十七回：“若还结果了他，那厮们你我相传，去戏台上说得我等江湖上好汉不英雄。”明《初刻拍案惊奇》卷十四：“丁戍到了船中，与同船之人正在船里大家说些闲话，你一句，我一句，只见丁戍忽然跌倒了。”明《二刻拍案惊奇》卷二十六：“三个女儿，你一句，我一句，说道：‘亲的只是亲，怎么这等见弃我们?’”《儒林外史》第一回：“三人你一句，我一句，说个不了。”《红楼梦》第一回：“乱烘烘，你方唱罢我登场，反认他乡是故乡。”

---

① 句子大意是：过去我出征时，杨柳依依随风摇曳。

② 古，通“故”。古丧师：所以丧失了军队。

③ 句子大意是：过去我们的先王以及你们的祖辈你们的父辈，都是共逸同劳的。

④ 句子大意是：登上我们的高冈，不要陈兵我们的山陵，我们的山陵啊我们的高冈。不要贪饮我们的泉水，我们的泉水呀我们的池塘。

四　之

之，音 zhī，在 56008 个现代汉语常用词中，位列第 36 位。

（一）在现代汉语中的常见用法

1. 代词。古汉语的遗留，大致相当于宾语位置的“他、它”。例如：“对于来犯的敌人，将全部彻底地消灭之。”“三人中，老王最长，小李次之，小孙最小。”

2. 助词。古汉语遗留下来的结构助词，其用法大致相当于“的”。用在定语与中心与之间，表示偏正关系。例如：“光荣之家”“赤子之心”。用于主谓结构之间，使之变成偏正结构。例如：“战斗之惨烈，前所未有。”“各地有先后发展之不同。”用来表示分数，份数（这种用法不能用“的”代替）。例如：“约占五分之一。”“这是其中之一部。”

（二）产生与发展

之，《说文·之部》：“出也。象屮过中[①]，枝茎益大，有所之。”段注：“引伸之义为往。”

之，甲骨文字形呈“一”（代表地）上“止”（趾）形，表示由此地到彼地，本义为“前往”。许慎释义不确，段玉裁将本义误为引申义。《尔雅·释诂上》：“之，往也。”《小尔雅·广诂》：“之，适也。”适，即前往。《易经·鼎·象传》：“慎所之也。”孔颖达疏：“之，往也。”《孟子·梁惠王上》：“牛何之？”意思是说“牛到哪儿去？”

“之”的前往义，必然含有目的地或方向，故可以表达“这”或“那”的意思，于是指示代词用法产生了。指示作用可以很弱，例如《孟子·梁惠王上》：“天油然作云，沛然下雨，则苗勃然兴之矣。”《诗经·周南·关雎·序》：“情动于中，而形于言；言之不足，故嗟叹之；嗟叹之不足，故永歌之；永歌之不足，不知手之舞之，足之蹈之也。”指代性质也可以很强，例如《左传·庄公二十年》：“寡人闻之：‘哀乐失时，殃咎必至。’今王子颓歌舞不倦，乐祸也。”之，代替下文“哀乐失时，殃咎必至”。又如《论语·颜回》：“商闻之矣：‘死生有命，富贵在天。’”《礼记·檀弓下》：“夫子曰：‘小子识之：苛政猛于虎也。’”《史记·廉颇蔺相如列传》：“均之二策，宁许以负秦曲。”“均之二策”，即权衡这两

① 屮，chè，草木刚发芽。

种策略。

指示代词，被用在复指宾语上，起强调作用。例如《诗经·鄘风·桑中》："爰采唐矣？沬之乡矣。云谁之思？美孟姜矣。"云，助词，无义。"谁之思"，即"思谁"，想念谁；之，复指宾语"谁"，起强调作用。又如《左传·襄公二十八年》："我，一人之为，非为楚也。""一人之为"，即"为一人"；之，复指宾语"一人"，前置。又如《荀子·王制》："传曰：'君者，舟也；庶人者，水也。水则载舟，水则覆舟。'此之谓也。"

之，用作指示代词，既可指物，也可指人。例如《左传·庄公十年》："彼竭我盈，故克之。""克之"，即战胜他们，之，代替敌方。又如《诗经·邶风·谷风》："凡民有丧，匍匐救之。"之，代替前文的"民"。也可以指物，例如《论语·里仁》："富与贵，是人之所欲也，不以其道得之，不处也；贫与贱，是人之所恶也，不以其道得之，不去也。""不以其道得之"之"之"分别代替"富与贵""贫与贱"，代替事物。

指示代词可以修饰名词，起强调作用。例如《庄子·逍遥游》："之二虫，又何知？"之，指示代词，这。二虫，指蜩与学鸠。又何知，即"又知何"。当"之（指示代词）+名词"前面还有修饰限制成分时，"之"的指代性质被前面的修饰限制成分所弱化，相当于"他（们）的""它（们）的"，经过重新分析，可以认定为结构助词。例如《论语·公冶长》："子曰：'求也，千室之邑，百乘之家，可使为之宰也，不知其仁也。'"《左传·昭公十九年》："楚子之在蔡也，郹阳封人之女奔之，生大子建。及即位，使伍奢为之师。""千室之邑，百乘之家""封人之女"中的"之"既可以看作是代词，也可以看作是连接定语与中心语的助词。又如《诗经·召南·羔羊》："羔羊之皮，素丝五紽。退食自公，委蛇委蛇。"《论语·八佾》："子曰：'管仲之器小哉！'"《左传·襄公十九年》："子然、子孔，宋子之子也。"《孟子·告子上》："然则犬之性犹牛之性，牛之性犹人之性与？"《论语·颜渊》："樊迟从游于舞雩①之下，曰：'敢问崇德，修慝②，辨惑。'"《礼记·檀弓下》："军有忧，则素服哭于库门之外。"末两例，"之"后带方位词，现在还用，例如："三里之

① 舞雩，wǔyú，地名，鲁国求雨的高坛，在今曲阜市东。

② 慝，tè，奸邪，邪恶。修慝，消除邪念。

外，必有伏兵。”引申用于表示数字，例如《国语·晋语三》“猗兮违兮，心之哀兮。岁之二七，其靡有徵兮。”“岁之二七”，即年纪在二七（14岁）。这种用法，引申到分数表达中，表示占其中的多少。例如《墨子·七患》：“岁馑，则仕者大夫以下，皆损禄五分之一；旱，则损五分之二；凶则损五分之三。馈，则损五分之四；饥，则尽无禄，禀食而已矣。”《孙子·军争》：“五十里而争利，则蹶上将军，其法半至。三十里而争利，则三分之二至。是故军无辎重则亡，无粮食则亡，无委积则亡。”

指示代词“之”，用于主谓之间，整个结构充当大句成分时，指示性质更加虚化，例如《尚书·秦誓》：“人之有技，若己有之。”“人之有技”，主谓结构充当整个句子的主语，其中的“之”起取消句子独立性的作用。又如《论语·八佾》：“天下之无道也久矣。”《左传·僖公二十三年》：“刑之不滥，君之明也。”《史记·项羽本纪》：“此天之亡我也，非战之罪也。”

五　她

她，音 tā，第三人称代词，在 56008 个现代汉语常用词中，位列第 55 位。

（一）在现代汉语中的常见用法

她，书面上专门用来称代女性。引申称谓自己敬爱或珍爱的事物，如祖国，故乡等。

（二）产生与发展

古代汉语中，第三人称代词“他”产生较晚，大约在六朝时期（参见本书第七章第一节“他”条），而“她、他、它（牠）”只有书面的分别，口语表达无法分开。

书面语中，第三人称女性代词“她”，产生时代非常晚，起于“五四”时期，当时倡导男女平等，于是，白话运动的先驱们用“她”字代表第三人称的女性。1917 年刘复翻译英国戏剧《琴魂》，最早采用女性第三人称代词“她”①。康白情《北京学生界男女交际的先声》（《晨报》1919 年 5 月 20 日第七版）一文两次使用“她”字，俞平伯《狗与褒章》（《新潮》杂

① 刘复《琴魂》：“我们俩同到她那长眠的所在，去和她话别，因为一时玫瑰甚多，我先采了无数玫瑰，把她周身都盖满了，然后提起你来，叫你唱歌给她听。”（见《中国现代散文经典文库·刘半农卷》，大众文艺出版社 2005 年版，第 34 页）

志1920年4月第2卷第3号）一文用了近40次“她”字[①]，但是这些文章中“她”的使用影响都有限，未能被广大民众所接受而推广开来。

1920年8月9日，刘复《“她”字问题》发表在上海《时事新报·学灯》上，刘复提出：“一、中国文字中，要不要有一个第三位阴性代词？二、如其要的，我们能不能就用‘她’字？……我现在还觉得第三位代词，除‘她’字外，应当再取一个‘它’字，以代无生物。”刘复1920年9月4日在英国伦敦写了一首诗《叫我如何不想她》[②]，抒发了诗人对祖国和亲人的思念和热爱，感人至深，产生了广泛的共鸣，引起人们对“她”字的注意。此诗后经赵元任先生谱曲，迅速在国内流行开来，第三人称代词“她”，在书面上终于从“他”中独立分离开来。

她，其实是个古字，《玉篇·女部》：“她，同‘姐’。古文亦作‘毑’。”《集韵·马韵》：“姐、毑、她、媎：之野切。《说文》：‘蜀谓母曰姐，淮南谓之社。’古作毑，或作她、媎。”《字汇》：“她，兹野切，音姐，长女。又臧可切，音左，《博雅》：婢母也。”

可见，在古代，她，除了作女子人名用字外，就是方言中作为“姐”的异体字而存在，跟第三人称女性代词没有任何关系。“五四”后，“她”由于在字形上与“他”相对[③]，旧字新用，焕发出新的生命力。

第二节 “其”“你”“它”“各”“本”“此”常见用法及其源流

一 其

其，音qí，代词，在56008个现代汉语常用词中，位列第68位。

---

① 见《陶然亭的雪——俞平伯散文》，浙江文艺出版社2015年版，第147—150页。

② 此诗原名《情歌》（《晨报副刊》1923年9月16日）：天上飘着些微云，地上吹着些微风。啊！微风吹动了我头发，教我如何不想她？月光恋爱着海洋，海洋恋爱着月光。啊！这般蜜也似的银夜，教我如何不想她？水面落花慢慢流，水底鱼儿慢慢游。啊！燕子你说些什么话？教我如何不想她？枯树在冷风里摇，野火在暮色中烧。啊！西天还有些儿残霞，教我如何不想她？

③ 刘复《她字问题》：“因为这一符号，形式和‘他’字极像，容易辨认，而且又有显然的分别，不至于误认，所以尽可以用得。”（引自《中国现代散文经典文库·刘半农卷》，大众文艺出版社2005年版，第83页）

（一）在现代汉语中的常见用法

1. 第三称代词。例如："各得其所""任其自然"。

2. 指代词。例如："查无其事""有其父必有其子"。

（二）产生与发展

其，象形字。甲骨文字像簸箕形。《说文·箕部》："箕，簸也。从竹，𠀠象形，下其丌也。其，籀文箕。"其，本义为簸箕，今音 jī。

借为第三称代词（非独指人），读 qí，犹言"他（她、它）的""他（她、它）们的"。例如《诗经·周南·桃夭》："桃之夭夭，灼灼其华。之子于归，宜其室家。"《论语·先进》："亦各言其志也已矣。"《庄子·逍遥游》："北冥有鱼，其名为鲲。"《商君书·靳令》："圣君之治人也。必得其心。"曹操《步出夏门行·观沧海》："日月之行，若出其中。"

由形容词性的代词转指为名词性的代词，表示"他（她、它）""他（她、它）们"。例如《史记·廉颇蔺相如列传》："秦王恐其破璧。"又《史记·老子韩非列传》："鸟，吾知其能飞；鱼，吾知其能游。"韩愈《师说》："余嘉其能行古道，作《师说》以贻之①。"

又借作指示代词，或表示近指，犹言"这、这些"。例如《史记·孝文本纪》："其岁，新垣平事觉。"② 汉刘向《列女传·楚成郑瞀传》："且其人蜂目而豺声，忍人也。"③ 曹操《与荀彧书追伤郭嘉》："其人见时事兵事过绝于人。"又《加枣祗子处中封爵并祀祗令》："其时岁则大收。"或表示远指，犹言"那，那些"。例如《左传·僖公十五年》："二三子何其戚也！"《论语·八佾》："尔爱其羊，我爱其礼。"④《史记·滑稽列传》："至其时，西门豹往会河上。"

其，为借义所专用，簸箕之本义，便另加义符"竹"写作"箕"来表示（《说文·竹部》："箕，簸也。"）例如《战国策·齐策》："齐婴儿谣曰：人冠若箕，修剑柱颐。"《庄子》："箕之簸物也，虽去粗留精，然要其终，皆有所除。"汉李尤《箕铭》："箕主簸扬，糠秕乃陈。"

---

① 嘉，赞许，嘉奖。贻，赠送，赠予。

② 句子大意是：这一年，新垣平（欺诈）的事情被发觉了。

③ 句子大意是：况且这个人眼睛像黄蜂，声音像豺狼，是个残忍的人。

④ 句子大意是：你爱那个羊，我爱那个礼。

二　你

你，音nǐ，在56008个现代汉语常用词中，位列第69位。

（一）在现代汉语中的常见用法

你，第二人称代词。例如："你在哪儿工作？""你校有多少学生？"泛指任何人。例如："她说的话叫你哭笑不得。""你要想成绩好，必须努力。"

（二）产生与发展

你，源于第二人称的"尔"[①]，是语音分化的结果，书面上经历了"尔→尒→伱→你"的演化过程。《玉篇·人部》云："伱，乃里切。尒也。""尔"在南北朝时，语音开始分化。尔为儿氏切，你为乃里切。语音的分化大概起于西北方音。《广韵·止韵》："伱，秦人呼旁人之称。乃里切。"明方以智《通雅·疑始》："尔、汝、而、若，乃一声之转，尔又为尒，尔又音宁礼切，俗作你。"吕叔湘先生指出，唐人所纂《北齐书》《周书》等史书中均出现过"你"字[②]，例如唐李百药撰《北齐书·高德政传》："帝大怒，召德政问之曰：'闻尔病，我为尔针。'"《北齐书·太原王绍德传》："你父打我时，竟不来救。"《北齐书·高阿那肱传》："初，天保中，显祖自晋阳还邺，阳愚僧阿秃师于路中大叫，呼显祖姓名云：'阿那瑰终破你国。'"《北齐书》中，第二人称"尔""你"同现。《周书·异域传下·突厥》："其主初立，近侍重臣等舆之以毡，随日转九回，每一回，臣下皆拜。拜讫，乃扶令乘马，以帛绞其颈，使才不至绝[③]，然后释而急问之曰：'你能作几年可汗？'"《北齐书》《周书》中的这些用例"你"，都是出现在人物对话中，说明在唐人看来，史书所载说话人的时代"你"已经产生了，据此，我们认为，第二人称代词"你"可以看成在南北朝的后期形成。

到了唐代，"你"已经很盛行了，俗文学中的第二人称"你"用例非常多，例如王梵志诗中"你"71见次，如006首："他家笑吾贫，吾贫极快乐。无牛亦无马，不愁贼抄掠。你富户役高，差科并用却。吾无呼唤

① 日本的平山久雄等认为第二人称"你"来源于"汝"，参见《中古汉语鱼韵的音值——兼论人称代词"你"的来源》，《中国语文》1995年第5期。

② 吕叔湘：《近代汉语指代词》，江蓝生补，学林出版社1985年版，第4—5页。

③ "以帛绞其颈，使才不至绝"，意谓用布帛缠绕他的脖子，但不至于使他断气。

处，饱吃常展脚。你富披锦袍，寻常被缠缚。穷苦无烦恼，草衣随体著。”009 首：“设却百日斋，浑家忘却你。钱财他人用，古来寻常事。”022 首：“身入黄泉下，他吃他人著。破除不由你，用尽遮他莫。”031 首：“村头语户主，乡头无处得。在县用纸多，从吾相便贷。我命自贫穷，独办不可得。合村看我面，此度必须得。后衙空手去，定是搦你勒。”第 031 首中，“你”与“吾”“我”相对，第二人称代词的指代功能非常清楚。又如敦煌变文《燕子赋》：“是你下牒言我，恐你到头无益。火急离我门前，少时终须吃掴。”诸例“你”词义较实在，也出现词义较虚的，例如王梵志诗 003 首：“家口总死尽，吾死无亲表。急首卖资产，与设逆修斋。托生得好处，身死雇人埋。钱遣邻保出，任你自相差。”此例中“你”意义较虚，是除“我”之外的其他任何人，虚指用法较为明显。又如《隋书·五行志》：“狐截尾，你欲除我我除你。”元施惠《幽闺记》第九出：“众兄弟，你我不是别人，虎头山草寇是也。寨中有五百名喽罗，你我却是头领。”

三　它

它，音 tā，在 56008 个现代汉语常用词中，位列第 75 位。

（一）在现代汉语中的常见用法

它，第三人称代词，书面上称代人以外的事物。例如：“自行车你又不用，在家里还占空间，卖了它，还可以换两钱花花呢。”

（二）产生与发展

它，《说文·它部》：“虫也。从虫而長，象冤曲垂尾形。上古艸居患它，故相問無它乎?”它，甲骨文字像蛇形，其本义谓“蛇”，假借为代词。段注：“其字或叚佗为之，又俗作他。经典多作它，犹言彼也。”清徐灏《说文解字注笺》：“古无他字，假它为之，后增人旁作佗，而隶变为他。”《玉篇，它部》：“它，蛇也。”《集韵·麻韵》：“它，虵属。”宋罗泌《路史·疏仡纪·高阳》：“四它卫之。”意即四蛇守卫者。清顾祖禹《读史方舆纪要·浙江·湖州府》：“杼山上有避它城。”“避它城”，即避蛇城。

它，假借作旁指代词，别的，其他的，例如《易经·比》：“有孚盈缶，终来有它吉。”孔颖达疏：“更有他人并来而得吉。”《国语·周语中》：“且夫兄弟之怨，不征于它，利乃外矣。”《诗·小雅·鹤鸣》：“它山之石，可以攻玉。”唐陆德明《经典释文》：“它，古他字。”《荀子·不苟》：“君子养心莫善于诚，至诚则无它事矣。”《汉书·陆贾传》：“赐贾橐中装直千金，它送亦千金。”《后汉书·姜肱列传》：“肱托以它辞，终不言盗。”

后增“亻”作“佗”，例如《左传·隐公元年》：“制，岩邑也，虢叔死焉，佗邑惟命。”字亦作“他”，例如《诗经·郑风·褰裳》：“子不我思，岂无他人?”《左传·成公二年》：“萧同叔子非他，寡君之母也。”《孟子·万章上》：“在他人则诛；在弟则封之。”

汉魏以后，汉语第三身代词“他”出现，不分性别，不分人物和事物。例如南朝梁释慧皎《高僧传》卷六《义解三·释慧持》：“释慧持者，慧远之弟也。冲默有远量。年十四，学读书，一日所得，当他一旬。”也有写作“它”的，例如北朝魏杨衒之《洛阳伽蓝记》卷二：“虽造作经象，正欲得它人财物；既得它物，贪心即起。”宋朱熹《朱子语类·论语十四·孟子反不伐章》：“若冯异乃是战时有功，到后来事定，诸将皆论功，它却不自言也。”它，称代冯异，第三人称代词。以上各例称代人，也用来称代事物，例如《朱子语类》卷九十七《程子之书三》：“杨志仁问明道说话，曰：‘最难着须是轻轻地挨傍它，描摸它，意思方得。’”词义泛化，不实指。例如《秦并六国平话》卷上：“有善事底褒奖它，使人知劝；有恶事底贬责它，使人知怕。”

“五四”新文化运动以后，书面语中，“她”“它”从第三人称代词“他”中分离开来，“她”专指第三人称阴性，“它”专代无生命事物，“他”一般代指第三人称阳性。

四　各

各，音 gè，在 56008 个现代汉语常用词中，位列第 92 位。

（一）在现代汉语中的常见用法

1. 代词。遍指代词，表示某个范围内的所有个体。例如：“各位”“各单位”。

2. 副词[①]。表示分别作，或分别具有。例如：“左右厢房各有一个小

① 《现代汉语词典》《现代汉语八百词（增订本）》《现代汉语常用词用法词典》等均把用于谓词性结构前的“各”认定为副词，这里从众。不过，这种用法的“各”其实仍旧是个代词。参见邢福义《词典的词类标注：“各”字词性辩》，《语言研究》2013 年第 1 期。

门。”“我们各取所需”。

（二）产生与发展

各，《说文·口部》：“异辞也。从口夊。夊[①]者，有行而止之，不相听也。”段注：“词者，意内而言外。异为意，各为言也。”

甲骨文从夂（倒“止”，即趾），从口（古人穴居的洞口）会意。许慎析形、释义皆不确。各，本义为到来。例如周《小盂鼎》：“王各周庙”，《师毛父鼎》：“旦，王各于大室”，《元年师兑毁》：“王在周，各康庙”，三例“各”均表“至”意。字亦作“佫”，例如西周早期《执卣》：“尹佫于宫。”（《殷周金文集成释文》第四卷，第10册第5391图）西周中期的《师虎簋》：“佫（各）于大室。”（《殷周金文集成释文》第三卷，第8册第4316图）

假借为遍指代词，明《正字通》：“各，凡事物离析不相合，皆谓之各。”例如《诗经·鄘风·载驰》：“女子善怀，亦各有行。”孔颖达疏：“各，不一之辞。”《周易·系辞下》：“交易而退，各得其所。”“各得其所”，即每个都得到自己所需要的东西。秦《睡虎地秦墓竹简》：“而遗仓啬夫及离邑仓佐主禀者各一户以气（饩）。”[②]《史记·留侯世家》：“四人前对，各言名姓。”　《史记·大宛列传》：“令外国客遍观各仓库府藏之积。”[③]

用在动词前，表示群体中的不同个体与动作行为的关系，前面有主语时，“各”演化为副词。例如《楚辞·离骚》：“民生各有所乐兮，余独好修以为常。”汉贾谊《论积贮疏》“使天下各食其力……则畜积足而人乐其所矣。”[④]《史记·楚世家》：“齐秦各自称为帝。”《史记·伯夷列传》“道不同，不相为谋，亦各从其志也。”《孔雀东南飞》：“执手分道去，各各还家门。”[⑤] 晋陶渊明《桃花源记》：“余人各复延至其家，皆出酒食。”唐萧颖士《仰答韦司业垂访》诗：“物各有所好，违之伤自然。”晋干宝《搜神记·韩凭妻》：“又有鸳鸯雌雄各一，恒栖树上。”唐杜牧《阿房宫

① 夊，suī，慢行貌。《说文·夊部》：“夊，行遲曳夊夊，象人两胫有所躧也。”

② 仓啬夫，官名。离邑，乡间。仓佐，官名。禀气，发放粮食。句子大意是：而给仓啬夫和乡间主管禀给的仓佐各一扇仓门，以便发放粮食。

③ 句子大意是：叫外国来客观看各地每个仓库储藏的东西。

④ 句子大意是：假使天下的人都自食其力……就会储备充足而人人安居乐业了。

⑤ 句子大意是：拉手告别而分道离去，各自回到（自己）家里。

赋》"嗟夫！使六国各爱其人，则足以拒秦。"使六国各爱其人，意思是说，假使六国各国都爱自己的老百姓，就足以抗拒秦国了。

五 本

本，音 běn，在 56008 个现代汉语常用词中，位列第 115 位。

（一）在现代汉语中的常见用法

1. 代词。

（1）表示说话人自己或自己所在的一方。例如："本人""本单位"。

（2）近指，这。例如"本书""本办法"。引申用于时间前，表示"现今的"，例如："本年度""本世纪"。

2. 名词。

（1）指事物的根源。例如："做人不能忘本。""这是胜利之本。"

（2）本钱。例如："吃老本""赔本买卖"。

3. 量词。例如："一本书""三本笔记"。

4. 副词。本来。例如："小明祖上本是山东人。""我本以为她会出席会议的。"

（二）产生与发展

本，《说文·木部》："木下曰本。"段注："本末皆于形得义，其形一从木上，一从木下，而意即在是。"本，本义为树根。例如《国语·晋语一》："伐木不自其本，必复生。"《吕氏春秋·先己》："百仞之松，本伤于下而末槁于上。"柳宗元《种树郭橐驼传》："摇其本以观其疏密。"

树木的主干来源于树根，故隐喻为事物的根源，根本。例如《论语·学而》："君子务本，本立而道生。孝弟也者，其为仁之本与！"《国语·周语中》："为臣必臣，为君必君，宽肃宣惠，君也；敬恪恭俭，臣也。宽所以保本也，肃所以济时也，宣所以教施也，惠所以和民也。本有保则必固，时动而济则无败功，教施而宣则遍，惠以和民则阜。"《吕氏春秋·骄恣》："此得失之本也。"《礼记·乐记》："乐者音之所由生也，其本在人心之感于物也。"《汉书·赵充国传》："臣闻兵以计为本，故多算胜少算①。"王充《论衡·正说》："前儒不见本末，空生虚说。"《世说新语·识鉴》："因与诸尚书言孙、吴用兵本意。"萧统《文选序》："变

① 算，谋算。

其本而加厉[①]。”明马中锡《中山狼传》：“然墨之道，兼爱为本。”

中国古代是农耕社会，农业特别重要，故以之为本。本，特指农业。《商君书·去强》：“金生而粟死，粟生而金死。本物贱，事者众，买者少，农困而奸劝；其兵弱，国必削至亡。”《商君书·一言》：“能事本而禁末[②]者，富。”《荀子·天论》：“强本而节用，则天不能贫。”贾谊《论积贮疏》：“今背本而趋末，食者甚众，是天下之大残也。”

树木无根不活，有根出苗，继而枝繁叶茂，与商贾买卖以钱生钱有可比性，故由本义“根本”引申出“本钱”“本金”。例如唐王梵志诗：“兴生向前走，唯求多出利。折本即心狂，惶惶烦恼起。”《新唐书·柳宗元传》：“柳人以男女质钱，过期不赎，子本均则没为[③]奴婢。”子本，即利息与本钱。又《醒世恒言·十五贯戏言成巧祸》：“把十五贯钱与女婿作本，开店养身。”

本，是树木生长的源头，故引申出“根据”“依据”，演变为动词。《商君书·战法》：“凡战法必本于政胜。”汉贾谊《新书·数宁》：“因经纪本于天地，政法倚于四时，后世无变故，无易常，袭迹而长久耳。”柳宗元《驳复仇议》：“本情以正褒贬。”

名词“本”位于谓词性词语前，由根本义，抽象为原本，本来，演化为副词。本来；原来。例如《韩非子·解老》：“祸本生于有福，故曰：‘福兮祸之所伏。’”[④]《史记·项羽本纪》：“都尉董翳者，本劝章邯降楚。”《汉书·儒林传·王式》：“我本不欲来，诸生强劝我，竟为竖子所辱。”[⑤]诸葛亮《出师表》：“臣本布衣，躬耕于南阳。”晋陶渊明《归园田居》：“少无适俗韵，性本爱丘山。”韩愈《左迁至蓝关示侄孙湘》诗：“本为圣明除弊事，肯将衰朽计残年？”宋司马光《训俭示康》：“吾本寒家，世以清白相承。”

名词“本”用于名词前，充当定语，由根本义演化为指示代词，犹言“当今”“自己方面”，这个，那个，例如贾谊《新书·胎教》：“贤者立于本朝，而天下之士相率而趋之。”《列子·周穆王》：“燕人生于燕，

① 厉：厉害。

② 末，指工商业。

③ 男女，即子女；质，即抵押；均，即相等；没为，即沦为。

④ 句子大意是：祸患原本产生于享福之中，所以说：“福气啊是祸患潜伏的地方。”

⑤ 句子大意是：我起初不想来，众弟子坚决劝我来，结果被这小子侮辱了。

长于楚，及老而还本国。”唐王梵志诗：“路人见心酸，傍看罪过汉。一则耻妻儿，二则羞同伴。无面还本乡，诸州且游观。”王安石《本朝百年无事札子》：“臣前蒙陛下问及本朝所以享国百年天下无事之故。”元施惠《幽闺记》第六出：“窝藏者，与本犯同罪。”元费唐臣《苏子瞻风雪贬黄州》第一折：“且本官志大言浮，离经畔道，见新法之行，往往行诸吟咏。”清平山堂话本《快嘴李翠莲记》：“本宅众亲簇拥新人到了堂前，朝西站定。”清平山堂话本《刎颈鸳鸯会》：“秉中等至夜分，闷闷归卧。次夜如前，正遇本妇，怪问如何爽约。”

古汉语数词直接用于名词前，凡表示有“根”之物，皆可表示物量单位，演变为量词，用于植物的，相当于“丛”“株”“棵”。例如《论衡·验符》：“土中忽生芝草五本。”“五本”，即指土地中长出芝草“五株”。贾思勰《齐民要术序》：“龚遂为渤海，劝民务农桑，令口种一株榆、百本薤、五十本葱、一畦韭。”《红楼梦》第十七回：“一边种几本大芭蕉，那一边是一株西府海棠。”引申用于表示书本的量，相当于“册”“部”。例如颜之推《颜氏家训·书证》“河北此书家藏一本。”郝懿行《晒书堂笔录》卷三：“余以乾隆嘉庆间入都，见人家案头必有一本《红楼梦》。”孔尚任《桃花扇·孤吟》：“昨日看完上本，演的何如?”

六　此

此，音 cǐ，在56008个现代汉语常用词中，位列第119位。

(一) 在现代汉语中的常见用法

此，近指代词，与远指“彼”相对。例如“根据在此”“顾此失彼”。引申表示此时此地。例如：“就此别过”“从此以后，不再联系。”

(二) 产生与发展

此，《说文·此部》：“止也。从止从匕。匕，相比次也。”段注：“《释诂》曰：已，此也。正互相发明。于物为止之处，于文为止之词。……‘匕，相比次也’，此释从匕之故，相比次而止也。”林义光《文源》：“此，从人、止。此者，近处之称。近处即其人所止之处也。”

此，甲骨文左边是止，即一只朝上的脚趾，右边是一个面立之人。合起来表示人站的地方。金文与甲骨文相似。小篆左边作“止”。此，本义为此处，此地。例如《国语·晋语四》：“文公在狄十二年，狐偃曰：‘日[①]，吾来此也，非以狄为荣，可以成事也。’”“吾来此”，即我们来到这个地方。又《孟子·告子下》：“有人于此，力不能胜一匹雏，则为无力人矣。”又范仲淹《岳阳楼记》：“迁客骚人，多会于此。”此，代替处所，此地。“多会于此”，即多数集中在这里。欧阳修《王彦章画像记》：“康定元年，予以节度判官来此。”“来此”，即来到这个地方。由指称空间转化到指称时间，引申指时间。例如《穀梁传·桓公二年》：“朝时，此其月，何也？桓内弑其君，外成人之乱，于是为齐侯、陈侯、郑伯讨。数日以赂，己即是事而朝之。恶之，故谨而月之也。”“此其月”，意谓这时（现在）要记载月份。此，用来称代时间。又《乐府诗集·木兰诗》：“阿爷无大儿，木兰无长兄。愿为市鞍马，从此替爷征。”“从此替爷征”，即从这以后替父亲出征。此，表示时间节点。

此，本义是“人站的地方”，引申为近指代词，犹言“这”，例如《左传·僖公十五年》：“服者怀德，贰者畏刑。此一役也，秦可以霸。”[②]《左传·成公二年》：“余姑翦灭此而朝食。”[③]《庄子·内篇·逍遥游》：“此小大之辩也。”[④]《孟子·公孙丑上》：“如此，则无敌于天下。”“如此”，即像这样。《韩非子·五蠹》：“此五者，邦之蠹[⑤]也。”“此五者”，即这五种人。又如《史记·酷吏列传》：“非此母不能生此子。”[⑥]庾信《哀江南赋》：“天何为而此醉。”

第三节　“我们”“他们”“自己”“这个”常见用法及其源流

一　我们

我们，音 wǒmen，第一人称代词，在 56008 个现代汉语常用词中，位

① 日，往日，表示时间。

② 句子大意是：顺服的人会感念秦国的恩德，有二心的人也会畏惧秦国的刑罚。经过这次战争，秦国可以称霸天下了。

③ 句子大意是：我们姑且消灭了这些敌人再吃早饭。

④ 句子大意是：这就是小和大的区别啊。

⑤ 蠹，dù，蛀虫。

⑥ 句子大意是：不是这样的母亲就不能生这样的儿子。

列第20位。

（一）在现代汉语中的常见用法

我们，称自己在内的若干人。例如："我们三人明天到。""我们的工作取得新突破。"

（二）产生与发展

我们，是第一人称代词"我"的复数形式。人称代词"我"产生非常早，甲骨文时代就有，一直承用至今（见本书第七章第一节"我"）。"们"是表示复数[①]的后缀。"们"字始见于宋代，例如宋赵良嗣《燕云奉使录》："郎君们意思，不肯将平州画断作燕京地分。"[②]

唐代文献里，表示人称复数的口语中常用"弭/弥"　（我弭）和"伟"（儿郎伟），"我弭"相当于"我们"，"儿郎伟"犹言"儿郎们"。唐赵璘《因话录》卷四"卢尚书宏宣"条："卢尚书宏宣与弟衢州简辞同在京。一日，衢州早出，尚书问有何除改。答曰，'无大除改，唯皮遐叔蜀中刺史。'尚书不知皮是遐叔姓，谓是宗人，曰：'我弭当家没处得"卢皮遐"来。'衢州为辨之，皆大笑。"例中"我弭"，宋王谠《唐语林》引作"我弥"。又如唐司空图《障车文》："儿郎伟，重重祝愿，一一夸张。"唐韦绚《嘉话录》："贞元中，武臣常愿，好作本色语。……奉天城斗许大，更被朱泚吃兵马楦，危如累鸡子，今抛向南衙，被公措大伟龁邓，邓把将他官职去。""措大"，贬称贫寒的读书人，"措大伟"，即称谓那些穷读书人（见宋《太平广记》卷二六〇引《嘉话录》"常愿"）。敦煌愿文伯3270："儿郎伟，今夜旧岁未尽，明招（朝）便是新年。"又伯3302："儿郎伟，今因良时吉日，上梁雅合周旋。"

"弭/弥"与"们"在语音上有联系，构成双声，音近而转，故"弭/弥"转化为"们"。

用于表示复数名词的"伟"，源于西北方言词。宋楼钥《攻媿集》卷七十二《跋姜氏上梁文稿》云："上梁文必言'儿郎伟'[③]，旧不晓其义，

---

① 太田辰夫称之为"不定数"（《中国语历史文法》，北京大学出版社2003年版，第316页）。

② 转引自蒋绍愚《近代汉语研究概要》（修订本），北京大学出版2017年版，第139页。

③ 张涤华先生据此例证认为词尾"伟"的产生可以上溯到六朝时期，惜孤证难立。他说："考上梁文这种文体起于六朝，由此可知形尾'伟'在六朝时就出现了。"见《张涤华文集（第一集）》，安徽师范大学出版社2011年版，第90页。

或以为唯诺之唯，或以为奇伟之伟，皆所未安。在敕局时，见元丰[1]中获盗推赏，刑部例皆节元案，不改俗语。有陈棘云：‘我部领你懑斯逐去。’深州边吉云：‘我随你懑去。’‘懑’本音‘闷’，俗音‘门’，犹言‘辈’也。独秦州[2]李德一案云：‘自家伟不如今夜去’云。余哑然笑曰：‘得之矣。’所谓‘儿郎伟’者，犹言‘儿郎懑’，盖呼而告之，此关中方言也。”明王世贞也说：“宋时上梁文有‘儿郎伟’。‘伟’者，关中方言‘们’也，其语极俗。”（见明王世贞《弇州四部稿》卷一百六十）

宋代文献里，表示复数的有“懑（满）”“瞒”“门”“们”等多种写法，例如宋王明清《挥麈录·余话》卷二：“朝廷又不曾有文字交我管他懑。”例中“他懑”，即“他们”。宋周密《齐东野语》卷五：“不因你瞒番人在此，如何我瞒四千里路来？”例中“你瞒”“我瞒”，犹言“你们”“我们”。宋《乐府雅词》：“问桃杏：贤瞒怎生向前争得？”也是其例。宋《乐府雅词》：“始初内臣官嫔门皆携笔在后抄录。”“内臣官嫔门”，即“内臣官嫔们”。又如宋《张协状元》第四十一出：“我扶你门归去。”也有作“们”的，例如宋《朱子语类·孟子九·牛山之木章》：“老苏们只就孟子学作文，不理会他道理，然其文亦实是好。”（宋《五代史平话·唐史》）：“您[3]孩儿们识个什么？”宋徐梦莘《三朝北盟汇编》卷六《使北录》：“贯即云：‘莫是贤们得他相厚，遂不说事宜否？’”

元代的一些话本中常常写作“每”，如元关汉卿《窦娥冤》第一折：“满望你鳏寡孤独，无捱无靠，母子每到白头。”“母子每”即“母子们”。元高明《琵琶记》第十四出：“我有女，偏无贵戚豪家求配。奉圣旨使我每招状元为婿。”“我每”犹言“我们”。表示复数的“每”一直延续到明代。例如明《琵琶记》第二十三出：“教他好看承我爹娘，料他每应不会遗忘。”明刘仲璟《遇恩录》：“你每家里也不少了穿的，也不少了吃的。”到了明代中期以后，“们”的使用逐渐多起来。例如明《水浒传》第三回：“不知官人们在此吃酒，一时间自苦了啼哭。”明《西游记》第三回：“那厮们都扛抬不动，请我亲去拿之。”明《二刻拍案惊奇》卷

① 元丰，北宋神宗赵顼年号，即1078—1085年。

② 秦州，今甘肃天水市。

③ 您，是你们的合音词。

二十九："我们相约了，晚间候他动静，是必要捉破他。"入清后多写作"们"，例如清《朴通事谚解》："官人们都来了，将些乾按酒来，就将那烧肉来，我们先吃两巡酒。后头抬卓儿，弹的们动乐器，叫将唱的根前来，着他唱。"《老乞大新释》："那人家，我才刚去要籴米，他不肯粜与我。他们做下现成的饭，教我们吃了。"清《红楼梦》第一百十一回："有了一个爷们就是了，别折受的他不得超生。"清《儿女英雄传》："我贱姓王，呸，我们死鬼当家儿的姓王。"

"们"有时并不表示复数，而是用于单数，例如《张协状元》第六出："公公教唤你们，特来古庙。"例中"你们"实指"贫女"一人。又《张协状元》第六出："特遣我门来，你明白须早到。""我门"特指店小二一人。又《张协状元》第二十一出："亚爹孩儿全没，老来惟凭着你们一个。""你们"与"一个（人）"构成同位语，显然也是表示单数。这种用法延续至今，例如："我们那口子出差了。""我们"指夫妻中的一方，是单数。

"们"的来源，目前有三种看法。一种认为来源于"辈"，以吕叔湘先生为代表[①]。上古汉语表示复数的有"属""侪""曹""等""辈"几个词。中古时，常用的是"等""辈"。"等"字既用于指人的名词或代词后，也用于指物名词后。"辈"字仅用于指人的名词或代词后。语音上，"辈"与"弭""弥""每"双声，有语音上的直接联系。另一种认为"们"来源于"物"。江蓝生认为[②]（1995）"物"由本义"杂色牛"引申泛指人事的类别，六朝时再引申泛指众人或一切人，具备了"等"虚化为复数词尾的条件，疑问代词"何等"之"等"用在人称代词或指人名词后表示复数，那么，根据同义词的类同引申规律，同为疑问代词的"何物"之"物"也应该可以用在人称代词或指人名词后表示复数。还一种认为是来源于"门"。太田辰夫最早（1958）提出"们"的语源是"门"，"大概是指同一族的人"[③]。俞敏《古汉语的人称代词》（《语文自修大学讲座》1981年第2期）也认为，古代我国农耕社会"家"是人们

---

① 吕叔湘：《释您、俺、咱、喒，附论们字》，原载《华西协合大学中国文化研究所集刊》1940年第一卷二期。

② 江蓝生：《说"麽"与"们"同源》，《中国语文》1995年第3期。

③ 太田辰夫《中国语历史语法》，日本江南书院1958年版；北京大学出版社2003年版，第316页。

生产、生活的基本单位，人们一提多数，便说“我门”（=我家）[1]。因汉字书写表意的需要，加个人旁，表示复数的后缀“我们”“你们”便流行开来。

二　他们

他们，音 tāmen，在 56008 个现代汉语常用词中，位列第 31 位。

（一）在现代汉语中的常见用法

他们，第三人称代词，表示复数，称代自己和对方以外的若干人。例如：“小明他们马上就到。”“日本侵略者他们将自取灭亡。”

（二）产生与发展

他们，是“他”的复数形式。第三人称代词“他”产生时间大约在魏晋时期（参见本书第七章第一节“他”）。表示复数的书面语的“们”大约产生在宋元时期（参看上文“我们”），故表示人称的“他们”出现的时代，最早也只能在宋元时期，例如宋《朱子语类》卷第三《鬼神》：“大抵僧家寺基多是好处。往往佛法入中国，他们自会寻讨。今深山穷谷好处，只得做僧寺。若人家居，必不可。”《朱子语类》卷第六《性理·仁义礼智等名义》：“顷见王日休解《孟子》云：麒麟者，狮子也。仁本是恻隐温厚底物事，却被他们说得抬虚打险，瞠眉弩眼，却似说麒麟做狮子，有吞伏百兽之状。”辛弃疾《千年调·卮酒向人时》词：“少年使酒，出口人嫌拗。此个和合道理，近日方晓。学人言语，未会十分巧。看他们，得人怜，秦吉了。”宋元话本《错斩崔宁》：“府尹听他们言言有理，就唤那后生上来，道：……”

三　自己

自己，音 zìjǐ，在 56008 个现代汉语常用词中，位列第 42 位。

（一）在现代汉语中的常见用法

自己，复指句中已经出现的人或事，所以又被称为反身代词。例如：“你放那儿，我自己来做吧。”“瓶子不会自己倒下。”

（二）产生与发展

自己，是“反身代词‘自’+反身代词‘己’”受句法位置的影响

---

① 俞敏：《俞敏语言学论文集》，黑龙江人民出版社 1989 年版，第 299 页。

而凝固发展而来①。

先说反身代词“自”。甲骨文、金文和篆文字形均像“鼻”形，楷书作自。《说文·自部》：“自，鼻也。象鼻形。”本义是鼻子。人说到自己时常指自己的鼻子，故又引申表示“自己”，可以充当宾语，例如《左传·隐公元年》：“公曰：‘多行不义必自毙，子姑待之。’”“自毙”，即“毙自”。“自”宾语前置。《礼记·大学》：“所谓诚其意者，毋自欺也。”《战国策·齐策一》：“窥镜而自视，又弗如远甚。”也可以充当状语，例如《左传·桓公三年》：“凡公女嫁于敌国，姊妹，则上卿送之，以礼于先君；公子，则下卿送之。于大国，虽公子亦上卿送之。于天子，则诸卿皆行。公不自送。”“公不自送”，即国君并不亲自护送。

反身代词“自”含有“本”“始”义，故引申出“开始”义，衍化为名词，例如《韩非子·心度》：“法者，王之本也；刑者，爱之自也。”“自”与前文的名词“本”形成对文，也是名词。自，也可用作动词，例如《史记·商君列传》：“法之不行，自于贵戚。”由动词“开始”义引申出介词“自”，例如《左传·隐公五年》：“考仲子之宫，将《万》焉。公问羽数于众仲。对曰：‘天子用八，诸侯用六，大夫四，士二。夫舞，所以节八音而行八风，故自八以下。’”《论语·学而》：“有朋自远方来，不亦乐乎？”“自”为引申义所专，本义则另加声旁“畀”写作“鼻”来表示。

反身代词“自”，自产生起一直延续使用至今，例如《论语·公冶长》：“子曰：‘已矣乎！吾未见能见其过而自讼者也。’”《庄子·达生》：“公则自伤，鬼恶能伤公？”《孟子·离娄上》：“夫人必自侮，然后人侮之；家必自毁，而后人毁之；国必自伐，而后人伐之。”南朝宋刘义庆《世说新语·识鉴》：“诸葛道明初过江左，自名道明，名亚王、庾之

① 陈翠珠认为反身代词“自己”是介词“自”与反身代词“己”结合而来，她说：“自”“己”连用在汉代就已有之，后代沿用，但最初是作为两个词，“自”即“从”，“己”即“自身”“自己”。例如东汉应劭《风俗通义·过誉·司空颍川韩稜》：“扶辅耄乱，政自己出，虽幸无阙，罪已不容于诛矣。”唐《北齐书·杜弼传》：“从中被外，周应可以裁成；自己及物，运行可以资用。”随后，“自己”便凝固成一个词，将反身代词“自”和“己”的意义和功能合而用之，整合为一个完美的反身代词。所以说，“自己”是古已有之、至今一直普遍使用的反身代词。（《汉语人称代词考论》，光明日报出版社2013年版，第139页）不过，从陈翠珠的推论中，我们看不到“自”从介词演变成代词的痕迹。我们认为，反身代词“自己”，是单音节反身代词“自”与“己”组成并列结构，用来强化反身称代语气。

下。”元《老乞大》：“我五个人，打着三斤面的饼着，我自买下饭去。”又“这的我自会，不要你教。”清刘鹗《老残游记》第二回：“话说老残在渔船上被众人砸得沉下海去，自知万无生理，只好闭着眼睛，听他怎样。”现代：“别自说自话啊，要多听听别人是意见。”

东汉后，“自”出现了主语、定语的用法，例如东汉支谶《佛说遗日摩尼宝经》：“沙门复有二事著。何等为二事？自有过不肯悔，反念他人恶。”三国释僧会《六度集经》：“即自割髀肉秤之，令与鸽重等，鸽踰自重。”后秦弗若多罗共罗什《十诵律》：“人无病，在高处，自在下处，不为说法；若自在下处，为高处不病人说法，突吉罗。”诸例“自”作主语，也出现了充当定语的用法，例如东汉安世高《七处三观经》：“色、声、香、味、细滑，自意得乐。”与“己”的用法相一致，为“自己”并列合成成词准备了客观条件。

再看反身代词“己”。《说文·己部》：“己，中宫也。象万物辟藏诎形也。己承戊，象人腹。”① 段注：“戊己皆中宫，故中央土，其日戊己。”从许慎、段玉裁解释，己的本义是天干的第六位。但是从甲骨文、金文的字形来看，许慎、段玉裁之说非是。

甲骨文、金文“己”的字形，像绳索来回交错穿插之形，是“纪”的本字，即编结、系联、约束之丝绳。如今民间手工编织篱笆、竹帘等仍用这种办法。《墨子·节葬下》：“（舜）道死，葬南己之市。”孙诒让间诂：“《吕氏春秋·安死》篇：‘舜葬于纪市’，即所谓南纪之市。”于省吾《双剑誃诸子新证·墨子二》：“按己市即纪市，此古字仅存者。己侯钟、己姜簋，不从系，是纪古本作己之证。”

丝绳有编结、系联、约束之意，而最能约束个人的当然是自己，故借作第一人称代词，表示自己，本身，例如《论语·学而》：“不患人不知己，患不知人也。”又借作天干的第六位，与地支相配，《左传·庄公三十二年》：“冬十月己未，共仲使圉人荦、贼子般于党氏。”后“己”为借义所专用，其本义便另加义符“糸”，写作“纪”来表示。

反身代词“己”，产生时代很早，例如《尚书·大禹谟》：“稽于众，舍己从人。”《孙子·谋攻》：“知彼知己者，百战不殆。”与“自”的区

① 句子大意是：己，即中宫。像万物避藏屈躯之形。己上承天干戊，就像人的腹部（在中间一样）。

别在于，“己”不仅能充当宾语、状语，还能充当主语、定语，例如《论语·颜渊》：“己所不欲，勿施于人。”“己”在句中充当主语。《左传·隐公三年》：“庄姜以为己子。”“己”在句中充当定语。后世承之，例如《世说新语·言语》：“张天赐……为孝武所器，每入言论，无不竟日。颇有嫉己者，于坐问张：‘北方何物可贵？’”《世说新语·赏誉》：“庾公为护军，属桓廷尉觅一佳吏，乃经年。桓后遇见徐宁而知之，遂致于庾公，曰：‘人所应有，其不必有；人所应无，己不必无，真海岱清士。’”

尽管反身代词“自”“己”产生很早，但反身代词“自+己”的组合形式却产生较晚，据朱冠明研究，目前所见这类“自己”的最早用例来自东汉佛经[①]，例如支谶《伅真陀罗所问如来三昧经》：“菩萨者，自己界，于法身而甚净。其知是者，后乃受决。”

本土文献最早用例出自西晋陈寿《三国志·吴志·孙休传》：“吴主孙休诏曰：‘今人竞作好名好字，又令相配，所行不副，此督字伯明者也，孤尝哂之。或师友父兄所作，或自己为；师友尚可，父兄犹非，自为最不谦。’”例中“自己”与“师友父兄”相对，“自己为”又与下文“自为”相照应，可见，此处的“自己”犹言反身代词“自”或“己”，只不过是为了强调，故为并列式结构。自此以后，例证逐渐多起来，例如西晋竺法护《佛五百弟子自说本起经》：“察于外死身，内省自己躯。”东瞿昙僧伽提婆《中阿含经》：“拘牢婆王曰：‘今我虽到自己境界，然我意欲令赖吒和罗族姓子请我令坐。’”东晋释跋陀罗、法显《摩诃僧祇律》卷十一：“佛语难陀：‘汝云何度人出家，不教法律，但令执作供给自己。’”又《摩诃僧祇律》卷三十四：“若自己许不须复受。”又“若自己许承取即取名。”东晋释伽提婆、释伽罗叉译《中阿含经》卷三十：“于是，世尊说此颂曰：‘系著自己身，爱乐无极已。’”北魏释慧觉译《贤愚经》卷四：“若自己身出家入道者，功德无量。”唐以后，例证不胜枚举，例如唐《神会语录第一残卷》：“（荷泽和尚与拓拔开府书），和尚与侍郎今日说，自己身心修行，与诸佛菩萨心同不同？”唐《黄檗山断际禅师传心法要》：“自己尚不可得，何况更别有法当情。”唐蒋贻恭《咏虾蟆》诗：“坐卧兼行总一般，向人努眼太无端，欲知自己形骸小，试就蹄

---

① 朱冠明：《从中古佛典看“自己”的形成》，《中国语文》2007年第5期。下面部分佛教例证取自朱文。太田辰夫认为人称代词“自己”“唐末五代时已有。”（参见《中国语历史语法》，北京大学出版社2003年版，第109页）

涔照影看。”五代敦煌变文《二十四孝押座文》：“若能自己除讥谤，免被他人却毁伤。”五代敦煌变文《无常经讲经义》：“有钱财，不布施，更拟贪监（婪）于自己。”此种用法一直延续至今，五代《祖堂集》卷七“岩头和尚”：“一一个个从自己胸襟间流将出来。”又卷十“玄沙和尚”：“问：‘如何是学人自己事？’师云：‘用自己作什摩？’”宋朱熹《朱子语类·学四·读书法上》：“功夫到后，诵圣贤言语，都一似自己言语。”明李赞《杂说》：“夺他人之酒杯，浇自己之垒块。”清小说《红楼梦》第四十五回：“他自己也不管一管自己，这些兄弟侄儿怎么怨的不怕他？”

从上述用例可以看出，“自己”凝固成一个反身代词使用于汉语中，至少在六朝初期，唐以后逐渐盛行。到现代汉语中，独用单音反身称代词“自”和“己”一般只是沿袭古汉语的固定用法，现代汉语通常多用凝固的复合反身代词“自己”了。

“自己”不仅可以反身称代单个的人或物本身，如“我自己”“你自己”“他（她、它）自己”，而且还可以用作集合反身称代词，作为一个集体反身代词，例如元无名氏《小尉迟将斗将认父归朝》第一折：“（刘无敌云）养爷，你怎么灭自己志气，长别人雄风？那尉迟敬德有水磨鞭，我刘无敌也有鞭哩。”元无名氏《阀阅舞射柳蕤丸记》第四折：“老大儿，本是我射死来！（范仲淹云）也凭不的你说，等延寿马来时。您二人自己对证明白。”在表示复数的基础上，进一步引申，表示彼此关系密切的人或自己方面的人，相当于“自己人”，但是这种用法产生时代较晚，例如《红楼梦》第四十二回：“别说外话，咱们都是自己，我才这么着。”

四　这个

这个，音 zhège，指示代词，在 56008 个现代汉语常用词中，位列第 70 位。

（一）在现代汉语中的常见用法

1. 这一个。例如：“这个孩子真懂事。”“这个比那个漂亮。”引申泛指，例如：“看看这个，又看看那个。”

2. 用在动词，形容词前，表示夸张。例如：“大伙儿这个高兴啊，别提了。”“她这个一路小跑，真不简单。”

（二）产生与发展

指代词“这个”，表示特指，其产生时代大约在中唐以后，例如唐僧拾得诗："不省这个意，修行徒苦辛。"拾得是中唐的和尚。唐《筠州洞山悟本禅师语录》："老宿拈袈裟角问云：'父母未生时还有这个么?'"敦煌变文《庐山远公话》："道这个老人，来也不曾通名，去也不曾道字。"敦煌变文《欢喜国王》："人人皆道天年尽，无计留他这个人。"又敦煌变文《父母恩重经讲经文》："思想慈亲这个恩，门徒争忍生孤负。"敦煌变文《舜子变文》："阿孃上树摘桃，树下多埋恶刺，刺他两脚成疮，这个是阿谁不是。"

也作"者个"，例如唐裴休《黄蘗断标禅师苑陵录》："似者个见解有什么用处?"唐《筠州洞山悟本禅师语录》："不是者个道理。"敦煌变文《押座文》"欲得来生者个数。""者"，即"这"；"者个"，即"这个"。

也作"遮个"，例如宋《景德传灯录》卷八《池州南泉普愿禅师》："师拈起毡子问僧云：那个何似遮个? 对云：不似。"又《景德传灯录》卷十九《韶州云门山文偃禅师》："更道遮个是公才悟，遮个是从里道出，遮个是就事上道，遮个是体悟。"

吕叔湘认为："至于这个、那个，初出现的时候，并没有一字，所以这个个字与其说是个量词（即'一个'、'两个'的'个'），不如说是性质更接近于一个语尾。"① 例如唐《筠州洞山悟本禅师语录》："三人同行，一人解语，一人不解语，那个一人是什么?"宋《景德传灯录》卷十九《韶州云门文偃禅师》："遮个一场狼藉不是小事。"

当"这个"后面的中心语省略后，指示代词就转化为称代。例如唐《筠州洞山悟本禅师语录》："（隐）峰云：'和尚只划得这个，不划得那个。'（石）头曰：'汝只划得那个，不划得这个。'"五代《祖堂集》卷一《道信和尚》："师曰：'犹有这个纹彩在。'"又《祖堂集》卷十："（隐）峰云：'者个子好吃一顿棒，且放过。'"《水浒传》第四回："这个便是我儿的官人赵员外。"

在"这"与"个"之间加用"一"字，"这个形式在早期很少见，宋以后才渐渐多起来。"② 例如宋《二程语录·遗书》第二上："若只如此，亦不过世上少这一个人。"元邓玉宾《正宫·叨叨令·道情》："这一个长生道理何人会?"明《水浒传》第三十五回："又问道：'那一个是

① 吕叔湘：《近代汉语指代词》，江蓝生补，学林出版社1985年版，第198页。

② 同上书，第197页。

谁？’那汉道：‘这一个又奢遮①，是郓城县押司山东及时雨呼保义宋公明。’”清《儒林外史》第二十九回：“只见两个挑粪桶的……这一个拍那一个肩头道……”《红楼梦》第四十二回：“这两条口袋是你昨日装果子的，如今这一个里头装了两斗御田粳米……这一条里头是园子里的果子和各样干果子。”

指代性质虚化，表示虚指，这种用法产生时代较晚，大约在宋元以后，例如元关汉卿《赵盼儿风月救风尘》第二折：“（云）妹子也，你不道来：这个也大姐，那个也大姐，出了一包脓！不如嫁个张郎妇、李郎妻。（唱）立一个妇名儿，做鬼也风流！”又《张天师断风花雪月》第三折：“你可便道这个，道那个，做的不是，都揣与这广寒宫宵奔的卓氏。”明《水浒传》第十六回：“打得这个起来，那个睡倒，杨志无可奈何。”清《红楼梦》第三十八回：“两个丫鬟，这个合他点点头儿，那个又合他摇摇手儿。”《老残游记》第五回：“两个是一样的布，为什么这个上撕撕，那个上扯扯呢？”

指称代词“这个”的作用在于指称事物本身，指称事物兼及说明大小、性质状态，故而兼有形容词的作用，这种用法唐代已经出现，例如唐《筠州洞山悟本禅师语录》：“我将谓汝是个人，犹作这个见解在。”明清用例甚多，例如明《水浒传》第二十六回载武大郎被药死后，请当地团头何九叔来验尸装殓：“只见武大老婆穿着些素淡衣裳从里面假哭出来。何九叔道：‘娘子省烦恼，可伤大郎归天去了。’那妇人虚掩着泪眼道：‘说不可尽！不想拙夫心疼症候，几日子便休了，撇得奴好苦！’何九叔上上下下看了那婆娘的模样，口里自暗暗地道：‘我从来只听的说武大娘子，不曾认得他，原来武大却讨着这个老婆！”“这个老婆”，即这么样的老婆，“这个”带有描述形容的性质。又如清《儒林外史》第九回：“我们酒量也不大，只这个酒十分好了。”《红楼梦》第五十回：“你们瞧，这雪坡儿上，配上他这个人物儿，又是这件衣裳，后头又是这梅花，象个什么？”《三侠五义》第七十九回：“你瞧他这个身量儿，管保有一膀子好活。”《老残游记》第八回：“一滑脚就是死，我真没有这个胆儿走。”又《老残游记》第九回：“虎若到了平原就无这个威势了。”这种用法也可以用“那个”代替，例如《红楼梦》第四十五回：“当日老爷小时，你爷爷

① 奢遮，shēzhē，出色，了不起。

那个打，谁没看见的?”《儿女英雄传》第四十回：“以至他那个稳重，那个干净，都是婆婆这些年调理出来的，不用讲了，最难得的是他那个性情儿。”

第四节 “这样”“这些”“什么”常见用法及其源流

一 这样

这样，音 zhèyàng，在56008个现代汉语常用词中，位列第73位。

（一）在现代汉语中的常见用法

这样，指示代词，指示事物的性质、状态，或动作行为的方式、程度等。例如：“她就是这样一个大公无私的人。”“应该这样认真学习。”“这样不好。”

（二）产生与发展

这样，是指示代词“这” （参见第一章第一节“这”）与名词“样”[①]（形状）的组合而来，大约产生于两宋之间[②]，例如宋李弥逊《虞美人·东山海棠》词：“去年携手听金缕，正是花飞处。老来先自不禁愁，这样愁来欺老，几时休。”“这样”表示动作行为的方式。李弥逊生于北宋神宗元丰七年，即1085年，死于南宋高宗绍兴二十二年，即1153年，两宋间人。

宋《朱子语类》中“这样”有82个用例，例如《朱子语类·学四·读书法上》：“只是他读时，便只要模写他言语，做文章。若移此心与这样资质去讲究义理，那里得来！是知书只贵熟读，别无方法。”《大学三·传六章释诚意》：“今人读书，都不识这样意思。”“这样”称代事物的性质。《论语四·学而篇下·父在观其志章》：“正是这样事若不改，则

① 样，繁体字作“様”，本义橡子。假借为式样之样，例如汉崔寔《四民月令》：“齐人呼寒食为冷节，以曲为蒸饼样，团枣附之，名曰枣糕。”《说文·木部》：“栩实也。从木羕声。”段注：“様、橡正俗字。《尔雅》旧注曰：‘柔实为橡子。’以橡殻为柔斗者，以剜，剜似斗故也。橡子，俭岁可食以为饭；丰年牧猪，饲之可以致肥也。见《齐民要术》。按：様，俗作橡。今人用様为式様字，像之假借也。唐人式样字从手，作‘揚’。”

② 《汉语大词典》（第十卷）首见例证是元无名氏《货郎旦》第一折：“有你这样人，我倒要嫁你，你倒不来娶我。”（第920页）例证嫌晚，不能反映词汇产生的真实时代。

不当于理。"《大学三·传六章释诚意》："那个形色气貌之见于外者自别，决不能欺人，衹自欺而已！这样底，永无缘做得好人，为其无为善之地也。"例中"这样"也指示性质。《学七·力行》："叶诚之问：'人不幸处继母异兄弟不相容，当如何？'曰：'从古来自有这样子。公看舜如何？后来此样事多有。'"例中"这样"指示状态。《论语十七·泰伯篇·曾子有疾孟敬子问之章》："先生曰：'这样处也难说。圣贤也只大概说在这里。'"《春秋·经传附》："且如这样，他是且欲全他母子之恩。"例中"这样"指示方式。《论语十六·述而篇·志于道章》："此是横渠赤心片片说与人。如荀扬，何尝有这样说话。"例中"这样"指示程度。《中庸三·第二十七章》："盖某僻性，读书须先理会得这样分晓了，方去涵泳它义理。"例中"这样"也是指示程度。又如宋元话本《错斩崔宁》："二姐告道：'小妇人嫁与刘贵，虽是个小老婆，却也得他看承得好；大娘子又贤慧，却如何肯起这样歹心！'"宋元话本《快嘴李翠莲记》："先生与轿夫一干人听了，无不吃惊，曰：'我们见千见万，不曾见这样口快的。'"两例话本中的"这样"也是指示程度。

二　这些

这些，音 zhèxiē，在 56008 个现代汉语常用词中，位列第 85 位。

（一）在现代汉语中的常见用法

这些，指示代词，表示较近的两个以上的人或事物。例如："这些就是我的看法。""这些问题必须解决，否则或引发更大的矛盾。"

（二）产生与发展

指示代词"这些"，是近指代词"这"与表示数量的"些/一些"的结合固化而来，而"这"（参见第七章第一节"这"）产生于唐代，故"这些"也只能产生于唐代以后，清人况周颐《蕙风词话续编》卷二云："'圣得''事须''称销''这些'，皆唐宋人方言。"这些，指示较近的两个以上的事物或人，例如唐吕岩《敲爻歌》："这些功，真奇妙，分付与人谁肯要。"宋苏轼《哨遍·睡起画堂》词："君看今古悠悠，浮宦人间世。这些百岁，光阴几日，三万六千而已。醉乡路稳不妨行，但人生、要适情耳。"宋朱弁《曲洧旧闻》卷三："这些言语，犹容不得。"宋王质《鹧鸪天·一只船儿任意飞》："一只船儿任意飞。眼前不管是和非。鱼儿得了浑闲事，未得鱼儿未肯归。全似懒，又如痴，这些快活有谁知。华堂只见灯花好，不见波平月上时。”

“些”有“小”“少”义，故“这些”指称性质时，有时可以表示“少许”义，犹言这么一点点大。例如元姚燧《凭阑人》曲：“这些兰叶舟，怎装如许愁？”

也作“这些儿”，例如宋柳永《郭郎儿近拍·帝里》词：“枕簟微凉，睡久辗转慵起。砚席尘生，新诗小阕，等闲都尽废。这些儿，寂寞情怀，何事新来常恁地。”宋吴曾《能改斋漫录·逸文》：“费尽丹青，只这些儿画不成。”宋李之仪《南乡子·夜雨滴空阶》词：“惆怅流光去不回。万事已成灰。只这些儿尚满怀。刚被北风吹晓角，相催。不许时间入梦来。”

三 什么

什么，音 shénme，在 56008 个现代汉语常用词中，位列第 94 位。

（一）在现代汉语中的常见用法

什么，疑问代词，表示特指问。例如：“这是什么？”“小明丢了什么东西？”词义虚化，用作虚指，表示不确定的事物。例如“他们似乎在谈论什么。”“我们也出去找点什么事情做做吧。”也可用来任指，例如：“只要认真学习，没有什么学不会的。”“你什么时候来，我什么时候到车站接您。”在任指的基础上，进一步引申，表示惊讶，例如：“什么啊，九点多了，车还不来！”或者表示不满，例如：“你说的什么话啊，责任不是我一个人的，你们也跑不掉。”在不满的基础上引申出责怪义，例如：“你笑什么，我说错了吗？”“急什么！淡定，越急越慢。”

（二）产生与发展

“什么”始见于唐代文献。例如唐吕岩《劝世》诗：“算是甚命，问什么卜。欺人是祸，饶人是福。”“问什么卜”，即无须卜问。表示不满或责怪义，用的是其引申义。

“什么”，起初有“什/是/甚+物/勿/没/麽/摩/末/么”等多种写法。例如：

是物/是勿：初唐《神会和尚遗集》：“问：唤作是物？答：不唤作是物。”又《神会和尚遗集》：“问：是勿是生灭？答：三世是生灭。”《因话录》卷四：“玄宗问黄幡绰：‘是勿儿得人怜？’对曰：‘自家儿得人怜。’”诸例都是有问有答，疑问代词提出问题。神会和尚生于 670 年，卒于762年，初唐人。

是没：《神会和尚遗集》："忠禅师答言'是空。'又问：'空便有是没物？'""有是没物"，即有什么东西。敦煌变文《大目乾连冥间救母变文》："（目连报言）'世尊寄物来开。'狱主问言：'寄是没物来开？'目连启狱主：'寄十二环锡杖来开。'"

什麽：《坛经·机缘品》："师曰：'汝曾作什麽来？'"五代王定保《唐摭言·公荐》："韩（文公）始见题，而掩卷问之曰：'且以拍板为什麽？'"

什摩：《祖堂集》卷六："师问张拙秀才：'汝名什摩？'对曰：'张拙。'"《祖堂集》卷八："洞山问：'阁梨名什摩？'对云：'玄机。'"

甚麽：《五灯会元》卷五"石霜庆诸禅师"："沩于地上拾得一粒，曰：'汝道不抛撒，这个是甚麽？'"又："师曰：'百千粒从这一粒生，未审这一粒从甚麽处生？'"

是末：元张国宾《汗衫记》第四折："俺和你有是末杀父母冤！""是末"，表示惊讶、不满的。

甚么/甚：元关汉卿《谢天香》第二折："想着俺用时不当，不作周方，兀的唤甚么牵肠，想俺那去了的才郎。""甚么"，表示惊讶。也用来表示虚指，例如《朱子语类·本朝六·中兴至今日人物下》："三山黄明陟登，是黄传正之父。其人朴实公介，为甚处宰。初上任，凡邑人来见者，都请但一揖。""甚处"，即某个地方。宰是官吏的通称。又元康进之《李逵负荆》第二折："想必说我些甚么，你从头儿说，则要说的明白。"句中"甚么"显然是虚指。《河南程氏遗书》卷第十五："若果自信，则虽甚人言语亦不听。"《朱子语类·大学五·传五章》："'志立乎事物之表'，立志便要卓然在这事物之上。看是甚么，都不能夺得他，又不恁地细细碎碎，这便是'志立乎事物之表'。"末两例"甚""甚么"是任指。

还有单作"没""莽"，例如敦煌写卷S. 2503号写本《赞禅门诗》："'觉是没？'答：'觉是离。''佛是没？''佛是觉。'""觉是没""佛是没"，即觉是什么、佛是什么。敦煌《李陵变文》："缘没不攒身入草，避难南畈？""缘没"，即因为什么。敦煌《捉季布传文》："今受困厄天地窄，更向何边投莽人？""投莽人"，即投靠什么人。

"没/莽"又可以带词头"阿"。例如敦煌变文《燕子赋》："更被枷禁不休，于身有阿没好处？”① “阿没”，即什么。敦煌变文《燕子赋》：“但知搥胸拍臆，发头忆想阿莽？”“忆想阿莽”，即回想到了什么。也作“只没”，例如唐《神会语录第一残卷》：“（崔齐公）问：心定俱无，若为是道？答：只没道？亦无若为道。问：既无‘若为道’，何处得‘只没道’？”“只没道”，即“什么道”，用来提问，下文自答。

什么，早期出现诸多写法，实际是一个词语的不同写法。在唐代，“是”“什”“甚”等字声母同属禅母，“没”“么”“麽”“物”“勿”等字声母同属双唇音，语音相近，故记音字写法不同。

什么，是源于“何+物”的语法化演变结果，即上古的疑问代词“何”修饰名词“物”，后来“物”词义虚化，意义中心落在“何”上，“何物”变成了一个疑问代词，此时也写做“何勿”，或省作“勿”；受时代或地域的影响，“勿”又写作“没”“莽”“麽”等，唐五代时，“勿”“没”“莽”“麽”等又跟“是”“作”等结合，形成“是勿/麽……”“作没/莽……”；“是”“作”等词义虚化，演变成疑问代词；“是”“什”“甚”音近，“是勿/麽”等，也写做“什（甚）/麽/么”；“作”与“怎”音近，“作没/麽”等，也写做“怎/麽/么”。

① 句子大意是：再被拘禁起来，对自身有什么好处？

第八章

汉语常用名词源流

名词，表示人或事物的名称一类的词。名词可以再分小类，例如表示方位的叫方位名词，表示地点的叫处所名词，表示时间的叫时间名词，表示特有名称或科学概念的叫专有名词等。本章介绍“上”“人”“年”“时”“后”“里”“天”“家”“前”“元”“名”“内”“点”“月”“日”15个常用单音节名词和“中国”“问题”“工作”“生活”“现在”“社会”“关系”7个常用双音节名词的用法，简要梳理它们的源流演变轨迹。

第一节　“上”“人”“年”“时”“后”常见用法及其源流

一　上

上，音 shàng，在 56008 个现代汉语常用词中，位列第 9 位。

（一）在现代汉语中的常见用法

1. 名词，表示方位。

（1）位置高，与“下”相对。例如：“上有老，下有小。”“上不着天，下不着地。”与名词结合组成方位词组，表示顶部或表面，例如：“山上”“桌子上”，或表示范围，例如：“书上有详细解说。”“报纸上介绍过。”或表示某一方面：“组织上给予你高度评价。”“事实上，没有人在乎你。”

（2）次序、时间靠前的。例如：“上一次我没有见到你。”“上一批中，没有我们班的同学。”“上半年，经济运行良好。”“上个月，我们超额完成任务。”

2. 动词。

（1）由低处到高处。例如：“我上了车才记得还有事情没有交代呢。”“我刚才上楼去了。”附着在谓词性词语后，引申做趋向动词。例如：“爬上山头”“锁上门”“考上大学”。

（2）到，前往。例如：“我上学校去。”“同学们纷纷要求上前线。”引申意谓“出场”“上场”，例如：“5号上，3号下。”

（3）把东西送上，添加。例如：“服务员，请再上两盘点心。”“今天，我们上了不少货。”

（4）把一个东西安装到另一件东西上。例如：“上刺刀，准备冲锋。”“小明在上螺丝。”引申意谓“涂抹”“上妆”“上颜色”。

（5）达到，够（一定数量或程度）。例如：“上一百人的队伍，吃喝是个问题。”“上年纪了，更要注意身体。”“不上几天，小明的钱花光了。”

（二）产生与发展

上，《说文·丄[①]部》：“高也。”甲骨文用上短下长两横画组成，表示上。金文晚期为了区别数目字“二”，在两横中间加一直画，写成上。小篆由金文变化而来。本义是高处，上面，处所名词，与“下”相对。例如《周易·涣》：“风行水上，涣。”“水上”，即水面之上。《诗经·周颂·敬之》：“命不易哉，无曰高高在上。”《老子》第七十六章：“坚强处下，柔弱处上。”李白《蜀道难》诗：“上有六龙回日之高标，下有冲波逆折之回川。”引申为方位名词。例如《孟子·梁惠王上》：“王坐于堂上，有牵牛而过堂下者。”《荀子·劝学》：“上食埃土，下饮黄泉。”[②]引申为边畔，堤坝，例如《左传·僖公二十四年》：“瑕甥郤芮不获公，乃如河上。”“乃如河上”，意谓于是到黄河岸边。《论语·子罕》：“子在川上，曰：‘逝者如斯夫！不舍昼夜’”“子在川上”，即先生在河岸边。

时间线性展开，有先有后，故引申指时间，例如《商君书·开塞》：“上不及虞夏之时，而下不修汤武。”“上”，即在前，前世。《商君书·算地》：“其上世之士，衣不暖肤，食不满肠。”《墨子·七患》：“故虽上世之圣王，岂能使五谷常收，而旱水不至哉?”《汉书·晁错传》：“窃观上

---

① 丄，shàng，同“上”。

② 句子大意是：向上吃着泥土，向下饮着泉水。

世之君，不能奉其宗庙，而劫杀於其臣者，皆不知术数者也。”“上世之君”，即前代的君王。冯梦龙《古今小说・蒋兴哥重会珠珍衫》：“何期到十七岁上，父亲一病身亡。”《红楼梦》第二回：“可惜上月其母竟亡故了！”词义进一步虚化，表示“某一方面”，例如元郑光祖《倩女离魂》第三折：“说话处少精神，睡卧处无颠倒，茶饭上不知滋味。”

人们抬头就能看到天，天总是在人的头顶之上，故特指天。例如《尚书・文侯之命》：“昭升于上。”《论语・述而》：“诔曰：‘祷尔于上下神祇。’”

事物的排列比较上，质量好的一般总是放在前面、上面，故而引申指上等，质量好的。例如《孙子・谋攻》：“凡用兵之法，全国为上，破国次之。”“全国为上”，即谓一国人全都投降这是上等的谋略。《韩非子・内储说左上》：“有能徙此南门之外者，赐之上田上宅。”[①]《战国策・齐策》：“群臣吏民能面刺寡人之过者，受上赏。”《晋书・宣帝纪》：“弃城预走，上计也。”“上计”，即上等的计策。宋王辟之《渑水燕谈录》卷八：“龙凤团茶最为上品。”明《天工开物・饴饧》：“色以白者为上。”引申表示位次或次序在前，例如《史记・廉颇蔺相如列传》：“廉颇曰：‘我为赵将，有攻城野战之大功，而蔺相如徒以口舌为劳，而位居我上。’”“位居我上”，即他的职位在我的上面。古乐府《日出东南隅行》：“东方千余骑，夫婿居上头。”

传统伦理，长幼有序，尊长、上级在前，故引申表示“尊长”“上级”。《论语・学而》：“其为人也孝悌，而好犯上者，鲜矣。”[②]《孟子・梁惠王上》：“入以事其父兄，出以事其长上。”汉晁错《论贵粟疏》：“民者，在上所以牧之。”“在上所以牧之”，意谓是皇帝统治的对象。唐柳宗元《封建论》：“继世而理者，上果贤乎？下果不肖乎？”清李汝珍《镜花缘》第七十一回：“阖儿虽按次序，坐位仍无上下。”由此引申为“尊贵”，用作敬辞。例如《史记・郦生陆贾列传》：“足下位为上相。”“上相”，尊贵的丞相。王梵志诗：“彼之大大愿，此之大大因。所愿只如此，真成上上人。”《儿女英雄传》第十四回：“足下上姓？”君主是最大的尊长，故特指君主、皇帝。例如《商君书・战法》：“若民服而听上，则国

---

① 句子大意是：如果有能够迁移到这南门之外的人，就赐给他上等的田地房屋。

② 句子大意是：如果为人孝顺爹娘，敬爱兄长，却又喜欢触犯尊长，这种人是很少的。

富而兵胜。"《论语·公冶长》:"有君子之道四焉:其行己也恭,其事上也敬,其养民也惠,其使民也义。"《史记·陈涉世家》:"扶苏以数谏故,上使外将兵。""上使外将兵",即皇帝派他在外领兵打仗。《史记·平津侯主父列传》:"不合上意,上怒。"王安石《与王子醇书》:"上固欲公毋涉难冒险,以百全取胜。""上",皇上,即宋神宗赵顼。

名词用作动词,表示"向上""到……之上"。例如《易经·需》:"云上于天。"《楚辞·离骚》:"溘埃风余上征。"[①]《庄子·逍遥游》:"抟扶摇而上者九万里。"柳宗元《钴鉧潭西小丘记》:"其冲然角列而上者,若熊罴之登于山。"王维《辋川闲居赠裴秀才迪》诗:"渡头馀落日,墟里上孤烟。"又引申为"登上""冲上"。例如王之涣《登鹳雀楼》诗:"欲穷千里目,更上一层楼。"杜甫《兵车行》:"哭声直上干云霄。"动作弱化,表示"前去""前往",动词。例如《战国策·秦策二》:"三鼓之而卒[②]不上。"唐王梵志诗:"粮食逢医药,垂死续命汤。敕取一生活,应报上天堂。"宋辛弃疾《山间竞传诸将有下棘寺者》:"去年骑鹤上扬州。""骑鹤上扬州",即骑鹤到扬州。黄宗羲《柳敬亭传》:"始复上街头理其故业。"戏曲产生后,引申专门表示"出场",例如王实甫《西厢记》第一本楔子:"正旦扮莺莺上。"

奉送、进献、上呈,也是由低到高,故可用"上"表示,例如《庄子·说剑》:"宰夫上食。"《史记·文帝本纪》:"太尉乃跪上天子玺符。"[③]《汉书·东方朔传》:"四方士多上书言得失。"清方苞《狱中杂记》:"凡死刑狱上,行刑者先俟于门外,使其党入索财物。"[④]

增加、添加的部分在原来的部分上面,故而引申为增添、增加,例如《论语·颜渊》:"草上之风必偃。"[⑤] 增加、添加的对象如果是流质状,则相应地引申出"涂抹、涂染"义。例如明宋应星《天工开物·造竹纸》:"先以白矾水染过,后上红花汁云。"引申出"安装""安上"义。

---

① 汉王逸注:"溘,犹掩也。埃,尘也。言我设往行游,将乘玉虬,驾凤车掩尘埃而上征。"

② 卒,最终。

③ 句子大意是:太尉于是跪着进献皇帝的大印。

④ 句子大意是:凡是判了死罪的案件已经上报的,刽子手先在门外等候,叫他们的同伙进入牢房勒索财物。

⑤ 句子大意是:风吹在草上,草没有不倒的。

例如《初学记》卷二十四载北朝后魏温子升《阊阖门上梁祝文》："维王建国，配彼太微。大君有命，高门启扉。良辰是简，穆卜无违。雕梁乃架，绮翼斯飞。八龙杳杳，九龙巍巍。居宸纳祐，就日垂衣。一人有庆，四海爰归。"[①]所谓"上梁"，即民间建造新屋时，架上主梁。民间习俗，上梁时，工匠致《上梁文》，祝告祖先、神祇，以求家宅平安。又如《镜花缘》第三十七回："楼窗上锁，不能开放。"

由"增加""增添"，引申为"进食"，用于敬辞。洪升《长生殿·复召》："请万岁爷上膳。"又《长生殿·惊变》："娘娘，请上这一杯。"由"增加""增添"义引申为"达到""够（一定程度或数量）"，例如清平山堂话本《快嘴李翠莲记》："不上三年之内，死得一家干净。"《儒林外史》第七回："王员外共借了上千两的银子与荀家。"

二　人

人，音 rén，名词，在 56008 个现代汉语常用词中，位列第 12 位。

（一）在现代汉语中的常见用法

1. 最高级的灵长类动物。例如："小明这个人很有意思。""时代不同了，人的思想也会跟着变化。"

2. 每一个人。例如："人手一份。""人所共知的事实。"

3. 别人，其他的人。例如："待人宽，对己严""人云亦云。"

4. 特指某人。例如："小明人没有来，我能代他签字吗？""我赶到那儿，他们人已经走了。"

（二）产生与发展

人，《说文·人部》："天地之性最贵者也。"段注："《礼运》曰：'人者，其天地之德，阴阳之交，鬼神之会，五行之秀气也。'又曰：'人者，天地之心也，五行之端也，食味、别声、被色而生者也。'按：禽兽艹木皆天地所生，而不得为天地之心，惟人为天地之心，故天地之生此为极贵。天地之心谓之人，能与天地合德。"人，甲骨文、金文字形均像人形，本义指"人"，例如《尚书·洪范》："人之有能有为，使羞其行，而邦其昌。"[②]《论语·学而》："其为人也孝悌，而好犯上者，鲜矣。"《孟

---

① 唐徐坚：《初学记》下册，中华书局 2004 年版，第 584 页。

② 羞，进献。句子大意是：只要一个人有才能，有作为，就应该贡献他们的才能，这样国家才会繁荣昌盛。

子·梁惠王上》："狗彘食人食而不知检，涂有饿莩而不知发。"① 《孟子·尽心上》："人不可以无耻。"人不可以没有羞耻之心。西汉扬雄《太玄·玄文》："物之所尊曰人。"汉班固《白虎通义·三军》："人者，天之贵物也。"东汉王符《潜夫论·卜列》："人之所以为人者，非以此八尺之身也，乃以其有精神也。"曹操《度关山》诗："天地间，人为贵。"

引申特指某种人或某个人。例如《论语·学而》："节用而爱人，使民以时。"② 《商君书·更法》："拘礼之人，不足与言事；制法之人，不足与论变。"王梵志诗："造作庄田犹未已，堂上哭声身已死。哭人尽是分钱人，口哭原是心里喜。"词义泛化，引申指别人，人家，演变为代词。例如《尚书·无逸》："此厥不听，人乃训之。"③ 句中"人"，别人，即除己之外其他的人。《尚书·旅獒》："人不易物，惟德其物。"④ 《诗经·郑风·扬之水》："无信人之言。"朱熹集传："人，他人也。"《论语·学而》："不患人之不己知，患不知人也。"⑤ 例中"人"与"己"相对，谓别人。又如《左传·隐公十一年》："恕而行之，德之则也，礼之经也。己弗能有，而以与人，人之不至，不亦宜乎？"《孟子·梁惠王上》："老吾老，以及人之老；幼吾幼，以及人之幼。"⑥ 《孟子·滕文公上》："劳心者治人，劳力者治于人"嵇康《与山巨源绝交书》："阮嗣宗口不论人过，吾每师之。"

引申谓"每人""人人"。例如《史记·商君列传》："道不拾遗，山无盗贼，家给人足。"《淮南子·兵略》："若乃人尽其才，悉用其力。"王梵志诗："梵志翻著袜，人皆道是错。乍可刺你眼，不可隐我脚。"

三　年

年，音 nián，名词，在56008个现代汉语常用词中，位列第25位。

（一）在现代汉语中的常见用法

1. 时间单位。地球绕太阳一周，即为一年。例如："一年365天。"

---

① 句子大意是：富贵人家可以把人吃的粮食喂猪狗，而老百姓却饿死在路上无人过问。

② 句子大意是：节省费用，爱护官吏，监督百姓不要耽误农时。

③ 句子大意是：如果你不听从此话，那么别人就会仿效此事。

④ 句子大意是：他们不轻视这些物品，而是将这些物品视作德行。

⑤ 句子大意是：不怕别人不了解自己，就怕自己不了解别人。

⑥ 句子大意是：由尊敬自己的老人，从而推广到尊敬所有人的老人；爱护自己儿女，从而推广到爱护所有人的儿女。

“过两年，你长大了就可以帮奶奶干活了。”

2. 年节。阳历年，指公历一月一日，阴历年指农历正月初一。

（二）产生与发展

年，《说文·禾部》：“谷孰（熟）也。”年，甲骨文字形像一株根长穗大的禾苗，用以表示谷物成熟丰收。金文和小篆由甲骨文变化而来。“年”的本义指“收成”，例如《穀梁传·桓公三年》：“五谷皆熟，为有年也。”“为有年”，即叫作有收成。《论语·颜渊》：“哀公问于有若[①]曰：‘年饥，用不足[②]，如之何？’”“年饥”，即谓年成不好。《孟子·梁惠王上》：“乐岁终身苦，凶年不免于死亡。”“凶年”，即坏年成。

上古以庄稼收获为一年，即段玉裁《说文解字注》所云：“年者，取禾一孰也。”《尔雅·释天》：“夏曰岁，商曰祀，周曰年，唐虞曰载。”以“年”表示时间单位的概念，周代已经开始了。又如《公羊传·隐公元年》：“元者何？君之始年也。”东汉何休注：“年者，十二月之总号。”晋杜预《〈春秋经传集解〉序》：“史之所记，必表年以首事”，唐孔颖达疏引《尔雅·释天》三国魏孙炎注：“年，取年谷一熟也。”《论语·学而》：“父在，观其志；父没，观其行；三年无改于父之道，可谓孝矣。”《庄子·秋水》：“汤之时，八年七旱。”“八年七旱”，即八年就有七次旱灾。《后汉书·列女传·乐羊子妻》：“一年来归，妻跪问其故。”陆游《宴西楼》诗：“万里因循成久客，一年容易又秋风。”

由自然年引申为人的纪年，即“年龄”“年岁”。例如《左传·襄公九年》：“公送诸侯，晋侯以公宴于河上，问公年。”[③]“问公年”，即问鲁襄公年龄。《左传·襄公三十一年》：“于是昭公十九年矣，犹有童心。”《论语·里仁》：“子曰：‘父母之年，不可不知也。’”“父母之年”，即父母的岁数。屈原《涉江》：“余幼好此奇服兮，年既老而不衰。”《吕氏春秋·下贤》：“坐必以年。”高诱注：“年，齿也。”《史记·屈原贾生列传》：“是时，贾生年二十余，最为少。”“年二十余”，即年纪只有二十多岁。《列子·汤问》：“北山愚公者，年且九十。”

由“年岁”，又引申为“年节”。例如唐王梵志诗：“今得入新年，合家蒙喜庆。……岁日食他肉，肉是他家命。今朝入新年，昨暮煞他竟。”

---

① 有若，向有若，孔子的学生。

② 用不足，即国家的用度不够。

③ 句子大意是：鲁襄公送晋悼公，晋悼公为襄公在黄河边上设宴，问及襄公年龄。

宋陈师道《早春》诗："度腊不成雪，迎年遽得春。"宋吴自牧《梦粱录·正月》："正月朔日，谓之元旦，俗呼新年。"《儒林外史》第十一回："新年正月，公子回家拜祖父、母亲的年回来。"由"年岁"引申为"某一时期""某年"，例如《左传》"襄公九年"，即鲁襄公即位第九年。又晋左思《魏都赋》："虽则衰世，而盛德形于管紘（弦），虽逾千祀，而怀旧蕴于遐年。"唐杜甫《寄题江外草堂》诗："经营上元始，断于宝应年。"

四　时

时，音 shí，名词，在56008个现代汉语常用词中，位列第33位。

（一）在现代汉语中的常见用法

1. 时间节点，时候。例如："我去时，她正在吃早饭。""下午3点有讲座，到时，你提醒我一声。"

2. 引申表示比较长的一段时间。例如："古时是没有电灯的。""北宋时，中国人发明了活字印刷术。"

3. 时间单位，60秒1分，60分1时。例如："二十时整，学校迎新晚会准时开始。"

（二）产生与发展

时，形声字。《说文·日部》："四时也。从日，寺声。"段注："本春秋冬夏之称，引伸之为凡岁月日刻之用。《释诂》曰：'时，是也'，此时之本义，言时，则无有不是者也。《广雅》曰：'时、伺也'，此引伸之义。"时，甲骨文和金文皆从日，从之（前往），会日月运行以成四时之意，为会意字，本义为时令，季节。例如《国语·周语上》："三时务农而一时讲武。"韦昭注："三时，春夏秋；一时，冬也。"《论语·阳货》："四时行焉，百物生焉。"《孟子·梁惠王上》："不违农时，谷不可胜食也。"晁错《论贵粟疏》："四时之间，亡日休息。"《论衡·調时》："积日为月，积月为时，积时为岁。"陶渊明《桃花源诗》："桑竹垂馀荫，菽稷随时艺。""随时艺"，即随季节种植。

一年有四季（时）组成，故而引申泛指"时间"等。例如《论语·乡党》："食不厌精，脍不厌细。……色恶不食，臭恶不食，失饪不食，不时不食，割不正不食。"《吕氏春秋·首时》："天不再与，时不久留。"《史记·廉颇蔺相如列传》："赵王送璧时斋戒五日。"《三国志·吴志·周瑜传》："时曹公军众已有疾疫。"《三国志·蜀志·诸葛亮传》："时先主屯新野。"李白《蜀道难》诗："问君西游何时还。"用作状语，指"时常""按时""及时"。例如《论语·学而》："学而时习之，不亦乐乎。"《史记·吕后本纪》："吕禄信郦寄，时与出游猎。"

又引申指"时代""岁月""年代""时局"等义。例如《楚辞·离骚》："固时俗之从流兮，又孰能无变化?"《韩非子·心度》："时移而治不易者乱。"《三国志·蜀书·诸葛亮传》："每自比管仲乐毅，时人莫之许也。"晋陶渊明《桃花源记》："自云先世避秦时乱，率妻子邑人来此绝境。"柳宗元《冉溪》诗："少时陈力希公侯，许国不复为身谋。"引申谓"时尚"，"时俗"，例如刘禹锡《学阮公体》诗三首之一："少年负志气，信道不从时。"唐朱庆馀《闺意献张水部》诗："妆罢低声问夫婿，画眉深浅入时无?"唐韩愈《师说》："李氏子蟠……不拘于时，学于余。"

时节对农业生产而言最是关键，故又引申指机会，时机。例如《尚书·泰誓上》："尔尚弼予一人，永清四海，时哉，弗可失。""时哉，弗可失"，即谓时机啊，不可错过啊。《论语·阳货》："好从事而亟失时，可谓知乎?"《史记·淮阴侯列传》："夫功者难成而易败，时者难得而易失也。时乎时，不再来。"引申为时运，例如《左传·文公十三年》："死之短长，时也。"

我国古代把一昼夜分为十二时辰①，每一时辰又分为初、正，共计二十四小时，故引申又指时辰。例如《周礼·天官·阍人》："以时启闭。"汉郑玄注："时，漏尽。"漏，即沙漏，古人计时的一种工具。顾炎武《日知录》卷二十："古无以一日分为十二时之说。……自汉以下，历法渐密，于是以一日分为十二时，盖不知始于何人，而至今遵用不废。"根据现有资料可知，十二时制当不晚于秦汉。1975 年在湖北云梦睡虎地秦墓出土的《日书》乙种简 1051 中列有一天十二时辰名：鸡鸣丑，平旦寅，日出卯，食时辰，莫食巳，日中午，日昳未，下市申，舂日酉，牛羊入戌，黄昏亥，人定子②。这说明，秦时人们已经有十二时的概念了，只不过没有用"时"这个名词来称代罢了。汉代已经有"十二时"这个名

① 在十二时制形成之前，还存在十六时制。见尚民杰《从〈日书〉看十六时制》，《文博》1996 年第 4 期。

② 曾宪通：《选堂先生与秦汉时制研究》，见林伦伦等《饶学研究》（第二卷），暨南大学出版社 2015 年版，第 19 页。

称了，例如东汉王充《论衡·讕时》："一日之中，分为十二时。平旦寅，日出卯也。"后世承之，如晋《抱朴子·杂应篇》："凡乘跻[①]道有三法：一曰龙跻，二曰虎跻，三曰鹿庐跻。或服符精思，若欲行千里，则以一时思之；若昼夜十二时思之，则可以一日一夕行万二千里，亦不能过此。"王维《送杨长史赴果州》诗："鸟道一千里，猿声十二时。"引申表示时点，例如《资治通鉴·唐宪宗元和十二年》："晡时[②]，门坏。"《儒林外史》第十回："天生一对好夫妻，年月日时无一不相合。"《新唐书·吕才传》："按法，葬家多取乾、艮二时，乃近夜半，文与礼乖。"明清时，西洋钟表引进中国，一天分为二十四小时。清钱大昕《十驾斋养新录·二十四时》："一日分十二时，每时又分为二，曰初，曰正，是为二十四小时。"时钟60秒合1分钟，60分钟合1时。利玛窦《浑盖通宪图说》："右图且以四刻为一时，以便推算。每时共六十分钟，每刻得十五分，而以一分为六十秒，一秒为六十忽。"

五 后

后，音hòu，名词，在56008个现代汉语常用词中，位列第43位。

(一) 在现代汉语中的常见用法

1. 空间位置的背面，与"前"相对。例如"门后""村后"。

2. 表示次序、时间较晚，与"前"相对。例如"小明在前，小强在后。""散会后，我们几个留下来打扫卫生。"

(二) 产生与发展

前后之后，本作"後"[③]，甲骨初文从幺（束丝状）从夊（倒趾状）会意，表示足有所系，意谓迟後。后又增加表示行走的意符彳或辵，字形表意更清楚。汉字简化后，"後"为"后"所取代。下文"後"写作"后"。《说文·彳[④]部》："迟也。"本义走在后面；落在后面，动词。例

① 乘跻，举足高飞，为道教的轻身飞行之术。

② 晡时，午后三点至五点。

③ 古文献中，后、後有别。後，从彳幺夊会意。幺，小也；夊，suī，慢走貌。逡，古文後，从辵会意。后，甲骨文为"毓"之异体，从厂（人）从子会意，引申作君后（君主）之"后"。后，可借作"後"（前後的後）。但是"後"一般不作"后"（君主）。汉字简化后，後，简化为后。

④ 彳，chì，小步慢走貌。

如《论语·雍也》："非敢后也，马不能进也。"《论语·先进》："子畏于匡，颜渊后。"又《微子》："子路从而后。"古代汉语，不及物动词可以活用为及物动词，故表示"把……放在后面"，"使……在后"。例如《老子》第六十六章："是以欲上民，必以言下之；欲先民，必以身后之。"《孔子家语·观周》："知众人之不可先也，故后之。"《史记·商君列传》："今者王问可以为相者，我言若，王色不许我。我方先君后臣，因谓王即勿用鞅，当杀之。""我方先君后臣"，意谓我应当以君事为先，以臣事为后。

走在后面，从位置上看，即在后面，故而引申表示方位，次序，与"前"相对，名词，《玉篇·彳部》："后，前后也。"例如《尚书·武成》："前徒倒戈，攻于后以北。"《左传·昭公二十三年》："塞其前，断其后。"《楚辞·离骚》："前望舒使先驱兮，后飞廉使奔属。"《礼记·乐记》："行成而先，事成而后。"郑玄注："后谓位在下也。"贾谊《陈政事疏》："前车覆，后车戒。"《晋书·阎缵传》："前事不忘，后事之戒。"

由空间方位引申表示时间，例如《左传·桓公二年》："君子以（宋）督为有无君之心，而后动于恶，故先书弑其君。"韩愈《师说》："吾师道也，夫庸知其年之先后生于吾乎？"

时间在后，与约定时间相比，就是迟了，晚了，故而引申谓"迟""晚"，例如《左传·定公八年》："臣闻命后。"晋杜预注："后，犹晚。"《国语·晋语六》："君之杀我也后矣。"韦昭注："后，晚也。"柳宗元《捕蛇者说》："今虽死乎此，比吾乡邻之死则已后矣。"

后辈晚于前辈，所以由晚、迟引申出后辈、后代义。例如《诗经·大雅·瞻卬》："无忝皇祖，式救尔后。"郑玄笺："后，谓子孙也。"《国语·周语上》："其君必无后。"韦昭注："后，后嗣也。"《孟子·梁惠王上》："始作俑者，其无后乎？"《晋书·明帝纪》："汉高过赵，录乐毅之后。"

时间名词，修饰谓词性词语，演变为副词，意谓"然后""过后"。例如《韩非子·难一》："焚林而田，偷取多兽，后必无兽。"《孙子兵法·九地》："是故始如处女，敌人开户；后如脱兔，敌不及拒。""后如脱兔"，意谓然后像只脱逃的兔子（那般迅速）。《史记·老子韩非列传》："秦王后悔之，使人赦之，（韩）非已死矣。""秦王后悔之"，即秦王过后后悔此事。

第二节 “里”“天”“家”“前”“元”常见用法及其源流

一 里

里，音 lǐ，名词，在 56008 个现代汉语常用词中，位列第 53 位。

（一）在现代汉语中的常见用法

1. 衣服被褥等的里子，与“面儿”相对。例如：“这被里子手感不好。”“衣服里子露出线头了。”引申表示方位，里面，内部，与“外”相对。例如：“屋里还有我们的同志。”“话里有话。”

2. 长度单位。1 市里等于 150 丈，合 500 米。例如：“这儿到学校还有三里路。”

（二）产生与发展

现代汉语常用词“里”，有两个来源，一个是“里”，一个是“裏”（也写作“裡”）。

里，《说文·里部》：“居也。”从田从土，会意字，表示居民聚居的地方。《诗经·郑风·将仲子》：“将仲子兮，无逾我里。”汉毛亨传曰：“里，居也。”孔颖达疏：“里者，人所居之名。”清俞樾平议：“里，犹庐也。”“无逾我里”，意谓不要翻越我家院墙。《左传·襄公三十年》：“丰卷奔晋[①]，子产请其田、里。三年而复之，反其田、里及其入焉。”“子产请其田、里”，意谓子产请求郑简公保留他的田地和庭院。“反其田、里及其入焉”，即子产返还了他的田地、庭院和田地上的收入。又如《孟子·离娄下》：“去三年不反，然后收其田里。”晋陶潜《归田园居》诗之一：“暧暧远人村，依依墟里烟。”“墟里烟”，即村落冒出的炊烟。

有人居住的地方，就会有组织，一家一户，家或户为最小单位，聚户为里。时地不同，“里”包含的户数多寡也不一样。有以二十五家为一里的，如《周礼·地官·遂人》：“五家为邻，五邻为里。”有以五十家为一里的，如《管子·小匡》：“制五家为轨，轨有长；十轨为里，里有司。”

---

① 丰卷，郑大夫，字子张，郑穆公之后。奔晋，即逃跑到晋国。

有以七十二家为一里的，如《尚书大传》卷二："八家而为邻，三邻而为朋，三朋而为里。"孔颖达疏引《论语撰考谶》："古者七十二家为里。"有以八十家为里的，如《公羊传·宣公十五年》何休注："在田曰庐，在邑曰里，一里八十户。"有以百家为一里的，如《后汉书·百官志五》："里有里魁，民有什伍，善恶以告。本注曰：里魁掌一里百家。什主十家，伍主五家，以相检察。民有善事恶事，以告监官。"《旧唐书·食货志上》："百户为里，五里为乡。"有以一百一十家为一里的，如《明史·食货志二》："迨造黄册成，以一百十户为一里，里分十甲曰里甲。"《清史稿·食货志二》："凡里百有十户，推丁多者为长。"

里，是家居之地，也是出生之地，故而引申指家乡，故里。例如《庄子·庚桑楚》："里人有病，里人问之，病者能言其病。"南朝梁江淹《别赋》："割慈忍爱，离邦去里。"《明史·海瑞传》："徐阶罢相里居。"杜甫《无家别》诗："我里百馀家，世乱各东西。"又《兵车行》："去时里正[①]与裹头，归来头白还戍边。"

古人居住，适应自然环境和农耕需要，依山傍水，聚族而居，族居之间相望，两者之间的距离长度单位，借用"里"表示。《左传·僖公三十二年》："且行千里，其谁不知？"《竹书纪年·穆天子传》："乃里西土之数，各行兼数，三万有五千里。"《韩非子·有度》："楚庄王并国二十六，开地三千里。"柳宗元《别舍弟宗一》诗："一身去国六千里，万死投荒十二年。"古代有以三百步为一里的，《穀梁传·宣公十五年》："古者三百步为里。"《孔子家语·王言》："周制，三百步为里。"也有以三百六十步为一里，唐李翱《平赋书并序》："五尺为步，三百有六十步谓之里。"《正字通·里部》："路程以三百六十步为一里。"引申为方圆单位。例如《孟子·梁惠王上篇》："海内之地，方千里者九，齐集有其一。"《战国策·秦策二》："（张）仪固以小人，安得六百里？"《韩诗外传》卷四："广三百步，长三百步为一里。"1929 年 2 月，《中华民国度量衡法》公布，采用万国公制为标准制，规定 1 里等于 1500 市尺，即 500 米。

裏，《说文·衣部》："衣内也。从衣里聲。"段注："裏，引申为凡在内之称。"《急就篇》卷二："袍襦表裏曲领裙。"颜师古注："衣外曰表，

① 里正：里长，乡邑地方小官。

内曰裏。”宋代以后出现里、裡、裏等异体字[①]。

裏，本义是衣、被的里层。《诗经・邶风・绿衣》：“绿兮衣兮，绿衣黄裏。”《礼记・杂记上》：“内子以鞠衣褒[②]衣素沙。”唐孔颖达疏：“古之服皆以素纱为裏。”《汉书・贾谊传》：“白縠[③]之衣，薄纨之裏。”唐杜甫《茅屋为秋风所破歌》：“娇儿恶卧踏裏裂。”引申谓物件的内侧，例如《素问・厥论》：“阴气起于五指之内。”清张志聪集注：“裏者，内侧也。”

由此引申，表示事物的“里面”“内部”，与“外”相对，表示方位。例如《诗经・小雅・小弁》：“不属于毛，不离于裏。”朱熹集传：“裏，心腹也。”《左传・僖公十八年》：“若其不捷，表裏山河必无害也。”晋杜预注：“晋国外山而内河。”《素问・至真要大论》：“裏急暴痛”，唐王冰注：“裏，腹肋之内也。”引申表示在其中，例如南朝梁庾肩吾《奉使北徐州参丞御》诗：“云边开巩树，雾裏识峣峰。”宋元话本《简帖和尚》：“王吉接得书，唱了喏，四十五里田地，直到家中。话裏且说宇文绶发了这封家书，当日天色晚，客店中无甚底事，便去睡。”元王实甫《西厢记》第五本第一折：“怎想到惜花心养成折桂手？脂粉丛裏包藏着锦绣？”引申喻指某个时间内，例如宋无名氏《张协状元》第十六出：“妾身年少裏，父母俱倾弃。”元张寿卿《红梨花》第三折：“秀才也，你三更裏撞着鬼魂。”

方位词“裏”，词义虚化，与“这”“那（哪）”等组合，表示处所。例如唐《筠州洞山悟本禅师语录》：“师到薯山。薯曰：‘汝已住一方，又来这裏作麽。’”敦煌变文《不知名押座文》：“可借却娘娘百匹锦，衒教这裏忍饥来。”《祖堂集》卷第十一：“僧问：‘不将一物来时如何？’师云：‘莫向这裏污人田地。’”唐吕岩《渔父词・作甚物》：“贪贵贪荣逐利名，追游醉后恋欢情。年不永，代君惊，一报身终那裏生。”敦煌变文《欢喜国王》：“玉貌定知皈那裏？且喜恩霑说修持。”《祖堂集》卷一一《保福和尚》：“鼓山问静道者：‘古人道：这裏则易，那裏则难。这裏则且从，那裏事作摩生？’道者曰：‘还有这裏那裏摩？’”《西

① 参见蒋绍愚《近代汉语研究概要》（修订本），北京大学出版社 2017 年版，第 424 页。

② 褒，bāo，同“褒”。

③ 縠，hú，有皱纹的纱。

游记》第九十一回：“（大圣）跳下崖来喝道：‘你都藏头缩颈的那裏走！’”《红楼梦》第十九回：“黛玉听了，嗤的一笑道：‘你既要在这裏，那边老老实实的坐着，咱们说话儿。’”

裏，汉字简化后，写作“里”。

二　天

天，音 tiān，名词，在 56008 个现代汉语常用词中，位列第 74 位。

（一）在现代汉语中的常见用法

1. 天空。例如：“晚上满天的星星，对你眨着眼睛。”“中国的人造卫星，早就上了天。”

2. 二十四小时为一天，有时专指白天。例如：“三天时间，恐怕不够。”“小明每天都很忙。”

3. 一天内的某段时间。例如：“天太晚了，回家吧。”“小明你还在看星星啊？都已经到三更天了！”

4. 季节。例如：“三伏天”“黄梅天”“冬天”。

5. 天气。例如：“天一热，蚊虫就多起来了。”“阴冷天，小明不愿意出差。”

6. 自然。例如：“我们要改变靠天吃饭的想法。”“人定胜天是有一定道理的。”

（二）产生与发展

天，《说文·一部》：“颠也，至高无上。”段注：“颠者，人之顶也。以为凡高之称。……然则天亦可为凡颠之称。臣于君、子于父、妻于夫、民于食皆曰天是也。至高无上。”

天，甲骨文、金文字形像一个正面伸展开双臂站立的人，构形中凸显人的头部。小篆的形体结构较之甲骨文、金文变化较大，出于文饰的作用，圆形的人头化作一横。天，本义指人头。《山海经·海外西经》：“刑天与帝至此争神，帝断其首，葬之常羊之山。乃以乳为目，以脐为口，操干戚以舞。”晋郭璞注：“是为无首之民。”刑天，因头被砍掉而得名。晋陶潜《读山海经》诗：“刑天舞干戚，猛志固常在。”讲的就是这个故事。凿额亦谓天，这是运用了由部分称代整体的修辞手法，例如《易经·睽》：“其人天且劓。”唐陆德明释文引汉马融曰：“凿其额曰天。”

天，由人头义引申作“凡高之称”。头之上为天，即天空。例如《诗经·唐风·绸缪》："绸缪束薪，三星在天。""三星在天"，即三颗星星高挂于天空。《庄子·逍遥游》："天之苍苍，其正色邪?"《孟子·梁惠王上》："天油然作云，沛然下雨，则苗浡然兴之矣。""天油然作云"，即指天空突然布满了乌云。王充《论衡·谈天》："察当今天去地甚高，古天与今无异。"《敕勒歌》："天似穹庐①，笼盖四野。"李白《宣州谢朓楼饯别校书叔云》诗："俱怀逸兴壮思飞，欲上青天览明月。"唐黄巢《菊花》诗："冲天香阵透长安，满城尽带黄金甲。"皆是其例。

天，无人触及，浩瀚无垠，神秘诡异，魔力无边，被古人视作神明，故而引申表示"天神"义，即万事万物的主宰者。例如《尚书·泰誓上》："天佑下民，作之君，作之师。"句中"天"，即天神，上天。又如《左传·成公十六年》："国之存亡，天也。"《论语·八佾》："获罪于天，无所祷也。"《孟子·万章上》："《泰誓》曰：'天视自我民视，天听自我民听。'"《春秋繁露·郊祭》："天者，百神之大君也。"王充《论衡·祸虚》："秦襄王赐白起剑，白起伏剑将自刎，曰：'我有何罪于天乎?'良久曰：'我固当死。长平之战，赵卒降者数十万，我诈而尽坑之，是足以死'遂自杀。"杜甫《曲江三章》之三："自断此生休问天。"古代以为君权神授，故称帝王为天子。例如《墨子·尚同》："天子者，固天下之仁人也，举天下之万民以法天子，夫天下何说而不治哉?"《北齐书·陆法和传》载北齐术士陆法和之预言："一母生三天，两天共五年。"此语是说，北齐武明皇后（北齐奠基人高欢之妻），即娄太后，生子文宣帝高洋、孝昭帝高演、武成帝高湛，这就是"一母生三天"。孝昭帝在位一年，武成帝在位四年，这就是"两天共五年"。天，天子也。

雨从天降，风从天起，冷暖由天决定，故而引申出天气，气候。例如《墨子·兼爱》："今天大旱，即当朕身履，未知得罪于上下，有善不敢蔽，有罪不敢赦，简在帝心。"《吕氏春秋·季春》："行秋令，则天多沉阴。"杜甫《佳人》诗："天寒翠袖薄，日暮倚修竹。"白居易《新乐府·卖炭翁》："可怜身上衣正单，心忧炭贱愿天寒。"杜牧《茶山》诗："欲开未开花，半雨半晴天。"南唐张泌《浣溪沙》词："小市东门欲雪天，众中依约见神仙。"

在一段时间内，天气相类，故用"天"来表示为季节。例如《孙

① 穹庐，qiónglú，毡帐。

子·计》："天者，阴阳，寒暑，时制也。"杜甫《春日忆李白》诗："渭北春天树，江东日暮云。"白居易《送敏中新授户部员外郎西归》诗："千里归程三伏天，官新身健马翩翩。"白居易《竹窗》诗："是时三伏天，天气热如汤。"唐吴融《雨夜》："旅夕那禁雨，梅天已思秋。"唐窦常《北固晚眺》诗："水国芒种后，梅天风雨凉。"

天的一切活动，都是自身运动形成的，故而引申表示"天体""自然"。例如《周易·乾·象传》："《象》曰：天行健，君子以自强不息。"《周易·革·彖传》："天地革而四时成。汤、武革命，顺乎天而应乎人。"《庄子·大宗师》："知天之所为者，知人之所为者，至矣。"成玄英疏："天者，自然之谓。"《荀子·天论》："天行有常，不为尧存，不为桀亡。"又《荀子·天论》："形具而神生，好恶喜怒哀乐臧焉，夫是之谓天情。"《论衡·自然》："天地合气，万物自生，犹夫妻合气，子自生矣。"南宋刘过《龙洲集·襄阳歌》："人定兮胜天。"引申表示自然规律。《史记·范雎蔡泽列传》："终其天年，而不夭伤。"柳宗元《种树郭橐驼传》："能顺木之天以致其性焉尔。"

一昼夜的时间就是"一天"，不过这种用法产生较晚，约在明清之时，如明罗懋登《三宝太监西洋记》第四十四回："却说宝船上二位元帅、一位天师、一干将官，只见国师出马，一会儿天昏地黑，一会儿天清气爽，一会儿天上吊下山来，一会儿海里涌起水来。又不见个国师在那里，又不见个番兵番将在那里，宝船上好忧闷也！不觉的过了一天，猛然间一个国师站在地上，后面站着一个云谷徒孙，对面站着一个骊山老母，众人无限欢喜。""过了一天"，即度过了一昼夜。清《儿女英雄传》第十四回："谁想他遭了这样大事，哀也不举，灵也不守，孝也不穿，打算停灵七天，就在这山中埋葬，葬后他便要远走高飞。"引申专指白天，例如明《醒世恒言·赫大卿遗恨鸳鸯绦》："蒯三道：'昨天小尼明明说的，如何是虚报？'"清《儒林外史》第十七回："匡超人背着行李，走了几天旱路。"《儿女英雄传》第二十四回："大长的天，也是白闲着，帮帮我，又解了闷儿。"引申谓一天内的某个时间。例如明《二刻拍案惊奇》卷十八："约莫一更多天，然后睡了。"《儿女英雄传》第四回："赶到那里大约天也就是时候了。"

三 家

家，音 jiā，在 56008 个现代汉语常用词中，位列第 78 位。

（一）在现代汉语中的常见用法

1. 名词。家庭。例如："小明刚住校时，时常想家。"引申谓家庭所在地。例如："小明，你妈在家等你。""我家院子里有一棵枣树。"

2. 量词。例如："两家单位都需要这样的人才。""今天，本市有三家商场开业。"

（二）产生与发展

家，《说文·宀[①]部》："居也。从宀，豭省声"本义谓家庭居住的地方，《玉篇·宀部》："家，居也，家人所居通曰家。"例如《易经·家人》"家人"，唐陆德明释文："人所居称家。"《诗经·大雅·绵》："陶复陶穴，未有家室。"汉毛亨传："室内曰家。"《诗经·周南·桃夭》："宜其室家"，朱熹集传："家，谓一门之内。"《论语·子张》："叔孙武叔[②]语大夫于朝，曰：'子贡贤于仲尼。'子服景伯[③]以告子贡。子贡曰：'譬之宫墙，赐之墙也及肩，窥见室家之好。夫子之墙数仞，不得其门而入，不见宗庙之美、百官之富。得其门者或寡矣。'"《汉书·司马相如传》："家徒四壁立。"引申谓家庭。例如《周易·坤卦辞·文言》："积善之家，必有余庆。积不善之家，必有余殃。"《诗经·周颂·桓》："克定厥家。"郑玄笺："能定其家先王之业。"《墨子·尚同下》："治天下之国若治一家。"贺知章《回乡偶书》诗二之一："少小离家老大回，乡音无改鬓毛衰。"杜牧《阿房宫赋》："秦爱纷奢，人亦念其家。"范成大《冬舂行》："官租私债纷如麻，有米冬舂能几家？"引申谓住家，住下来。陶渊明《还旧居》诗："畴昔家上京，六载去还归。"韩愈《崔评事墓铭》："既去职，遂家于汝州。"古人尊崇人伦，"男有分，女有归"，适龄男女组成家庭，故而引申谓"成家"，名词活用，衍化为动词。例如《楚辞·离骚》："及少康之未家兮，留有虞之二姚。"[④]"未家"，即未娶妻。

家里的基本成员是夫妻，故夫妇互称为家。例如《国语·齐语》："罢（疲）女无家。"三国吴韦昭注："夫称家也。"《孟子·滕文公下》："女子生而愿为之有家。"朱熹集传："女以男为家。"此亦称夫。《左传·

① 宀，mián，深屋（有堂有室）。

② 叔孙武叔，姓叔孙，名州仇，谥武，春秋鲁国大夫，三桓之一。

③ 子服景伯，鲁国大夫，名何。

④ 少康，夏代中兴之主，夏相之子。有虞，上古部落名，帝喾之后，姚姓。二姚，指有虞国国君的两个女儿。

僖公十五年》："逃归其国，而弃其家。"晋杜预注："家，谓子圉妇怀嬴。"此称妇，又如《楚辞·离骚》："固乱流其鲜终兮，浞又贪夫厥家[①]。"汉王逸注："妇谓之家。"

周天子，分封诸侯为国，诸侯分封大夫为家，例如《周礼·夏官·叙官》"家司马"汉郑玄注："家，卿大夫采地。"《周易·师·上六》："大君有命，开国承家，小人勿用。""大君"，即指周王，"开国"是指分封诸侯之"国"，"承家"是指分赏卿大夫之"家"（爵位）。《论语·季氏》："丘也闻有国有家者，不患寡而患不均，不患贫而患不安。"《论语·八佾》："三家者以雍彻"，朱熹注："三家，鲁大夫孟孙、叔孙、季孙之家也。"《孟子·梁惠王上》："千乘之国，百乘之家。"《谷梁传·哀公七年》："有临一家之言焉。"唐杨士勋疏："家，谓采地。"引申谓官府，衙门。例如《汉书·元帝纪》："汉家自有制度，本以霸王道杂之。"王安石《感事》诗："州家闭仓庾。"

学术观点相同的人，志同道合，容易结合，像一家人，故而引申指学派。例如《荀子·解蔽》："今诸侯异政，百家异说，则必或是或非，或治或乱。"汉贾谊《过秦论》："于是废先王之道，燔百家之言。"《汉书·武帝纪》："罢黜百家。"《汉书·艺文志》："儒家者流，盖出于司徒之官。"又："诸子十家，其可观者九家而已。"引申作集体名词，指称从事某种工作的人。陶渊明《庚戌岁九月中于西田获早稻》诗："田家岂不苦，弗获辞此难。"唐颜仁郁《农家》诗："半夜呼儿趁晓耕，羸牛无力渐艰行。时人不识农家苦，将谓田中谷自生。"特指掌握某种知识、从事某种专业的人。沈括《梦溪笔谈·象数一》："天文家有浑仪。"

名词受数词修饰限制，由名词演变为量词。用于住户或企业等。例如《管子·轻重丁·右菁茅谋》："凡称贷之家出泉三千万，出粟三数千万钟，受子息民三万家。""家"与表示粟的量词"钟"相对，故为量词。《墨子·杂守》："子墨子曰：凡不守者有五：城大人少，一不守也；城小人众，二不守也；人众食寡，三不守也；市去城远，四不守也；畜积在外，富人在虚，五不守也。率万家而城方三里[②]。""万家"与数量词

① 浞，zhuó，商朝寒国的国君，原是后羿的相。后羿为国君后，放纵佚乐，不理国事。寒浞派家臣逄（páng）蒙射杀羿，强占了后羿之妻。厥，义同"其"。家，指妻室。

② 率万家而城方三里，意思是大概说起来，城中居民一万家，城邑方圆三里（是比较理想的防守形势）。

“三里”相对，家，也为量词。又如《庄子·徐无鬼》：“舜有行，百姓悦之，故三徙成都。至邓之虚而十有万家。”《史记·吕不韦列传》：“始皇七年，庄襄王母夏太后薨。……夏太后子庄襄王葬芷阳，夏太后独别葬杜东，曰“东望吾子，西望吾夫。后百年，旁当有万家邑。”《汉书·张世安传》：“上追思贺恩，欲封其冢为恩德侯，置守冢二百家。”唐韩愈《出门》诗：“长安百万家，出门无所之。”《水浒传》第四十九回：“且说登州山下有一家猎户，兄弟两个，哥哥唤做解珍，兄弟唤做解宝。”

四 前

前，音 qián，名词，表示方位，与“后”相对。在 56008 个现代汉语常用词中，位列第 83 位。

（一）在现代汉语中的常见用法

1. 人或事物面向的位置。例如：“村前村后都栽满了槐树。”“小明生性懦弱，前怕狼后怕虎。”

2. 表示次序靠前、时间在前。例如：“前排有座位。”“前无古人，后无来者。”引申谓从前的，例如“前政务院”“现在的校长姓王，前校长姓李。”

（二）产生与发展

前，《说文·止部》：“不行而进谓之歬①。从止，在舟上。”前，甲骨文字形上部是一只朝上的脚趾（止），下部是一只船（舟）。所要表达的意思是，脚站在船上前进。前，本义表示“前进”，动词，《广雅·释诂二》：“前，进也。”例如《左传·昭公元年》：“二执戈者前矣。”《战国策·燕策三》：“荆轲顾笑武阳，前为谢。”“前为谢”，即走上前去谢罪。《史记·项羽本纪》：“项羽召见诸侯将，入辕门，无不膝行而前。”《史记·廉颇蔺相如列传》：“于是相如前进缻②，因跪请秦王。”“相如前进缻”，即蔺相如走上前献上瓦罐。《史记·魏其武安侯列传》：“及出壁门，莫敢前。”《聊斋志异·狼》：“狼不敢前，眈眈相向。”

前行则必须朝向前面，动作虚化，词义重点落在动作的方位上，故而引申为方位名词，前面。例如《论语·子罕》：“瞻之在前，忽焉在

① 歬，qián，古同“前”。

② 缻，fǒu，古同“缶”，古代一种大肚子小口儿的盛酒瓦器。

后。”“瞻之在前”，意思是说，看看它似乎在前面。《史记·高祖本纪》：“行前者还报曰：‘前有大蛇当径，愿还。’”“前有大蛇当径”，及前面有大蛇挡在路上。《史记·滑稽列传》：“即将女出帷中，来至前。”“来至前”，即来到西门豹的面前。李白《望庐山瀑布二首》之二：“日照香炉生紫烟，遥看瀑布挂前川。”唐白居易《琵琶行》：“门前冷落车马稀。”引申表示次序在前的，例如《左传·僖公二十八年》：“公子歂犬、华仲前驱。”“前驱”，即在前面先行。贾谊《陈政事疏》：“前车覆，后车诫。”《史记·高祖本纪》：“行前者还报曰：……”“行前者”，即在前面行走的人。《聊斋志异·狼三则》：“（屠）复投之，后狼止而前狼又至。”

时间按照线性延伸，因而也有先后之分，由此隐喻时间先至的为“前”，《正字通·刀部》：“前，先也。”例如《周礼·天官·太宰》：“前期十日，帅执事而卜日①。”“前期十日”，即在祭期前十天。湖北云梦睡虎地秦墓竹简《为吏之道》：“慎前虑后。”《战国策·赵策》：“前事之不忘，后事之师。”《礼记·檀弓上》：“我未之前闻也。”《史记·惠景间侯者年表》：“前六年，钧有罪。”韩愈《师说》：“生乎吾前，其闻道也固先乎吾，吾从而师之。”“生乎吾前”，即出生在我前面。《史记·苏秦列传》：“苏秦笑谓其嫂曰：‘何前倨而后恭也？’”由此引申为“过去的”“较早的”，表时间。例如《尚书·盘庚下》：“古我先王，将多于前功，适于山。”“多于前功”，意思是说，想光大前人的功业。《商君书·更法》：“前世不同教，何古之法？”“前世”，即过去的朝代。

词义进一步虚化，由“前面”引申为“跟前”“眼前”。例如《孟子·梁惠王上》：“便嬖②不足使令于前与？”“便嬖不足使令于前与”，意思是说，侍奉您的近臣还不足够在您面前使唤听令吗？《汉书·严助传》：“事效见前，故使臣助来谕王意。”颜师古注：“见，显也；前，目前也。”方苞《左毅公逸事》：“此何地也？而汝来前。”“而汝来前”，即你却来到我的跟前。

前行，是沿着时间的先后展开，未来的路就在我们的前面，故而引申表示“未来的”时间，例如南朝宋《世说新语·自新》：“清河曰：‘古

① 帅执事而卜日，意思是：（太宰）带领办事的人占卜吉日。

② 便嬖，piánbì，因谄媚而受宠信的人。

人贵朝闻夕死，况君前途尚可。’”《史记·伍子胥列传》：“吾日莫途远，吾故倒行而逆施之。”唐司马贞索隐：“譬如人行，前途尚远，而日势已莫，其在颠倒疾行，逆理施事，何得责吾顺理乎？”《宋书·雷次宗传》：“犬马之齿，已踰知命；崦嵫将迫，前途几何？”唐《筠州洞山悟本禅师语录》：“师曰：‘悟则无分寸，不悟则隔山坡。’云：‘前程还许卜度也无。’”敦煌变文《左街僧录大师压座文》：“直教心里分明著，合眼前程惣（总）不知。”

五 元

元，音 yuán，名词，在56008个现代汉语常用词中，位列第95位。

（一）在现代汉语中的常见用法

1. 货币单位，通“圆”，十角一元。

2. 朝代名。元朝。蒙古人铁木真于1206年建国，1271年忽必烈定国号为元。

（二）产生与发展

元，《说文·一部》：“始也。”许慎把“元”的引申义当成了本义。甲骨金文字形，像人的头，本义谓人头，脑袋。《尔雅·释诂下》：“元，首也。”《左传·僖公三十三年》：“狄人归其元，面如生。”“狄人归其元”，即狄人归还了他的脑袋。《孟子·滕文公下》：“志士不忘在沟壑，勇士不忘丧其元。”“丧其元”，即失去脑袋。《后汉书·臧洪列传》：“陨首丧元，必无二志。”“首”“元”同义为文。

头在人体的最高处，故而引申表示“头一个”，“第一”。《诗经·鲁颂·閟宫》：“建尔元子，俾侯于鲁。”《公羊传·隐公元年》：“元年者何？君之始年也。”引申指“为首的”，例如《左传·僖公二十七年》：“作三军，谋元帅。”《荀子·王制》：“元恶不待教而诛。”

引申谓帝王年号“元年”。例如《史记·孝武本纪》：“元，宜以天瑞命，不宜以一二数。”唐张守节正义：“孝景以前即位，以一二数其年至终；武帝即位初有年号。”我国封建社会，皇帝建立年号始于汉武帝，公元前140年，也就是汉武帝建元元年。又如宋欧阳修《归田录》卷一：“太祖建隆六年，将议改元，语宰相勿用前世旧号，于是改元乾德。”

由第一，开始引申为“原来”“本来”，副词，这种用法大约起于汉魏时期[①]，例如嵇康《琴赋序》："推其所由，似元不解音声。"唐《神会语录遗集》卷一："（荷泽和尚与拓拔开府书）是以诸佛法身，元来不别。"唐王鲁复《诣李侍郎》诗："文字元无底，功夫转到难。"宋苏轼《浣溪沙·徐门石潭谢雨道上作》词："使君元是此中人。"沈括《梦溪笔谈·谬误》："旃檀与沉香，两木元异。"又："五物迥殊，元非同类。"陆游《示儿》诗："死去元知万事空，但悲不见九州同。"宋吴曾《能改斋漫录》卷一"试诗赋题示出处"："本朝试进士诗赋题，元不具出处。""原来"，本作"元来"，顾炎武《日知录》卷三二"元"字条："唐宋人多此语，后人以'原'代之，不知何解。……或以为洪武中，臣下有称元任官者，嫌于元朝之官，故改此字。""元来"，改作"原来"，始于明朝，大概初时是因避前朝讳"元"而改作"原"，后世相沿成习。

朝代名，1206 年建国，1271 年忽必烈定国号为元。1279 年灭南宋，定都大都（今北京），1368 年被朱元璋推翻。明宋濂《元史·世祖本纪四》载至元八年发布《建国号诏》"诏曰：……我太祖圣武皇帝，握乾符而起朔土，以神武而膺帝图，四震天声，大恢土宇，舆图之广，历古所无。顷者耆宿诣庭，奏章申请，谓既成于大业，宜早定于鸿名。在古制以当然，于朕心乎何有。可建国号曰大元，盖取《易经》'乾元'之义。"明高启《书博鸡者事》："识者固知元政紊弛。""元政"，即元朝之政务。

钱币与"元"扯上关系，可以上溯到唐代。唐高宗整顿币制，废五铢钱，改铸"开元通宝"钱，以两、钱、分、厘十进制计算。如唐王梵志诗："奉使亲监铸，改故造新光。开通万里达，元宝出青黄。本姓（性）使流传，涓涓亿兆阳。"其时称呼钱为"元宝"，后世承之，清赵翼《陔余丛考》卷二十"元宝"："然元宝之名，其实不始于银，而始于钱。唐武德四年铸开通元宝钱，其文乃欧阳询所书。晋天福三年铸钱，以天福元宝为文。宋太宗铸钱常亲书，淳化元宝作真、行、草三体。后每改元，更铸以年号元宝为号。仁宗时改年号曰宝元，钱文当曰宝元元宝，乃改铸皇宋通宝四字（自后钱文则曰通宝，历代因之）。可见元宝之名，本属钱文，因而后代制钞亦用之，铸银亦用之也。"一个金锭或银锭就叫作"一元"，清袁枚《小仓山房尺牍·答秋帆制府》："见案上手书及国宝四元。"

---

① 《辞源》（修订本）第 269 页：元的第六个义项"原来"，"本来"下，例引汉董仲舒《春秋繁露·重政》："是以《春秋》变一谓之元，元犹原也。"引例不确，董仲舒所言"元"，名词，表示的是"元为万物之本"，即本源义，也即"原"（源泉）的本义。

“四元”，及四个元宝。到了清光绪二十六年（1900），在铸造银圆的同时，开始机制铜元，清朝铜元的发行为今天的货币名称“元”打下了基础。

用“元”作为货币单位是从明代万历年间开始的。那时，欧美流行的“银圆”（如西班牙银元 Spanish Carolus dollar，又称柱洋、本洋、佛头）开始流入中国。清朝最流行的是墨西哥银圆。光绪二十五年（1899）五月，两江总督刘坤一奏称：“伏查中国行用洋元以墨西哥所铸鹰洋为最多，日斯巴尼亚[①]（西班牙）所铸本洋次之。初抵沿海各省，近且渐入内地。前经饬查上海进口之数，每年不下千余万元，利源外溢，实为中华一大漏卮。”[②]

因银圆有鹰的图案，所以又称鹰洋。鹰洋质地为银，形状圆形，故一枚称为一圆，“圆”既是货币名称，又是货币单位，早期有写作“员”的，如乾隆十二年台湾《新建明伦堂碑记》载捐款情况，其中有“林邦彩、邓永仓、李民选共捐银二十八员。举人苏惟豫捐银二十员”[③] 的字样。稍后省写为“元”，例如乾隆二十七年《修建台湾县捕厅衙署记残碑》载“今归入县尹，递□□□□□银一百五十元……俨□□踊跃勷银七十元。……余实捐银六百□员”[④] 字样，又《台湾府学重修夫子庙捐题碑记》[⑤]：“监生吴志泽、武生吴扬清、殷户谢宝树，各捐银八十员……殷户林合和、陈开英、黄登源，各捐银五十元。……以上各捐银三十员。”两碑所记货币单位，既作“员”又作“元”[⑥]。又如 1854 年《遐迩贯珍》第三、四号：“李姓向其定买米三千五百担，每担三十三元。”1875 年林乐和《中美关系略论》：“以中国、美国民数核之，美国每人派洋二十五元，中国每人派洋五角五分。”[⑦] 但正式文书多写作“圆”，例如清道光元年（1821）《每月统纪传》：“荷兰公班衙为首始，出公银二百五十万

---

① 日斯巴尼亚，西班牙，是西班牙语 España 的译音。

② 中国人民银行总行参事室编《中国近代货币史资料》第 1 辑下册，中华书局 1964 年版，第 799 页。

③ 见《台湾南部碑文集成》，载《石刻史料新编》第三辑十八册，台湾新文丰出版公司 1986 年版，第 444 页。

④ 同上书，第 486 页。

⑤ 此碑刻于道光十八年二月，即 1838 年 2 月。

⑥ 《石刻史料新编（第三辑）》，台湾新文丰出版公司印刊，1982 年第 2 版，第 85 页。

⑦ 黄河青：《近现代辞源》，上海辞书出版社 2010 年版，第 914 页。

圆。”清魏源《圣武记》卷八：“凡商船出洋者，勒税番银四百圆。”（《圣武记》成书于道光二十二年[1]，即 1842 年）

清末发行银圆票，其最低面额为一圆，也写作“一元”，民国时，发行的纸币也有写作“员”或“圆”“元”的[2]。

比“元”小的货币单位依次是“角”“分”。如 1889 年傅云龙《游历日本图经》卷十五：“屑丝六千九百九十一贯目。每一贯目相场九十圆八角七分，相场价格也。”1907 年金福宝《扶桑考察笔记》下卷：“贮蓄银行其法无论金之多少，一角一分亦可收存。”

第三节　“名”“内”“点”“月”“日”常见用法及其源流

一　名

名，音 míng，在 56008 个现代汉语常用词中，位列第 102 位。

（一）在现代汉语中的常见用法

1. 名词。有以下几种用法：

（1）名字，名称。例如：“五一集体旅游，我报了名。”“这个地方名叫昆山。”

（2）名义，借口。例如：“你不能假借出差为名，行游山玩水之实。”“有些国家常常以援助之名，进行侵略。”

（3）名声，名誉。例如：“中国女排，在世界上很有名。”“这里的风景，世界闻名。”

2. 量词。表示人的数量词，或表示名次。例如：“我校 12 名学生获此殊荣。”“小明获得比赛第一名。”

（二）产生与发展

名，《说文·口部》：“自命也。从口，从夕。夕者，冥也。冥不相见，故以口自名。”甲骨文、金文字形，从口从夕会意，意思是，天黑相互看不见只好呼叫名字。其本义是呼叫人名，动词。例如《礼记·曲礼

① 王家俭：《魏源年谱》，台湾“中央”研究院近代史研究所，1981 年再版，第 80 页。

② 黄河青：《近现代辞源》，上海辞书出版社 2010 年版，第 220 页。

下》："国君不名卿老、世妇，大夫不名世臣、侄娣，士不名家相、长妾。"① 《战国策·魏策三》："宋人有学者，三年反而名其母。其母曰：'子学三年，反而名我者，何也?'""名其母"，即叫他自己母亲的名字。《乐府诗集·陌上桑》："秦氏有好女，自名为罗敷。""自名为罗敷"，即自己叫自己为罗敷。宋王安石《游褒禅山记》："唐浮图慧褒始舍于其址，而卒葬之；以故其后名之曰'褒禅'。"

引申指"命名""称名""取名"。例如《左传·宣公三年》："生穆公，名之曰兰。"《楚辞·离骚》："名余曰正则兮，字余曰灵均。"《韩非子·和氏》："悲夫宝玉而题之以石，贞士而名之以诳。" 《礼记·檀弓上》："幼名冠字。"《史记·屈原贾生列传》："屈原者，名平，楚之同姓也。"宋欧阳修《醉 翁亭记》："名之者谁?太守自谓也。"又引申为"讲出""表达"。例如《论语·泰伯》："荡荡乎，民无能名焉。"②

用作名词，指人的"名字"或事物的"名称"。例如《管子·心术上》："物固有形，行固有名。" 《楚辞·离骚》："肇赐余以嘉名。""嘉名"，即美好的名字。《论语·阳货》："多识于鸟兽草木之名。"《庄子·逍遥游》："北冥有鱼，其名为鲲。"《木兰诗》："军书十二卷，卷卷有爷名。"柳宗元《种树郭橐驼传》："郭橐驼，不知始何名。"宋王安石《伤仲永》："父异焉，借旁近与之，即书诗四句，并自为其名。"科举考试，榜上有名，按照名次排名，引申表示名次，例如元关汉卿《状元堂陈母教子》第一折："三哥不要你做第三名衬榜，休教我倚门儿专望。"《状元堂陈母教子》第二折："做了第三名探花郎，绿袍槐简，花插幞头。"明宋濂《元史·志第四十一下·选举附录·科目》："汉人取一十二人，前三名充学正、司乐，次四名充学录、典籍管勾，以下五名充舍人。"《儒林外史》第三回："捷报贵府老爷范讳进高中广东乡试第七名亚元。"

古人为尊长讳，不能直呼其名。《礼记·曲礼下》："天子不言出，诸侯不生名，君子不亲恶。"唐孔颖达疏："诸侯相见，只可称爵，不可称名。"《孟子·尽心下》："讳名不讳姓，姓所同也，名所独也。"《世说新

① 句子大意是：国君不可直唤上卿、世妇的名字，大夫不称呼世臣和侄娣的名字。士不称呼家相和长妾的名字。卿老，上卿。世妇，谓两媵，媵的地位次于夫人而贵于诸妾。媵指随嫁者，即妻的侄（妻兄之女）、娣（妻之妹）。世臣，父时的老臣。家相，又叫家宰，是家臣的首领。长妾，生了儿子的妾。

② 句子大意是：尧之恩德浩荡无边，臣民无法用言语表达出来。

语·方正》载西晋名士陆机（字士衡），因卢志（成都王司马颖的心腹谋士，西晋权贵）直呼祖上名讳而与之吵架的故事："卢志于众坐，问陆士衡：'陆逊、陆抗是君何物？'答曰：'如卿于卢毓、卢珽。'士龙失色，既出户，谓兄曰：'何至如此，彼容不相知也？'士衡正色曰：'我父、祖名播海内，宁有不知，鬼子敢尔！'""鬼子敢尔"，是陆机骂卢志不懂人情，不是人①。又如唐人王梵志诗："敬他还自敬，轻他还自轻。骂他一两口，他骂几千声。触他父母讳，他触祖公名。""触他父母讳，他触祖公名"，即谓你称呼我的父母名讳，我就直呼你的祖父的名讳。在家讳上，古人多睚眦必报，甚或变本加厉还击。不过近年来，随着国际交流的扩大，受西方礼仪的影响，汉民族为尊长讳名的传统习俗正在受到挑战，目前，不少的年轻家长似乎"很享受"子女称呼自己的名字。

事以名而称，故而引申表达"名分""名号""名义"。例如《左传·庄公十八年》："名位不同，礼亦异数。"《左传·成公二年》："唯器与名不可以假人。"《论语·子路》："名不正则言不顺。"《孙子·地形》："故进不求名，退不避罪，唯民是保。"贾谊《陈政事疏》："若此诸王，虽名为臣，实皆有布衣昆弟之心。"《史记·袁盎晁错列传》："以诛错为名，其意非在错也。"《史记·魏公子列传》："名为救赵，实持两端以观望。"

令名远扬，名声在外，故而又表示"名望""名声"。例如《管子·白心》："名满于天下，不若其已也。"东汉李固《遗黄琼书》："盛名之下，其实难副。"《世说新语·自新》："且人患志之不立，何忧令名不彰邪？"唐刘禹锡《陋室铭》："山不在高，有仙则名。"清卓尔堪《明遗民诗·序》："死事者名垂青史，固无论已。"②

名词充当定语，修饰名词中心语，由指称演变为性质，表示"出名的"。例如《孟子·公孙丑下》："五百年必有王者兴，其间必有名世者。"《北齐书·韩轨传》："废人饮美酒、对名胜，安能作刀笔吏返披故纸乎？"李白《庐山谣寄卢侍御虚舟》："五岳寻仙不辞远，一生好入名山游。"

名词可直接受数词修饰，例如《公羊传·哀公十三年》："讥二名，二名非礼也。"《山海经·大荒西经》："有五采鸟三名：一曰皇鸟，一曰

① 参见曹翔《"鬼子"释义考辨》，《语言研究》2007年第4期。

② 死事，效忠国事而死。垂，留传。固，本来。无论，不用说。

鸾鸟，一曰凤鸟。”引申作量词，例如《庄子·则阳》：“丘里者，合十姓百名而以为风俗也。”唐陆德明释文：“一姓为十人，十姓为百名。”“百名”，即一百个人。苏轼《乞禁商旅过外国状》：“许召本土有物力居民三名，结罪保明，委不夹带违禁及堪造军器物色，不至过越所禁地分。”“三名”，一本作“三人”，说明“居民”人数。又如明《封神演义》第二十九回：“你领二十名刀斧手，埋伏于城门里。”明冯梦龙《喻世明言·沈小霞相会出师表》：“这二名妖贼叫做阎浩、杨胤夔，系妖人萧芹之党。”《粉妆楼》第二十八回：“守备军厅都穿了盔甲，全身披挂，点起五百名马步兵丁、四名把总，一个个弓上弦，刀出鞘，顶盔贯甲，先在法场伺候。”

二 内

内，音 nèi，在 56008 个现代汉语常用词中，位列第 110 位。

（一）在现代汉语中的常见用法

内，名词，与“外”相对。里头，内部。例如：“游人请勿入内。”“屋内有暖气，快进来暖和暖和。”

（二）产生与发展

内，《说文·入部》：“入也。从冂[①]，自外而入也。”甲骨文、金文“冂”像房屋，从冂从入会意，表示人进入房内。本义为“进入”，是“纳”的初文。

由本义“进入”引申，表示在范围里面，内部，跟“外”相对，处所名词。例如《左传·定公八年》：“公敛处父帅成人，自上东门入，与阳氏战于南门之内，弗胜。”《管子·君臣》：“兵乱内作，以召外寇。”《国策·齐策一》：“四境之内莫不有求于王。”王梵志诗：“观内有妇人，号名是女官。”这种用法遗存于现代汉语合成词中，如“国内”“内衣”“内科”等。由此引申专指内心，例如《楚辞·离骚》：“纷吾既有此内美兮，又重之以修能。”《资治通鉴·汉献帝建安十三年》：“今将军外托服从之名，而内怀犹豫之计，事急而不断，祸至无日矣。”“内怀犹豫之计”，即内心怀着迟疑不决的打算。这种用法还遗存在现代汉语合成词中，例如：“内疚”“内讼”“内愧”。

---

① 冂，jiōng，城外，郊外，野外。

房屋有堂有室，堂是会客之地，室是私密之所，故由入内又引申指“内室”。例如《汉书·晁错传》：“家有一堂二内。”“二内”，即两个内室。又《汉书·霍光传》：“皆拜卧内床下。”“卧内”，即卧室。

“内室”是家眷等特定的人居住的地方，故又引申指“妻妾”“妻子”。例如《左传·僖公十七年》：“齐侯好内，多内宠。”“好内”，即喜欢妻妾。《左传·昭公十年》：“齐惠栾、高氏皆耆酒信内，多怨。”“信内”，即信任妻妾。又如明《万历野获编》卷五《惧内》：“士大夫自中古以后多惧内者，盖名宦已成，虑中冓有违言，损其誉望也。”元钱惟善《送贾元英之照潭》诗：“梦里无题惟寄内。”清唐甄《潜书·夫妇》：“今之暴内者多，故尤恤女。”钱惟善《送贾元英之照潭》诗：“梦里无题惟寄内。”这种用法遗存在现代汉语合成词中，例如“内人”“惧内”“内弟”（妻弟）等。

三　点

点，音 diǎn，名词，在 56008 个现代汉语常用词中，位列第 116 位。

（一）在现代汉语中的常见用法

1. 名词

（1）液体的小滴。例如：“雨点儿越来越大了。”“水点儿溅到身上了。”

（2）点状的痕迹。例如：“墨点儿难洗干净。”“你脸上落了几个灰点儿。”引申专指汉字的一种笔画“横竖撇点折”之“点”。

（3）事物或事情的某一处。例如：“只抓一点，不及其余。”引申表示场地，地点。例如：“选好实习点。”“先在城市外围布点。”

2. 量词

（1）表示事项。例如：“三点要求”“两点希望。”

（2）表示少量。例如：“再给我一点时间，就能完成这项工作。”“一点意思，聊表心意。”

（3）时间单位，小时。例如：“对表，大家 3 点出发。”“夏天，5 点钟天就亮了。”

3. 动词

（1）液体下落。例如“点眼药水”“点卤水”。向下的轻微动作。例如：“点豆子。”轻轻向下来回摆动，例如“点头”“他点点手示意我过去”。触到物体立即离开。例如：“父亲点了一下自个儿脑门，没有说话就走了。”“他的竹篙用力一点，小木船就迅速离开了码头。”

（2）用笔加点的动作。例如：“这儿还要加一点。”“画龙点睛。”引申表示指点。例如：“首长的一席话，为我们的行动点明了方向。”“她是个聪明人，一点就透。”

（3）查点。例如：“点名”“点数”“点货物”。在众多的人或事物中指定。例如：“点菜”“点歌”。

（二）产生与发展

点，繁体字作“點”，《说文·黑部》：“小黑也。从黑占聲。”段注：“今俗所谓点涴[①]是也。或作玷。”点，本义谓小黑点。孔子的一名贤弟子曾点，字皙。皙，《说文·白部》：“人色白也。”人色白，即人的皮肤白。“点”与“皙”，构成一对反义词[②]。例如《晋书·袁宏传》：“如彼白珪，质无尘点。”“质无尘点”，即质地上没有尘埃那么大的黑点儿。唐段成式《酉阳杂俎·黥》：“今妇人面饰用花子，起自昭容上官氏所制，以掩点迹。”水滴如“点”状，故引申指水滴，名词，如后秦《法华经·化城喻品》：“假使有人磨以为墨，过于东方千国土，乃下一点，大如微尘；又过千国土，复下一点，如是展转，尽地钟墨。”宋陆游《雨中作》诗：“风声如翻涛，雨点如撒菽。”又引申谓斑点，例如《史记·司马相如列传》“钓紫贝”，张守节正义引晋陆玑《毛诗虫鱼疏》：“小者为贝，其白质如玉，紫点为文，皆成行列。”

引申作动词，液体落下。唐玄宗《喜雨赋》：“泛草泊树，垂珠点露。”落下小黑点，会留污于物上，故引申出“玷污”义，例如《楚辞·七谏·怨世》：“唐虞点灼而毁议。”汉王逸注：“点，汙也。”《楚辞·九辨》：“窃不自料而原忠兮，或黕点而汙之。”“黕”与“点”同义连文，也是污秽之义。司马迁《报任安书》：“适足以见笑而自点耳。”唐李善注：“点，辱也。”“自点”，即玷污自己。《后汉书·杨震列传》：“损辱清朝，尘点日月。”引申表示圈划义，例如唐《唐太宗李卫公问对》卷

① 涴，wò，污，弄脏。

② 古人命名取字有讲究，名、字可以相配，如孔丘，字仲尼，丘、尼相配，因为“尼”是“丘”的名（孔子父母曾“祷于尼丘得孔子”）；名、字也可以相反，如孔子学生端木赐，字子贡，下奉上曰贡，上予下曰赐，贡、赐是一对反义词。名、字也可以是近义的，例如孔子学生宰予，字子我，予、我同为第一人称代词。

中："太宗曰：画方以见步，点圆以见兵。"①由圈划义引申出上下晃动、左右腾挪义，例如汉刘向《战国策·秦策》："楚人有黄歇者……说昭王曰：'天下莫强于秦、楚，今闻大王欲伐楚，此犹两虎点斗，而驽犬受其弊，不如善楚，臣请言其说。'""两虎点斗"，即两只老虎腾挪搏斗。又如《史记·夏本纪》："至于龙门西河"，张守节正义引汉辛氏撰《三秦记》云："龙门水悬船而行，两旁有山，水陆不通，龟鱼集龙门下数千，不得上，上则为龙，故云暴鳃点额龙门下。"暴鳃点额龙门下，即鱼鼓起腮帮，腾空而起，点动额头奋力跃过龙门。王昌龄的《箜篌引》："黄旗一点兵马收，乱杀胡人积如丘。"明《三宝太监西洋记》第五十二回："国师把头点了两点。毕竟不知点了两点头，有个甚么缘故，且听下回分解。"由上下的动作引申，表示触到物体立即离开。例如唐孙思邈《千金宝要·疮疽痈肿》："艾蒿一担，烧作灰，于竹筒中淋取汁，以一二合和石灰如面浆，以针刺疮中，至痛，即点之，点三遍，其根自拔。"杜甫《曲江》诗之二："穿花蛱蝶深深见，点水蜻蜓款款飞。"敦煌变文《长兴四年中兴殿应圣经文》："大鹏点翅，度九万里之山河，玉兔腾空，照十九重之宇宙。"

古时指定或选派人，往往用笔在姓名之上打一个小黑点，因此引申为查点、指定、选派。《木兰诗》："昨夜见军帖，可汗大点兵。"《史记·项羽本纪》："春，汉王部五诸侯兵"，唐张守节正义引《高祖纪》及《汉书》"发关中兵，收三河士"释"发、收"云："发谓差点拨发也，收谓劫略收敛也。"唐李延寿《北史·孟业传》："又令点检自官，敷奏失所，帝遣人以马鞭击（孟）业头，至于流血。"唐人王梵志诗："当乡何物贵？不过五里官。县局南衙点，食并众厨飧。"白居易《新丰折臂翁》诗："无何天宝大征兵，户有三丁点一丁。"欧阳修《准诏言事上书》："数年以来，点兵不绝，诸路之民半为兵矣。"引申为检查，例如宋刘克庄《后村集》六《湘中口占》诗之四："书生行李堪抽点，薏苡明珠一律无。"

点，也是汉字的一种笔画。东汉荀悦《汉纪·孝武皇帝纪五》："（石）奋长子建，为郎中令。建奏事，事下建读之，而马字少一点，建惊恐曰：'死罪矣。'"北齐颜之推《颜氏家训·书证》："若不信其说，则冥冥不知一点一画有何意焉。"唐张彦远《法书要录》载王右军《题卫

① 句子大意是：画方形以显示进退步数，画圆形以表明兵器运用的范围。

夫人笔陈图后》："每作一点，常隐锋而为之。"引申表示用笔点画，动词。例如刘宋《世说新语·巧艺》："顾长康画人，或数年不点目精。人问其故，顾曰：'四体妍蚩，本无关于妙处，传神写照，正在阿堵中。'"庾信《舞媚娘》诗："眉心浓黛直点，额角轻黄细安。"唐皎然《周长史昉画毗沙门天王歌》："苟能下笔合神造，误点一点亦为道。"唐李亢《独异志》卷上："梁张僧繇善画……于金陵安乐寺画龙，不点睛。人问之，答曰：'点则飞去。'众人以为虚诞，固请点之。顷刻雷霆，二龙乘云腾上；其二不点者犹在。"由点画义引申出涂灭、涂写义，例如《尔雅·释器》："简谓之毕，不律谓之笔，灭谓之点。""灭谓之点"，意思是说，写错字后用笔涂黑来抹掉该字。《世说新语》："籍时在袁孝尼家，宿醉扶起，书札为之，无所点定，乃写付使。""无所点定"，意谓没有涂改。《南史·隐逸传》"关康之"："齐高帝为领军时，素好此学，送本与康之，康之手自点定。又造《礼论》十卷，高帝绝赏爱之，及崩，遗诏以入玄宫。"引申谓指点、点化，例如李白《相逢行》诗之一："金鞭遥指点，玉勒近迟回。"《祖堂集》卷十三《招庆和尚》："环丹一颗，点铁成金；妙理一言，点凡成圣。"

落点有处，故可引申指某处，例如梁沈约《宋书》卷十一《律历志》载荀勖《笛律》："上句所谓当为角孔而出商上者，墨点识之，以应律也。从此点下行度之，尽律为孔，则得变宫之声也。"唐《入唐求法巡礼行记》卷第三："五月一日天晴。巡五台去，从停点普通西行十七许里，向北过一高岭，行十五里，到竹林寺断中。"清《孽海花》第二十九回："列位想这种子，是什么东西？原来就是秘密会社。成功立的秘密会社，起先叫作'天地会'，后来分做两派：一派叫作'三合会'，起点于福建，盛行于广东，而膨胀于暹罗、新加坡、新旧金山檀岛；一派叫作'哥老会'，起点于湖南，而蔓延于长江上下游。"

古代报时，用铜壶滴漏计时，一更为五点，用作计时的量词。宋程大昌《演繁露》四："点者，则以下漏滴水为名。每一更又分为五点也。"杜甫《至日遣兴奉寄两院遗补》诗之二："去岁兹辰捧御林，五更三点入鹓行。"李商隐《夜半》诗："三更三点万家眠，露欲为霜月堕烟。斗鼠上堂蝙蝠出，玉琴时动倚窗弦。"敦煌变文《叶净能诗》："适会此日岳神在庙阙第三夫人，放到店中，夜至三更，使人娶之。三更三点，忽尔卒亡。悬（县）令不知是岳神将娶，号天大哭，情缠绵。"

西洋机械钟自明中叶西方传教士带入中国，当时叫“自鸣钟”，一昼夜分为二十四个小时，因每到整时，即自动发出整数数的响声而得名。整时数处刻有标记，是为“点”。例如清马建忠《东行三录》：“二十九日晨四点钟，威远鼓轮至。十一点钟，日舶名日进者，驰至港口停泊。”《二十年目睹之怪现状》第三十四回：“取出表一看，已经十二点半了。”

由名词引申作点状物的个体量词，例如唐李贺《梦天》：“老兔寒蟾泣天色，云楼半开壁斜白。……遥望齐州九点烟，一泓海水杯中泻。”唐李山甫《寒食二首》诗之一：“柳带东风一向斜，春阴澹澹蔽人家。有时三点两点雨，到处十枝五枝花。”五代敦煌变文《长兴四年中兴殿应圣节讲经文》：“堂堂罗汉，落落真僧。两点眉头雪不消，一条帔上云长在。”敦煌《维摩诘经讲经文》：“天花落一枝两枝，甘露洒十点五点。世尊乃重开金口，别选一人，传牟尼安慰之词，问居士缠绵之相。”宋苏轼《洞仙歌》词：“绣帘开，一点明月窥人。”元郑光祖《驻马听近·秋闺》套曲：“横空几行塞鸿高，茂林千点昏鸦噪。”

点，与线、块相较，量少或块小，故可表示少量或不定量。韩愈《天坛砚铭》：“仙马有灵，迹在于石。棱而宛中，有点墨迹。”唐《游仙窟》：“十娘笑曰：‘汉骑驴则胡步行，胡步行则汉骑驴，总悉输他便点。’”明李贽《答邓石阳书》：“塞了一分真空，便是染了一点尘垢。”量词由表实体到表虚体，例如明方汝浩《东度记》第七十八回：“万年乃合掌道：‘善哉，善哉！檀越幸亏了存这三点善心，不然，牛皮着体，六道轮回，今日花园发肤，却在前日荒沙地上矣。’”也用来表示事项。例如民国钟毓龙《上古演义》第九十六章：“伯益将它的形状照样画了。但是有两点困难：一点是不知其名，无从标题。一点没有眼睛，不知道它吃人的时候，用什么作视线，无从说明，因此颇为踌躇。”

四　月

月，音 yuè，名词，在 56008 个现代汉语常用词中，位列第 127 位。

（一）在现代汉语中的常见用法

1. 月亮。例如：“今晚之月非昨晚之月。”“残月高悬，万籁俱寂。”

2. 计时单位。月球绕地一周为一月。例如：“二月份只有 28 天。”“十月我们超额完成生产任务。”

3. 每一月。例如：“技术改造后，月产量提高到五千吨。”

（二）产生与发展

月，《说文·月部》："阙也。大阴之精。象形。"月，甲骨文、金文皆像半月之形。因为月亮缺时多，圆时少，故曰"阙"。《释名·释天》："月，阙也，满则阙也。"其本义为月之名。例如《诗经·齐风·鸡鸣》："匪东方则明，月出之光。"《诗经·小雅·十月之交》："彼月而食，则维其常。"《诗经·小雅·天保》："如月之恒，如日之升。""月"与"日"相对，即月球。《诗经·陈风·月出》："月出皎兮，佼人僚兮。"《国语·周语下》："月在天驷。"李白《静夜思》诗："床前明月光，疑是地上霜。"引申指"像月形的"，例如《庄子·马蹄》："夫加之以衡扼，齐之以月题。""齐之以月题"，即当额处有月形的马络头。《新唐书·李林甫传》："林甫有堂如偃月，号'月堂'。"沈括《梦溪笔谈·官政一》："自浙江税场以东，移退数里为月堤，以避怒水。"《儒林外史》第四十九回："众人从西厅右首一个月门内进去。"这种用法还存在于现代汉语合成词中，例如："月门""月白"等。

肉眼能见月发"亮"，故而引申指"月光"。例如晋陶潜《归园田居》诗之三："晨兴理荒秽，带月荷锄归。"李白《梦游天姥吟留别》诗："青冥浩荡不见底，日月照耀金银台。"唐杜甫《梦李白》诗二之一："落月满屋梁，犹疑照颜色。"

古人根据月相变化，由圆到缺，一年十二次，每个周期为一月，故引申指"月份"，一月的时间。例如《尚书·洪范》："一曰岁，二曰月。"唐孔颖达疏："从朔至晦，大月三十日，小月二十九日。"《左传·隐公元年》："夏五月，郑伯克段于鄢。"《诗经·王风·采葛》："一日不见，如三月兮。"唐沈佺期《古意呈乔补阙知之》诗："九月寒砧催木叶，十年征戍忆辽阳。"杜甫《春望》诗："烽火连三月，家书抵万金。"宋苏轼《喜雨亭记》："既而弥月不雨，民方以为忧，越三月，乙卯，乃雨。"范仲淹《岳阳楼记》："若夫淫雨霏霏，连月不开。"

名词作定语，词义虚化，引申指"每一月"。例如《孟子·滕文公下》："月攘一鸡，以待来年然后已。"《庄子·养生主》："族庖月更刀，割也。"

五　日

日，音rì，名词，在56008个现代汉语常用词中，位列第131位。

（一）在现代汉语中的常见用法

1. 太阳。例如："我们日出之前动身。""日落以后收工。"

2. 白天。例如："夜以继日""立秋后，渐渐地日短夜长。"

3. 地球自转一周，一昼夜。例如："多日不见。""三日后再来。"特指某天。例如："这儿节假日人流量特别大。"

4. 每天。例如："这次出国，每人日均消费 500 元。""经济日趋繁荣。"

5. 泛指一段时间。例如："改日再来办理。""来日再办庆功酒，大家庆祝一下。"

（二）产生与发展

日，《说文·日部》："实也。太阳之精不亏。"日，甲骨文是个象形字，圆圈内有一短横，圆圈像日之形，短横象征太阳之光。本义即太阳。例如《周易·系辞下》："日往则月来，月往则日来。"例中"日"即天体太阳，和"月"相对而出。《诗经·卫风·伯兮》："其雨其雨，杲杲出日。"王安石《登飞来峰》诗："飞来山上千寻塔，闻说鸡鸣见日升。"

能见到太阳的时间，只有在白天，故而"日"被引申用来表示白昼，和"夜"相对。例如《诗经·唐风·葛生》："夏之日，冬之夜。"《孟子·离娄下》："仰而思之，夜以继日。"陈鸿《长恨歌传》："每至春之日，冬之夜，池莲夏开，宫槐秋落。"《资治通鉴·汉献帝建安十三年》："轻骑一日一夜行三百余里。"

日，升起落下，即地球自转一周的时间，循环往复，无始无终，故用作计时单位，表示"天"。例如《易经·乾·九三》："君子终日乾乾，夕惕若，厉无咎。"《诗经·王风·采葛》："一日不见，如三秋兮。"《荀子·儒效》："造父者，天下之善御者。……舆固马选[①]矣，而不能以至远，一日而千里，则非造父也。"《汉书·苏武传》："武气绝半日。"宋李之仪《卜算子》词："日日思君不见君，共饮长江水。"

日夜相继，日日相连，故而表示每天，一天天。例如《商君书·错法》："道明则国日强，道幽则国日削。"《论语·学而》："吾日三省吾身。"《史记·田单列传》："田单兵日益多，乘胜，燕日败亡，卒至河上。"陶渊明《归去来兮辞》："园日涉以成趣，门虽设而常关。"《三国

---

① 舆固马选，意谓车好马好。

志·蜀志·诸葛亮传》："于是与亮情好日密。"王安石《窥园》诗："杖策窥园日数巡，攀花弄草兴常新。"明高启《书博鸡者事》："日抱鸡呼少年博市中。"

日，由每天，一天天进一步引申，用来泛指时间，于是就有了"日子""往日""昔日"等说法。例如《左传·昭公七年》："日我先君共王。"句中"日"，即往日。又如《左传·襄公三年》："日君乏使，使臣斯司马。"《国语·晋语四》："日吾来此也，非以狄为荣，可以成事也。"《孟子·梁惠王上》："壮者以暇日修其孝悌忠信。"诸葛亮《出师表》："试用于昔日，先帝称之曰能。"引申谓时代，光阴。例如《左传·昭公元年》："赵孟[①]将死矣。主民，玩岁而愒日，其与几何？"玩、愒，近义，都有贪义；岁、日相对，表示时间。"玩岁而愒日"，即谓贪图安逸，虚度岁月。又如《荀子·王制》："殷之日，安以静兵息民。"韩愈《答李翊书》："道德之归也有日矣。"《明史·海瑞传》："时世宗享国日久。"引申泛指未来时间，犹言"他日""改天""某日"。例如《国语·晋语一》："日君以骊姬为夫人，民之疾心固皆至矣。"《列子·汤问》："穆王曰：'日以俱来，吾与若俱观之。'"陆游《示儿》诗："王师北定中原日，家祭无忘告乃翁。"

第四节 "中国""问题""工作""生活"常见用法及其源流

一 中国

中国，音 zhōngguó，名词，在 56008 个现代汉语常用词中，位列第 44 位。

（一）在现代汉语中的常见用法

中国，我国的专称。例如："这种稀有金属只能从中国进口。""少年强则中国强。"

（二）产生与发展

国（繁体作"國"），《说文·口部》："邦也。"段注："邦、國互

① 赵孟，中国春秋时期晋国赵氏大宗的宗主。

训，浑言之也。《周礼》注曰：大曰邦，小曰國；邦之所居亦曰國，析言之也。……古或、國同用；邦、封同用。”国，本义即指国家。《周礼·天官·太宰》：“以佐王治邦国。”《周礼·夏官·量人》：“掌建国之法，以分国为九州岛。”

上古时代，我国华夏族建国于黄河流域一带，以为居于天下之中，故谓“中国”，为偏正式合成词。而把周围其他地区称为四方。例如《尚书·梓材》：“今王惟曰：……皇天既付中国民越厥疆土于先王”①，意思是说，“上天已经把中国之民和他们的土地托付给周朝的先王”“今王”，即指周成王，武王的儿子。周本土在西部，商在中原，故周成王称呼商人为“中国民”。1963 年陕西宝鸡贾村出土的周成王五年铸造的青铜器“何尊”②，其上有铭文曰：“余其宅兹中或，自之辟民。”③ “或”，即“国”字的早期写法。“中或”，即中国，指殷商之国。

中国又与四夷相对，显然强调的是中原诸夏文明程度高于其他地区。例如《诗经·小雅·六月序》：“《小雅》尽废，则四夷交侵，中国微矣。”《庄子·田子方》：“吾闻中国之君子，明乎礼仪而陋于知人心。”《礼记·中庸》：“是以声名洋溢乎中国。”《公羊传·隐公七年》：“戎伐凡伯于楚丘，以归。凡伯者何？天子之大夫也。此聘也。其言伐之何？执之也。执之，则其言伐之何？大之也。曷为大之？不与夷狄执中国也。”何休注：“因地不接京师，故以中国正之。中国者，礼义之国也。执者，治文也。君子不使无礼义制治有礼义，故绝不言执正之，言伐也。……所以降夷狄尊天子为顺辞。”

一国之内，其政治经济文化最高莫过于京师，故中国又特指王都，京师，例如《礼记·檀弓》：“今之大夫交政于中国，虽欲勿哭，焉得而弗哭。”朝廷所在即帝都，京师，例如《诗经·大雅·民劳》：“惠此中国”，汉毛亨传：“中国，京师也。”郑玄笺：“京师者，诸夏之根本。”《史记·五帝本纪》：“夫而后之中国，践天子位焉。”南朝宋裴骃集解引汉刘熙曰：“帝王所都为中，故曰中国。”唐李贺《李凭箜篌引》：“江娥啼竹素女怨，李凭中国弹箜篌。”清方世举注：“中国，作都中解。”

① 皇天，对上天的敬称。越，与，连词。

② 占豪：《大博弈：中国之危与机（形势篇）》，上海财经大学出版社 2014 年版，第 264 页。

③ 句子大意是：我已经据有中国，亲自治理那里的百姓。

春秋战国时，国家疆域概念巩固，诸侯国之间攻城略地此起彼伏，中原诸侯国，在各诸侯国之中间位置，故简称中国，也即“国中”之义。例如《孟子·梁惠王上》：“欲辟土地，朝秦楚，莅中国，而抚四夷也。”《韩非子·孤愤》：“夫越虽国富兵强，中国之主皆知无益于己也。”秦汉一统天下，以中原为中心，故以“中国”称之，例如《汉书·陆贾传》：“皇帝（刘邦）……继五帝三王之业，统天下，理中国。中国之人以亿计，地方万里，居天下之膏腴，人众车舆，万物殷富，政由一家，自天地剖判未始有也。”

“中国”作为我国的专称，则是近代的事情。明清之时，西方传教士东来，他们称呼明清两朝为“中华帝国”，简称“中国”。国与国之间以文件形式称呼“中国”的，则始于清初，康熙二十八年（1689），中俄尼布楚条约签订，文件中中方代表索额图被称为“中国大圣皇帝钦差分界大臣”，清人也自称为中国，例如清林则徐《拟谕英吉利国王檄》：“中国所行于外国者，无一非利人之物。”其后的中华民国及中华人民共和国，均简称为“中国”。奇怪的是，这样一个在我国历史上和日常生活中都常见常用的词语，《现代汉语词典》（修订本至2018年第七版）竟然不收，当补。

二　问题

问题，音 wèntí，名词，在56008个现代汉语常用词中，位列第64位。

（一）在现代汉语中的常见用法

1. 要求回答或解释的题目。例如：“你的问题太难，一时难以说清楚。”

2. 需要解决的疑难、矛盾等。例如：“有两个问题没有解决。”“城乡接合部的卫生是个头疼的问题。”引申指事情的关键，重要之点。例如：“导游说：‘交钱就能住到饭店，问题是你们没有交钱，所以只能在车上过夜了。’”

3. 事故或麻烦。例如：“车子又出问题了。”“小明那边出了点问题，安检不让过。”

（二）产生与发展

名词“问题”，来源于“动词‘问’+名词‘题’”的语用固化。

问，本是动词，闻讯，《说文·口部》："讯也。从口门声。"《诗经·小雅·正月》："召之故老，讯之占梦。"毛传："讯，问也。"《公羊传·僖公十年》："君尝讯臣矣。"何休注："上问下曰讯。"例如《尚书·吕刑》："皇帝清问下民。""清问"，即虚心请教。《尚书·仲虺之诰》："好问则裕，自用则小。"① 《礼记·学记》："善问者如攻坚木，先其易者，后其节目，及其久也，相说以解。不善问者反此。"②

题，《说文·页部》："额也。从页是声。"本义，即额头。例如《楚辞·招魂》："雕题③黑齿。"《韩非子·解老》："弟子曰：'是黑牛而白题。"'白题"，即黑牛的额头是白色的。

额头在人之前，故而引申泛指物体的前端、一端。例如左思《蜀都赋》："金铺交映，玉题相晖。""玉题"，即房屋椽头上的玉饰。《孟子·尽心下》："堂高数仞，榱题数尺。"榱，即椽子。"榱题"，即屋椽子的一端。

出题在前，答题在后，故而由"额头"的"前"义引申为"题目""试题"。此用法在南北朝时才出现，例如南朝宋《世说新语·文学》："谢（安）看题，便各使四坐通。"④ 宋沈义父《乐府指迷·物忌犯题字》："泳（咏）物词，最忌说出题字。""最忌说出题字"，意谓最忌讳说出题目的文字。《宋史·晏殊传》："后二日，复试诗、赋、论，殊奏：'臣尝私习此赋，请试他题。'"此用法产生后，即与动词"问"搭配，例如敦煌变文《庐山远公话》："远公曰：'是贱奴念经之声。'相公问曰：'是何经题？'远公对曰：'夜昨念者，是《大涅盘经》。'"又："吾今知汝实是能人，若问经题，吾能奉答。"北宋李昉《太平广记·贡举五·宣宗》（出《卢氏杂说》）："宣宗酷好进士及第，每对朝臣问及第。苟有科名对者，必大喜，便问所试诗赋题目，并主司姓名。""问……题"的动宾结构产生时代，据敦煌变文《庐山远公话》例证，大致可推定在唐代以后。

"问题"一词的产生，起于科举考试，而科举起于隋代，意谓"所问

① 此句意思是：善于请教别人收获就多，自以为很聪明不谦虚，所得就少。

② 唐孔颖达疏："此明能问者。问，谓论难也；攻，治也。言善问之人，如匠善攻治坚木，先斫治其濡易之处，然后斫其节目，其所问师之时，亦先问其易，后问其难也。"

③ 雕题，额头上刺有花纹。

④ 此句大意是：谢安看了题目，就请在座诸人各自叙说自己的看法。

之题"，即要求回答或解释的题目，为定中式合成词。但目前所收集到的最早的例证却晚至五代十国时期①，例如后周《条陈贡举事例奏》："伏以朝廷设科，比来取艺，州府贡士，祗合荐能。爰因近年，颇隳旧制。其举子之弊也，多是才谋习业，便切干名。……新差考试之官，利其情礼之物。虽所取无几，实启倖非轻。凡对问题，任从同议。"

《条陈贡举事例奏》为五代后周显德二年（955）5月，礼部侍郎窦仪建议废停童子科的奏章。"凡对问题，任从同议"，是说当时的考官只顾捞取好处，而对于童子们所对答的问题不闻不问，任由下属裁定。又如清毕沅《续资治通鉴·宋太宗太平兴国八年》："进士免贴经，只试墨义二十道，皆以经中正文大义为问题。"又《续资治通鉴·宋仁宗庆历八年》："策论虽有问题，其间敷对，多挟它说，若对不及五通尽黜之，即与元定解额不敷，若精粗毕收，则滥进殊广。"唐时，考试选拔官员所出的题目叫"问目"，例如唐刘肃《大唐新语》卷十："后日月淹久，选人滋多，案牍浅近，不足为准。乃采经籍古义，以为问目。其后官员不充，选人益众，乃征僻书隐义以试之，唯惧选人之能知也。"唐张鷟《野朝佥载·补辑》："周挽郎裴最，于天官试，问目曰：'山陵事毕，各还所司，供葬羽仪，若为处分。'（裴）最判曰：……"唐封演《封氏闻见记》卷三《贡举》："龙朔中，敕左史董思恭与考功员外郎权原崇同试贡举。思恭吴士，轻泄进士问目，三司推，赃污狼藉。后于西堂轮次告变，免死除名，流梧州。"

自"问题"产生后，词义不断引申演变发展，现代汉语的所有用法至清时已经全部产生。清张春帆《九尾龟》第一百五十四回："所以这个看得中看不中的问题，男人是没有主权的。你看中了他，他看不中你，依旧还是枉然。"问题，关心的话题。清傅云龙《游历日本图经》卷十七："讨论既尽之后，由议长定问题，依左列次序为断决。"问题，重点。清曾朴《孽海花》第三十回："她想就是雯青在天之灵，也会原谅她的苦衷。所以不守节，去自由，在她是天经地义的办法，不必迟疑的。所难的是得到自由后，她的生活该如何安顿？再嫁呢，还是住家？还是索性大张旗鼓的重理旧业？这倒是个大问题。"问题，即困难，难题。

① 罗竹风：《汉语大词典》（第十二卷，1993年版，第35页）所引例证最早是清代的毕沅《续资治通鉴·宋太宗太平兴国八年》。

进一步引申，表示关键或重点，例如清张杰鑫《三侠剑》第一回："至于谢洪亮虽与林士佩是联盟弟兄，今日谢洪亮死在三太之手，林士佩并不以为如何。这里头原故，那谢洪亮乃下五门的人，奸淫杀命，林士佩虽然是绿林人，并不袒护淫恶之辈，那谢洪亮并没有什么问题，所以咬牙痛恨，欲将镖行八十余位英雄完全要灭尽者，皆因邱锐、邱钰二人所致。"林士佩盟兄弟谢洪亮、邱锐、邱钰均被侠士所杀，林士佩意欲复仇，但谢洪亮是淫恶之辈，故谢洪亮的死不是林士佩复仇的关键。

引申表示事故或麻烦，例如清曾朴《孽海花》第十回："据我的意思，现在金大人是我们两国的公使，倘逞着姑娘的意，弄出事来，为这一点小事，闹出国际问题，已属不犯着。而戕害公使，为文明公律所不许，于贵国声誉有碍，尤其不可。"梁启超《谈判与宣战》："专靠摇旗呐喊的示威运动，就想立刻解决百年来盘根错节的宿题问题，天下断没有这样便宜的事。"

三　工作

工作，音 gōngzuò，在 56008 个现代汉语常用词中，位列第 66 位。

（一）在现代汉语中的常见用法

1. 名词。

（1）职业。例如："我喜欢教师这份工作。""这是我工作单位。"

（2）业务，任务。例如："小明对宣传工作很熟悉。""这项工作一定要在国庆前完成。"

2. 动词。从事体力或脑力劳动。例如："他在这个单位工作八年。""小明是个工作狂，工作起来不要命。"引申泛指机器、工具等的生产活动，例如："这台机器已经连续工作了三十六小时。"

（二）产生与发展

"工作"一词，较早见于南北朝时期，例如南朝刘宋范晔《后汉书·和熹邓皇后纪》："以连遭大忧，百姓苦役，殇帝康陵方中秘藏，及诸工作，事事减约，十分居一。"意谓土木营造之事，名词。从语境义来看，此"工作"，源于"名词'工'＋动词'作'"的语用固化，是主谓式合成词。又如唐《通典·食货典》："是以贫者避赋役而逃逸，富者务兼并而自若。加之以内兴工作，外攘夷狄，收泰半之赋，发闾左之戍，竭天下之资财以奉其政，犹未足以赡其欲也。"后晋刘昫《旧唐书·穆宗纪》：

“己卯，月掩牵牛。同州雨雪，害秋稼。京兆府户曹参军韦正牧专知景陵工作，刻削厨料充私用，计赃八千七百贯文；石作专知官奉仙县令于翚刻削，计赃一万三千贯，并宜决重杖处死。”宋沈括《梦溪笔谈·官政一》：“饥岁工价至贱，可以大兴土木之役，于是诸寺工作鼎兴。”《明史·杨爵传》：“岁频旱，日夕建斋醮，修雷坛，屡兴工作。”明《万历野获编》卷十二“泇河之成”：“李少保化龙浚泇河通漕，甫一年而以忧归，代总督者曹时聘也。曹素无素丝之誉，适南阳堤稍坏，曹遂思大兴工作，因以为利。”又卷十二“户部·救荒”载，嘉靖八年，广东佥事林希元上《救荒丛言》云：“有三权：曰借官钱以粜籴；兴工作以助赈；贷牛种以通变。”

引申表示结果，即制作，例如北魏郦道元《水经注·谷水》：“圃中有古玉井，井悉以珉玉为之，以缁石为口，工作精密。”北宋《禅林僧宝传》卷第十七《浮山远禅师》：“良久曰：‘从前十九路，迷悟几多人。’文忠嘉叹久之。远偈语妙密，诸方服其工作。”后晋刘昫《旧唐书·武宗纪》：“敕曰：‘上州合留寺，工作精妙者留之；如破落，亦宜废毁。’”宋赵彦卫《云麓漫钞》卷十五：“其面检文，与玺相合，大小不差毫发，篆文工作皆非近世所为。”清《二十年目睹之怪现状》第十一回：“只是我又配上一颗云南黑铜的表坠，这黑铜虽然不知道值钱不值钱，却是一件希罕东西。而且那工作十分精细，也不知他是雕的还是铸的，是杏仁般大的一个弥勒佛象，须眉毕现的，很是可爱。”

由称谓转向指称，名词用作动词，故“工作”由工程义转指百工操作，脑力或体力劳动。例如唐段成式《剑侠传·京西店老人》：“店有老人，方工作。”“工作”前有表示时间的副词“方”，故为动词。又如宋欧阳修《准诏言事上书》：“诸路州军，分造器械，工作之际，已劳民力。”宋钱俨《吴越备史》卷一《武穆王》：“（元）瑛，性英敏，颇尚儒学，聚书千卷，善草隶，好施。时徐绾之叛，城中有锦工二百余人，皆润人也。瑛虑其为变，乃命曰：‘王令百工悉免今日工作。’遂放出城而发悬门。王入城，闻其事，颇嘉之。”宋洪迈《夷坚乙志》卷第二十“童银匠”：“乐平桐林市童银匠者，为德兴张舍人宅打银。每夕工作，有妇人年二十余岁，容貌可观，携酒肴出共饮，饮罢则共寝，天将晓乃去。”明《三国演义》第一百六回：“又建重楼画阁，造金银器皿，用巧匠数百人，昼夜工作。”清纪昀《阅微草堂笔记》卷十五：“董家庄佃户丁锦，生一子曰二牛。又一女赘曹宁为婿，相助工作，甚相得也。”清《八仙得道》

第三回："秀春急得走投无路，出入两难。早已忧思成病，饮食不进，面黄肌瘦，四肢无力，种种病相，也和孕妇差不多儿。这时老胡夫妇也有些觉得了。但因秀春日间在家工作，晚上又跟他娘一床儿睡，当然不会有暧昧情事。"

由劳作引申指从事各种手艺的人。例如唐义净译《根本说一切有部毗奈耶》卷十八："长者使女，于寺中为女工作。"宋欧阳修《新五代史·四夷附录二·契丹》："西楼有邑屋市肆，交易无钱而用布。有绫锦诸工作、宦者、翰林、伎术、教坊、角抵、秀才、僧、尼、道士等，皆中国人。""有绫锦诸工作"，意谓"制作绫罗锦缎的各种工匠"。宋孟元老《东京梦华录·酒楼》："东西两巷，谓之大小货行，皆工作伎巧所居。"元脱脱撰《金史·百官志二·祗应司》："提点，从五品。令，从六品。丞，从七品，掌给宫中诸色工作。直长，正八品。"明《英烈传》第六十一回："诸臣得令，次日百计锄掘，坚不可动。太祖见工作难于下手，心中甚是不快。"明《二刻拍案惊奇》卷十九："彼时山畔有一田舍翁，姓莫名广，专以耕种为业。家有肥田数十亩，耕牛数头，工作农夫数人。茆檐草屋，衣食丰足，算做山边一个土财主。"明田汝成《西湖游览志余》第二十三卷《委巷丛谈》："兜罗绒者，琉球、日本诸国所贡也。今杭州织造局工作亦仿为之。"清钱泳《履园丛话》卷三《考索》："所以仕宦要勤俭，种田要勤俭，工作要勤俭，商贾要勤俭。凡事勤则成，懒则败。"

手工之人，师徒相授，所操之业，终身为之，故而引申出职业，例如宋欧阳修《新五代史·卢文进传》："（卢文进）自其奔契丹也，数引契丹攻掠幽、蓟之间，虏其人民，教契丹以中国织纴工作无不备，契丹由此益强。"元马端临《文献通考·钱币考》："绍兴初，并广宁监于虔州，并永丰监于饶州，岁铸才及八万缗。以铜铁铅锡之入，不及于旧。而官吏廪稍工作之费，视前日自若也。每铸钱一千，率用本钱二千四百文。"

工作之人，所做之事，即是要完成的任务，故而"工作"引申表示任务，业务义，例如北齐魏收《魏书·慕容契传》："（慕容契）迁宰官令，微好碎事，颇晓工作，主司厨宰，稍以见知。"元脱脱等《宋史·魏丕传》："开宝九年，领代州刺史。凡典工作十余年，讨泽潞、维扬，下荆广，收川峡，征河东，平江南。"又《宋史》卷四六七《宦者·张惟吉》："熙宁初，造神臂弓成，神宗御延和殿临阅，置铁甲七十步，俾卫士射，未有中者。若水自请射，连中彻札。建庆寿、宝慈两宫，典领工作，再迁嘉州防御使。”清《八仙得道》第五十回：“有这许多为难之处，万不得已，只好略施小计，把你引到这儿，担任这项工作。”

四 生活

生活，音 shēnghuó，在56008个现代汉语常用词中，位列第71位。

（一）在现代汉语中的常见用法

1. 名词。

（1）人或生物为了生存和发展而进行的各种活动。例如：“将军的日常生活很简单。”“蚂蚁的生活很有规律。”

（2）衣食住行各方面的情况。例如：“现在老百姓的生活一天比一天好了。”“我们的生活比蜜甜。”

2. 动词。生存。例如：“一个人脱离社会就很难生活下去。”“老王靠救济金生活。”

（二）产生与发展

“生活”一词起源甚早，先秦已经存在，例如《孟子·尽心上》：“民非水火不生活，昏暮叩人之门户求水火，无弗与者，至足矣。”“生活”前有副词“不”修饰，故为动词；生，即“活”，“生活”为同义连文的并列式合成词。《诗经·邶风·击鼓》：“于嗟阔兮，不我活兮。”“不我活”，西汉毛亨传：“不与我生活也。”东汉郑玄笺：“女（汝）不与我相救活。”毛传的“生活”，即郑笺的“救活”，唐孔颖达疏：“不与我相存救而生活兮。”清陈奂疏：“《载芟》笺：‘活，生也。’连言之曰生活。”又如《汉书·萧望之传》：“人情，贫穷，父兄囚执，闻出财得以生活，为人子弟者将不顾死亡之患、败乱之行以赴财利，求救亲戚。”《汉书·郊祀志》：“稷者，百谷之主，所以奉宗庙，共粢盛，人所食以生活也。”汉《风俗通义·正失第二》：“燕太子丹为质於秦，始皇执欲杀之，言能致此瑞者，可得生活。”唐《法苑珠林》卷五十七：“诸含血虫，皆贪生活，不当杀之。”明吕坤《反挽歌》：“人生亦大难，安用苟生活。”

春秋《文子·道德》：“老子曰：‘自天子以下，至于庶人，各自生活，然其活有厚薄。’”《史记·日者列传》：“夫家之教子孙，当视其所以好，好含苟生活之道，因而成之。”[1] 此两例中“生活”为动词，引申转指衍化为名词，例如旧题东汉支娄迦谶《杂譬喻经》[2] 卷上：“比丘念曰：‘如行客作，求生活也。’”南朝梁沈约《宋书·索虏传》：“彼年已五十，未尝出户，虽自力而来，如三岁婴儿，复何知我鲜卑常马背中领上生活。”引申指衣食住行等各方面的情况，境况。例如《魏书·胡叟传》：“（胡叟）家于密云，蓬室草筵，惟以酒自适。谓友人金城宗舒曰：‘我此生活，似胜焦先。’”唐人王梵志诗：“思量小家妇，贫奇恶形迹。酒肉独自抽，糟糠遣他吃。生活九牛挽，唱叫百夫敌。”唐陆龟蒙《奉酬袭美先辈吴中苦雨一百韵》诗：“所贪既仁义，岂暇理生活。”

人要生存，生活，必然要从事各种生产活动。例如《太平广记》卷一三四引《法苑珠林·宜城民》：“其家兄弟四人。大兄小弟皆勤事生业。其二弟名迁，交游恶友，不事生活。”“不事生活”，即从事生产劳动，《唐摭言》卷十三《惜名》：“裴令公居守东洛，夜宴半酣，公索联句，元白有得色。时公为破题，次至杨侍郎汝士。曰：‘昔日兰亭无艳质，此时金谷有高人。’白知不能加，遽裂之曰：‘笙歌鼎沸，勿作此冷淡生活！’”“勿作此冷淡生活”，即不作这个冷清无趣的活计。

第五节　“现在”“社会”“关系”常见用法及其源流

一　现在

现在，音 xiànzài，名词，在 56008 个现代汉语常用词中，位列第 96 位。

（一）在现代汉语中的常见用法

现在，时间名词，这个时候，目前。指说话的时候，有时包含说话前后或长或短的一段时间（与“过去”“未来”相对）。例如：“我们现在

---

① 句子大意是：家庭教育子孙，应该观察子孙的爱好，爱好如果符合生活的道义，就要因势利导促成其成功。

② 方一新、高列过二位认为《杂譬喻经》的“翻译年代不早于西晋。”参见方一新、高列过《从词语替换看一卷本〈杂譬喻经〉的翻译年代》，载《语言学论丛》第 41 辑，商务印书馆 2010 年版，第 186 页。

就走。”“现在车子在门口等我们。”“现在小明是主任。未来小明还能晋升厂长。”

（二）产生与发展

“现在”一词，目前发现最早例证出自东汉郑玄的《周礼》注中。《周礼·春官·御史》：“掌赞书，数凡从政者”①，郑玄注：“自公卿以下至胥徒，凡数及其现在空缺者。”意谓“目前”“当下”。又如东汉释支娄迦谶《佛说般舟三昧经·行品》：“佛告飏陀和：持是行法便得三昧，现在诸佛悉在前立，其有比丘、比丘尼，优婆塞、优婆夷如法行，持戒完具，独一处止，念西方阿弥陀佛今现在，随所闻当念，去此千亿万佛刹，其国名须摩提，一心念之，一日一夜，若七日七夜，过七日已后见之。”“现在”与“今”同义连文。“现”，即出现义；“在”，即存在义，现在，为并列式合成词，表示时间的名词。又如西晋竺法护译《佛说盂兰盆经》：“弟子所生父母……若未来世，一切佛弟子，亦应奉盂兰盆，救度现在父母，乃至七世父母，可为尔否？”南朝萧齐释求那毗地译《百喻经·病人食雉肉喻》：“外道等执于常见，便谓过去、未来、现在。唯是一识，无有迁谢。”佛教以今时为现在。唐玄奘译《阿毗达摩俱舍论·分别随眠品五之二》：“有作用时，名为现在。”意谓事物正在发生作用的刹那间，谓之“现在”，也即时间的一个作用点。

“现在”一词，《汉语大词典》始见例为晋代法显的《佛国记》：“诸处皆起塔，有僧伽蓝，今悉现在。”并释“现在”为“存在”义，当为引申义。“现在”前有范围副词“悉”修饰，故为动词，又如唐玄奘《大唐西域记》卷第二《健驮逻国》“大窣堵波周近诸佛像”：“闻诸耆旧曰：数百年前，石基之隙有金色蚁，大者如指，小者如麦，同类相从，啮其石壁，文若雕镂，厕以金沙，作为此像，今犹现在。”

现，“见”的后起字。本义为玉光。字形从玉，見声，楷书作現，简化字作现。宋《集韵·霰韵》：“現，玉光。”《广雅·释诂四》：“见，示也。”《汉书·邹阳传》颜师古注：“见，谓显也。”见、现，在“显见”意上是一个词，写法不同而已（古今字）。假借作呈现、出现义的“现”，引申为表现。

---

① 《周礼注疏》作“凡数从政者”（北京大学出版社2000年版，第837页），今依钱玄改，参见钱玄《校勘学·句读校勘举例》，江苏古籍出版社1988年版，第69页。

《广韵·散韵》:“見，露也。現，俗。”清徐灏《说文段注笺》:“目所睹为见，因有见在之称。俗别作現。”近人张舜徽《说文解字约注》引《史记·项羽本纪》“军无见粮”，《汉书·高五王传》“于今见在最为长”，释云:“古人或单称见，或称见在，犹今俗称现在也。”《说文》《玉篇》等字书不收“现”字，直至宋代韵书《广韵》始收。其实，“现”字的产生时代至少可以断定在东汉时期（见上文引东汉郑玄注《周礼·春官·御史》例证）。

二　社会

社会，音 shèhuì，名词，在 56008 个现代汉语常用词中，位列第 97 位。

（一）在现代汉语中的常见用法

1. 指有一定的经济基础和上层建筑构成的整体，也叫社会形态。例如:“封建社会”“资本主义社会”“社会意识”“社会科学”

2. 相互联系的人群。例如:“你要尽快融入到社会之中。”“班级也是一个小社会。”

（二）产生与发展

社会，起初是专指我国的一个传统节日，即春、秋社日祭祀土神的集会，以表对土神的谢意。

社，本义指受祭祀的土神。《说文·示部》:“社，地主也。”地主，即土地之主，也即土神。土地是万物之母，人们为了报答土地的恩赐，故而封土为社来祭祀，以祈求五谷丰登。《孝经·纬》云:“社，土地之主也。土地阔不可尽敬，故封土为社，以报功也。”《白虎通·社稷》:“王者自亲祭社稷何？社者，土地之神也。土生万物，天下之所主也，尊重之，故自祭也。”由受祭的土神引申出祭祀土神的场所，例如《白虎通·社稷》云:“古者，自天子下至庶民，皆得封土立社，以祈福报功，其所祀之神，曰‘社’；其祀神之所，亦曰‘社’。”社有春社、秋社之分，一般在立春或立秋后第五个戊日举行。会，即集会义。社会，即祭祀土神的集会，故为偏正式合成词。

祭祀土神的仪式起源甚早，可以推溯到远古的原始社会。《礼记·祭法》云:“共工氏之霸九州也，其子曰后土，能平九州，故祀以为社。”《论语·八佾》云:“哀公问社于宰我。宰我对曰:‘夏后氏以松，殷人以柏，周人以栗。’”祭祀社神的活动，从远古的共工氏，到上古的夏商周，一直绵延不绝。直至今日，广大乡村还有祭祀土神的风俗（敝乡正月初一和正月十五为正式祭祀土神的日子。但每月的农历初一或十五也有人进香祭祀土神，可见民间对土神的敬仰膜拜程度）。

尽管祭祀土神的集会很早就有，但是“社会”一词，却产生较晚。据目前搜集到的语料例证来看，“社会”一词，大约产生于晋代，唐裴松源《贞观公私画史》载有东晋画家史道硕《田家社会[1]图》，可惜《田家社会图》今已不传。从史道硕画作的题名来看，大约画的是农家祭祀土神的场景。又如唐道世《法苑珠林》卷二十八《杂异部·感应缘》载隋时和尚普安割肉救猪的故事，当时，“年常二社血祀者多”[2]，一日，“尝于龛侧村社，缚猪三头将加烹宰，（普）安闻往赎。社人恐不得，杀增价索钱十千。安曰：‘贫道见有三千，已加本价十倍可以相与。’众各不同，更相忿竞。忽有小儿羊皮裹腹，来至社会，助安赎猪。既见诤竞，因从乞酒，行饮行舞焜煌旋转，合社老少眼并失明，须臾自隐不知所在。安即引刀自割髀肉曰：‘此彼俱肉耳，猪食粪秽，尔尚啖之，况人食米，理是贵也。’社人闻见一时同放。”“忽有小儿羊皮裹腹，来至社会”，是说一个小孩，穿着羊皮肚兜，来到了祭祀土神的地方。又如后晋刘昫《旧唐书·玄宗本纪》载：玄宗开元十八年六月，“辛卯，礼部奏请千秋节休假三日，及村闾社会并就千秋节先赛[3]白帝，报田祖，然后坐饮。从之。”例中“社会”，也即乡村祭祀土神的集会。

又如唐柳棠《答杨尚书》诗：“未向燕台逢厚礼，幸因社会接余欢。”祭祀土神之俗后世绵延不绝，例如《二刻拍案惊奇》卷二：“山东兖州府巨野县有个秾芳亭，乃是地方居民秋收之时祭赛田祖先农，公举社会聚饮的去处。”元脱脱《宋史·高宗本纪》：绍兴二年冬十月，“戊申，以知平江府赵鼎为江东安抚大使。丙辰，禁温、台二州民结集社会。”引申指称村塾逢春秋祀社之日或其他节日举行的集会。宋孟元老《东京梦华录·秋社》：“八月秋社，……市学先生预敛诸生钱作社会，以致雇倩祗应、白席、歌唱之人。归时各携花篮、果实、食物、社糕而散。春社、重午、重九，亦是如此。”

---

① 着重号为笔者所加。

② 句子意思是说，当时人们在春社、秋社（二社）祭祀时要杀牲作贡品。

③ 赛，旧时祭祀酬报神恩的迷信活动，如“赛神”“赛会”“赛社”等。

宋以降，“社会”的含义泛化，不再单单是为了祭祀，由志趣相同者结合而成的组织或团体叫“社会”，文士有“西湖诗社”；武士有“射弓踏弩社”；道教有“灵宝会”，各行各业都有“社会”。例如宋吴自枚《梦粱录》卷十九《社会》载祭祀真君生日的盛况，“北极佑圣真君圣降及诞辰，士庶与羽流建会于宫观或于舍庭。诞辰日，佑圣观奉上旨建醮，士庶炷香纷然，诸寨建立圣殿者，俱有社会，诸行亦有献供之社。”“每遇神圣诞日，诸行市户，俱有社会迎献不一。如府第内官，以马为社。七宝行献七宝玩具为社。又有锦体社、台阁社、穷富赌钱社、遏云社、女童清音社、苏家巷傀儡社、青果行献时果社、东西马塍献异松怪桧奇花社，鱼儿活行以异样龟鱼呈献，豪富子弟绯绿、清音社，十闲等社。”《金瓶梅词话》第三十八回：“观境内所属州郡，各立社会，行接糶俵糴之法。”明《醒世恒言·郑节使立功神臂弓》：“原来大张员外在日，起这个社会，朋友十人，近来死了一两人，不成社会。”清张春帆《九尾龟》第十四回：“不料等了一天杳无影响，听见报子的锣声接二连三的在门口敲了过来，又敲了过去，偏偏的不到金汉良家。眼见得这个举人是没分的了，气得金汉良一佛出世，二佛升天，一天到晚饭也不吃，拍着桌子大骂房官瞎眼，主考糊涂。骂了一会也无可如何，恹恹的过了几天，也就丢过去了。只带着那一班下流社会的人，天天往那妓院烟灯开心作乐，往往的成日成夜并不回家。”

现今汉语中通行意义的“社会”，是中西文化交流融合的结果，英语 society（社会）和法语 société（社会）均源自拉丁语 socius，意为“伙伴”，与我国宋以来产生的“团体”“组织”义近。日本学者在明治年间，将英文 society 一词译为汉字“社会”，近代中国学者在翻译日本社会学著作时，沿用此词，例如清曾朴《孽海花》第二十九回：“却说吾人以肉眼对着社会，好象一个混沌世界，熙熙攘攘，不知为着何事这般忙碌。记得从前不晓得哪一个皇帝南巡时节，在金山上望着扬子江心多少船，问个和尚：‘共是几船？’和尚回说：‘只有两船！一为名，一为利。’我想这个和尚，一定是个肉眼。人类自有灵魂，即有感觉；自有社会，即有历史。”清李岳瑞《悔逸斋笔乘·包安吴〈都剧赋〉》：“惟包安吴管情三丈，有《都剧赋》一首，赋嘉庆中叶茶园故事，词极雅丽，读之亦可考见今昔社会风气迁转同异之迹，爰摭之以实吾书。”此两例“社会”，即社会形态的意思。又清孙静庵《栖霞阁野乘·京员以八行书为入款之大宗》："满清官场社会最为黑暗，贿赂公行，毫无顾忌，人多知之。"清裕德菱《清宫禁二年记》："余居宫中久，知阉人之残毒甚悉。彼等对于其主，毫无敬意。盖悉由下等社会中产出，无教育，无道德，并无感情。虽其侪辈也亦若是。"此"社会"，即指相互联系的人群，阶层。

三　关系

关系，音 guān · xì[①]，在56008个现代汉语常用词中，位列第101位。

（一）在现代汉语中的常见用法

1. 名词。

（1）事物之间相互作用、相互影响的状态。例如："这个开关与那盏灯没有关系。""权利与义务有直接的关系。"

（2）人和人，或人和事物之间的某种性质联系。例如："我们之间是纯洁的同志关系。""拉关系，走后门是不正之风，我们要坚决抵制。"引申指某种组织的证明或证件，例如："到新单位后，立即提交组织关系。""小明的工资关系还没有转来。"

（3）对有关事物的影响或重要性。例如："没有关系，别紧张，修理修理还能用。""外语学习的好坏，与专业学习的好坏有直接的关系。"

（4）泛指原因、条件等。例如："由于时间关系，我就不展开细说了。""因为天气关系，我们取消比赛。"

2. 动词。关联，牵涉。例如："这个奖项关系到个人的切身利益。""城市公众服务关系到市民的生活质量。"

（二）产生与发展

"关系"一词产生较晚，现在所发现的例证均产生于两宋之间，书面写作"关係"或"关繫"，例如北宋王钦若等《册府元龟》卷第四百八十八《邦计部六 · 赋税第二》："晋高祖天福元年闰十一月，敕：应诸道州府所徵百姓正税斛、斗、钱、帛等，除关係省司文帐外，所在州府并不得里私增添，纽配租物。"《宣和遗事》前集："这个阴阳，都关係着皇帝一人心术之邪正是也。"南宋罗大经《鹤林玉露》卷二："某县有母诉其子者，此关繫风教，不可不施行。"两例"关係/繫"均是个动词，意谓关联，牵涉（以下例证一律作"关系"）。关，有关涉义，例如汉司马迁

---

① 关系，guān · xì，系，一般轻读，间或重读。

《报任安书》："夫中材之人，事关于宦竖，莫不伤气，况慷慨之士乎？"系，有系连义，例如汉张衡《西京赋》："处沃土则逸，处瘠土则劳，此系乎地者也。"故"关系"一词则为并列式合成词。又如《金瓶梅词话》第六十五回："哥教唱此词，关系心间之事，莫非想起过世的嫂子来。"明唐顺之《与洪方洲郎中书》之二："文章之说，其明不明，无足关系于世，向固不喜吾兄之多言也。"清冯桂芬《潘母张太夫人墓志铭》："刑官关系人命，勿恃律例熟，疏忽致贻悔。"

汉语中，陈述可以直接转化为指称，"关系"由动词转化为名词，表示对有关事物的作用或影响，重要性。例如北宋王溥《唐会要》卷六十"御史台"条："（太和）四年九月御史奏：诸司诸使及诸州府县并监院等，公事申牒臣当台，各令遵守时限，并臣当司行勘事，多缘准敕推勘刑狱，或是远方人事有冤抑，凡于关系，尽须勘逐。事节不精，即虑滞屈。比来行牒，有累月不申，兼频牒不报者，遂使刑狱淹恤。"南宋陈亮《书职事题名后》："题名小录，利害通涉始末，而司膳虽若碎烦，亦有关系。"又陈亮《谢罗尚书启》："轸[①]一夫纳沟之念，操万事入律之权。小用经纶，大有关系。敢以平生之雅故，用为缓急之据依。"宋陈淳《北溪大全集》卷四十五《与李推论海盗利害》："某寓客不当出位而言，但耳目所接，海盗利害关系甚重，其事几有不容失。"明彭时《彭文宪公笔记》："此事关系非小，一或乖礼，何以示天下。"清《儿女英雄传》第十三回："此地河台被御史参了一本。……参得十分利害。这事关系甚大。"

引申谓事物之间相互联系、相互作用的状态，例如《灵城精义》[②]卷上："盖宇宙间物，总是逢阳则生，逢阴则死。又如人之结胎，男精属阳。女血属阴，阳贵有余，阴贵不足，是故精盛则结，血虚则受，一以阳为主也。又如人之既死，母血先败，父骨犹存，其可收纳天地之气而荫生人者？全在父骨，非一以阳为主乎！又如大而天地，天气为阳，地脉为阴，若非天行至健，顷刻不停，三光为照，雨露为润，一阳来复，万籁乃吹，则地何能生乎？是天地一以阳为主也。此乃堪舆家论生死之大关系也。古来大哲见实主此间，亦论及而未尝揭以示人，岂以千古不传之秘，

① 轸，zhěn，弦乐器上系弦线的小柱，可转动以调节弦的松紧。这里作动词用，拨弄。

② 《灵城精义》系明代人所撰，伪托五代十国何溥之名所撰。《四库全书总目提要·子部·术数类二》考证："其非明以前书确矣。"（纪昀：《四库全书总目提要》，河北人民出版社2000年版，第2780页）。

惟以神会而非以言传者乎！”

由相互联系、相互作用的状态引申出人和人，或人和事、事物与事物之间某种性质的联系。例如南宋陈傅良《止斋先生文集》卷二十三：“然而人之关系有重轻，则事之施行有先后。今二三大臣进退哀荣之典，宰执台谏，屡尝奏请，方留未下，而遽加恩于勋臣之子，则是轻重不伦，先后失序。”南宋陈淳《北溪大全集》卷十五《用功节目》：“《中庸》择善固执之目，必自夫博学、审问、慎思、明辨而笃行之。而颜子称夫子循循善诱，亦惟在于博我以文、约我以礼而已，无他说也。然二者亦非截然判先后为二事，如车两轮，如鸟两翼，实相关系。盖亦交进而互相发也。”宋末家铉翁《春秋集传详说》卷十：“读《春秋》者，于圣人书法宜加权衡，庶几临大事而无惑。或曰齐桓之入，子纠之死，《春秋》书之。今昭之入，无亏之死，《春秋》皆不书，何欤？曰桓公之入，子纠之死，是有关系，不容不书。若无亏者，易竖所拥立，非所当立；昭虽君齐，庸愚罔所知，桓公霸业，隳于是，无足录者，奚其书？”

泛指原因条件等。例如宋周密《癸辛杂识》别集下《李白玉》：“今伯玉且复援张商英事，以文其过，且郭磊卿以正言而按李遇英，吴当可翁甫以博士而按刘之杰，以其职事之关系也。若都司可以按台谏，则台谏反将听命于都司矣，朝纲不几紊乱乎！”清刘体仁《异辞录·宦途关系网》：“于是设会馆以为公共之处，始而省会，继而府县，各处林立，此等天然之党籍，较之树一义以为标帜者，未知利害奚若。在闭关时代，由座主之关系，或州域之关系，天然成为同志，谋公私利益而共守伦常大义，以辅国家太平、有道之长基。”

第九章

汉语常用形容词源流

形容词，表示人或事物的性质或状态。本章介绍“大”“多”“新”“小”“高”“老”6个常用单音节形容词的用法及其源流演变过程。

一　大

大，音dà，在56008个现代汉语常用词中，位列第19位。

（一）在现代汉语中的常见用法

1. 形容词。在体积、面积、深度、长度、强度等超过一般或比较对象。例如：“大房子”“个子大”，“小明比小强大三岁。”用于节令、时间前，表示强调。例如：“大热天”“大清早”“大年初一”“大过年的，要祥和安乐。”

“大”与“小”相对，在人们的观念中，凡小者则“微不足道”，而“大者”则令人钦佩，因而引申用作敬词。例如：“大作”“大函”“大札”；“大爷”“大娘”“大哥”等。

2. 副词。表示程度深。例如：“大红大紫”“大有文章可做”“这个问题不大容易解决”。

（二）产生与发展

大，《说文·大部》：“天大，地大，人亦大。故大象人形。”林义光《文源》曰：“人像侧立，大像正立。”大，甲骨文字形像正面站立的人形。与“小”相对的“大”，是个抽象的概念，不好表示，故借助人的形象来表示“大”的意思。本义为“大小”之“大”，表示体积、面积、力量等方面超过一般或相比的对象。例如《周易·乾》：“大哉乾元，万物资始。”《诗经·大雅·行苇》：“酌以大斗，以祈黄耇①。”“酌以大

---

① 耇，gǒu，同“者”，老年人面部的寿斑，引申指年纪大。黄耇，长寿的象征。以祈黄耇，意谓祈求长寿。

斗”，即斟美酒用大的斗。《论语·八佾》：“大哉问！礼，与其奢也，宁俭。”①《孟子·梁惠王下》：“若是其大乎？”《庄子·逍遥游》：“风之积也不厚，则其负大舟也无力。”刘邦《大风歌》：“大风起兮云飞扬。”《战国策·秦策》：“亦无大大王。”《战国策·燕策二》：“燕赵久相支，以弊大众，臣恐强秦之为渔父也。”《列子·汤问》：“日初出大如车盖。”唐王维《使至塞上》诗：“大漠孤烟直，长河落日圆。”

排行在前的年龄自然是大些，故而引申指排行“第一”。例如古乐府《孤儿行》：“大兄言办饭，大嫂言视马。”“大兄”，即长兄。又如《木兰诗》：“阿爷无大儿，木兰无长兄。”词义泛化，用于尊称，例如《三国志·蜀志·关羽传》载曹操遣徐晃救曹仁事迹，裴松之注引晋王隐《蜀记》：“晃下马宣令：‘得关云长头，赏金千斤。’羽惊怖，谓晃曰：‘大兄，是何言邪！’”“大兄”，是关羽对徐晃的尊称。

“大”是形容词，形容词可演变为名词，由称谓转化为指称，即表示大的东西。例如《孟子·梁惠王上》：“以小易大，彼恶知之？”“以小易大”，即用小的（羊）代替大的（牛）。

古代汉语中，形容词可以当动词用，最常见的是使动和意动。形容词使动用法，表示“使……大”，例如《孟子·梁惠王下》：“此匹夫之勇，敌一人者也。王请大之！”“王请大之”，即谓请王（齐宣王）把小勇变成大勇。《荀子·成相》：“卑其志意，大其园囿，高其台。”“大其园囿”，即使其园囿扩大。

形容词意动用法，表示“以……为大”，“认为……大”，例如《荀子·天论》：“大天而思之，孰若物畜而制之？”《汉书·王吉传》：“《春秋》所以大一统者，六合同风，九州岛共贯也。”“大一统”，即以一统为大。

“大”的东西，与众不同，出类拔萃，故而引申又用作“敬辞”，加在与对方有关的名物上，《论语·颜渊》：“出门如敬大宾。”《三国志·吴志·吕蒙传》裴松之注引《江表传》：“（鲁）肃抚蒙背曰：‘吾谓大弟但有武略耳。至于今者，学识英博，非复吴下阿蒙。’”

用于节令、时间名词前。这种用法起源较晚，大约在元明之际，例如“大热天”“大清早”“大年初一”“大冷天”等。明《金瓶梅》第五十二

① 句子大意是：你提的问题太大了，就一般礼仪上说，与其铺张浪费，不如节俭朴素。

回："路上这等大热天，着铁索扛着，又没盘缠，有甚么要紧。"明《醒世姻缘传》第九回："这们大热天，这是只管挂着的！"《醒世姻缘传》第十九回："晁大舍道：'这们大热天，你倒舍的叫他替你们助忙？'"《醒世姻缘》第二十二回："姑子道：'从大清早的时候，傅惠合麦其心又一个不认得的走来，每人吃了我们的两碗粥去了。'"清《醒世姻缘传》第二十二回："胡无翳跪下叩了四首，晁夫人站着受了他的礼，说：'这们些路，大冷天，又叫你来看我。梁师傅怎么就没了？'"《红楼梦》第二回："第二胎生了一位小姐，生在大年初一，就奇了；不想次年又生了一位公子。"《红楼梦》第六十二回："大年初一也不白过，大姐姐占了去，怨不得他福大，生日比别人都占先；又是大祖太爷的生日冥寿。"

形容词可以作状语，修饰谓词性词语，受语法意义的影响，词义由表示事物的性质变成动作行为的程度或范围，演变为副词。表程度高或范围广。例如《尚书·甘誓》："大战于甘。"《左传·昭公十八年》："戊寅，风甚。壬午，大甚。"① 《论语·卫灵公》："君子不可小知而可大受也，小人不可大受而可小知也。"② 《孟子·滕文公上》："及至葬，四方来观之，颜色之戚，哭泣之哀，吊者大悦。""吊者大悦"，即谓来吊丧的人都很满意。《孟子·公孙丑下》："故将大有为之君，必有所不召之臣。""大有为之君"，意即大有作为的国君。《史记·萧相国世家》："上大怒曰：'相国多受贾人财物，乃为请吾苑！'""上大怒"，意谓皇上很愤怒。晁错《削藩策》："昔高帝初定天下，昆弟少，诸子弱，大封同姓。"《史记·司马相如列传》："奏之天子，天子大说。"说，通"悦"，"天子大说"即天子很高兴。又如《后汉书·淳于长列传》："后遂封为定陵侯，大见信任。"

二　多

多，音 duō，在 56008 个现代汉语常用词中，位列第 21 位。

(一) 在现代汉语中的常见用法

1. 形容词。

(1) 数量大，跟"少"或"寡"相对。例如："少说空话，多做实

① 句子大意是：(夏五月) 戊寅日，风刮得厉害。壬午日，刮得更厉害。

② 句子大意是：君子可能禁不起小事考验，却能担当大任；小人不能担当大任，却能经受得住小事的考验。

事。”“这次获胜，有多种因素起作用。”引申用来表示相差的程度大。例如：“小明的数学比小强好多了。”“坐飞机比坐火车要快多了。”

（2）超出原有或应有的数目（作状语、补语）。例如：“这儿多印了三个字。”“今天酒喝多了。”

2. 动词。超出原有或应有的数目。例如：“这儿多了三个字。”“多出来的钱存到下个月一道结算。”

3. 副词。肯定句中，表示程度很高。例如：“他们演出的节目多有创意啊！”“妈妈知道我进步该多高兴啊。”

4. 疑问代词。疑问句中，代替副词，问程度。例如：“你多大啦？”“这木头多长啊？”指某种程度。例如：“有多大的劲使多大劲。”“无论天多冷，小明每天都坚持长跑。”

5. 助词[①]。用在数量词后，表示零数。例如：“五十多岁。”“两丈多高。”“一把小铲子六块多。”“多”的这种用法，与“来”（三十来人）、“把”（百把人）等有共同的性质，表示数字的零头，且位置相对固定，故为助词。

（二）产生与发展

多，《说文·多部》：“重也。从重夕。夕者，相绎也，故为多。重夕为多，重日为叠。”段注：“緟者，增益也，故为多。多者胜少者，故引伸为胜之称。战功曰多，言胜于人也。”许慎与段玉裁解释“多”的本义是对的，即“多、少”之多，但是解释“多”之本义的由来却是错的。“多”，甲骨文字字形为叠放的两块肉（古代祭祀胙肉[②]），两块肉，多出一块，义为“多”。金文讹为二夕，隶变后楷书写作“多”。

多，与少、寡相对，形容词，例如《论语·里仁》：“放于利而行[③]，多怨。”“多怨”，即招致的怨恨很多。又《论语·泰伯》“曾子曰：‘以能问于不能，以多问于寡；有若无，实若虚，犯而不校，昔者吾友尝从事于斯矣。’”“多”与“寡”相对，反义为文。又如《公羊传·宣公十五年》：“什一者，天下之中正也。多乎什一，大桀小桀。”《孟子·梁惠王

① “多”的这种用法，《现代汉语常用词用法词典》把它当作数词用（第312页），《现代汉语词典》（1998年修订本）把它放在形容词义项之后。2012年第6版、2018年第7版均明确为数词。

② 胙肉，zuòròu，祭拜鬼神用的牲肉。

③ 放于利而行，做事专门谋求私利。

上》："则无望民之多于邻国也。"《礼记·檀弓上》："多矣乎，予出祖者。"明汤显祖《紫箫记·巧探》："想他才似相如，貌多王粲[①]。""貌多王粲"，即才貌似王粲一样多。

由多出、超过义引申指"过多""过分"义。例如《庄子·渔父》："今子既上无君侯有司之势，而下无大臣职事之官，而擅饬礼乐，选人伦以化齐民，不泰多事乎？"[②]《仪礼·聘礼》："多货则伤于德。"[③]

由多出义引申泛指"数量大"。例如《诗经·周颂·闵予小子之什》："未堪家多难，予又集于蓼。"汉郑玄笺："多，众也。"《论语·述而》"子曰：'盖有不知而作之者，我无是也。多闻择其善者而从之，多见而识之，知之次也。'"《诗经·小雅·小旻》："谋夫孔多，是用不集[④]。""谋夫孔多"，意谓谋臣实在是太多。《孟子·公孙丑下》："得道者多助，失道者寡助。"《史记·高祖本纪》："某之业所就，孰与仲多？"《汉书·赵广汉传》："亭长戏曰：至府为我多谢问赵君。"唐颜师古注："多，厚也。"又如王梵志诗："狼多羊数少，莫畜恶儿子。"唐王维《相思》诗："愿君多采撷。"唐杜牧《阿房宫赋》："使负栋之柱，多于南亩之农夫。"宋司马光《资治通鉴·汉献帝建安十三年》："已据有六郡，兵精粮多，足以立事。"

"多"由数量大引申出"赞美""重视"义，后面跟宾语，演变为动词。例如《庄子·秋水》："而吾未尝以此自多者。""自多"，即夸耀自己，多，动词；"自"是动词"多"的前置宾语。《吕氏春秋·谨听》："听者自多而不得。"高诱注："自多，自贤也。""自贤"，即以自为贤，"自多"，即"多自"，夸赞自己。《吕氏春秋·知度》："穷而不知其穷，其患又将反以自多，是之谓重塞之主[⑤]。""其患又将反以自多"，意思说只怕又将更加自高自大。又如《史记·季布栾布列传》："诸公皆多季布能摧刚为柔，朱家以此名闻当世。"《史记·魏其武安侯列传》："士亦以此多之。"《汉书·灌夫传》："士亦以此多之。"颜师古注："多犹重之。"《汉书·张耳陈余传》："张王已出，上多足下，故赦足下。"

---

① 相如，司马相如，汉辞赋家。王粲，汉魏间人，以貌美多才称世。

② 饬，chì，整顿。泰，太，过于，过分。

③ 句子大意是：礼物太多就会伤害品德。

④ 是用不集，是非难辨无法听从。

⑤ 是之谓重塞之主，这就叫受到双重阻塞的君主。

由数量“大”义引申指“多余”“剩余”。例如宋何薳《春渚纪闻》卷七《作文不惮屡改》：“（何）薳尝于文忠公诸孙望之处得东坡先生数诗稿，其《和欧叔弼》诗云：‘渊明为小邑’，继圈去‘为’字，改作‘求’字；又连涂‘小邑’二字，作‘县令’字，凡三改乃成今句。至‘胡椒铢两多，安用八百斛’，初云‘胡椒亦安用，乃贮八百斛’，若如初语，未免后人疵议。”胡椒铢两多，安用八百斛，意谓胡椒铢两就已经够多了，哪里还需要八百斛？又《水浒传》第三十九回：“（宋江）便唤酒保计算了，取些银子算还，多的都赏了酒保。”

多，由剩余义，引申表示余数，零头，由形容词衍化为助词。例如宋乐史《太平寰宇记》卷一〇八：“其山两面悬崖，一百多丈，圆如鼓形。”北宋《册府元龟》卷一百七十七《帝王部·姑息第二》：“树德务滋，在乎终始。凡百多士，宜悉朕怀。田兴颇观书，知君臣父子之道，尝力行之。”元话本《蒋兴哥重会珍珠衫》：“婆子笑将起来，道：‘又是作怪，老身在这条巷住过二十多年，不曾闻大市街有甚救命之宝。’”明《醒世姻缘传》第二十三回：“（县官）说：‘你把这两锭银子包在里面我看一看。’原来银包不大，止那七两多银子已是包得满满当当的了，那里又包得这十两银子去？”《儒林外史》第三回：“这六两多银子，老爹拿了去。”清《二十年目睹之怪现状》：“在船上没事，便和理之谈天，谈起我昨天买东西，……理之笑道：‘光板和烂板比较，要伸三分多银子的水；你用出去，不和他讨补水，他那得不疑心你用铜银呢。’”

形容词可以修饰谓词性词语，充当状语，经过重新分析，演变为副词，表示“范围”“频率”“程度”“语气”等的大、快、大多、务必等义。

表示范围的，例如《孟子·梁惠王下》：“宣王曰：‘诸侯多谋伐寡人者，何以待之？’”① 《左传·襄公三十一年》：“韩子懦弱，大夫多贪，求欲无厌。”“大夫多贪”，即大夫大多贪婪。《史记·秦本纪》：“佐舜调驯鸟兽，鸟兽多驯服，是为柏翳。”“鸟兽多驯服”，即鸟兽大都被驯服。《洛阳伽蓝记·法云寺》：“四月初八日，京师士女，多至河间寺。”“多至河间寺”，即大都去河间寺。

---

① 句子大意是：齐宣王问道：“诸侯国大都在图谋攻打我国，（我们）用什么对付它们？”

表示频度大，例如《史记·魏公子列传》："与宾客为长夜饮，饮醇酒，多近妇女。""多近妇女"，即经常接近妇女。《汉书·佞幸传·董贤》："父子专朝，兄弟并宠，多受赏赐。""多受赏赐"即多次受赏赐。《颜氏家训·勉学》："多见士大夫耻涉农商，羞务工伎。""多见士大夫耻涉农商"，即常常见到士大夫以务农经商为耻。

表示强调叮嘱、告诫语气。可译为"务必""郑重""再三"。例如《汉书·赵广汉传》："界上亭长戏曰：'至府，为我多谢问赵君。'""为我多谢问赵君"，即务必替我问候赵君。汉《乐府诗集·焦仲卿妻》："多谢后世人，戒之慎勿忘！""多谢后世人"，即再三告诫后人。

用于疑问句中，询问数量，衍化为疑问代词，例如《管子·七法》："刚柔也，轻重也，虚实也，远近也，多少也，谓之计数。"《楚辞·天问》："东西南北，其修孰多？""其修孰多"，即究竟哪个更长。晚唐李煜《虞美人·春花秋月何时了》词："问君能有几多愁？恰似一江春水向东流。"《儿女英雄传》第五回："公子便问那老和尚道：'这里到二十八棵红柳树还有多远？'"

三　新

新，音 xīn，形容词，在 56008 个现代汉语常用词中，位列第 51 位。

（一）在现代汉语中的常见用法

1. 与"旧"或"老"相对，刚出现的或刚经历过的。例如："新产品""新问题""新工作"。

2. 性质上变得更好，使变新（与"旧"相对）。例如："现在是新社会，人们的思想觉悟也提高了。""这出戏让人耳目一新。"

3. 新近，刚。例如："她是新老师。""新到了一批货。"引申表示没有用过的谓"新"。例如："新衣服""新锄头"。

4. 结婚或结婚不久的。例如："新姑爷""新媳妇"。

（二）产生与发展

新，《说文·斤部》："取木也。"段注："取木者，新之本义。引申之为凡始基之称。"新，甲骨文字形从斤从木会意，表示用斤（类似斧的工具）砍柴。其本义为砍柴，即"薪"之本字，清王筠《说文句读·斤部》："新，薪者，新之累增字。"章太炎《论承用"维新"二字之荒谬》："且彼亦知'新'之为义乎？衣之始裁为之'初'，木之始伐谓之

‘新’。”

新，由砍柴义，引申指“柴薪”。例如《马王堆汉墓帛书》：“百姓斩木艾新而各取富焉。”艾，通“刈”，割，砍；艾新，即砍薪；新，同“薪”。

古代钻木取火，四季用木种类不同，换季时改换柴木以延续火种，称为新火（又称“改火”[①]），《北史·王劭传》：“以此推之，新火旧火理应有异。”

“木之始伐”，即砍伐薪材之始为“新”，与“旧”“故”“老”相对，例如《论语·阳货》：“旧谷既没，新谷既升。”《韩非子·五蠹》：“然则今有美尧舜鲧禹汤武之道于当今之世者，必为新圣笑矣。”汉古乐府《上山采蘼芜》诗：“新人虽言好，未若故人姝。”刘禹锡《乐天见示伤微之敦诗晦叔三君子皆有深分因成是诗以寄》：“芳林新叶催陈叶，流水前波让后波。”形容词用作名词，例如《诗经·豳风·东山》：“其新孔嘉，其旧如之何？”《左传·昭公十四年》：“礼新，叙旧，禄勋，合亲。”“礼新，叙旧”，即谓礼遇新招纳的人才，议定录用旧有的官员。《论语·为政》：“子曰：‘温故而知新，可以为师矣。’”“温故而知新”，即温习旧的知识而能从中得到新的体会。《庄子·刻意》：“吐故纳新。”[②] 唐陆德明释文引李颐曰：“吐故气纳新气也。”汉班固《东都赋》：“温故知新已难，而知德者鲜矣！”唐柳宗元《原毁》：“究其旧，不图其新。”唐韩愈《送穷文》：“携朋挈俦，去故就新。”

形容词活用作动词，谓使变新，更新。例如《尚书·胤征》：“旧染污俗，咸与维新。”汉孔安国传：“皆与更新。”《周易·杂》：“革，去故也；鼎，取新也。”《诗经·鲁颂·閟[③]宫》：“新庙奕奕，奚斯所作。”[④] 汉郑玄笺：“修旧曰新。”《左传·庄公二十九年》：“春，新延厩。”杜预注：“言新者，皆旧物不可用，更造之辞。”沈括《梦溪笔谈·官政一》：

---

① 《论语·阳货》：“钻燧改火，期可已矣。”何晏集解引马融云：“《周书·月令》有更火之文，春取榆柳之火，夏取枣杏之火，季夏取桑柘之火，秋取柞楢之火，冬取槐檀之火。一年之中，钻火各异木，故曰改火也。”

② 吐故纳新，吐却胸中浊气，吸纳清新空气。

③ 閟，bì，《说文·门部》：“闭门也。”

④ 句子大意是：装饰一新的宫庙真巍峨，这是奚斯公子所作。

“又新敖仓、吏舍，日役千夫。”敖[①]仓，即粮仓；新敖仓，即翻新修葺粮仓。又《权智》：“岁久井榦摧败，屡欲新之。”引申谓性质上改变得更好，更进步的。例如唐韩愈《与凤翔邢尚书书》：“赫赫乎，洸洸乎，功业逐日以新。”王维《送元二使安西》诗：“渭城朝雨浥轻尘，客舍青青柳色新。”

又引申指新婚时的人。例如《战国策·卫策》：“卫人迎新妇。”《梁书·曹景宗传》：“闭置车中，如三日新妇。”刘义庆《世说新语·文学》：“王夫人因自出云：‘新妇少遭家难，一生所寄唯在此儿。’”杜甫《佳人》诗：“但见新人笑，那闻旧人哭？”

形容词可以修饰谓词性词语，“新”演化为副词，表示“刚刚”“新近”。例如《左传·襄公四年》：“诸侯新服，陈新来和，将观于我，我德则睦，否则携贰。”[②]“诸侯新服”，即诸侯刚归服（晋国）。《庄子·内篇·养生主》：“今臣之刀十九年矣，所解数千牛矣，而刀刃若新发于硎。”“刀刃若新发于硎”，意谓刀刃好像在磨刀石上刚磨过一样。《韩非子·说林上》：“鲁季孙新弑其君，吴起仕焉。”“季孙新弑其君”，即季孙刚刚弑杀了他们的君主。又《史记·屈原列传》：“新沐者必弹冠，新浴者必振衣。”《后汉书·荀彧列传》：“（曹）操以（袁）绍新破，未能为患，但欲留兵卫之，自欲南征刘表。”《世说新语·言语》：“谢万作豫州都督，新拜，当西之都邑，相送累日，谢疲顿。”唐杜甫《石壕吏》：“一男附书至，二男新战死。”

引申表示动作行为再次发生、出现，犹言“重新”。例如《穀梁传·僖公二十年》：“春，新作南门。”所谓“新作南门”，即重新修筑南门。又《谷梁传·定公二年》：“冬，十月，新作雉门及两观[③]。”“新作雉门及两观”，即重新修筑南门及两旁的门楼。

四　小

小，音 xiǎo，形容词，在 56008 个现代汉语常用词中，位列第 65 位。

---

① 敖仓，秦代所建谷仓名，在今河南荥阳东北敖山。地处黄河和济水分流处，中原漕粮由此输往关中和北部地区，汉魏仍在此设仓，后泛称粮仓为敖仓。

② 句子大意是：诸侯刚归服（晋国），陈国也刚来求和，（他们都）将观望我国的态度，我国（如果）以德服人就会和睦相处，否则（他们）就会叛离（我们）。

③ 新作雉门及两观，重新修筑南门及两旁的门楼。

（一）在现代汉语中的常见用法

1. 在体积、面积、数量、力量、强度等方面不及一般的或不及比较的对象，与“大”相对。例如：“小花瓶，蛮精致的。”“屋子太小，住不下五个人。”“小明小一岁，不能当兵。”

2. 表示时间短。例如“小住两天，我带你去看看山里的风景。”“再等一小会儿，她马上就来。”

3. 表示程度浅。例如：“牛刀小试。”“小有成绩。”

4. 表示年纪小。例如：“小明的小妹只有五岁。”引申用作名词，意谓年龄小的人，例如“老刘上有老，下有小。”“一家老小都只靠老刘生活。”

5. 谦称。称呼自己或与自己有关的事物。例如：“小弟特请大哥帮忙!”“你光临小店，蓬荜生辉啊。”

（二）产生与发展

小，《说文·小部》：“物之微也。”小，甲骨文、金文字形中间一竖表示一块细长物，下部“八”，表示“分”，两部分会意，表示细物再分，本义“微小”，与“大”相对，形容词。例如《庄子·逍遥游》：“此小大之辩也。”例中“小”“大”相对。《墨子·鲁问》：“世俗之君子，皆知小物而不知大物。”《列子·汤问》：“日初出大如车盘，及日中，则如盘盂，此不为远者小而近者大乎?”“此不为远者小而近者大乎”，意谓这不说明距离远就小，距离近就大吗?杜甫《望岳》诗：“会当凌绝顶，一览众山小。”由“细小”又引申为“少”。例如《尚书·仲虺之诰》：“好问则裕，自用则小。”①

形容词“小”表示年龄、年纪，古乐府《木兰诗》：“小弟闻姊来，磨刀霍霍②向猪羊。”《世说新语·言语》：“小时了了，大未必佳。”“小时了了”，即幼小时聪明伶俐。唐沈佺期《独不见》诗：“卢家小妇郁金堂，海燕双栖玳瑁梁。”杜甫《醉歌行》：“陆机二十作《文赋》，汝更小年能缀文。”

由表示性质转化为表示指称，专指“家小”（家人小孩），演变为名词。例如《诗经·小雅·楚茨》：“既醉既饱，小大稽首。”“小大稽首”，

---

① 句子大意是：喜欢请教，那么知识就充裕；只看到自己，那么见闻就狭小浅陋。

② 霍霍，磨刀声。

即合家老小都告拜。《晋书·郗鉴传》："时兄子（郗）迈、外甥周翼并小，常携之就食。"李白《长干行》："同居长干里，两小无嫌猜[1]。"古代妾的地位很低，俗称妾为小。《诗经·邶风·柏舟》："忧心悄悄，愠于群小。"朱熹《诗经集传》："群小，众妾也。"由地位低下，引申表示"卑微"义，形容词，例如《孟子·万章下》："不辞小官。"《后汉书·杜诗列传》："愿退大郡，受小职。"古乐府《陌上桑》："十五府小史，二十朝大夫。"府，即太守官府。小史，小吏。古乐府《孔雀东南飞序》："汉末建安中，庐江府小吏焦仲卿妻刘氏，为仲卿母所遣，自誓不嫁。"

由"低微"引申为"品质不好的人"，名词。例如《汉书·龚遂传》："今大王亲近群小，渐渍邪恶。"《世说新语·容止》："见群小满屋，都无相避意。"

由卑微义引申作"谦辞"，称自己或与自己有关的人或事物。例如《左传·隐公元年》："小人有母，皆尝小人之食矣，未尝君之羹。""皆尝小人之食矣"，意思是，都已尝过小人的食物。

形容词活用为意动用法，"以……为小""认为……小"。例如《孟子·尽心上》："孔子登东山而小鲁，登泰山而小天下。"由"认为……小"而引申出"轻视"义，动词。例如《左传·昭公十八年》："国之不可小，有备故也。""国之不可小"，即国家不能被轻视。又如《左传·桓公四年》："秦师侵芮，败焉，小之也。"《韩非子·外储说右上》："子小寡人之国，以为不足仕，则寡人力能仕子，请进爵以子为上卿。"桓宽《盐铁论·利议》："心卑卿相，志小万乘。"

因"小"含有"少"意，故可用于时间，引申为"短暂"义，形容词。《庄子·逍遥游》："蟪蛄不知春秋，此小年也。"[2] 王安石《岁晚》诗："俯窥怜绿净，小立伫幽香。""小立"，即稍微站一会儿。杨万里《夏夜追凉》诗："开门小立月明中。"宋吴潜《海棠春·郊行》词："把酒劝斜阳，小向花间驻。"

形容词修饰谓词性词语，由表示性质演变为表示程度，犹言"稍微""略微"。例如《诗经·大雅·民劳》："民亦劳止，汔可小康。"[3] 《左

---

① 嫌猜，嫌疑。

② 蟪蛄，寒蝉。句子大意是：寒蝉不会懂得什么是春秋，这是因为短寿的原因啊。

③ 止，语气词。汔，qì，庶几。小，稍微。康：安居休息。句子大意是：人民很疲劳了，应尽可能让他们稍稍喘一口气。

传·襄公三十一年》："然犹防川，大决所犯，伤人必多，吾不克救也。不如小决使道，不如吾闻而药之也。"《孟子·尽心下》："其为人也小有才。"《孟子·公孙丑上》："今病小愈。"《史记·律书三》："高祖时天下新定，人民小安，未可复兴兵。"南朝宋刘义庆《世说新语·言语》："丞相小极[1]，对之疲睡。"《后汉书·应劭列传》："制御小缓，则陆掠[2]残害。"《晋书·魏舒传》："公久疾小差。"宋苏轼《教战守策》："小不如意。"

五 高

高，音gāo，形容词，在56008个现代汉语常用词中，位列第76位。

（一）在现代汉语中的常见用法

1. 与"低"相对，离地面远；从下向上的距离大。例如："这楼高30米。""这里地势很高。"

2. 在一般标准或平均程度之上。例如："高速度""高水平""眼界高"。

（二）产生与发展

高，《说文·高部》："崇也。象台观高之形。"清徐灏《说文解字注笺》："《尔雅·释诂》：'崇，高也。'按：高非台观之名，乃为崇高之义，而取于台观。"高，甲骨文、金文像台观楼阁之重屋形，借以表示崇高，即上下距离大，是为本义。例如《诗经·小雅·车辖》："高山仰止，景行行止。"[3]《诗经·大雅·卷阿》："凤凰鸣矣，于彼高冈。"《国语·楚语上》："地有高下，天有晦明。"《孟子·公孙丑下》："城非不高也，池非不深也。"《荀子·劝学》："不登高山，不知天之高也。"

引申为"高度""高处"。例如《尚书·太甲下》："若升高，必自下。"《墨子·备城门》："五十步一井屏，周垣之，高八尺。"《史记·平准书》："治楼船，高十余丈。"《列子·汤问》："太行、王屋二山，方七百里，高万仞。"《礼记·曲礼上》："不登高，不临深。"

又引申指在一般标准或平均程度之上。例如《商君书·更法》："且夫有高人之行者，固见负于世。"战国楚宋玉《对楚王问》："是其曲弥

① 极，疲倦，困乏。

② 制御，统治。陆掠，掳掠。

③ 高山，喻高尚的德行。景行，大路，比喻行为正大光明，喻以崇高的品行。

高，其和弥寡。”《战国策·赵策三》：“吾闻鲁连先生，齐国之高士也。”《汉书·晁错传》：“对策者百馀人，惟错为高第。”晋左思《咏史》诗：“世胄蹑高位，英俊沉下僚。”《后汉书·儒林列传上》：“搜选高能，以授其业。”唐韩愈《答李翊书》：“气盛则言之短长与声之高下者皆宜。”韩愈《寄卢仝》诗：“少室山人索价高。”

又引申泛指“大”，例如《史记·项羽本纪》：“劳苦而功高如此，未有封侯之赏。”《汉书·戾太子据传》：“是时上春秋高。”“春秋高”，即岁数大。由岁数大引申指宗族中最在上之称。《尔雅·释亲》：“曾祖王父之考曰高祖王父。”郭璞注：“高者，言最在上。”

由“大”义引申为高尚。例如《庄子·让王》：“屠羊说居处卑贱而陈义甚高。”《韩非子·五蠹》：“轻辞天子，非高也，势薄也；重争土橐，非下也，权重也。”《史记·廉颇蔺相如列传》：“臣所以去亲戚而事君者，徒慕君之高义也。”又虚化为敬词。例如《世说新语·文学》：“高足弟子传授而已。”“高足”，对他人弟子、徒弟的美称。唐懿宗咸通二年郑薰唐故银青光禄大夫、校检户部尚书杨公《墓志铭并序》：“京兆尹始见公，谓之曰：开（闻）名久矣，何相见之晚也。且曰：邑中有滞狱，假公之平心高见，为我鞫之。”① “高见”，敬辞，意谓见解独到。

由高尚义引申为尊敬，看重，动词。例如《吕氏春秋·离俗》：“故布衣人臣之行，洁白清廉中绳，愈穷愈荣，虽死，天下愈高之。”《庄子·盗跖》：“世之所高，莫若黄帝。”《战国策·秦策》：“张子必高子。”《汉书·地理志下》：“贵财贱义，高富下贫。”宋范仲淹《岳阳楼记》：“居庙堂之高则忧其民，处江湖之远则忧其君。”

六　老

老，音 lǎo，在 56008 个现代汉语常用词中，位列第 132 位。

（一）在现代汉语中的常见用法

1. 形容词。

（1）年岁大，跟“少”或“幼”相对。例如：“门口卖鞋垫的老太太姓黄，已经八十五啦。”“人老了，手脚就不太灵便了。”新陈代谢是自

① 周绍良、赵超：《唐代墓志汇编续集》，上海古籍出版社出版 2001 年版，第 1037 页。鞫，jū，审问犯人。

然规律，故而由年纪大引申作婉辞，代替人死。例如“祥林嫂昨晚老了。”

（2）表示陈旧。例如：“老脑筋”“老机器”“这房子太老了。”

（3）原来的。例如：“老脾气”“老地方”“老样子”。

（4）表示时间很久了、资历深。例如：“老同学”“老朋友”“老革命”。引申指时间过长，例如“菜太老了，煮不烂。”“鸡蛋煮老了。”

（5）排行在后。例如：“老闺女”“老儿子”“老妹子”。

2. 名词。老年人。例如：“小罗家庭负担重，上有老下有小。”“老有所乐，老有所养。”

3. 副词。

（1）经常。例如：“老麻烦你，真不好意思。”“最近小明老睡不好觉。”

（2）长久。例如：“为什么老不给我写信?”“老不回家，妈妈想你了。”

（3）表示程度，很，非常。例如：“老远就听到有人在哭。”“小明老早就到了。”

（二）产生与发展

老，《说文·老部》：“考也。七十曰老，从人毛匕，言须发变白也。”老，甲骨文字形，像一个手拄拐杖长发伛偻其背的老者样子。老，本义即指老人。老，是个通称，非专谓七十老人而言。古人认为五十以上，即可称谓“老”。张舜徽《说文解字约注》：“人之老少，恒以须发为准，古人称‘五十始衰’，大约人至五十，须发渐白，所谓二毛也。故古人亦谓五十以上为老。《论语·季氏篇》：‘及其老也。’皇疏云：‘老谓五十以上也。’是已。而《管子·海王篇》：‘今吾非籍之诸君吾子。’尹注云：‘诸君，谓老男老女也。六十以上为老男，五十以上为老女也。’是老之所指，本无定数，非七十之专称，固明甚。”又如《孟子·梁惠王上》：“老吾老，以及人之老。”①第二、三个“老”，意谓老人。《礼记·大学》：“上②老老而民兴孝。”第一个“老”，动词，指以对待老人应有的方式对待老人，第二个“老”指老人。又《战国策·齐策四》：“民扶老携幼，

① 句子大意是：尊敬我家里的老人，从而推及尊敬别人家的老人。

② 上，即君上，皇上。

迎君道中。”贾谊《论积贮疏》：“罢夫羸老易子而咬其骨。”“羸老”，即瘦弱的老人。《后汉书·马援列传》：“穷当益坚，老当益壮。”杜甫《太子张舍人遗织成褥段》诗：“今我一贱老，短褐更无营。”

老人，即“年岁大的人”，故含有“年岁大”“年纪较长”之义，与“少”“幼”相对，形容词。例如《老子》第八十章：“民至老死不相往来。”《诗经·小雅·北山》：“嘉我未老，鲜我方将。”《论语·季氏》：“及其老也，血气既衰，戒之在得。”《楚辞·九章·涉江》：“余幼好此奇服兮，年既老而不衰。”

年高而衰，自然规律，故而有“衰老”“年老”义。例如《左传·僖公三十年》：“臣之壮也，犹不如人；今老矣，无能为也已。”《论语·宪问》：“子曰：‘幼而不孙弟，长而无述焉，老而不死，是为贼。’”[①]《论语·述而》：“其为人也，发愤忘食，乐以忘忧，不知老之将至云尔。’”[②] 清刘宝楠正义：“计夫子时年六十三四岁，故称老矣。”《史记·越王句践世家》：“吴王谢曰：‘吾老矣，不能事君王！’遂自杀。”晋陆机《叹逝赋》：“解心累于末迹，聊优游以娱老。”杜甫《题柏大兄弟山居屋壁》诗：“江汉终吾老，云林得汝曹。”宋辛弃疾《永遇乐·京口北固亭怀古》：“廉颇老矣，尚能饭否？”形容词活用作动词，谓“变老”。例如唐李贺《金铜仙人辞汉歌》：“衰兰送客咸阳道，天若有情天亦老。”

由“衰老”“年老”义，程度进一步加深，引申为“衰竭”“疲怠”义，形容词。《左传·僖公二十八年》：“楚师老矣。”[③]《左传·僖公二十八年》：“师直为壮，曲为老。”《汉书·刘歆传》：“学者罢（疲）老，且不能究其一艺。”《陈书·高祖纪》：“我师已老，将士疲劳，历岁相持，恐非良计。”程度再进一步加深，引申谓“寿终”，自然死亡，例如《荀子·仲尼》：“桀纣舍之，厚于有天下之势而不得以匹夫老。”清王先谦注：“不得如庶人寿终。”引申为死的委婉说法，这种用法起于唐代。唐杜甫《恨别》诗：“洛城一别四千里，胡骑长驱五六年。草木变衰行剑外，兵戈阻绝老江边。”“老江边”，即死在江边。唐刘禹锡《祭柳员外

① 孙，读 xùn，通“逊”。弟，读 tì，通“悌”。句子大意是：你幼小时候不懂礼节，长大了又毫无贡献，年老了还白吃粮食，真是一个害人精。

② 句子大意是：他的为人（是这样子的），用功便忘记吃饭，快乐使忘记忧愁，不晓得衰老会到来，如此罢了。

③ 句子大意是：楚国的军队已经疲怠了。

文》："何人不达？使君终否；何人不老？使君夭死。"唐释子兰《城上吟》："古冢密于草，新坟侵官道。城外无闲地，城中人又老。"后世承之，例如元萨都剌《如梦曲·哀燕将军》："芙蓉花，为谁好，洞房昨夜将军老。"明张溥《五人墓碑记》："令五人者保其首领以老于户牖之下。"明《西游记》第三十二回："把白马卖了，买口棺木，与师父送老，大家散火。"清《红楼梦》第十五回："以备京中老了人口，在此停灵。"

年岁大，自然是经历的时间长，故引申指"历时长久"。《左传·僖公三十三年》："老师费财。"晋杜预注："师久为老。"王安石《孤桐》诗："岁老根弥壮，阳骄叶更阴。"这种用法一直延续到现在，例如"老建筑""老房子"等。

有"老"才有"小"，尊老在华夏汉民族一直是传统，称"老"为敬，表示对年纪大的人的敬称，名词。《诗经·小雅·十月之交》："不慭遗老，俾守我王。"[①]《周礼·地官·司徒》："乡老，二乡则公一人。"郑玄注："老，尊称也。"南朝宋谢灵运《庐陵王墓下作》诗："延州协心许，楚老惜兰芳。"唐李善注引《楚国先贤传》："楚老者，彭城隐人也。"杜甫《绝句》四首之一："梅熟许同朱老吃，松高拟对阮生论。"[②] "朱老"，即杜甫在成都结识的朱姓朋友，称"老"者，尊之也。唐张祜《偶题》诗："惟恨世间无贺老，谪仙长在没人知。""贺老"，即指前辈贺知章。

年高辈长受人尊敬，隐喻当官者。例如《礼记·王制》："属于天子之老二人。"郑玄注："老，谓上公。"又《曲礼下》："国君不名卿老世妇。"注："卿老，上卿。"《左传·昭公十三年》："天子之老，请帅王赋。"杜预注："天子大夫称老。"唐孔颖达疏："老者，是大夫之总名也。"亦指大夫之家臣。引申指大夫的家臣。《论语·宪问》："子曰：'孟公绰为赵魏老则优，不可以为滕、薛大夫。'"孟公绰，鲁大夫，清廉寡欲，为孔子所推崇。赵魏，都是晋国的世卿。句子意思是，孔子说：孟公绰做晋国赵氏、魏氏的家臣是有余的，但是不能做滕、薛这样小国的大夫。《仪礼·聘礼》："授老币，出迎老者。"唐贾公彦疏："大夫家臣称老。"引申指群吏之尊者。《仪礼·士昏礼》："主人降，授老雁。"郑玄

---

① 慭，yìn，愿。句子大意是：不愿留下一个元老，卫王使我作守臣。

② 作者自注："朱、阮，剑外相知。"后世因以"朱老阮生"代指相知的凡俗朋友。

注："老，群吏之尊者。"引申称别人的父母，名词。《周礼·地官·司门》："以其财养死政之老与孤。"[①] 汉郑玄注："死政之老，死国事者之父母也。"

由"历时长久"引申为"陈旧"，形容词。《荀子·成相》："治之道，美不老。""美不老"，即好在于不陈旧。唐王勃《广州宝庄严寺舍利塔碑》："德弊为仁，物壮则老。"白居易《答韦八》诗："春尽绿醅老，雨多红萼稀。"北宋赵抃《书院》诗："雨久藏书蠹，风高老屋斜。"明归有光《项脊轩志》："百年老屋，尘泥渗漉。"

由"历时长久"引申为"有经验的"，形容词。例如《论语·子路》："樊迟请学稼。子曰：'吾不如老农。'请学为圃，曰：'吾不如老圃。'"[②] 杜甫《奉汉中王手札》诗："枚乘文章老，河间礼乐存。"宋欧阳修《为君难论》："其父奢，赵之名将，老用于兵者也。"《梦溪笔谈·杂志二》："执国政者有嵬名浪遇，元昊之弟也，最老于军事。"

大约在汉魏时期，"老"逐渐虚化，由年纪大引申表示词头的"老"，主要用于对人的某些称谓前，如《世说新语·忿狷》："汝讵复足与老兄计?"但是"老"字虚化成熟而成为名词前缀的标志应该是它用在无所谓用老少来衡量的名词之前，例如"老鸦""老虎""老大""老二""老六"等，"不过这却是唐宋时期的语法现象了。"[③] 又如白居易《戏赠元九李十二》："每被老元偷格律，苦教短李[④]伏歌行。"老元，即指元稹。苏轼《江城子·密州出猎》："老夫聊发少年狂。"《西游记》第十八回："我那太公有个老女儿，年方二十岁，更不曾配人。"明徐渭《雌木兰》第二出："妹子，高堂多谢你扶双老；兄弟，同辈应推你第一班。我离京时买不迭香和扇，送老妹，只一包儿花粉；帮贤弟，有两匣儿松烟。"

形容词可以修饰谓词性词语，充当状语，重新分析后，形容词衍化为副词。老，表示经常，总是，例如唐杜甫《复愁》诗十二之四："年深荒草径，老恐失柴扉。"杜甫《述怀》诗："汉运初中兴，生平老耽酒。"由

---

① 句子大意是：用那些钱供养为国事而死的人的父母和子女。

② 句子大意是：樊迟请求学种庄稼。孔子说："我不如有经验的农民。"又请求学种菜蔬，孔子说："我不如有经验的菜农。"

③ 柳士镇：《魏晋南北朝历史语法》，南京大学出版社 1992 年版，第 105 页。

④ 短李，即李绅，因其排行十二，故被称为"李十二"。李绅，身材矮小，故被称"短李"，《新唐书·李绅传》云："（李绅）为人短小精悍，于诗最有名，时号'短李'。"

“时间长”引申为“极”“很”，表示程度，如元吴昌龄《张天师》第一折：“怎么也要一年与一会，做这般老远的期约也。”《醒世姻缘传》第三十三回：“晁思才老羞变成怒的骂道：‘扯淡的奴才！’”《儒林外史》第二十二回：“那梅玖戴着新方巾，老早到了。”《红楼梦》第三十三回：“有什么不了的事，老早的完了。”清孔尚任《桃花扇·辞院》：“想因却奁一事太激烈了，故此老羞变怒耳。”“老羞”，即非常恼火。

第十章

汉语常用连词源流

连词，起连接作用的词，连接词、短语、分句和句子，表示并列、选择、递进、转折、条件、假设、因果等关系。本章主要介绍“而”“但”“并”“或”“则”等5个常用单音节连词的用法及其源流演变轨迹。

一　而

而，音 ér，连词，在56008个现代汉语常用词中，位列第28位。

（一）在现代汉语中的常见用法

1. 连接谓词性词语。例如“大而甜的果子好卖。”“说而不做，等于白说。”“你可取而代之。”

2. 连接分句。“看问题要全面，而不是只看到一点。”“我们必须坚持原则，而不是说一套做一套。”

3. 连接状语与中心语。例如：“她匆匆而来，又匆匆而去。”“正义感油然而生。”“菊花因缺水而死。”

4. 插在主谓之间，表示假设。例如：“民族战争而不依靠广大人民，毫无疑义将不能取得胜利。”

（二）产生与发展

而，《说文·而部》：“颊毛也。象毛之形。”甲骨文、金文字形呈颔下垂须之状。而，本义表人面之“颊毛”。清王引之《经义述闻·周官下》：“而，颊毛也。”《考工记·梓人》：“深其爪，出其目，作其鳞之而。”清戴震《考工记补注》：“颊侧上出者曰之，下垂者曰而，须鬣属也。”

假借为连词。连接谓词性词语，例如《左传·宣公四年》“是子也，熊虎之状而豺狼之声。”《左传·昭公二十六年》：“父慈而教，子孝而箴，兄爱而友，弟敬而顺，夫和而义，妻柔而正，姑慈而从，妇听而婉，礼之善物也。”《论语·公冶长》：“敏而好学，不耻下问。”《论语·学而》：“学而时习之。”《论语·泰伯》：“士不可以不弘毅，任重而道远。”《荀子·劝学》：“玉在山而草木润，渊生珠而崖不枯。”《荀子·劝学》：“青取之于蓝而青于蓝，冰水为之而寒于水。”《荀子·天论》：“强本而节用，则天不能贫。”《荀子·议兵篇》：“闻鼓声而进，闻金声而退。”《韩非子·显学》：“宰予之辞，雅而文也。”《史记·高祖本纪》：“高祖为人，隆准而龙颜。”《史记·廉颇蔺相如列传》：“相如曰：‘秦强而赵弱，不可不许。’”《汉书·食货志上》：“是故明君贵五谷而贱金玉。”《战国策·赵策四》：“位尊而无功，奉厚而无劳。”《汉书·蒯通传》：“相君之面，不过封侯，又危而不安；相君之背，贵而不可言。”王充《论衡·本性》：“习善而为善，习恶而为恶。”《列子·汤问》：“北山愚公者，年且九十，面山而居。”宋柳宗元《捕蛇者说》“永州之野产异蛇，黑质而白章。”马中锡《中山狼传》：“且鄙人虽愚，独不知夫狼乎？性贪而狠，党豺为虐。”也可以用于状语中，例如《论语·泰伯》：“而今而后，吾知免夫。”“而今而后”，犹言从今而后，在句中作状语。《孟子·尽心下》：“由孔子而来，至于今百有余岁。”“由孔子而来”，犹言从孔子的那个时代到现在。也可用于连动结构中，例如《史记·高祖本纪》：“项羽恐，乃与汉王约，中分天下，割鸿沟而西者为汉，鸿沟而东者为楚。”“割鸿沟而西者为汉”，连动结构，意谓将鸿沟以西的地方划给汉。

连接分句。例如《左传·宣公十二年》：“其师老矣，而不设备，子击之，郑师为承，楚师必败。”《左传·襄公三十年》：“非相违也，而相从也。”《孙子·形篇》：“故善战者，立于不败之地，而不失敌之败也。”《孟子·万章下》：“千乘之君，求与之友，而不可得也，而况可召与？”①《吕氏春秋·察今》：“舟已行矣，而剑不行，求剑若此，不亦惑乎？”李陵《答苏武书》：“余不满百，而皆扶病，不任干戈。”《史记·张丞相列传》：“高祖曰：‘然。吾念之欲如是，而群臣谁可者？’”《战国策·赵策三》：“始以先生为庸人，吾今日而知先生为天下之士也！”

连接状语与中心语。例如《左传·庄公八年》：“豕人立而啼。”②

① 句子大意是：拥有千辆兵车的国君，想与士人交朋友，尚且做不到，何况召唤（他们）去呢？

② 句子意思是：猪像人一样站着啼哭。

《左传·庄公十年》："一鼓作气，再而衰，三而竭。"《诗经·齐风·猗嗟》："颀而长兮。"《公羊传·宣公十五年》："虽然，吾今取此，然后而归尔。"《史记·日者列传》："忽而自失。"《穀梁传·僖公三十三年》："千里而袭人，未有不亡者也。"汉贾谊《过秦论》："试使山东之国与陈涉度长絜大，比权量力，则不可同年而语矣。"《列子·汤问》："河曲智叟笑而止之。"《梁书·儒林列传·范缜》："夫欻而生者必欻而灭，渐而生者必渐而灭。"

插在主谓之间，表示假设，或让步。例如《左传·襄公三十年》："子产而死，谁其嗣之？"《国语·吴语》："子有父母耆老，而子为我死，子之父母将转于沟壑。"《论语·八佾》："管氏而知礼，孰不知礼？"《论语·为政》："人而无信，不知其可也。"《韩非子·说林上》："其子而食之，且谁不食？"《法言·学行》"朋而不心，面朋也；友而不心，面友也。"《淮南子·人间》："夫一麑而不忍，又何况于人乎？"范缜《神灭论》："人而无知，与草木何异？"

二　但

但，音 dàn，在 56008 个现代汉语常用词中，位列第 37 位。

（一）在现代汉语中的常见用法

1. 连词。表示转折，但是。例如："屋子有点小，但挺干净。""小明虽然工作很忙，但政治学习一点也没有放松。"

2. 副词。表示"只""仅仅"。例如："不求有功，但求无过。""但愿我们经常联系啊。"

（二）产生与发展

但，《说文·人部》："裼[①]也。从人旦声。"《尔雅·释训》："袒裼，肉袒也。"段注："肉袒者，肉外见（现）无衣也。引伸为徒也，凡曰但、曰徒、曰唐，皆一声之转，空也。今人'但'谓为语辞，而尟知其本义。因以袒为其本义之字。"但，是"袒"之本字，《墨子·耕柱》："维人但割而和之。"清孙诒让间诂引毕沅云："但割，即袒割。"因袒露而空，故引申出"空""白白的"之义，副词。例如《汉书·食货志下》："民欲祭祀丧纪而无用者，钱府以所入工商之贡但赊

① 裼，xī，脱去上衣，露出身体的一部分。

之。”唐颜师古注：“但，空也，徒也。言空赊与之，不取息利也。”句子意思是，百姓想祭祀祖先办丧事而没有费用的，钱府就用收入的工商税白赊给他们。又如《汉书·王尊传》：“及任举尊者，当获选举之辜，不可但已。”[①] 颜师古注：“但，徒也，空也。已，止也。不可空然而止也。”又《汉书·匈奴传上》：“何但远走，亡匿于幕北寒苦无水草之地为？”“何但远走”，意谓何必白跑那么远。又如《盐铁论·刺复》：“但居者不知负载[②]之劳。”

但，用限定动作行为或其对象的范围上，犹言“只”“仅”，清《助字辨略》卷三：“汉书萧望之传：非但廷尉问邪。”刘淇按：“但，犹仅也。”。又如《墨子·经说上》：“信，二尺与尺，但去一。”《史记·刘敬叔孙通列传》：“匈奴匿其壮士肥牛马，但见老弱及羸畜。”[③]《史记·李斯列传》：“天子所以贵者，但以闻声，群臣莫得见其面，故号曰‘朕’。”《乐府诗集·木兰诗》：“不闻爷娘唤女声，但闻黄河流水鸣溅溅。”[④] 王羲之《杂帖二》：“要欲及卿在彼登汶领、峨嵋而旋，实不朽之盛事，但言此心以驰于彼矣。”[⑤]《三国志·魏志·武帝纪》：“自命将征行，但赏功而不罚罪，非国典也。”[⑥]《三国志·蜀志·张飞传》：“我州但有断头将军，无有降将军。”《世说新语·雅量》：“谢本轻戴，见但与论琴、书。”[⑦] 欧阳修《归田录》：“见其发矢十中八九，但微颔之。”[⑧] 李白《怨情》诗：“但见泪痕湿，不知心恨谁。”杜甫《佳人》诗：“但见新人笑，那闻旧人哭。”杜甫《无家别》：“寂寞天宝[⑨]后，园庐但蒿藜。”陆游《示儿》诗：“死去元知万事空，但悲不见九州同。”

---

① 句子大意是：对荐举王尊的官吏，应该得到举人不当的罪，不能徒然不问，就此停止。

② 负：背负物。载：头顶物。

③ 句子大意是：匈奴隐藏了他们精壮的兵士、肥大的牛马，只现出老弱的兵士和瘦弱的牲畜。

④ 句子大意是：听不到爹娘呼唤女儿的声音，只听得黄河的流水哗哗作响。

⑤ 句子大意是：想要和你在那里登岷岭、峨嵋而后回来，（这）实在是不朽的美事，只是说起这事（我的）心就已经飞到那里去了。

⑥ 句子大意是：自从（我）派遣将领出征以来，只奖赏有功的而不处罚有罪的，（这）不合乎国家的大法。

⑦ 句子大意是：谢安本来就瞧不起戴逵，见了面只同（他）谈论琴、书一类的事。

⑧ 句子大意是：（老翁）见他射箭十中八九，只微微点头。

⑨ 天宝，唐玄宗年号。

由范围小进一步反向引申，表示动作行为进行时的范围扩大到极致，即不必有任何顾虑，犹言“只管”“尽管”，此时还是副词。例如《汉书·原涉传》：“（原）涉即往候，叩门。家哭，涉因入吊，问以丧事。家无所有，涉曰：‘但洁扫除沐浴，待涉。’”① 《孔雀东南飞》：“卿但暂还家，吾今且报府。”《晋书·谢玄传》：“坚曰：‘但却军，令得过，而我以铁骑数十万向水，逼而杀之。’”《旧唐书·黄巢列传》：“尚让慰晓市人曰：‘黄王为生灵，不似李家不恤汝辈，但各安家。’”②元岳伯川《铁拐李》第二折：“你但放心，我只不出去见人便了。”

用于连接分句，因表达新情况（范围小），所以事情会发生新变化，故而引申表示转折，演化为连词，前后两句意思相反。可译为“只是”“不过”。例如《公孙龙子·迹府》：“愿为弟子久，但不取先生以白马为非马耳。”“但不取先生以白马为非马耳”，意即只是不能接受先生认为“白马非马”的论点罢了。《汉书·袁安传》：“安与任隗举奏二千石，又它所连及贬秩免官者四十余人，窦氏大恨。但安、隗素行高，亦未有以害之。”③ 曹丕《与吴质书》：“公干有逸气，但未遒耳。”“但未遒耳”，即只是不够刚健有力罢了。宋欧阳修《摸鱼儿》词：“佳期过尽，但不说归来，多应忘了，云屏去时祝。”《梦溪笔谈·药议》：“古法采草药多用二月、八月，此殊未当。但二月草已芽，八月苗未枯，采掇者易辨识耳。”“但二月草已芽”，即不过二月草已发芽。

用在分句中，表示假设或条件，由范围小义反向引申，可译为“只要”，连词。例如《墨子·号令》：“敌人但至，千丈之城，必郭迎之，主人利。”《颜氏家训·诫兵》：“今世士人夫，但不读书，即称武大儿，乃饭囊酒瓮也。”“但不读书，即称武夫儿”，意谓只要不读书，就叫武夫小子。诸葛亮《劝将士勤攻己阙教》：“但勤攻吾之阙，则事可定。”宋司马光《资治通鉴·后唐明宗天成四年》：“汝但妄奏事，会当斩汝！”

---

① 句子大意是：（听说有一位朋友的母亲病故，）原涉立即前往看望，敲门。家里人都在哭，原涉便进去慰问，问丧事办得怎样。（得知）家里什么也没有，原涉就说：“只管打扫洗浴，等着我。”

② 句子大意是：尚让安慰并告知市民说：“黄王是为百姓办事的，不像李家毫不体恤你们，（大家）尽管安心在家生活。”

③ 句子大意是：袁安与任隗检举了一些大官，连带降级免官的又有四十多人，窦氏非常痛恨他们。但袁安、任隗一向行为高尚，（窦氏）也没有办法来害他们。

三 并

并，音 bìng，在 56008 个现代汉语常用词中，位列第 45 位。

（一）在现代汉语中的常见用法

1. 连词。表示递进。多连接并列的双音节动词。连接小句时，限于后一小句主语承前省略。例如：“会议讨论并通过了几年的工作计划。”“他八三年毕业，并于同年留校任教。”

2. 动词。

（1）两件或几件事物平列在一起。例如：“大家手拉手，肩并肩。”“小明，你把这几张桌子并在一起。”

（2）把两件以上的事物合在一起。例如：“二十人并一个班。”“工作性质相通的部门应该并在一起办公。”

3. 副词。表示不同的事物同时存在，不同的事情同时进行。例如：“两说并存，可供选择。”“比赛结束，小明、小青并列第二名。”“听说读写并重才能学好外语。”

（二）产生与发展

古代文献中与“并”有关文字形体，常见的有四个，即“并”“並”“竝”“併”，现代汉语统一简化为“并”。

並，《说文·竝[1]部》：“並，併也，从二立。”並，甲骨字形像二人紧挨着，本义为“并列”，亦写作“竝”。例如《诗经·齐风·还》：“並驱从两肩[2]兮。”《庄子·齐物论》：“昔者十日並出。”《汉书·高帝纪》：“诸侯並起。”引申为平列。《荀子·儒效》：“俄而並于尧禹。”汉扬雄《解嘲》：“仆诚不能与此数子並，故默然独守吾太玄。”

併，《说文·人部》：“竝也。”併，本义为“并排”。《礼记·祭义》：“行肩而不併。”唐孔颖达疏：“行肩而不併者，谓老少并行，言肩臂不得併行，少者差退在后。”引申为合并。《孙子·行军》：“兵非益多也，惟无武进，足以併力，料敌，取人而已。”又为副词。一齐，一起。《汉书·贾谊传》：“天下淆乱，高皇帝与诸公併起。”

并，《说文·从部》：“相从也。”并，甲骨文作二人并从形，本义为

---

① 竝，bìng，同“并”。

② 肩，三岁的兽。

“兼并”，合并。例如《战国策·中山策》：“魏并中山。”《汉书·艺文志·小学》：“汉兴，闾里书师合《仓颉》《爰历》《博学》三篇……并为《仓颉篇》。”引申为“具备”义。例如南朝宋谢灵运《拟魏太子邺中集诗序》：“天下良辰美景赏心乐事，四者难并。”

併，并、並/竝，三字古音不同，唯义相通，均为动词。併，卑政切；并，卑盈切。二字古韵耕部，声母相通，而韵母相近。並，蒲迥切，古韵在阳部，亦写作“竝”。併与竝义同。《说文》：“併，竝也。”“竝，併也。”二字互训。《仪礼·聘礼》郑玄注：“並，今文並皆为併。”

从文字表义上看，并、併、並、竝，实际上可以分成两组，“并”自成一组，表示合并，兼并义；併、並、竝，三字一组，表示站立，并列义。二组字义引申都能表示“一起”“共同”义，汉字简化后更是不分，合二为一。有时两组字之间，可以形近假借，可以借用不分。下文一律写作“并”。

并，《广雅·释言》：“兼也。”合并有自愿和强迫等多种可能，被迫合并的情况在春秋战国时期是很常见的，于是引申出“兼并”“并吞”义。例如《史记·秦始皇本纪》：“始皇二十六年，秦初并天下，诏曰：‘六王咸伏其辜，天下大定。’”《史记·晋世家》：“釐王命曲沃武公为晋君，列为诸侯，于是尽并晋地而有之。”

合并，即整合为一体，故引申出“一起”“一同”等义，用在动词前，重新分析后演化为副词。例如《诗经·秦风·车邻》：“既见君子，并坐鼓瑟。”“并坐鼓瑟”，意谓（与君子）并排坐着弹奏乐器。《楚辞·九章·涉江》：“露申辛夷，死林薄兮。腥臊并御，芳不得薄兮。”[①]《孟子·滕文公上》：“贤者与民并耕而食，饔飧而治。”“并耕”，即在一起耕作。《礼记·中庸》：“万物并育而不相害，道并行而不相悖。”[②] 汉贾谊《过秦论》：“山东豪俊遂并起而亡秦族矣。”“并起”，即一起行动。《汉书·朱博传》：“（朱）博皆召掾史，并坐而问。”“并坐而问”，意即和他们并排而坐，问长问短。《资治通鉴·赤壁之战》：“刘备、周瑜水陆并进。”“并进”，即一同前进。

---

① 句子大意是：露申、辛夷之类的各种芳香的花木，死在了草木丛杂的荒野中啊！腥臊肮脏的东西全都派上了用场，使芳花美草不能靠近（君王）啊！（这里以香花美草比喻贤士、忠臣，以恶草比喻小人、奸佞。）

② 句子大意是：万物一起生育而互不伤害，各种学说同时通行而互不妨碍。

引申为“同时”“全都”等。例如《战国策·燕策二》：“两者不肯相舍，渔者得而并擒之。”“并擒”，即一起捉到。又《史记·魏其武安侯列传》：“吾并斩若属矣。”①

用于“不”“非”“无”“未”等否定词前，加强否定的语气，兼表示程度深。这种用法产生的时代较晚，约在六朝以后大量兴起，例如东汉荀悦《前汉纪·孝昭皇帝纪》载假太子闹剧：“右将军勒兵阙下，以备非常。丞相已下至者，并不敢言。京兆尹隽不疑后至，叱从吏收之。”东汉王充《论衡·幸偶》：“俱以圣才，并不幸偶。”唐张文成《游仙窟》：“十娘见诗，并不理会，即晓烧却。”清刘开《问说》：“古人以问为美德，而并不见其有可耻也。”以上是“并不”连用例。《三国志·魏志·三少帝纪》正始七年春二月魏齐王《诏》文下载南朝宋裴松之案：“帝初即位……七八年间，而复货年七十者，且七十奴婢及癃疾残病，并非可售之物，而鬻之于市，此皆事之难解。”梁沈约《宋书·谢灵运列传》载谢灵运《劝伐河北书》：“况陵茔未几，凶虏伺隙，预在有识，谁不愤叹。而景平执事，并非其才，且遘纷京师，岂虑托付。”《史记·李斯列传》载《谏逐客书》“傅玑之珥”，唐司马贞索隐：“傅玑者，女饰也，言女傅之珥，以玑为之，并非秦所有物也。”梁启超《谭嗣同传》：“袁幕府某曰：‘荣贼并非推心待慰帅者。’”② 以上是“并非”连用例。又如沈约《宋书·桂阳王休范传》：“王地籍光洁，德厌民望，并无寸罪，受毙谗邪。”南朝梁庾昙隆《郊坛不起瓦屋启》：“自秦汉以来，虽郊祀参差，而坛域中间，并无更立宫室，其意何也？”唐《入唐求法巡礼行记》卷二：“自去二月十九日离赤山院直至此间，行二千三百馀里，除却虚日，在路行正得四十四日也。惭愧，在路并无病累。”元关汉卿《南吕·一枝花》“杭州景”：“百十里街衢整齐，万余家楼阁参差，并无半答儿闲田地。”明《徐霞客游记·粤西游日记一》：“比余至，逢人辄问，并无识者。”③ 以上是“并无”连用例。又东汉王充《论衡·气寿》：“传称老子二百馀岁，邵公百八十，高宗享国百年，周穆王享国百年。并未享国之时，皆出百三十、四十岁矣。”南北朝梁简文帝《资遣孔焘二女教》：“故无锡令孔焘，

① 句子大意是：我把你们一起全都斩了。

② 句子大意是：袁世凯的一个幕僚说：“荣禄这贼人根本不是推心置腹地对待慰帅。”慰帅，袁世凯字慰亭，又统帅军队，所以下属敬称他“慰帅”。

③ 句子大意是：等我到了那里，见人就问，根本没有人知道。

经术弘长，志履贞概，游处积年，一朝长往。闻其在室二女，并未有行，可广访姻家，务求偶对。”宋《太平广记》卷一百七十八《贡举一·试杂文》（出《摭言》）：“垂拱元年，吴道古等二十七人及第。榜后敕批云：略观其策，并未尽善。若依令式，及第者惟止一人。意欲广收，通滞并许及第。”清《三侠五义》第五十四回：“方才问过皮熊，他并未曾送你此坠。”① 以上是“并未”连用例。

合并，就连接在一起了，故引申出“和”“还有”等义，经过重新分析，由动词衍化为连词。例如《庄子·胠箧》：“故逐于大盗，揭诸侯，窃仁义并斗斛、权衡、符玺之利者，虽有轩冕之赏弗能劝，斧钺之威弗能禁。”②《史记·秦始皇本纪》：“假使秦王计上世之事并殷周之迹以制御其政，后世虽有骄淫之主，而未有倾危之患也。”③《史记·赵世家》：“昔下宫之难，屠岸贾为之，矫以君命，并命群臣。非然，孰敢作难!”《吴越春秋·夫差内传》：“越王……乃诛嚭并妻子。”④

常用于复句的后一分句之首，在连接前后两个分句的同时表示进一层的意思。可译为“并”“并且”等。例如《史记·季布栾布列传》：“乃髡钳季布，衣褐衣，置广柳车中，并与其家僮数十人，之鲁朱家所卖之。”《论衡·自然》：“如谓天地为之，为之宜用手，天地安得万万千千手，并为万万千千物乎?”⑤ 宋王安石《伤仲永》：“父异焉，借旁近与之，即书诗四句，并自为其名。”⑥《聊斋志异·促织》：“宰严限追比，旬余，杖至百。两股间脓血流离，并虫亦不能行捉矣。”⑦

---

① 句子大意是：刚才问了皮熊，他根本没有送过你这个坠子。坠，垂挂的饰物。

② 句子大意是：所以那些追随大盗，位居诸侯，盗窃仁义和斗斛、权衡、符玺等利益的人，即使用高官厚禄的赏赐，也不能劝阻他们，用斧钺的威刑也不能禁止他们。斗斛，斗与斛都是古代量器。权衡，秤杆与秤砣。符玺，符契与印玺。在这里都比喻权势。

③ 句子大意是：假使秦王考虑到前代的事业和商周的遗迹来制定他的大政方略，那么后世即使有骄奢淫靡的君主也不会有国家危亡的忧患。

④ 句子大意是：越王……就诛杀了太宰嚭和他的妻儿。

⑤ 句子大意是：如果说是天地做的这一切，做这些应该用手，天地哪能有万万千千的手，并且做出万万千千的物呢?

⑥ 句子大意是：他父亲感到惊异，借邻居的笔墨给他，他马上写诗四句，并且自题其名。

⑦ 句子大意是：县令严限日期，催促交纳，只十多天，就被打了上百棍，他两条大腿间脓血淋漓，就连蟋蟀也不能去捉了。

四 或

或，音 huò，在 56008 个现代汉语常用词中，位列第 81 位。

（一）在现代汉语中的常见用法

1. 连词。表示选择。例如：“或多或少，你也买点吧。”“派个人去厂长办公室，小张，或小李，他俩都有时间。”

2. 副词。表示推测，或许，也许。例如：“不着急，今明两天或可到货。”“他们已经动身了，下午或能到达。”

（二）产生与发展

或，《说文・戈部》：“邦也。”段注：“盖或、国在周时为古今字，古文只有或字。”清徐灏《说文解字约注》：“邦谓之国，封疆之界谓之域。古但以或字为之，其后加囗为国，加土为域，而别为二字二义。”或，甲骨文从囗从戈会意，以戈保卫国家，即疆域之“域”字初文，今音 yù，名词。《广雅・释诂一》：“或，有也”，清王念孙疏证：“或，即邦域之域。”汉贾谊《新书・匈奴》：“令此其居处乐虞，困京之畜，皆过其故王，虑出其单子或，时时赐此而为家耳。”清俞樾《诸子平议・贾子一》：“或，读为域。”《淮南子・内篇・齐俗训》：“秦王之时，或人菹①子，利不足也。”清俞樾《诸子平议二》：“或人即国人也。或、国古通用。”

假借作代词，表示虚指，读作 huò，犹言“有人”“有的”。例如《左传・宣公十二年》：“晋人或以广队不能进。”②《左传・襄公十五年》：“宋人或得玉，献诸子罕。”《论语・为政》：“或谓孔子曰：‘子奚不为政？’”清刘宝楠正义引郑玄注：“或之言有人不显其名而略称为或。”《论语・八佾》：“或问禘之说。”③《淮南子・修务》：“今夫救火者，汲水而趋之，或以瓮瓴，或以盆盂。”东汉班固《两都赋序》：“或曰……”，唐吕向注：“或者，不定之辞也。”“或”的不定代词用法在古代文献中出现很频繁，又如《论语・先进》：“如或知尔，则何以哉？”④ 贾谊《论积贮疏》：“一夫不耕，或受之饥；一女不织，或受之寒。”“或受之饥”，即

① 菹，zū，同“葅”，把人剁成肉酱。

② 广，兵车。队，通“坠”。句子大意是：晋国军队有的因为兵车陷（到坑里）而不能前进。

③ 句子意思是：有人问举行禘祭的道理。

④ 句子大意是：如果有人想了解你们，则怎么办呐？

有人就因此挨饿；“或受之寒”，即有人就因此受冻。《史记·陈涉世家》：“或以为死，或以为亡。”[①] 又如《史记·廉颇蔺相如列传》：“左右或欲引相如去。”司马迁《报任安书》：“人固有一死，或重于泰山，或轻于鸿毛。”黄庭坚《铁罗汉颂》：“或得野狐书，有字不可读。”以上代替不定的人。

又如《荀子·解蔽》：“今诸侯异政，百家异说，则必或是或非，或治或乱。”《吕氏春秋·精通》：“磁石召铁，或引之也。”[②]《汉书·宣帝纪》：“郡国四十九地震，或山崩水出。”[③] 杜甫《北征》诗：“山果多琐细，罗生杂橡栗。或红如丹砂，或黑如点漆。”清姚鼐《登泰山记》：“回视日观以西峰，或得日，或否。”以上代替不定的事。

又词义进一步虚化，表示泛指，指代人或物，作主语，可译为“谁”“任何人”。例如《老子》第三十一章：“夫兵者，不祥之器，物或恶之，故有道者不处。”[④]《诗经·豳风·鸱鸮》：“今女下民，或敢侮予？”[⑤]

无定代词“或”用于连接相对、相反的事物或情况时，经过句法结构的重新分析，即演变为表示选择关系的连词，形式上是列举，意义上表示选择，犹言“或者”“还是”“要么”“抑或”。可以用多个“或”，例如《荀子·修身》：“亦或迟或速，或先或后，胡为乎其不可以相及也？”《新唐书·魏征传》：“今之刑赏，或由喜怒，或出好恶。”也可以只用一个“或”，例如《三国志·魏志·武帝纪》裴注：“负污辱之名，见笑之行，或不仁不孝，而有治国用兵之术，其各举所知，勿有所遗。”[⑥]《宋史·王安石传》“以田宅或金帛为抵当物。”[⑦]

当选择关系的连词“或”用来表示可能发生而未发生的事物的选择

① 句子大意是：有人认为他（扶苏）死了，有人认为他逃亡了。

② 句子大意是：磁石把铁吸来，（是因为）有个力量吸引它。

③ 句子大意是：国中有四十九郡发生地震，有的地方山崩裂、水涌出。

④ 句子大意是：兵器是不吉祥的东西，这东西谁都讨厌它，所以有道的人不接近它。

⑤ 句子大意是：现在你们这些地位卑贱的人，谁敢侮辱我？

⑥ 句子大意是：背负不好的名声和被人耻笑的行为，或者不仁不孝，但有治国用兵本领的人，（你们）要各自推荐自己所了解的，不得有所遗漏。

⑦ 句子大意是：用田地住宅或金银绡帛作为抵当。

时，词义进一步虚化，则衍化为假设连词①，犹言“倘若”，“如果”。例如《左传·襄公二十六年》：“晋为盟主，诸侯或相侵也，则讨之。”② 句中“或”既可分析为表示选择，也可分析为表示假设。《左传·哀公元年》：“今吴不如过，而越大于少康，或将丰之，不亦难乎?”③ 《新书·大都》：“今大城陈、蔡、叶与不羹，或不充，不足以威晋；若充之以资财，实之以重禄之臣，是轻本而重末也。”④ 《汉书·隽不疑传》：“每行县录囚徒还，其母辄问（隽）不疑：‘有所平反，活几何人?’即不疑多有所平反，母喜笑，为饮食语言异于他时；或亡所出，母怒，为之不食。”⑤ 此例中“即”与“或”相对，都表假设。宋苏轼《答谢民师推官书》：“或僧有所欲记录，当作数句留院中。”⑥

无定代词位于谓词性词语前，充当主语，当词义弱化，“或”的指代性消失时，演变为副词，纯粹表示语法意义，表示并列或递进，犹言“又”。例如《诗经·小雅·宾之初筵》：“既立之监，或佐之史。”⑦ “或”与“既”相对，词义虚化，句子大意是说，既设立酒监监督，又设立酒史帮助记事。又如《史记·李将军列传》：“军亡导，或失道，后大将军。”“或失道”，即又迷失方向道路。《论衡·知实》：“其先知也，任术用数，或善商而巧意，非圣人空知。”⑧

副词“或”引申表示情态，表达“也许”“可能”义。例如《左传·宣公三年》：“天或启之，必将为君。”《左传·襄公二十一年》：“其小者，衣裳剑带，是赏盗也。赏而去之，其或难焉。” 《论语·子张》：

---

① 姚尧认为假设连词来源于语气副词，参看姚尧《“或”和“或者”的语法化》，《语言研究》2012年第1期。

② 句子大意是：晋国作为盟主，诸侯如果互相侵犯，就要讨伐他。

③ 句子大意是：如今吴国不如过国，而越国却比少康强大。如果让越国不断壮大，那么不就更难对付越国了吗?

④ 句子大意是：现在大力修建陈、蔡、叶和不羹四城，如果不充实它，就不能够威慑晋国；如果用大量的资财去充实它，派高官厚禄的臣子去管理它，这是忽视了根本而重视枝叶。

⑤ 句子大意是：（隽不疑）每次到各县审查囚徒案件回来，他母亲就问隽不疑：“有平反的吗，救活了多少人?”如果隽不疑平反的案子多，母亲就高兴，因而吃饭谈话都与平日不同；如果没有囚徒被放出来，母亲就生气，因此就不吃饭。

⑥ 句子大意是：如果僧人想要让我写点什么，就准备给他写下几句留在寺院里。

⑦ 监：酒监。史：席间御史。

⑧ 句子大意是：他们能先知，是掌握了方法规律，或者善于商讨而又巧于思考，并不是圣人凭空就能先知的。

“夫子之墙数仞，不得其门而入，不见宗庙之美、百官之富，得其门者或寡矣。”“得其门者或寡矣”，意思是说能找到它的门进去的人或许很少吧！又如《论语·阳货》：“子曰：‘古者民有三疾，今也或是之亡也。古之狂也肆，今之狂也荡；古之矜也廉，今之矜也忿戾；古之愚也直，今之愚也诈而已矣。’”范缜《神灭论》：“刃之与利，或如来说。”宋苏洵《权书下·六国》：“则胜负之数，存亡之理，当与秦相较，或未易量。”“或未易量”，即也许还不容易估量。王安石《答司马谏议书》：“冀君实或见恕也。”① 徐珂《清稗类钞·战事类》：“莫如以吾所长，攻敌所短，……或能免乎？”“或能免乎”，即有可能避免（灾难）吗？

副词“或”，引申表示时间，相当于“有时”“间或”。《史记·扁鹊仓公列传》：“为医或在齐，或在赵。”②《史记·封禅书》：“其神或岁不来，或岁数来。”《水经注·江水》：“或王命急宣（间或皇帝有命令急于传达），有时朝发白帝，暮到江陵。”③ 宋范仲淹《岳阳楼记》：“而或长烟一空，皓月千里。”引申谓常常，例如《周易·恒》：“不恒其德，或承之羞。”④

五　则

则，音 zé，在 56008 个现代汉语常用词中，位列第 128 位。

（一）在现代汉语中的常见用法

1. 连词。

（1）表示两件事物在时间上相承。例如：“每逢花开，则香气扑鼻。”“春风一吹，则神清气爽。”

（2）表示事理上的因果关系。例如：“欲速则不达”“冬天，风吹则冷，日照则暖。”

2. 名词。规范，准则。例如：“我们要以身作则。”

3. 量词。表示分项或自然段落的文字，例如：“一则寓言”“三则有关新闻。”表示列举原因或理由。例如：“这次我们肯定能获胜，理由如下，一则人数充足；二则准备充分；三则有老师指导。”

---

① 君实，司马光的字。句子意思是：想来君实或许会原谅我吧。

② 句子大意是：（扁鹊）行医有时在齐国，有时在赵国。

③ 句子大意是：有时早晨从白帝城出发，傍晚就到了江陵。

④ 句子大意是：不能长久地保持自己的德行，常常会遭受耻辱。

（二）产生与发展

则，《说文·刀部》："等画物也。"段注："等画物者，定其差等而各为介画也。今俗云科则是也。介画之，故从刀。引伸之为法则，假借之为语词。"则，西周金文从刀从鼎会意，篆文将鼎省变为貝，隶变后楷书写作則，今简化作则。则，本义为按规范宰割鼎肉，这大概是古人所谓"割不正不食"的最好例证。引申泛指按等级区划物体，例如《周易·坤》："作地势，高下九则"。《汉书·叙传下》："坤作墬（地）势，高下九则。"颜师古注引刘德曰："九则，九州土田上中下九等也。"

由"等画物"，引申指"准则""规章"[①]。例如《尚书·五子之歌》："明明我祖（禹），万邦之君，有典有则。"西汉孔安国传："则，法也。""有典有则"，即有治理国家的典章法则。《左传·文公十八年》："毁则为贼。"《诗经·豳风·伐柯》："伐柯伐柯，其则不远。"[②] 东汉郑玄笺："则，法也。"战国《黄帝四经·君正》："一年从其俗，则知民则。""民则"，即百姓的做事的规则。《楚辞·离骚》："虽不周于今之人兮，愿依彭咸之遗则。"

规则多为分项条文，故又引申为量词，事文一条、一节叫一则。例如东汉荀悦《前汉纪·孝武皇帝纪三》："有司奏议曰：'古者诸侯贡士，一适谓之好德，再适谓之贤贤，三适谓之有功，乃加九锡。不贡士，一则黜爵，二则黜地，三则黜爵地毕。'"南朝梁沈约《述僧中食论》："扰之大者，其事有三：一则势利荣名，二则妖妍靡曼，三则甘旨肥浓。"南朝梁刘勰《文心雕龙·宗经》："故文能宗经，体有六义：一则情深而不诡，二则风清而不杂，三则事信而不诞，四则义贞而不回，五则体约而不芜，六则文丽而不淫。"《祖堂集》卷五《华亭和尚》："道吾云：'有什摩佛法因缘？'其僧举两三则因缘，道吾便欢喜，处分安排。"清赵翼《陔余丛考》卷三十九："庞元英《谈薮》谓：前三则盖本一事，而传记者各异耳。"

名词可用作意动，指"以……为法则""效法"。例如《周易·系辞上》："河出图，洛出书，圣人则之。"《论语·泰伯》："巍巍乎唯天为

① （清）朱骏声：《说文通训定声·颐部》："鼎者，重器，故以为科则之称。"（武汉市古籍书店影印临啸阁藏版1983年版，第215页）

② 伐：砍。柯：斧柄。句子大意是：砍伐树枝做斧柄，手中的斧柄就是要砍取树枝的标准。

大，唯尧则之。”《诗·小雅·鹿鸣》：“君子是则是效。”《史记·周本纪》：“遵后稷公刘之业，则古公、公季之法。”汉桓宽《盐铁论·轻重》：“则后稷之烈。”

假借为虚词，表示肯定、判断，副词，犹言“就”“那么”等。清刘淇《助字辨略》卷五：“则，语辞也，承上趣下，辞之急者也。”王引之《经传释词》卷八：“则者，承上启下之词。”例如《国语·越语上》：“此则寡人之罪也。”《论语·学而》：“行有余力，则以学文。”《孟子·梁惠王上》：“德何如则可以王矣？”① 《荀子·劝学篇》：“小人之学也，入乎耳，出乎口，口耳之间则四寸耳，曷足以美七尺之躯哉！”②《汉书·项籍传》：“于是至则围王离。”范仲淹《岳阳楼记》：“此则岳阳楼之大观也。”元孟汉卿《魔合罗》第三折：“我则见湿浸浸血污了旧衣裳。”清《聊斋志异·促织》：“每闻琴瑟之声，则应节而舞。”

引申表示某种情况在发现时已经发生、出现，可译为“原来”。《左传·僖公三十三年》：“公使阳处父追之，及诸河，则在舟中矣。”③ 《论语·微子》“使子路反见之；至，则行矣。”④《孟子·梁惠王下》：“比其反也，则冻馁其妻子。”《孟子·公孙丑上》：“其子趋而往视之，则苗槁矣。”⑤ 苏轼《石钟山记》：“徐而察之，则山下皆石穴罅。”⑥ 《聊斋志异·促织》：“临视，则虫集冠上，力叮不释。”⑦

表示强调或转折，可译为“确实”“但是”等。例如《国语·吴语》：“善则善矣，未可以战也。”⑧ 《左传·昭公三年》：“寡君使婴曰：‘寡人愿事君，朝夕不倦，将奉质币，以无失时，则国家多难，是以不

---

① 句子大意是：具备了什么样的德行才能统一天下呢？

② 句子大意是：小人求学问，从耳朵听进去，从口里说出（就算了），口耳之间的距离仅四寸罢了，怎么能够使自己的品德完善呢！

③ 句子大意是：晋襄公派阳处父去追他们，追到黄河边，原来（他们）已在船中了。

④ 句子大意是：（孔子）让（子路）返回去看他（指隐士）；子路到达那里，（他）却已经走了。

⑤ 句子大意是：他的儿子赶紧跑去查看，原来禾苗都已枯槁了。

⑥ 句子意思是：慢慢地察看，原来山下都是石洞和石缝。

⑦ 句子意思是：近前一看，原来蟋蟀落到鸡冠子上，使劲叮着不放。

⑧ 句子大意是：（这样做）好确实好，但还不能够作战。

获。’”[①]《孟子·梁惠王下》：“竭力以事大国，则不得免焉。”[②]《荀子·天论篇》：“物之已至者，人祆则可畏也。”[③]《晏子春秋·杂下》：“橘生淮南则为橘，生于淮北则为枳。”《吕氏春秋·审分》：“今有人于此，求牛则名马，求马则名牛，所求必不得矣。”假如这里有这样一个人，想要牛却说马的名字，想要马却说牛的名字，他所要求的一定不能得到。《战国策·赵策四》：“岂人主之子孙则必不善哉？”《史记·张释之冯唐列传》：“欲见谢，则未知何如。”[④] 嵇康《与山巨源绝交书》：“欲自勉强，则不能久。”[⑤] 韩愈《师说》：“爱其子，择师而教之；于其身也，则耻师焉，惑矣。”柳宗元《三戒·黔之驴》：“黔无驴，有好事者，船载以入。至则无可用。”“至则无可用”，即（把驴子）运到后却没有用处。宋文天祥《〈指南录〉后序》：“北虽貌敬，实则愤怒。”（元人虽然表面上恭敬，实际上却很恼火）

用于分句之间，起连接分句的作用，经过重新分析，由副词演变为连词。表示事理上的因果关系，可译为“就”或“那么”，例如《国语·齐语》：“桓公择是寡功者而谪之，曰：‘制地、分民如一，何故独寡功？教不善则政不治，一再则宥，三则不赦。’”例中第一个“则”是表示因果关系的连词，“教不善”是表示原因，“政不治”是结果。《左传·僖公三十三年》：“秦师轻而无礼，必败。轻则寡谋，无礼则脱。入险而脱，又不能谋，能无败乎？”“则”连接原因与结果。“轻则寡谋，无礼则脱”，意即轻狂就会缺乏计谋，无礼就会轻慢。《论语·为政》：“学而不思则罔，思而不学则殆。”《荀子·天论篇》：“强本而节用，则天不能贫。”《史记·平原君虞卿列传》：“赵亡则胜[⑥]为虏，何为不忧乎。”

为了强调，将同类事物放在一起说，表示列举或对比，连词“则”成对出现。《诗经·王风·大车》：“穀则异室，死则同穴。”[⑦]《荀子·王

---

① 句子大意是：我们的君主派我（晏婴）来说：“我愿意侍奉君主，早晚不知疲倦，并按时交纳贡礼，但是如今我们国家多灾多难，所以才无法亲自前来。”

② 句子大意是：尽力来事奉大国，却总不能够免于被侵犯。

③ 句子大意是：在已经出现的事情中，人为的灾祸才确实可怕。

④ 句子大意是：想见了（皇帝，当面）谢罪，但不知结果怎样。

⑤ 句子大意是：自己想尽力去做，但恐不能长久。

⑥ 胜：平原君名赵胜。古人自称名，他称字。

⑦ 句子大意是：活着各住各的房屋，死了要葬在一起。

制》："君者舟也，庶人者水也；水则载舟，水则覆舟。"《荀子·正论》："内则百姓疾之，外则诸侯叛之"《史记·匈奴列传》："其畜之所多则马、牛、羊，其奇畜则橐驼、驴、骡、駃騠、騊駼、驒騱。"《汉书·公孙弘卜式兒宽传》赞曰："运筹则桑弘羊，奉使则张骞苏武，将率则卫青霍去病。"范仲淹《岳阳楼记》："居庙堂之高，则忧其民；处江湖之远，则忧其君。"沈括《梦溪笔谈·药议》："诸越则桃李冬实，朔漠则桃李夏荣。此地之不同也。"

表示事情未发生或可能发生情况下的因果关系，即用于假设条件句中，犹言"如果""假如"。例如《左传·宣公十二年》："我则不德而徼怨于楚，我曲楚直，不可谓老。"① 《左传·成公九年》："德则不竞，寻盟何为?"《左传·僖公七年》："心则不竞，何惮于病?"② 《庄子·逍遥游》："我决起而飞，抢榆枋。时则不至，而控于地而已矣。"③《荀子·议兵》："大寇则至，使之持危城，则必畔。"④ 《史记·项羽本纪》："项王乃谓海春侯大司马曹咎等曰：'谨守成皋，则汉欲挑战，慎勿与战，毋令得东而已。'"⑤《史记·高祖本纪》："今则来，沛公恐不得有此。"

进一步引申，表示让步，可译为"是""倒是"。《左传·襄公二十一年》："瘠则甚矣，而血气未动。"⑥《左传·襄公二十三年》："多则多矣，抑君似鼠。"⑦ 《国语·周语》："子则贤矣，抑晋国之举也，不失其次，吾惧政之未及子也。"⑧ 《管子·小匡》："恶则恶矣，然非其急者也。"⑨《庄子·天道》："美则美矣，而未大也。"⑩《孟子·告子上》："由是则生

---

① 句子大意是：我们如果不重德行使楚国怨恨（我们），我们理曲而楚国理直，不能说（楚军士气）衰退了。

② 句子大意是：心里如果不坚强，为什么又怕受屈辱?

③ 句子大意是：我奋起而飞，飞过榆树枋树。有时假若飞不到，就只有落在地上罢了。

④ 畔，通"叛"，背叛。句子大意是：敌人大军如果到来，让他去守卫危急的城池，（他）就一定会叛变。

⑤ 句子大意是：项羽就对海春侯大司马曹咎等人说："谨慎地防守成皋，假如汉军来挑战，千万不要同他们交战，只是不让（他们）东进就行了。"

⑥ 句子大意是：瘦是到极点了，然而精神血气并无变化。

⑦ 句子大意是：（您的战功）多是很多了，但君王（您的行为）却像只老鼠。

⑧ 句子大意是：你倒确实是贤能，但是晋国提拔人才，不能不按照一定的次序，我怕晋国的政事不会轮到你身上。

⑨ 句子大意是：（这缺点）不好倒是不好，但还不是最要紧的。

⑩ 句子大意是：（你说的这些优点）好是很好了，但却不是最重大的。

而有不用也，由是则可以避患而有不为也。”① 《韩非子·外储说左上》：“治则治矣，非书意也。” 宋李弥逊《声声慢·咏木犀》词：“花儿大则不大，有许多潇洒清奇。”

① 句子大意是：照这样，就能得到生存但却有人不这样做；照这样，就能够躲避祸患，但却有人不这么干。

第十一章

结　语

第一节　汉语常用词的功能分布

现代汉语常用词的功能分布有没有特点？

要回答这个问题，最科学的办法是将现代汉语56008个常用词的共时功能分布全部展现出来，再进行数量统计，然后根据统计的结果可以较为准确地分析出这些常用词的功能分布和用法特点。但是这个工程十分浩大，非一人之力所能为。当穷尽式统计分析难以实现时，抽样调查就显得很有必要，因为抽样调查也有一定的代表性和科学性。下面是现代汉语最常用的100个单音节词词性功能表（见表1）。

表1　　现代汉语常用100个单音节词功能①简表

序号	常用词/词频	词类1	词类2	词类3	词类4	词类5
1	的1	助词	语气词			
2	所52	助词	量词			
3	是2	动词				
4	有6	动词				
5	对14	动词	介词	形容词	量词	
6	说15	动词	名词			

① 我们在归纳词类功能的时候，主要参照《现代汉语词典》《现代汉语八百词》，排除了一些特殊的用法。例如“所”，除了助词、量词的用法外，其实还有名词的用法，“所里来人了”，其中的“所”就是一个名词，与方位名词“里”组成方位结构，但是这类用法很少，而且句中的“所”是特指，谓“××所”的意思，是由专有名词缩略而来。在专有名词中，它是一个构词语素。缩略后独用，衍化为一个名词。类似“所”的这一用法，不在我们的统计之列。

续表

序号	常用词/词频	词类1	词类2	词类3	词类4	词类5
7	要17	动词	连词			
8	到18	动词				
9	来23	动词	助词			
10	等24	动词	助词	名词		
11	能29	动词	名词			
12	会35	动词	名词			
13	下41	动词	名词（方位）	量词（动量）		
14	使46	动词				
15	出49	动词	量词			
16	用50	动词	名词			
17	给54	动词	介词	助词		
18	去62	动词				
19	让67	动词	介词			
20	起72	动词	量词			
21	做77	动词				
22	走84	动词				
23	成93	动词	名词	数词		
24	想103	动词				
25	如104	动词	连词			
26	该107	动词	代词（指示）			
27	至118	动词	名词	副词		
28	无123	动词	副词	连词		
29	张124	动词	量词			
30	作134	动词	名词			
31	在3	介词	动词	副词		
32	把22	介词	动词	量词	助词	名词
33	从27	介词	副词			
34	以32	介词	连词			
35	被39	介词	名词			
36	向47	介词	动词	副词		
37	于59	介词				
38	由63	介词	动词			

续表

序号	常用词/词频	词类 1	词类 2	词类 3	词类 4	词类 5
39	比 98	介词	动词			
40	同 99	介词	动词	连词		
41	一 4	数词	副词	代词		
42	两 26	数词	量词			
43	三 38	数词				
44	二 88	数词				
45	四 100	数词				
46	五 135	数词				
47	个 8	量词				
48	次 57	量词	形容词			
49	条 89	量词	名词			
50	位 90	量词	名词			
51	副 122	量词	形容词（非谓）	动词	名词	
52	不 5	副词				
53	也 10	副词				
54	就 13	副词	动词	介词	连词	
55	又 30	副词				
56	很 40	副词				
57	已 48	副词	动词			
58	更 56	副词				
59	最 58	副词				
60	可 61	副词	动词（情态）			
61	再 80	副词				
62	才 82	副词	名词			
63	却 87	副词				
64	这 7	代词				
65	他 11	代词				
66	我 16	代词				
67	之 36	代词	助词			
68	她 55	代词				
69	其 68	代词				
70	你 69	代词				

续表

序号	常用词/词频	词类 1	词类 2	词类 3	词类 4	词类 5
71	它 75	代词				
72	各 92	代词	副词			
73	本 115	代词	名词	量词	副词	
74	此 119	代词				
75	上 9	名词	动词			
76	人 12	名词				
77	年 25	名词				
78	时 33	名词				
79	后 43	名词				
80	里 53	名词				
81	天 74	名词				
82	家 78	名词	量词			
83	前 83	名词				
84	元 95	名词				
85	名 102	名词	量词			
86	内 110	名词				
87	点 116	名词	量词	动词		
88	月 127	名词				
89	日 131	名词				
90	大 19	形容词	副词			
91	多 21	形容词	动词	副词	助词	代词
92	新 51	形容词				
93	小 65	形容词				
94	高 76	形容词				
95	老 132	形容词	名词	副词		
96	而 28	连词				
97	但 37	连词	副词			
98	并 45	连词	副词	动词		
99	或 81	连词	副词			
100	则 128	连词	名词	量词		

从表 1 中，我们可以得出以下几个结论：

1. 在100个单音词中，兼类词55个，占一半多。助词都是兼类词；介词除“于”外，都是兼类词；连词除“而”外，也都是兼类词。这说明，汉语单音节常用词兼类较多，单音节常用词的延伸性、再生性能力强。这跟汉语的词类无形态的性质有关。

2. 在55个兼类词中，兼两类的35个，占兼类词63.64%；兼三类的14个，占兼类词25.45%；兼四类的4个，占兼类词7.27%；兼五类的2个，占兼类词3.64%。兼两类的最多，接近一大半；兼三类的也不少见，有1/4。这说明，汉语兼类词一般以2—3类为常，这种语言表达现象符合表达简单，记忆省力的语言经济学原则。

3. 在100个单音词中，共有词类总项：$45\times1+35\times2+14\times3+4\times4+2\times5=183$项，其中，动词42项，占比22.95%；名词33项，占比18.03%；副词26项，占比14.21%；量词18项，占比9.84%；介词14项，占比7.65%；代词14项，占比7.65%；连词11项，占比6.01%；形容词9项，占比4.92%；助词8项，占比4.37%；数词7项，占比3.83%；语气词1项，占比0.55%。动词最多，几乎接近1/4，其次是名词和副词。这跟汉语句子表达的直接性有关。名词指称事物，动词说明陈述事物，直截了当，因而汉语句子短小精悍，以意合为主，句法形式服务、服从于语义表达。

4. 在183个词类项中，形容词占比却不到5%，在12个词类项中排在第8位。这个结果出乎意料，一般认为，名、动、形是最常用的词类。量词占比接近1/10，这也说明，汉语量词的使用频度是很高的，量词的大量使用是现代汉语的一个重要特点。

5. 在45个非兼类常用词中，名词11个，占比24.4%，最多；动词8个，代词8个，副词8个，占比均为17.8%；数词4个，占比8.9%；形容词3个，占比6.7%；介词、量词、连词各1个，占比均为2.2%，非兼类的虚词较少，这跟汉语虚词由实词衍化而来的历史渊源有关。

下面是20个常用双音节词的词性分布表（见表2）。

表2　　现代汉语常用20个双音节词功能简表

序号	常用词/词频	词类1	词类2
1	没有34	动词	副词
2	起来91	动词	

续表

序号	常用词/词频	词类1	词类2
3	可以60	动词	形容词
4	一些86	数量词	
5	第一105	数词	
6	已经79	副词	
7	我们20	代词	
8	他们31	代词	
9	自己42	代词	
10	这个70	代词	
11	这样73	代词	
12	这些85	代词	
13	什么94	代词	
14	中国44	名词	
15	问题64	名词	
16	工作66	名词	动词
17	生活71	名词	动词
18	现在96	名词	
19	社会97	名词	
20	关系101	名词	动词

从表2我们可以得出以下几点结论：

1. 汉语双音节词的兼类较少，只有5个，占比1/4，动词兼名词3例，兼形容词、副词各1例，非兼类词占比3/4。这说明，汉语双音节词的功能分布比较简明，汉语常用双音节词的延展性和再生性不如单音节词。双音节常用词兼类词少，跟构词语素的相互制约有着直接的联系。

2. 双音节常用词所兼的词类较少，只兼两类，不像常见单音节多则兼5类、4类的。

3. 在15个非兼类词中，代词7个，占比44%，最多；名词4个，占比26.7%，位列第二；副词、动词、数词、数量词各1个。最常用的20个双音节词中，没有连词、介词、语气词。这说明，汉语常用双音节词以实词为主。

4. 结合表1与表2可知，现代汉语常用词中，兼类词主要存在于单音节词中。在非兼类词中，代词最多，这是代词的性质决定的（代词从功能上看，它可以代替名词、动词、副词等）。

第二节 汉语常用词产生时代分析

根据前面各章的分析，我们将汉语120个常用词的产生时代罗列如下（见表3）：

表3　　汉语100个单音节常用词产生时代①简表

序号	词 词频	词类1	产生 时代1	词类2	产生 时代2	词类3	产生 时代3	词类4	产生 时代4	词类5	产生 时代5
1	的1	助词	宋	语气词	元						
2	所52	助词	先秦	量词	秦汉						
3	是2	动词	先秦								
4	有6	动词	先秦								
5	对14	动词	先秦	介词	六朝	形容词	宋	量词	唐		
6	说15	动词	先秦	名词	先秦						
7	要17	动词	先秦	连词	唐						
8	到18	动词	先秦								
9	来23	动词	先秦	助词	唐						
10	等24	动词	先秦	助词	先秦	名词	先秦				
11	能29	动词	先秦	名词	先秦						
12	会35	动词	先秦	名词	先秦						
13	下41	动词	先秦	名词	先秦	量词	六朝				
14	使46	动词	先秦								
15	出49	动词	先秦	量词	秦汉						
16	用50	动词	先秦	名词	先秦						
17	给54	动词	先秦	介词	清	助词	清				
18	去62	动词	先秦								
19	让67	动词	先秦	介词	清						

① 为了表述的方便，我们只列出该词的初始义的产生时代，其后续的引申义产生时代参看本书各章节具体内容。

续表

序号	词 词频	词类1	产生 时代1	词类2	产生 时代2	词类3	产生 时代3	词类4	产生 时代4	词类5	产生 时代5
20	起72	动词	先秦	量词	汉						
21	做77	动词	宋								
22	走84	动词	先秦								
23	成93	动词	先秦	名词	先秦	数词	先秦				
24	想103	动词	先秦								
25	如104	动词	先秦	连词	先秦						
26	该107	动词	先秦	代词	明						
27	至118	动词	先秦	名词	先秦	副词	先秦				
28	无123	动词	先秦	副词	先秦	连词	先秦				
29	张124	动词	先秦	量词	先秦						
30	作134	动词	先秦	名词	六朝						
31	在3	介词	先秦	动词	先秦	副词	六朝				
32	把22	介词	先秦	动词	先秦	量词	汉	助词	明	名词	六朝
33	从27	介词	先秦	副词	唐						
34	以32	介词	先秦	连词	先秦						
35	被39	介词	汉	名词	先秦						
36	向47	介词	汉	动词	先秦	副词	唐				
37	于59	介词	先秦								
38	由63	介词	先秦	动词	先秦						
39	比98	介词	先秦	动词	先秦						
40	同99	介词	先秦	动词	先秦	连词	元				
41	一4	数词	先秦	副词	六朝	代词	唐				
42	两26	数词	先秦	量词	先秦						
43	三38	数词	先秦								
44	二88	数词	先秦								
45	四100	数词	先秦								
46	五135	数词	先秦								
47	个8	量词	先秦								
48	次57	量词	先秦	形容词	六朝						
49	条89	量词	汉	名词	先秦						
50	位90	量词	宋	名词	先秦						

续表

序号	词 词频	词类 1	产生 时代 1	词类 2	产生 时代 2	词类 3	产生 时代 3	词类 4	产生 时代 4	词类 5	产生 时代 5
51	副 122	量词	六朝	形容词	汉	动词	先秦	名词	先秦		
52	不 5	副词	先秦								
53	也 10	副词	六朝								
54	就 13	副词	先秦	动词	先秦	介词	六朝	连词	六朝		
55	又 30	副词	先秦								
56	很 40	副词	元								
57	已 48	副词	先秦	动词	先秦						
58	更 56	副词	先秦								
59	最 58	副词	先秦								
60	可 61	副词	先秦	动词	先秦						
61	再 80	副词	先秦								
62	才 82	副词	汉	名词	先秦						
63	却 87	副词	六朝								
64	这 7	代词	唐								
65	他 11	代词	六朝								
66	我 16	代词	先秦								
67	之 36	代词	先秦	助词	先秦						
68	她 55	代词	五四								
69	其 68	代词	先秦								
70	你 69	代词	六朝								
71	它 75	代词	五四								
72	各 92	代词	先秦	副词	先秦						
73	本 115	代词	唐	名词	先秦	量词	汉	副词	先秦		
74	此 119	代词	先秦								
75	上 9	名词	先秦	动词	先秦						
76	人 12	名词	先秦								
77	年 25	名词	先秦								
78	时 33	名词	先秦								
79	后 43	名词	先秦								
80	里 53	名词	先秦								
81	天 74	名词	先秦								

续表

序号	词 词频	词类1	产生时代1	词类2	产生时代2	词类3	产生时代3	词类4	产生时代4	词类5	产生时代5
82	家78	名词	先秦	量词	先秦						
83	前83	名词	先秦								
84	元95	名词	元								
85	名102	名词	先秦	量词	先秦						
86	内110	名词	先秦								
87	点116	名词	先秦	量词	唐	动词	先秦				
88	月127	名词	先秦								
89	日131	名词	先秦								
90	大19	形容词	先秦	副词	先秦						
91	多21	形容词	先秦	动词	先秦	副词	先秦	助词	宋	代词	先秦
92	新51	形容词	先秦								
93	小65	形容词	先秦								
94	高76	形容词	先秦								
95	老132	形容词	先秦	名词	先秦	副词	唐				
96	而28	连词	先秦								
97	但37	连词	先秦	副词	先秦						
98	并45	连词	先秦	副词	先秦	动词	先秦				
99	或81	连词	先秦	副词	先秦						
100	则128	连词	先秦	名词	先秦	量词	六朝				

从表3中，我们可以得出以下几点结论：

1. 在现代汉语100个常用单音词的183个词类项中，产生于先秦的132个，占比72.13%；其次是产生于六朝的15个，占比8.20%；其次是产生于唐代的10个，占比5.46%；其次是产生于汉代的8个，占比4.37%；其次是产生于宋代的5个，占比2.73%；产生于元代的4个，占比2.19%；产生于清代的3个，占比1.64%；其次是产生于秦汉、明代、五四时期的各2个，各占比1.09%。这说明，现代汉语单音节常用词主要产生于先秦；这些常见用法从先秦一直沿用至今，汉语的生命力和继承性特别强；也说明了语言的渐变性质。先秦以后，汉语的变化就没有停止过，或由甲类词分化出乙类词、由乙类词分化出丙类词、由丙类词到丁类词，或从无到有产生出新词。

2. 从历时动态演变来看，现代汉语常用词的功能经过了时间的洗礼、荡涤，沉淀下来的用法比较简单。例如现代汉语指示代词“这”产生于唐代，但是“这”起源很早，秦汉时已经出现，本来是个动词，表示“迎接”义。那么动词“这”是如何衍化为代词的呢？原来，近指代词“这”，直接源于两汉的指示代词“者”，指示代词“者”在唐代产生了去声的读法，为了区分语助词“者”（章也切）和去声的指示代词“者”（鱼占切），就借用同音的动词“这”来代替指示代词的“者”。“这”的新用法产生后，很快流行开来，经过“这”“者”混用期后，最终完全代替了“者”，而其本来用法（由其他双音词代替，如“迎接”“相迎”等）反倒渐趋湮灭不传。

下面再来看最常用的 20 个双音节词的产生时代情况（见表 4）。

表 4　　汉语常用 20 个双音节词产生时代简表

序号	词/词频	词类 1	产生时代 1	词类 2	产生时代 2
1	没有 34	动词	宋	副词	宋
2	起来 91	动词	六朝		
3	可以 60	动词	先秦	形容词	清
4	一些 86	数量词	宋		
5	第一 105	数词	先秦		
6	已经 79	副词	六朝		
7	我们 20	代词	宋		
8	他们 31	代词	宋		
9	自己 42	代词	六朝		
10	这个 70	代词	唐		
11	这样 73	代词	宋		
12	这些 85	代词	唐		
13	什么 94	代词	唐		
14	中国 44	名词	先秦		
15	问题 64	名词	五代		
16	工作 66	名词	六朝	动词	唐
17	生活 71	名词	六朝	动词	先秦
18	现在 96	名词	六朝		
19	社会 97	名词	六朝		
20	关系 101	名词	宋	动词	宋

从表 4 中，我们可以得出以下几点结论：

1. 在现代汉语 20 个常用双音词 25 个词类项中，产生于先秦的 4 个，占比 16%；产生于六朝的 7 个，占比 28%；产生于唐代的 4 个，占比 16%；产生于宋代的 8 个，占比 32%；产生于五代、清代的各 1 个，占比各为 4%。这说明汉语双音节词产生于六朝最多，也说明汉语双音化发展大兴于六朝。这个结论与汉语史研究的结论是一致的。

2. 与单音节常用词相比，双音节常用词产生于先秦的较少，占比不到单音节词的 1/4（单音词产生于先秦的占比 72%）。产生于六朝的最多，占比是单音词的 3.4 倍。产生于六朝以后的主流。

第三节　汉语常用词衍化的一般规律

现代汉语是古代汉语的历时沉淀。现代汉语 100 个单音节常用词中，大部分起源较早，如“我”“有”等在甲骨文中就已经存在，并一直活跃在人们的日常生活中，体现了旺盛的生命力。少数起源较晚，如语气词“的”产生于元代。

词都是音义的结合体。根据索绪尔结构主义语言学原理可知，民族语言在初始时期具有约定俗成性，即一个语言初始时选择什么样的语音形式来表达意义这是偶然的。但是一旦音、义约定俗成后，其语言的发展衍化必然是循着人类的思维规律和认识规律来表现外部世界，因而语言又是可以学习，可以分析证明的。沈兼士曾说：“凡义之寓于音，其始也约定俗成，率由自然，继而声义相依，辗转孳乳，先天后天，交错参互，殊未可作一概而论，作如是观，庶几近于真实矣。”①

人类的语言发展大致经历三个阶段，即“从音义偶然约定到音义相生到语素合成及虚化语法”②。现代汉语常用单音词有些是音义偶然约定而来，有些是由音义相生而来；而双音词则主要源于语素合成或语法化而来。

最早一批单音词的产生都是音义偶然约定的。例如指称“天地之性最贵者也”（《说文·人部》）的“人”，上古音“njien”（王力《同源字

① 沈兼士：《声训论》，《沈兼士学术论文集》，中华书局 1941 年版，第 259 页。

② 李如龙：《论音义相生》，《暨南学报》（哲学社会科学版）1997 年第 3 期。

典》）这可能是偶然约定的。当人们将 njien 与“人”的含义联系后，就会由“人”的音义引申出近义词“仁”。“仁”上古音 njien（王力《同源字典》）与“人”同音近义。古人认为“人”的本质属性是仁爱，《释名·释形体》云：“人，仁也。”《广雅·释诂》亦云：“人，仁也。”“仁”的本义即是爱人，《说文·人部》：“亲也。从人，从二。”仁，从二人会意。所谓二人，即古人所谓“相人偶之意”，也就是指称人与人之间的“彼此亲密”。《论语·颜渊》：“樊迟问‘仁’。子曰：‘爱人。’”孟子亦云：“仁者爱人，有礼者敬人。爱人者，人恒爱之；敬人者，人恒敬之。”（《孟子·离娄下》）由“人”衍化为“仁”，便是音义相生之例。

又如第一人称代词“我”，《说文·我部》：“施身自谓也。”甲骨文字形像一把刃部呈锯齿状的长柄斧钺，本义是一种特殊的刑具。因第一人称代词有音无字，古人便借用同音字“我”来当作第一人称代词，这便是汉代大儒许慎所说的“本无其字，依声托事”的假借造字法，这也是一种书面语的音义相生之法。

汉语双音词，除联绵词、外来词外，大都是由语素合成或语法化而来，例如“中国”一词，即由语素合成而来。上古时代，华夏族建国于黄河流域一带，以为居于天下之中，故有“中国”之称，意谓“国之中”，可见为偏正式合成词。又如名词“工作”一词，产生于六朝，来源于“名词‘工’+动词‘作’”的语用固化，是主谓结构衍化为主谓式合成词，而动词“工作”来源于名词，产生于唐代，由指称引申出陈述，由名词引申作动词。

双音词也有语音演变而来之例，例如产生于唐代的疑问代词“什么”来源于“何+物”的语音演变。

当文字用来记录语言时，文字是用形或音来表达意义。汉字记录汉语，其中象形、会意字是借用字形来表达词义，我们可以说是取象表义，如“日”“月”等；假借是借用同音字来表达词义，我们可以说是借音表义，如“我”“不”等；形声字和亦声字，则是利用字形和字音共同表达词义，我们可以说是形音喻义，如“就”“可”等。

汉语词类的衍化有一定的规律，大体上表现为由实向虚的原则，例如副词“再”（表示“又”义）是由数词“再”（表示第二次）衍化而来。虚词一般源于实词的引申衍化，介词几乎全部来源于动词，例如介词

“在”来源于动词“在”。

词类衍化过程中，词的分布，即词所处的句法位置在词类衍化中起到非常重要的作用。量词一般来源于名词和动词，上古汉语名词、动词均能直接受数词修饰限制，这种组合关系为名词和动词转化为量词提供了机会，当“数+名/动+名”出现时，其中的“名/动”经过重新分析就转化为量词，量词“所”“张”即是其例。当名词、动词修饰限制另一谓词性结构时，经过重新分析，这个名词、动词便衍化为副词，副词“向”即来源于时间名词“向”，副词“无”即来源于动词“无”；个别副词是由介词衍化而来，例如副词“在”来源于介词“在”，当“在+宾语”充当状语，而其中的宾语脱落，经过重新分析，“在”便衍化为副词了。

汉语词义的引申也是复杂的，可谓一词一世界，一字一洞天。词义的引申总是从本义而来，例如“点”，初始时是个名词，本义是黑点，引申指斑点，引申谓点状物，引申专指水滴，由水滴引申出报时“点”（水漏计时），由点状物引申出地点，某处，由点状物引申出量词。语言中，指称与陈述可以互相转化，古汉语中名词可以用作动词，故“点”由名词斑点义转化为动词“落下黑点”义，由此引申出“玷污”义，由玷污义引申出点画义，由点画义引申出上下点动义，由点画义引申出离开义，由点画义引申出查点、点名、选派义，由动词的点画义引申出名词——表示笔画的“点捺”之“点”。“点”的词义引申如图1所示。

词义引申是有规律的，一般是由具体到抽象，有个别到一般，例如表示具体事物的“日”，其本义特指太阳，由太阳义引申出“白天”义，词义开始由实向虚，由白天义引申出表示计时单位的“天”，词义更为虚泛，由白天义引申出更为空泛的“日子”“往日”等抽象名词义。再如动词“出”，它的本义是与“入”反义相对，表示动作的离开，经常附着在谓词性结构后，词义引申衍化成趋向动词，如“走出”“想出”之“出”，词义抽象虚泛。再如“次”，其本义是表示军队驻扎，意义非常具体，由此引申表示“依次”，意义开始虚化，由依次义进一步引申表示“次序”义，词义更为虚泛。次序是由空间位置呈现的，看得见摸得着，由此进一步引申用来表示看不见摸不着的时间，例如敦煌写卷《太子成道经》：“遂出南门，忽尔行次，见一老人，发白面皱，形容憔憔。”“行次”，即行进中，既可看作是空间次序，也可分析为时间概念。又如《太子成道经》：“观看之次，忽见一人卧于荒郊，膨胀烂坏，四畔有人，高声哭叫。”“观看之次”，即观看之时，“次”表示时间了。又如敦煌写卷《悉达太子修道因缘》：“当时大王与夫人却回鸾驾，入于宫中。偶因一日，便上高楼，谋闷之次，便乃睡着。”《难陀出家缘起》：“世尊直到难陀门前，道三两声家常，难陀劝饮之次，忽然闻门外世尊语声，向妻道：‘娘子！娘子！’”“谋闷之次”“劝饮之次”中的“次”也是表示时间，只不过“次”的这种用法现代汉语已经不用了。

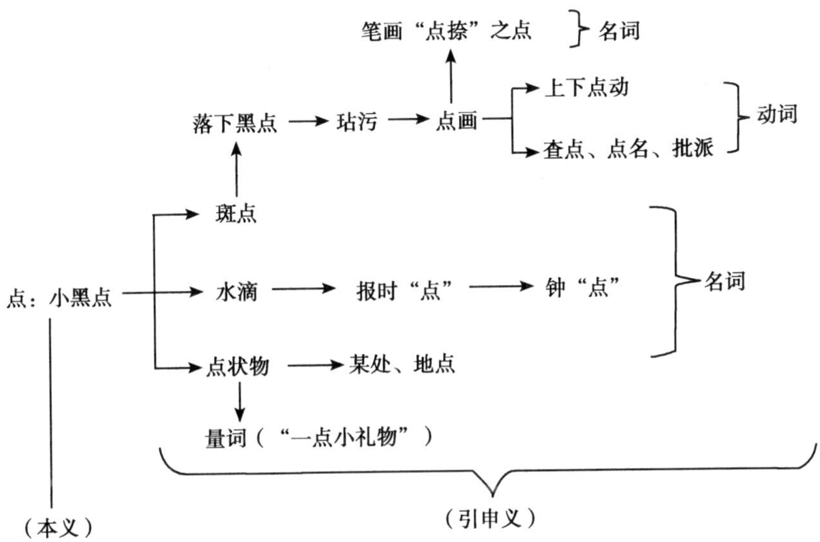

图1　“点”的词义引申

主要参考文献

曹炜：《现代汉语词义学》，学林出版社 2001 年版。

曹炜：《现代汉语词汇研究》，北京大学出版社 2003 年版。

曹翔：《王梵志诗词汇研究》，南京大学出版社 2013 年版。

曹广顺：《近代汉语助词》，语文出版社 1995 年版。

陈翠珠：《汉语人称代词考论》，光明日报出版社 2013 年版。

《辞源（第三版）》，商务印书馆 2015 年版。

董莲池：《说文解字考正》，作家出版社 2004 年版。

董志翘：《中古近代汉语探微》，中华书局 2007 年版。

段玉裁：《说文解字注》，上海古籍出版社 1981 年版。

方一新：《中古近代汉语词汇学》，商务印书馆 2010 年版。

郭在贻：《训诂丛稿》，上海古籍出版社 1985 年版。

《古代汉语词典》，商务印书馆 2003 年版。

《古代汉语虚词词典》，商务印书馆 1999 年版。

顾野王：《宋本玉篇》，北京市中国书店 1983 年版。

桂馥：《说文解字义证》，上海古籍出版社 1987 年版。

郭锡良：《汉字古音手册》，北京大学出版社 1986 年版。

何九盈：《中国古代语言学史》，广东教育出版社 1995 年版。

何乐士、敖镜浩、王克仲、麦梅翘：《古代汉语虚词通释》，北京出版社 1985 年版。

华学诚：《扬雄方言校释汇证（上、下）》，中华书局 2006 年版。

江蓝生：《近代汉语探源》，商务印书馆 2000 年版。

江蓝生、曹广顺：《唐五代语言词典》，上海教育出版社 1998 年版。

蒋礼鸿：《敦煌变文字义通释（第四次增订本）》，上海古籍出版社 1981 年版。

蒋绍愚：《汉语历史词汇学概要》，商务印书馆 2015 年版。

李圃：《古文字诂林（1—12 册）》，上海教育出版社 1999—2004 年版。

李忆民：《现代汉语常用词用法词典》，北京语言学院出版社 1995 年版。

李宗江：《汉语常用词演变研究》，汉语大词典出版社 1999 年版。

柳士镇：《魏晋南朝历史语法》，南京大学出版社 1992 年版。

鲁国尧：《语言学文集：考证、义理、辞章》，上海人民出版社 2008 年版。

吕叔湘：《近代汉语指代词》，江蓝生补，学林出版社 1985 年版。

吕叔湘：《现代汉语八百词（增订本）》，商务印书馆 1999 年版。

陆宗达、王宁：《训诂与训诂学》，山西教育出版社 1994 年版。

钱宗武：《今文〈尚书〉语言研究》，岳麓书社 1996 年版。

孙锡信：《近代汉语语气词：汉语语气词的历史考察》，语文出版社 1999 年版。

王力：《汉语史稿》，中华书局 1958 年版。

王力等：《王力古汉语字典》，中华书局 2000 年版。

王念孙：《读书杂志》，江苏古籍出版社 1985 年版。

《现代汉语常用词表》，商务印书馆 2008 年版。

《现代汉语词典》，商务印书馆 1998 年版；2018 年第 7 版。

《汉语大词典（第 1—13 卷）》，上海辞书出版社，汉语大词典出版社 1986—1994 年版。

向熹：《简明汉语史》，高等教育出版社 1993 年版。

徐朝华：《尔雅今注》，南开大学出版社 1994 年版。

徐复：《古代汉语大词典》，上海辞书出版社 2001 年版。

徐时仪：《古白话词汇研究论稿》，上海教育出版社 2000 年版。

汪维辉：《东汉-隋常用词演变研究》，南京大学出版社 2000 年版。

王筠：《说文句读》，北京市中国书店 1983 年版。

王云路：《中古汉语词汇史》，商务印书馆 2010 年版。

杨树达：《词诠》，中华书局 1978 年版。

周绪全、王澄愚：《古代汉语常用词源流词典》，重庆出版社 1991 年版。

朱德熙：《语法讲义》，商务印书馆1982年版。

朱骏声：《说文通训定声》，武汉市古籍书店影印临啸阁藏版1983年版。

宗福邦、陈世铙、萧海波：《故训汇纂》，商务印书馆2003年版。

[日]志村良治：《中国中世语法史研究》，江蓝生、白维国译，中华书局1999年版。

[日]太田辰夫：《汉语史通考》，江蓝生、白维国译，重庆出版社1991年版。

[日]香坂顺一：《白话词汇研究》，江蓝生译，中华书局1997年版。

后　记

我们在使用字典辞书时，往往会有这样的感觉：有些辞书的释义过于简略，找不到自己所需要的合适的义项，而有些大型辞书的释义又过于凌乱，厘不清词义发展的脉络，影响对词义的准确理解。

辞书释义简略主要是受辞书的篇幅和语料限制所致。中小型辞书，本身容量小，不可能穷尽所有词义。即使是大型辞书，无论它有多“大”，似乎都不大可能穷尽所有词的全部义项。道理很简单，因为汉语源远流长，传世文献浩如烟海，东西南北、境内境外藏书不可胜数，加之方言的差别，且不时还有出土文献被发现，辞书编撰者无法穷尽所有语料。还有，词义会随着时代的发展而发展，新词新义会不断出现，所以要想囊括汉语历史上出现的所有词义，实际上是做不到的，也是没有必要的。

大型辞书义项罗列凌乱，很大程度是因辞书释义的线性排列的形式所造成的。如果辞书把词义引申发展的路径以平面图的形式展开（参见本书第十一章第三节“点”的词义引申示意图），那么辞书的容量将会倍增。此外，义项的例证也可能无法排列。所以除非特殊辞书，否则不会以平面图的形式排版。

辞书释义上的这两个缺点，或说不足，窃以为还是要靠读者自我消化破解。而最简单有效的方法就是要懂得词义引申发展的规律，掌握分析词义引申发展的方法。词义由本义循着一定的路径引申发展，只要掌握了本义引申发展的规律和方法，我们就能理清词义演变发展的脉络，从而清晰地把握词义，寻绎到自己所需要的义项。

如何掌握词义引申的规律和方法呢？窃以为理论联系实践是不二法门。只有通过具体词义的引申分析训练，才能达到真正把握词义引申发展的一般规律，这就是本书写作的初衷。但是这个小目标到底能不能实现，抑或能实现多少，还有待实践的检验。

小书的出版，是学校科研资助项目结题的需要，也是我前期学习心得的总结。自1997年9月考入福建师范大学攻读硕士研究生学位以来，至今历时20载。20年来，我一直感恩一路有缘偶遇的老师、同学以及单位的领导与同事。

福建师范大学是我人生旅程中的重要转折点。导师李延瑞教授讲授现代语言学理论。李老师对我们呵护有加，传统节日总不忘把我们叫到家中相聚，感受家的温暖。给我们上课的有马重奇教授（讲授音韵学）、陈泽平教授（讲授方言学）、刘永耕教授（讲授汉语语法学）、沙平教授（讲授汉语语法分析方法）、林玉山编审（讲授汉语语法学史）、祝敏青教授（讲授汉语修辞学），诸位师长传道授业解惑的神情常常浮现在眼前。在一起上课的有项开来、肖祥忠、张飞熊、薛美秀、魏形峰、郭圣林等同学，同学间的深厚友谊永志难忘。

华东师范大学是我人生历程的又一重要驿站。2004年我考入华师攻读博士学位，侧身华学诚先生门下学习汉语史，奠定了我此后的求学叩问的方向。导师华学诚教授讲授汉语史、文献材料整理、方言学史等课程，太老师李玲璞先生讲授汉字元点理论，徐莉莉教授讲授训诂学，詹鄞鑫教授讲授古文学学。诸位先生的道德文章，高山仰止，对我影响至深。业师华学诚先生对我们做人、做事、做学问的严格要求和谆谆教诲，使我终生受益。同门有魏兆惠、王彩琴、路广、马莲、谢荣娥、王智群、［韩］郑东珍、柏亚东、柳玉宏、刘祖国等诸君，大家情同手足，互相帮助，相互启发，共同进步。

在这20年的求学、工作期间，先后聆听过多场著名前辈学者、时贤俊彦的讲座，至今不忘的有鲁国尧先生的“新二重证据法”、方言与通语研究，江蓝生先生的元曲释义、单音词的多次变形，吴金华先生的《世说新语》语言研究、《三国志》疑难词考释，李如龙先生的方言与汉字文化研究，宗廷虎先生的修辞学史，郭锡良先生的古汉语语法研究、汉语语法化，裘锡圭先生的古文字研究，陆俭明先生的现代语法理论与汉语研究，王宁先生的古汉语的继承与发展、词源学的理论与方法，蒋绍愚先生的汉语历史词汇学的思考，董志翘先生的汉语史研究与文献辨析，钱宗武先生的《尚书》语言研究，曹炜先生的语言研究方法论，顾黔先生的泰州方言研究，马庆株先生的汉语形态辨析，马真先生的汉语虚词研究……前辈大家的人格魅力与学术成就、学术思想、学术影响，犹如黑夜中的灯塔，大海上的航标，指引后学努力前行，感恩诸位先生的学术指引和指教。

2000 年 7 月，我作为泰州市引进人才来到了现在的学校。18 年来，我见证了学校由中师升格为专科、由专科升格为本科的跳跃式发展。学校的发展壮大离不开全体教职员工的共同努力，我作为其中的一员而感到骄傲和自豪。学校的发展壮大砥砺我不断进步，不断成长。2008 年晋升为副教授，2014 年晋升为教授，其间还兼任学校部门的负责人。我个人的进步与学校的发展密不可分，与历任领导的关心与培养密不可分，与朝夕相处的同事们的帮助和支持密不可分。感谢学校的培养，感谢各位领导、同人的厚爱与支持。

一路走来，我更感谢爱人朱惠利女士无怨无悔的付出。爱人包揽了家务，孝敬父母，精心教育儿子，使我得以专心工作学习。

小书原来定名为《汉语常用词源流演变研究》，现在改为《汉语常用 100 词源流演变研究》。小书得到泰州学院学术著作出版基金（项目编号：2018CBZZ01）、江苏高校品牌专业“汉语言文学”建设工程一期项目（项目编号：PPZY2015C207）、泰州学院教授科研基金项目（项目编号：tzxy2014JBJJ001）的资助，中国社会科学出版社任明先生对小书的出版助力颇多，在此一并致谢。囿于学识，书中错误一定不少，敬请方家通人不吝赐教。